AF612486

Imagen de tapa: Acr. 67. © Acropolis Museum, 2011. Fotografía: Vangelis Tsiamis (Placa dedicatoria de terracota (510-490 a.C.), por Eutímides y/o su círculo, hallada en 1885 entre los Propíleos y el Erecteion)

Diseño: Gerardo Miño
Composición: Eduardo Rosende

Edición: Primera. Junio de 2021
ISBN: 978-84-18095-90-0
Depósito legal: M-16330-2021
Códigos IBIC: HBLA1 (Historia clásica/civilización clásica)
1QDAG (Antigua Grecia)
1QDAR (Antigua Roma)

Tirada: 250 ejemplares
Lugar de edición: Buenos Aires, Argentina

dirección postal: Tacuarí 540 (C1071AAL)
Ciudad de Buenos Aires, Argentina
tel-fax: (54 11) 4331-1565
e-mail producción: produccion@minoydavila.com
e-mail administración: info@minoydavila.com
web: www.minoydavila.com
redes sociales: @MyDeditores, www.facebook.com/MinoyDavila

Hans Beck / Julián Gallego / Carlos García Mac Gaw / Francisco Pina Polo
(compiladores)

ENCUENTROS CON LAS ÉLITES DEL MEDITERRÁNEO ANTIGUO

Liderazgo, estilos de vida, legitimidad

Estudios del Mediterráneo Antiguo / **PEFSCEA Nº 21**

ÍNDICE

Hans Beck / Julián Gallego / Carlos García Mac Gaw / Francisco Pina Polo

(compiladores)

ENCUENTROS CON LAS ÉLITES DEL MEDITERRÁNEO ANTIGUO

Liderazgo, estilos de vida, legitimidad

Prólogo

Entre los días 30 de agosto y 1 de septiembre de 2017, en la sede del Centro Cultural Paco Urondo de la Facultad de Filosofía y Letras de la Universidad de Buenos Aires, se llevó a cabo el *VI Coloquio Internacional: "Encuentros con las élites del mundo antiguo. Liderazgo, estilos de vida, legitimidad"*. Participaron en el encuentro miembros del PEFSCEA, así como académicos de universidades de nuestro país, junto con reconocidos investigadores de universidades de Alemania, Brasil, Canadá, Chile, España, Estados Unidos, Francia y Reino Unido.

Las élites dirigentes son un objeto de atención creciente para el interés de las investigaciones académicas, así como para el público en general. Tal interés no es lejano a la evolución económico-social planetaria, que evidencia una fase de concentración de la riqueza extraordinaria desde el vuelco ocurrido en la década de 1980 que se ha extendido desde los países centrales desarrollados a las regiones periféricas. En los últimos años se ha producido un salto cualitativo en los estudios históricos sobre las élites; la organización de este coloquio se encuadra en dicha tendencia. Sin embargo, la investigación en este campo no se limita con exclusividad a los espacios académicos, sino que también se ha nutrido del conocimiento público proveniente de la experiencia política actual, que revela cómo las élites utilizan los medios de comunicación para obtener apoyos para sus respectivas agendas.

Como es habitual en las reuniones organizadas por el PEFSCEA, nuestro foco de estudio se ciñe a la historia del Mediterráneo antiguo, espacio y período en el que la interacción entre el estatus social y la organización política constituye un lugar común. Pero solo a partir del giro cultural los estudiosos han comenzado a explorar las interconexiones profundas de este binomio. En esta línea de investigación, la actividad pública de las élites, sus estrategias de comunicación, el uso de su capital económico, cultural y simbólico, los ámbitos de su acción y la diferenciación de sus roles públicos han sido sometidos a escrutinio por los investigadores. Con el fin de profundizar en la interfaz entre sociedad y política, el coloquio se ha centrado en tres vectores de distinción de las élites en el mundo greco-romano: la comunicación del liderazgo y de los roles propios del liderazgo, la distinción de las élites a través de estilos de vida locales y globales y, finalmente, las estrategias discursivas para asegurar la legitimidad de las élites.

Los enfoques expuestos resultan necesariamente variados y abordan desde diversas perspectivas los factores de diferenciación establecidos por las distintas élites mediterráneas. En consecuencia, los trabajos que componen el presente volumen cubren un amplio arco que incluye miradas de corte teórico general, como el estudio de la construcción de la imagen elitista aristocrática en la Grecia arcaica, o el análisis de los grupos responsables de la difusión de rasgos helenizantes en los reinos helenísticos, o el enfoque comparativo de las historiografías en lenguas inglesa y alemana sobre la cultura política de la Roma republicana; se presentan, asimismo, miradas de alcance local, como el examen de las representaciones ligadas a los rituales y la propaganda organizados a través del ejercicio de las guerras locales entre vecinos eubeos, o el de la asimilación de modelos culturales romanos en la zona de Lucania, o el de los mecanismos de construcción de poder de la jerarquía donatista en el África romana. En los capítulos que componen este libro se estudian también tanto aspectos culturales, como la construcción de la imagen de las élites a través de la práctica y la representación de las competencias atléticas agonísticas, o la comunicación de las posiciones políticas elitistas a través de la moda o de las inscripciones, o la utilización de los despojos artísticos como mensajes políticos, cuanto el papel cumplido por las élites en el plano militar para la afirmación de los liderazgos políticos.

La publicación de estos trabajos es, en parte, la expresión de la producción y el intercambio vivaz entre los expositores y con el público presente en el evento, que incluyó a colegas, estudiantes y aficionados a la historia. Si bien estas páginas no pueden dar cuenta cabalmente de esa participación, ellas son un testimonio vivo del vínculo resultante que se produce en los eventos del PEFSCEA desde hace ya varios años.

Queremos manifestar nuestro más sincero agradecimiento al conjunto de personas e instituciones que han hecho posible el éxito del coloquio y esta publicación. En primer lugar, queremos expresar nuestra gratitud al profesor Hans Beck por su entusiasmo y su diligencia para realizar el evento en Buenos Aires y, a través suyo, a las respectivas instituciones que con sus aportaciones han permitido la concreción del encuentro (el Programa Anneliese Maier Research Award de la Alexander von Humboldt Stiftung/ Foundation, la Cátedra John MacNaughton en la McGill University, a cargo de Hans Beck en ese momento, y la Cátedra de Historia de Grecia en la Universität Münster). Asimismo, agradecemos al profesor Francisco Pina Polo, quien confió en nuestra capacidad para realizar el evento, dando así el impulso inicial. Vaya también nuestra gratitud a los colegas y las colegas participantes, que en varios casos realizaron sus viajes y estadías en Argentina a sus expensas, permitiendo que el evento pudiera plasmarse. El agradecimiento también debe hacerse extensivo a la Agencia Nacional de Promoción de la Investigación, el Desarrollo Tecnológico y la Innovación y el Consejo Nacional de Investigaciones Científicas y Técnicas (CONICET) que hicieron posible con sus ayudas que el coloquio pudiera llevarse a cabo. Finalmente, queremos dar las gracias a nuestro infatigable equipo del PEFSCEA que desinteresadamente ha colaborado en la organización del evento –Sergio Amor, Sergio Barrionuevo, Diego Paiaro, Marcelo Perelman, Fernando Piantanida, Mariano Requena, Agustín Saade, Pablo Sarachu, Marianela Spicoli, Mariano Splendido–.

J. Gallego – C.G. García Mac Gaw

INTRODUCCIÓN

Hans Beck - Francisco Pina Polo

Es paradójica la frecuencia con la que se han anunciado giros académicos en los últimos años, entre otros el espacial, el performativo y el de las redes. A veces, estos giros son simplemente subsumidos bajo el paraguas de un giro cultural inclusivo. En realidad, se encuentra más literatura sobre estas cuestiones que investigadores anunciando nuevos descubrimientos. Como Karl-Joachim Hölkeskamp (2015) ha observado, la caracterización de cada uno de estos giros en las Ciencias Humanas radica en modestos avances desde perspectivas cambiantes, ampliaciones temáticas y aproximaciones teórica y metodológicamente más complejas. Si bien ninguno de estos avances constituye un resultado innovador como tal, su interacción sí lo es: es necesario explorar las sociedades antiguas de manera que pueda mostrarse la interacción e interdependencia de una amplia red de contextos y expresiones culturales.

En paralelo a estas tendencias y avances, el estudio de las élites antiguas ha experimentado un salto significativo en los últimos años. Durante mucho tiempo se ha sostenido que las antiguas élites mediterráneas, independientemente de la configuración institucional y del tamaño del grupo, eran modeladas por el hecho de que había, en el extremo opuesto del espectro social, un elevado número de personas no pertenecientes a las élites que estaban sujetas a su autoridad. En ese sentido debe entenderse la celebre afirmación de Ronald Syme (1939: 7): "en todas las épocas, cualquiera que sea la forma y el nombre del gobierno, ya sea monarquía, república o democracia, una oligarquía acecha detrás de la fachada"[1]. Esta proclamación merece una cuidadosa reflexión en más de un sentido. Porque mientras Syme, el gran historiador del Imperio Romano, en su intento por asomarse tras la "fachada" de gobierno se propuso revelar las fuerzas de la 'revolución' augústea, su veredicto pasó sin problemas de un paradigma gubernamental a una configuración más universal, una configuración en la que, por un lado, había unas pocas personas que ejercían el poder, sobre todo mediante el monopolio de diferentes formas de capital características del gobierno de la élite premoderna –económico, cultural, simbólico–, y, por otro lado, estaba la mayoría de las personas sujetas a ese poder.

En la historia del Mediterráneo antiguo, el rasgo general del dominio de las élites es que se construyó sobre la intrincada relación entre el estatus social y una organización política que estaba a su vez orientada hacia la preeminencia de los niveles superiores de la sociedad. Sin embargo, el simple binomio élites/no-élites se complica a causa de las múltiples conexiones y relaciones mutuas que trascienden esa clara división. Por ejemplo, en el caso de las élites griegas, desde el final del período arcaico hasta comienzos del período helenístico se ha argumentado que su enraizamiento en las ciudades-estado que se suelen etiquetar como democráticas u oligárquicas –o, en pocos casos, autocráticas, caracterizadas por el gobierno de un círculo o clan restringido– no se tradujo en estrategias de distinción que fueran invariablemente de naturaleza democrática u oligárquica. Las élites de las ciudades-estado de la Grecia egea estaban expuestas a la misma conformación social de unos 'pocos' frente a los 'muchos', a menudo respaldada por regulaciones políticas que proporcionaban una apariencia o más democrática o más oligárquica. Sin embargo, en su intento por asegurar la jerarquía y la distinción social, las élites griegas dieron un giro a las formas específicas de la cultura para crear una jerarquía que les permitiera navegar por las relaciones potencialmente volátiles con las no-élites y adherirse a un código común de comunicaciones (Ober, 1989).

En otras palabras, los gobernados –los 'muchos'– no eran simplemente sujetos pasivos sino agentes activos en la medida en

---

1 "*[I]n all ages, whatever the form and name of government, be it monarchy, republic, or democracy, an oligarchy lurks behind the façade*".

que formulaban expectativas (sociales, económicas, de comportamiento) que debían ser atendidas por las élites. Las estrategias de respuesta tenían unas veces más éxito que otras, y esas tasas de éxito diferían considerablemente en muchos lugares. Pero la combinación no era casi nunca distinta: la interacción cotidiana en la cultura abierta de la *polis* griega requería, además de leyes sobre los derechos políticos, modos de comunicación y participación pública bien definidos que dieran continuidad al dominio de la élite. Es digno de ser destacado que las altas instancias de muchas ciudades griegas fueron demostrablemente incapaces de asumir esa tarea, es decir, de dar forma a las condiciones sociales que aseguraban su estatus a lo largo del tiempo. Esta es en sí misma una observación interesante sobre el poder de la élite en la antigua Grecia.

El binomio entre unos pocos gobernantes y los muchos gobernados se ha complicado notablemente en los estudios sobre el carácter político de la República romana[2]. Aquí también la imagen tradicional de la élite aristocrática ha sido cuestionada sobre la base de la dependencia de la nobleza de las masas o *populus*. La República romana no fue por supuesto una democracia, aunque cabe señalar que precisamente esta afirmación ha puesto en marcha un vivo debate internacional y, ciertamente, ha dado lugar a una auténtica oleada de estudios sobre la Roma pre-imperial que virtualmente se ha llevado por delante las concepciones que se tenían de las élites republicanas. Una de las nociones básicas de este debate es que la aristocracia romana estableció un conjunto único de vínculos, obligaciones y responsabilidades mutuas con el pueblo que sirvieron para cohesionar la sociedad. Más allá de su papel genuinamente político como cuerpo electoral que determinaba la nómina de aristócratas que desempeñaban cargos públicos cada año, el pueblo de Roma, aunque sujeto al gobierno del senado y de las familias que lo componían, constituía un elemento común de referencia, consagrado por el tiempo, y con unas *auctoritas* y *dignitas* propias era un agente social que exigía y demandaba de las élites un complicado código de comunicación. El pueblo romano no ejercía el poder en el marco de unas instituciones democráticas,

2 Véase ahora, en traducción al español, K.-J. Hölkeskamp, *La cultura política de la República romana: un debate historiográfico internacional*, Zaragoza-Sevilla, 2019.

pero es evidente que resulta demasiado fácil reducir su papel al de receptor pasivo de la autoridad de la élite.

Estos ejemplos indican cómo la actuación de las antiguas élites, sus estrategias de comunicación, su uso de capitales diversos y la delimitación de sus funciones públicas han sido objeto del escrutinio de la investigación. Por extensión, este enfoque incluye también el estudio de múltiples lugares y escenarios en los que las actuaciones de las élites tenían lugar ante una audiencia más amplia: por un lado, los lugares formales de interacción (lugares de reunión política), como los espacios religiosos y los sitios de esparcimiento colectivo (teatro, estadio); por otro lado, los lugares informales tales como el mercado o simplemente 'la calle', un espacio que se ha identificado como fundamental para la creación de un orden y una organización determinados. En definitiva, las antiguas élites mediterráneas tenían que demostrar su competencia y respetabilidad en todos estos ámbitos, y por lo tanto no solo debían ser líderes del progreso y la innovación, como Max Weber las describió, sino también líderes en el contexto de unos complejos sistemas de comunicación (Beck, Scholz & Walter, 2008).

Para materializar estos aspectos, las élites antiguas deben ser ubicadas ante todo en el contexto de la cultura. Por ello este volumen se centra en tres vectores del elitismo en particular, tanto en el mundo griego como en el romano: la comunicación del liderazgo y de las funciones propias del liderazgo; la distinción de la élite mediante estilos de vida reconocibles; y las estrategias discursivas para asegurar la legitimidad de la élite. Y lo hace a través de una serie de artículos cuyos autores abordan estos temas desde diferentes perspectivas.

El volumen se inicia con el capítulo de Elke Stein-Hölkeskamp, quien analiza las estrategias de autoconfiguración de las élites en la Grecia arcaica, en particular los criterios que determinaban el estatus, el rango y la preeminencia de los individuos. A partir del estudio de las fuentes antiguas sobre el período, la autora llega a la conclusión de que las élites fueron incapaces de reaccionar colectivamente a los retos que las *poleis* iban creando en sus nuevas estructuras. Por el contrario, fueron más bien aristócratas individuales los que asumieron de diversas maneras los nuevos roles que progresivamente correspondían a las élites. Eso conduce a una conclusión fundamental: esas variadas reacciones en el contexto del proceso de formación de la *polis* subrayan la fuerza de los aristócratas individuales y la debilidad estructural de las aristocracias como colectivos, y esa es una de las características básicas de la denominada "edad de la experimentación" griega.

Por su parte, Natasha Bershadsky aborda en su investigación dos conflictos bélicos en el mundo griego, la Guerra Lelantina y los enfrentamientos argivo-espartanos por la Tireátide. Bershadsky propone inscribir ambas confrontaciones en un marco mítico. Desde esa perspectiva, las disputas por la llanura lelantina y la Tireátide no constituyeron guerras propiamente dichas, sino más bien enfrentamientos rituales. En ellos los participantes, que pertenecían a la élite social, recreaban mitos de antiguas luchas sobre los territorios en disputa, y las batallas servían como ritos de paso para los jóvenes de esa élite. La recreación ritual de las antiguas luchas implicaba un modo simbólicamente potente de representar la identidad de la élite en el período arcaico, al tiempo que constituía un arma poderosa en las luchas entre facciones democráticas y oligárquicas en el período clásico.

Siempre en el ámbito griego, Hans Beck centra su contribución en la ciudad de Corinto para, desde ella, reflexionar sobre la estrecha relación de las élites sociales con el ámbito local en el que desempeñaban un papel de liderazgo. Existía ciertamente en el Mediterráneo en la Antigüedad una evidente conectividad entre sociedades (muy) lejanas y distintas, pero las élites encontraban el sentido de su existencia en su anclaje social y cultural en la comunidad en la que residían. Es ese localismo abierto a la conectividad internacional el que Beck enfatiza en su análisis.

Fabio de Souza Lessa defiende en su estudio que las competiciones atléticas (*agônes*) fueron en el mundo griego siempre un fenómeno ligado a la aristocracia, tanto en la época arcaica como en el período clásico. De acuerdo con el autor, incluso cuando la democracia se abrió paso en algunos estados griegos, los atletas siguieron procediendo exclusivamente de las filas aristocráticas. La explicación de ello se encuentra en la necesidad para los atletas de tener los medios necesarios para su subsistencia independiente, así como el tiempo libre para dedicarse a la práctica deportiva.

Durante la guerra del Peloponeso, una moda laconizante parece haberse impuesto entre los jóvenes de los círculos oligárquicos de la élite ateniense, reflejada en una vestimenta austera y en el uso de cabello largo. Julián Gallego sostiene en su capítulo que no se trataba solamente de una cuestión estética, ni tampoco de una declaración clasista en el plano ideológico, sino que pretendía configurar una identidad política y comunicar públicamente, al mismo tiempo, la existencia de un grupo dispuesto a pasar a la acción. Era una forma de intentar subvertir la democracia ateniense, con el objetivo último de instaurar un régimen oligárquico.

Como Alex McAuley afirma al inicio de su contribución, la gran rapidez con la que los territorios conquistados por Alejandro comenzaron a adoptar rasgos que pueden ser calificados como "griegos" resulta un fenómeno fascinante. El autor retoma la pregunta que la investigación se ha planteado desde hace mucho tiempo, sobre quién fue el responsable de la activa difusión de la lengua, la cultura y las costumbres en los territorios helenísticos, y la centra en particular en el reino seléucida y, en concreto, en la región de Capadocia. McAuley sostiene que, en el caso de Capadocia, este fenómeno de imitación helenizadora no debe ser atribuido exclusivamente a reyes o ciudades, sino a las élites "imperiales" regionales del reino seléucida. Esta helenización, a su vez, se filtró a otros niveles de la sociedad en un proceso de emulación de las élites.

El subsiguiente capítulo de Karl-Joachim Hölkeskamp sirve para dar paso en el volumen al mundo romano, y en particular a su período republicano. Hölkeskamp expone en su artículo la evolución de la historiografía sobre la República romana desde la perspectiva de la interacción y/o confrontación científica entre los investigadores europeos continentales, en particular alemanes, y los que trabajan en el ámbito anglófono, para finalizar planteando brevemente cuáles son, en estos momentos, los temas de mayor actualidad en torno a la denominada "cultura política" de la República romana, sin duda uno de los grandes debates historiográficos en las últimas décadas.

Ilaria Battiloro aborda una cuestión mucho más específica, en concreto el proceso de interacción entre las élites romanas y lucanas durante la República tardía. Para ello, la autora analiza el material arqueológico procedente de los santuarios locales en la región de Lucania, lo que permite explorar el proceso de asimilación de modelos culturales romanos, pero también el diálogo cultural que se estableció entre Roma y las comunidades indígenas del territorio lucano.

Las provincias del imperio constituían para los miembros de la aristocracia romana un ámbito donde desarrollar sus habilidades políticas, militares y administrativas, bien cumpliendo su servicio militar en las primeras fases de su carrera política, bien como *imperatores* al frente de un territorio en el desempeño de una magistratura superior. En este último apartado, el gobernador de una *provincia* iba al territorio bajo su mando siempre acompañado por la denominada *cohors praetoria*, un *consilium* formado por personas de confianza del *imperator* que le asesoraba administrativa, judicial y militarmente según cuáles fueran las características de la provincia. Alejandro Díaz Fernández estudia en su contribución la participación de hijos, hermanos y otros familiares en esas comitivas provinciales y cuál era su cometido durante su estancia en la provincia.

En el año 146 a.C., la ciudad de Cartago fue saqueada por el ejército romano bajo el mando de Escipión Emiliano. El sitio y posterior pillaje de la ciudad norteafricana fueron calificados por las fuentes antiguas como brutales. Sin embargo, Emiliano es alabado por esas mismas fuentes por el trato que dio al botín obtenido, al que declaró público mientras proclamaba que devolvería muchos de los objetos culturales hallados a sus auténticos propietarios, los griegos de Sicilia. Brahm Kleiman muestra en su capítulo que Escipión Emiliano utilizó retóricamente esos objetos para afirmar algunas de sus virtudes públicas (en particular la moderación y la generosidad) ante diferentes audiencias, tanto griegos y sicilianos como el pueblo romano, pero también ante otros miembros de la aristocracia romana.

Cristina Rosillo-López, por su parte, analiza un aspecto de la política no oficial, en tanto que tenía lugar fuera de los espacios públicos habilitados para ello, pero fundamental para el funcionamiento de la *res publica*. La autora estudia, durante la República tardía romana, las conversaciones y reuniones privadas cara a cara entre políticos como instrumento imprescindible de comunicación y circulación de información, por un lado, y de realización de negociaciones y acuerdos previos a la toma de decisiones, por ejemplo en el senado, por otro lado. Su análisis proporciona una nueva perspectiva de las relaciones interpersonales dentro de la élite y de cómo la política romana se desarrollaba en la práctica.

El período final de la República romana bajo el gobierno de los triunviros Antonio, Lépido y el joven César es en muchos aspectos excepcional desde la perspectiva institucional (pero también económica o militar). Francisco Pina Polo centra su artículo específicamente en el consulado sufecto, que perdió el carácter sustitutorio extraordinario que había tenido a lo largo de toda la República para convertirse en permanente durante el período triunviral, de modo que cada año, junto con los cónsules ordinarios, hubo varios cónsules sufectos. Con ello, los triunviros buscaban recompensar la lealtad de sus más fieles aliados políticos, al tiempo que fortalecían su posición al depreciar implícitamente el consulado, convertido en una magistratura de inferior categoría dependiente del triunvirato.

Cecilia Ames y Guillermo de Santis estudian la *Eneida* virgiliana como un acto de memoria histórica en homenaje al campesinado romano e itálico que fue ampliamente perjudicado por el avance imperialista de Roma, desde el momento en que su participación en los ejércitos conquistadores provocó la ruina de muchos de ellos, su desplazamiento y, en última instancia, la transformación del campo italiano. En opinión de ambos autores, si bien lógicamente el campesinado anónimo no protagoniza el poema épico, Virgilio deja clara en él su imprescindible presencia e importancia histórica.

Tito Livio es una fuente de información imprescindible para quienes investigan sobre la República romana, es el gran cronista de la historia de Roma desde sus inicios hasta su propia época. Catalina Balmaceda centra su artículo en el análisis de los *exempla* que Livio presenta en los años iniciales del período republicano como parangonables a la situación histórica de la época augústea en la que él escribe. La "formación" de la República es comparable –o implícitamente comparada– a la presunta "restauración" de la *res publica* que Augusto habría llevado a cabo, y las características morales, más que políticas, de los líderes que habían forjado Roma serían así proyectadas a las del nuevo líder al frente del imperio.

Más allá de los aspectos puramente literarios, la *recitatio,* en tanto que lectura realizada ante un público, es un hecho social en estrecha relación con la historia cultural de las élites romanas.

Es desde esta perspectiva desde la que Clément Bady analiza la *recitatio funebris* de Marco Aquilio Régulo, datada alrededor del año 104 d.C. y recogida por Plinio el Joven. Su *recitatio* debe ser entendida en el contexto de la competencia aristocrática, como un instrumento para distinguirse de otros miembros de la élite. En ese sentido, Régulo se muestra especialmente hábil para promocionar su estatuto aristocrático, dirigiéndose al público de las ciudades de Italia y del imperio, utilizando los mecanismos sociales de la elocuencia y de la literatura.

A partir fundamentalmente del material epigráfico conocido, Jonathan Scott Perry se centra en el ámbito económico relativo a una serie de oficios relacionados con el trabajo artesanal en el mundo romano. En su análisis, trata fundamentalmente de explorar la intersección entre clase social y género, y en particular el posible rol económico y de liderazgo de las mujeres, en muchas ocasiones oculto o difuminado por la escasez de información, pero también por los prejuicios de la historiografía moderna.

A continuación, Timothy Howe nos lleva a *Cilicia Tracheia* en Anatolia, en concreto a su capital Antioquía, con el objetivo de estudiar, sobre todo a partir de las inscripciones honoríficas asociadas a edificios públicos, el modo en que se desarrollaron y fomentaron prácticas y valores compartidos entre las élites locales e internacionales como instrumento de lealtad al Imperio Romano y, al mismo tiempo, de consolidación del liderazgo local. El autor llega a la conclusión de que, en términos generales, no se debe hablar de ruptura sino más bien de continuidad: los monumentos públicos enfatizan la permanencia del espacio político y sagrado dentro de la nueva presencia romana imperial, simplemente integrando ahora a las élites romanas.

Los dos últimos artículos del volumen están dedicados a la Antigüedad tardía. Durante los siglos IV, V y VI, las élites dominantes dentro del Imperio Romano siguieron siendo, como lo eran en las centurias anteriores, aristocracias civiles, políticas y urbanas, todavía sin el carácter militar que tuvieron más adelante. A pesar de esa continuidad, en ese período tuvieron lugar cambios en la vida urbana que pusieron en cuestión los instrumentos de control de la población urbana y las formas tradicionales de legitimación aristocrática. Esa es la cuestión específica que aborda Julio Cesar Magalhães de Oliveira en su capítulo. Finalmente, Carlos García

Mac Gaw estudia en particular los rasgos del liderazgo dentro de la dirigencia donatista disidente en el Norte de África en los siglos IV y V, no tanto dentro de las estructuras religiosas sino fuera de ellas, es decir, los líderes religiosos como terratenientes, abogados y magistrados, y cómo esas circunstancias sirvieron como mecanismos de construcción de poder.

En definitiva, este volumen recorre desde perspectivas muy diversas y variadas el papel desempeñado por las élites sociales en el ámbito local, regional e internacional, en particular su interacción y confrontación social, económica y política, su capacidad de supervivencia desde la transformación, y su poderosa contribución a la creación de culturas modeladas a su conveniencia, y todo ello en un recorrido cronológico que nos conduce desde la Grecia arcaica hasta la Antigüedad tardía, pasando por la Grecia clásica, el mundo helenístico, la República romana y el Principado, siempre dentro del rico y fructífero ámbito mediterráneo.

Bibliografía

Beck, H., Scholz, P. & Walter, U. (eds. 2008). *Die Macht der Wenigen. Aristokratische Herrschaftspraxis, Kommunikation und edler Lebensstil in Antike und Früher Neuzeit*, München.

Hölkeskamp, K.-J. (2015). "'Performative turn' meets 'spatial turn'. Prozessionen und andere Rituale in der neueren Forschung", en D. Boschung, K.-J. Hölkeskamp & C. Sode (eds.), *Raum und Performanz. Rituale in Residenzen von der Antike bis 1815*, Stuttgart, 15-74.

Hölkeskamp, K.-J. (2019). *La cultura política de la República romana. Un debate historiográfico internacional* [2016], tr. F. Pina Polo y C. Rosillo-López, Zaragoza-Sevilla.

Ober, J. (1989). *Mass and Elite in Democratic Athens: Rhetoric, Ideology, and the Power of the People*, Princeton.

Syme, R. (1939). *The Roman Revolution*, Oxford.

Lo justo, lo bueno y lo poderoso. Estrategias de autoconfiguración aristocrática en la Grecia arcaica[1]

Elke Stein-Hölkeskamp
(Universität Duisburg-Essen)

Las siguientes reflexiones sobre las estrategias de autoconfiguración en la Grecia arcaica se centrarán en la cuestión de la pertenencia y participación en una élite. Esto implica, en términos concretos, los criterios que determinan el estatus, el rango y la preeminencia de los individuos. La tradición literaria parece ser bastante clara en este aspecto. Después de todo, los textos desde la *Ilíada* en adelante versan sobre las cualidades específicas de los héroes individuales y líderes de la envergadura y reputación de un Aquiles, un Héctor o un Odiseo, que invariablemente buscan "ser siempre los mejores y superar a todos los demás". También en la poesía arcaica, desde Arquíloco hasta el *Corpus Theognideum*, estos criterios de excelencia y preeminencia, por los cuales los aristócratas individuales superan a los demás, ocupan invariablemente un lugar central. Sorprendentemente, sin embargo, desde los primeros textos en adelante, los poetas toman también, y sobre todo, una postura muy crítica hacia la élite. Son estos textos los que proporcionan un acceso ideal a nuestro tema[2].

1 Traducción de Sergio Amor. *N. del tr.*: se utilizan las siguientes traducciones al español, en ocasiones levemente modificadas para mantener el sentido del texto original inglés: Arquíloco: E. Suárez de la Torre, en *Yambógrafos griegos*, Madrid, 2002; Jenófanes y Tirteo: C. García Gual, en *Antología de la poesía lírica griega (siglos VII-IV a. C.)*, Madrid, 1980; Teognis: F. Rodríguez Adrados, en *Líricos griegos, II. Elegíacos y yambógrafos griegos*, Barcelona, 2007.

2 *Ilíada*, 6.206-210. Las élites en la Grecia arcaica han sido analizadas en una serie de estudios innovadores, que presuponen una superioridad económica, social, política y cultural. Además, generalmente se asume que la pertenencia a la élite no era hereditaria, sino que dependía de logros individuales y de un estilo de vida particular, y debía ser ratificada una y otra vez. Cf. Donlan (1980); Stahl (1987); Stein-Hölkeskamp (1989); Ulf (1990); Fouchard (1997); Schmitz (2004; 2008); Duplouy (2006); Fisher & van Wees (eds. 2015); recientemente, Stein-Hölkeskamp & Hölkeskamp (2018).

Permítaseme comenzar con un poema de Arquíloco, nacido alrededor del año 680 a.C. en la isla de Paros. Arquíloco (fr. 114 West), quien tuvo una vida sumamente aventurera como mercenario, rechaza al tipo homérico, por así decirlo, del guerrero alto y bello, de larga cabellera y postura orgullosa: no tiene "ningún agrado por el general corpulento de andar jactancioso, que presume de sus rizos o se afeita con cuidado"; prefiere uno que sea "menudo, que en sus canillas se aprecie que es zambo, que se plante con firmeza y esté lleno de valor"[3]. A mediados del siglo VII a.C., el espartano Tirteo (fr. 11 West) formula una crítica fundamental y exhaustiva de las actitudes y el comportamiento de los miembros de la élite de su época. En sus elegías, niega enfáticamente que un hombre "por su excelencia en el correr o en la pelea de puños", aun si "venciera en carrera al tracio Bóreas" o "tuviera la altura y la fuerza de un Cíclope", sea digno de estima y recuerdo. Simplemente no reconoce la belleza y la fuerza física, el éxito en las competiciones atléticas, la riqueza y la elocuencia como signos de excelencia personal e individual. Para él, la única virtud verdadera (*areté*) es el "impetuoso coraje", y eso significa que

> ... osa presenciar la matanza sangrienta y, manteniéndose cerca, sabe lanzarse contra el feroz enemigo. Eso es excelencia. Esa es, entre los hombres, la máxima gloria y el más hermoso premio al alcance de un joven guerrero. Un bien común a la ciudad y al pueblo entero es el hombre que, erguido en vanguardia, se afirma sin descanso.

Estos valores cooperativos marcan al hoplita en la falange y constituyen cualidades centradas en la comunidad de la *polis*.

Hacia mediados del siglo VI se tiene una evidencia similar en los fragmentos de Jenófanes de Colofón. Este poeta critica la excesiva exuberancia de la élite de su *polis* natal: "Acudían al ágora no menos de mil en total, con mantos teñidos de púrpura todos, jactanciosos, ufanos de sus muy cuidadas melenas, impregnados de ungüentos de aroma exquisito", una suerte de "lujo inútil", que habían aprendido "de los lidios" (fr. 3 West). Incluso más, su crítica está dirigida a la excesiva estima y el reconocimiento de que gozan los campeones olímpicos: lamenta la inutilidad de

---

3 Cf. también, Arquíloco, fr. 5 West, donde el poeta simplemente admite que se metió en serios problemas en un combate y tuvo que abandonar su escudo, algo sumamente vergonzoso de acuerdo con el código de honor heroico.

las actividades deportivas para la comunidad de la *polis* y critica los valores subyacentes y, de hecho, la mentalidad de grupo estamental que gira en torno a la competencia, o más bien a la competitividad por sobre todo y solo en este ámbito: un hombre que obtuviera

> ... una victoria por la rapidez de sus pies o en el pentatlón... o bien en la lucha, o bien en ese espantoso certamen que llaman 'pancracio', muy ilustre se hace a los ojos de sus convecinos, y puede alcanzar la gloriosa 'proedría' en los Juegos, y recibir alimentos a cargo del erario público, y de su ciudad un regalo, que tenga por premio.

Todo esto no contribuiría al "buen gobierno" de la ciudad ni a "engrosar" su tesoro (Jen., fr. 2 West). La crítica en uno de los poemas del *Corpus Theognideum* apunta en un sentido similar. El poeta confronta a sus conciudadanos con una pregunta polémica:

> ¿Cómo vuestro corazón tiene el valor de cantar al son de la flauta? Desde la plaza se ve la frontera de nuestra tierra, que os alimenta con sus frutos, ¡a vosotros que en vuestros rubios cabellos lleváis en los banquetes rojas guirnaldas!

Los convoca a llorar "por esta tierra perfumada" que se pierde ante el enemigo, a recortar sus cabellos y poner fin a la fiesta (Teognis, 825-830).

Estos textos enumeran una serie de características consideradas típicas para los miembros de la élite y que, al mismo tiempo, son vehementemente denunciadas como innecesarias y hasta dañinas y destructivas para la comunidad: riqueza y vida ociosa, físico esbelto y fuerte, osadía y arrogancia, elegancia y elocuencia. Estas marcas de preeminencia son invariablemente resultado de cualidades personales, posesiones y logros individuales, obtenidos y acumulados en prácticas culturales competitivas. Estas prácticas consistían en una gran variedad de actividades en las que cualquier persona que tuviera los medios y recursos necesarios podía invertir su tiempo y energía. Al mismo tiempo, sin embargo, los fragmentos de estos poetas –que son, después de todo, nuestra fuente más importante para la historia social de la era arcaica– no ofrecen ningún criterio objetivo, universalmente válido y aplicable en las distintas circunstancias para definir de manera clara y efectiva al grupo en la cima en la escala social[4].

Cualquier intento de definir las características de la élite por medio de un análisis de su base social resulta igualmente problemático. En este caso particular, un enfoque sociohistórico debe estar centrado en las características concretas de esta élite como tal, sin recurrir a presupuestos y generalizaciones derivados de analogías implícitas con el patriciado de la Roma republicana, o las aristocracias de la Edad Media o la temprana Modernidad europea. Los resultados de la investigación en las últimas décadas, especialmente a raíz de las conclusiones propuestas por estudiosos franceses como Félix Bourriot (1976) y Denis Roussel (1976), se pueden resumir de la siguiente manera: desde el principio, ha sido y sigue siendo una característica esencial de la aristocracia –o más bien, de los aristócratas– el actuar invariablemente como tales, es decir, como individuos y no como un grupo o "clase" coherente y homogénea. Dado que nunca hubo algo parecido a estructuras gentilicias o linajes, el nacimiento noble no pudo convertirse en un criterio decisivo, y mucho menos exclusivo, del estatus y el rango aristocráticos. Las familias nucleares nunca formaron comunidades más amplias con relaciones agnadas o cognadas. Solo las relaciones agnadas inmediatas (padres, hermanos e hijos) estaban a cargo del matrimonio, funerales y rituales similares. En pocas palabras: las familias aristocráticas y, por lo tanto, los aristócratas como individuos nunca estuvieron interconectados en estructuras familiares de amplio o incluso mediano alcance[5].

La unidad básica de la sociedad arcaica era el *oîkos*. Todos los miembros de la élite eran propietarios de un gran *oîkos*, que comprendía no solo a la familia nuclear, sino también a esclavos,

---

4 Los elementos principales del estilo de vida aristocrático, que es una característica esencial de la distinción de este estrato social, son descriptos y analizados en la siguiente selección de monografías y volúmenes editados; estudios generales: Stein-Hölkeskamp (1989); Stein-Hölkeskamp & Hölkeskamp (2018); intercambio de regalos: Van Wees (2002); Carlà & Gori (eds. 2014); atletismo: Mann (2001); Nicholson (2005); Neer (2007); Fisher (2009); de Polignac (2009); Flaig (2010); y las contribuciones relevantes en Christesen & Kyle (eds. 2014); simposio: Fehr (1971); Murray (1983; 2009); y las contribuciones en Murray (ed. 1990); Wecowski (2014); vestidos suntuarios y estatuas: Reinhold (1970); Schneider (1975). Cf. Morgan (1993), sobre juegos panhelénicos.

5 Los trabajos de Bourriot y Roussel, que cuestionaron y refutaron plausiblemente la importancia (e incluso la existencia) de redes de relaciones de sangre de gran alcance, siguen siendo fundamentales. Cf. también Humphreys (1978; 1982); Patterson (1989); Stein-Hölkeskamp (1989); Schneider (1991-92); y recientemente Duplouy (2015).

trabajadores libres, "amigos" y seguidores. Existen muchos pasajes en la épica homérica y la poesía arcaica que atestiguan la importancia fundamental de esta base para el rango y el estatus del individuo. Era en y gracias al *oîkos* que se producían los recursos que permitían ese estilo de vida aristocrático que los poemas de Arquíloco, Tirteo, Jenófanes y Teognis describen como signo de distinción por excelencia de las élites[6]. El rendimiento de la economía de *oîkos* era el que sustentaba la capacidad del aristócrata individual para participar en las prácticas sociales típicas, como el consumo competitivo ostentoso y el atletismo agonístico. En consecuencia, solo un hombre que tuviera un éxito demostrable en estas esferas de actividades estaba en condiciones de generar un rango elevado y un estatus aristocrático a través de estas formas de autoconfiguración en esta cultura de presencia física y visibilidad. En concreto, solo un propietario exitoso de un gran *oîkos* era capaz de ofrecer simposios, de entrenar su cuerpo y cultivarse, de ir de caza y criar caballos, y de realizar largos viajes para asistir a los festivales y juegos panhelénicos en Olimpia y otros lugares. Un hombre que no fuera capaz de mantener este amplio y exigente espectro de actividades generadoras de estatus y de estrategias para *fare la bella figura* perdería el capital simbólico, en términos de Pierre Bourdieu, que constituía la base de sus pretensiones de formar parte de la élite[7].

Finalmente, quisiera volver sobre la pregunta importante: ¿qué ocurre con el rol de estas élites en el proceso que hemos estado llamando "el surgimiento de la *polis*" a partir de Victor Ehrenberg (1937)? Parece existir un consenso universal en que no debemos conceptualizar este proceso de formación de un tipo muy específico de organización sociopolítica como un desarrollo evolutivo unidireccional y uniforme de un conjunto de instituciones y procedimientos similares –en otras palabras, un proceso de diferenciación institucional en el que una élite como colectivo fuera, por

6 Cf. los aportes fundamentales de Schmitz (1999; 2004; 2007; 2014).

7 Sobre la pérdida de riqueza y sus consecuencias, cf. los siguientes pasajes en el *Corpus Theognideum*: Teognis, 83-86, 145-150, 151-154, 155-158, 173-180, 181-182, 227-232, 267-270, 315-318, 345-350, 351-354, 393-394, 523- 526, 619-622, 660-663, 667-674, 929-930, 1117-1118. Sobre el *Corpus Theognideum* como fuente para la historia social de las élites arcaicas, cf. los aportes de Figueira & Nagy (eds. 1985); Stein-Hölkeskamp (1989: 86ss., 134ss.; 1997); Lane Fox (2000); van Wees (2000); Forsdyke (2005); Selle (2008). (*N. del tr.*: la expresión "fare la bella figura" aparece en italiano en el original en inglés).

así decirlo, desempoderada poco a poco por un cuerpo ciudadano cada vez más consolidado–. Por un lado, este proceso fue mucho más complicado y variado debido a las propias características del grupo estamental de los "aristócratas", como se mencionó previamente. Por otro lado, este proceso ciertamente tuvo un amplio espectro de repercusiones para la situación de estos aristócratas y cambió su libertad de acción de muchas maneras. En cierto modo, el surgimiento y la estabilización de las instituciones centrales de la *polis* y la concomitante consolidación de los cuerpos ciudadanos deben considerarse como una respuesta indirecta a la perturbación permanente generada a través de la competencia y las luchas de poder entre los aristócratas, que cada vez más se consideró como un factor principal en la crisis desestabilizadora de las comunidades[8]. Estas comunidades y sus instituciones nacientes tomaron el centro del escenario en el sentido pleno de la metáfora –un lugar exclusivo, en el que se discutían todos los problemas y se tomaban soluciones vinculantes en procedimientos formalizados de decisión mayoritaria; vinculantes también, y sobre todo, para los aristócratas–[9]. En los procedimientos legislativos, electivos y de resolución de conflictos, las asambleas populares, los consejos y los magistrados tenían que cooperar a través de procedimientos firmemente institucionalizados. Actuar por mano propia, de manera personal (*self-help*), por ejemplo, bajo el modo de la venganza de sangre, fue reprimido paso a paso. Para los aristócratas, las posiciones de liderazgo en las instituciones nacientes como los consejos y las magistraturas fueron de particular importancia. Al principio, estas posiciones fueron, ciertamente, ocupadas por aristócratas que eran lo suficientemente influyentes como para hacer frente a las ambiciones de los competidores y para impulsar exitosamente su reclamo a estas nuevas posiciones de preeminencia. Fue la feroz competencia entre los aristócratas lo que llevó al establecimiento gradual de reglas formales vinculantes, que regulaban cantidades, cualificaciones, procedimientos de nombramiento, duración, funciones y competencias de los cargos. En

---

8 Sobre el surgimiento de la *polis* y el desarrollo de sus estructuras institucionales, cf. Welwei (1983), que sigue siendo fundamental. Las contribuciones de Hansen (ed. 1993); Mitchell & Rhodes (eds. 1997); Raaflaub & van Wees (eds. 2009), ofrecen balances de las investigaciones recientes.

9 Sobre la emergencia de la actividad legislativa y la escritura de las leyes, cf. el trabajo básico de Hölkeskamp (1999), y los artículos de Hölkeskamp (1994; 2000; 2010), sobre aspectos particulares.

muchas *poleis* se establecieron sanciones y penalizaciones con el fin de disciplinar a los aristócratas, que intentaban recurrentemente eludir restricciones tales como la prohibición de la iteración y la continuidad en los cargos o que transgredían los límites de sus competencias. Procesos regulares y formalizados de rendición de cuentas complementaban la amplia escala de procedimientos por los cuales la comunidad de la *polis* controlaba a los magistrados. Obviamente, todas estas regulaciones buscaban limitar la concentración y la acumulación de poder en manos de los magistrados aristocráticos[10].

Como consecuencia de su carácter específico, las élites fueron incapaces de reaccionar colectivamente a los múltiples vientos de cambio. Fueron más bien aristócratas individuales los que, a su manera, asumieron los nuevos roles que acabamos de mencionar. Algunos de ellos intentaron construir relaciones especiales con el conjunto de los ciudadanos, con el objetivo de obtener una posición de preeminencia entre ellos. Sin embargo, el hecho de que las magistraturas estuvieran generalmente organizadas de manera colegiada y con una corta duración hizo que, por lo general, estos cargos anuales no devinieran, al menos en un principio, en un objetivo importante ni mucho menos principal o incluso exclusivo de la competencia aristocrática. Muchos aristócratas deseaban un poder personal irrestricto y permanente –me refiero a tiranos como Cipselo en Corinto y Pisístrato en Atenas–[11]. Otros intentaron erigirse en líderes de la ciudadanía a través de una batería de medidas y reformas que paradójicamente aceleraron la institucionalización y consolidación del cuerpo ciudadano –los reformadores, árbitros y legisladores atenienses Solón y Clístenes son buenos ejemplos–[12]. Es esta amplitud de posibles reacciones

---

10 Sobre la interdependencia entre desarrollo de consejos y magistraturas, por un lado, y las características particulares de las élites, por el otro, cf. Stein-Hölkeskamp (1989: 94ss.).

11 Cipselo: Heródoto, 5.92*b*; Nicolás Damasceno, *FGrHist*, 90 fr. 57, 1-7. Pisístrato: Heródoto, 1.59.3-5; 1.60.1-61.2; Tucídides, 6.53-61; [Aristóteles], *Constitución de los atenienses*, 13.4; 14.1. Cf. Berve (1967), que sigue siendo fundamental. Anderson (2005) ofrece un relevamiento de investigación angloamericana sobre el tema. Stein-Hölkeskamp (2009) describe la tiranía en el contexto de las sociedades aristocráticas.

12 Welwei (2011) sigue siendo fundamental para la Atenas arcaica. Sobre Solón, cf. las contribuciones en Blok & Lardinois (eds. 2006). Sobre la muy debatida cuestión del papel de las reformas clisténicas en el surgimiento de la democracia ateniense, cf. las siguientes publicaciones, en las que se ofrecen interpretaciones controvertidas: Ober (1996); Morris & Raaflaub (eds. 1997); Raaflaub, Ober, Wallace *et al.* (2008).

al proceso de formación de la *polis* lo que subraya la fuerza de los aristócratas individuales y la debilidad estructural de las aristocracias como colectivos, y esa es una de las características básicas de la "edad de la experimentación" griega.

Bibliografía

Anderson, G. (2005). "Before *Turannoi* Were Tyrants: Rethinking a Chapter of Early Greek History", *Classical Antiquity*, 24, 173-222.

Berve, H. (1967). *Die Tyrannis bei den Griechen*, Darmstadt, 2 vols.

Blok, J. & Lardinois, A. (eds. 2006). *Solon of Athens: New Historical and Philological Approaches*, Leiden.

Bourriot, F. (1976). *Recherches sur la nature de genos. Étude d'histoire sociale athénienne, périodes archaïque et classique*, Lille, 2 vols.

Brock, R. & Hodkinson, S. (eds. 2000). *Alternatives to Athens: Varieties of Political Organisation in Ancient Greece*, Oxford.

Carlà, F. & Gori, M. (eds. 2014). *Gift Giving and the 'Embedded' Economy in the Ancient World*, Heidelberg.

Christesen, P. & Kyle, D.G. (eds. 2014). *A Companion to Sport and Spectacle in Greek and Roman Antiquity*, Malden.

de Polignac, F. (2009). "Sanctuaries and Festivals", en Raaflaub & van Wees (eds. 2009), 427-443.

Donlan, W. (1980). *The Aristocratic Ideal*, Kansas.

Duplouy, A. (2006). *Le prestige des élites. Recherches sur les modes de reconnaissance sociale en Grèce entre le Xe et Ve siècles avant J.-C.*, Paris.

Duplouy, A. (2015). "Genealogical and Dynastic Behaviour in Archaic and Classical Greece: Two Gentilician Strategies", en Fisher & van Wees (eds. 2015), 59-84.

Ehrenberg, V. (1937). "When Did the Polis Rise?", *Journal of Hellenic Studies*, 57, 147-159 = V. Ehrenberg, *Polis und Imperium. Beiträge zur Alten Geschichte*, ed. K.F. Stroheker & A.J. Graham, Zürich-Stuttgart, 1965, 83-97.

Fehr, B. (1971). *Orientalische und griechische Gelage*, Bonn.

Figueira, T.J. & Nagy, G. (eds. 1985). *Theognis of Megara: Poetry and Polis*, Baltimore.

Fisher, N. (2009). "The Culture of Competition", en Raaflaub & van Wees (eds. 2009), 524-541.

Fisher, N. & van Wees, H. (eds. 2015). *Competition in the Ancient World*, Swansea.

Flaig, E. (2010). "Olympiaden und andere Spiele – 'immer der Beste sein'", en Stein-Hölkeskamp & Hölkeskamp (eds. 2010), 353-369.

Forsdyke, S. (2005) "Revelry and Riot in Archaic Megara: Democratic Disorder or Ritual Reversal", *Journal of Hellenic Studies*, 125, 73-92.

Fouchard, A. (1997). *Aristocratie et démocratie. Idéologies et sociétés en Grèce ancienne*, Besançon.

Hansen, M.H. (ed. 1993). *The Ancient Greek City-State*, Copenhagen.

Hölkeskamp, K.-J. (1994). "Tempel, Agora und Alphabet. Die Entstehungsbedingungen von Gesetzgebung in der archaischen Polis", en H.-J. Gehrke (ed.), *Rechtskodifizierung und soziale Normen im interkulturellen Vergleich*, Tübingen, 133-164.

Hölkeskamp, K.-J. (1999). *Schiedsrichter, Gesetzgeber und Gesetzgebung im archaischen Griechenland*, Stuttgart.

Hölkeskamp, K.-J. (2000). "(In-)Schrift und Monument. Zum Begriff des Gesetzes im archaischen und klassischen Griechenland", *Zeitschrift für Papyrologie und Epigraphik*, 132, 73-96.

Hölkeskamp, K.-J. (2010). "Lykurg – der Mythos vom Verfassungsstifter und Erzieher", en Stein-Hölkeskamp & Hölkeskamp (eds. 2010), 316-335.

Humphreys, S.C. (1978). *Anthropology and the Greeks*, London.

Humphreys, S.C. (1982). "Fustel de Coulanges and the Greek *genos*", *Sociologia del Diritto*, 9, 35-44.

Lane Fox, R. (2000) "Theognis: An Alternative to Democracy", en Brock & Hodkinson (eds. 2000), 36-51.

Mann, Ch. (2001). *Athlet und Polis im archaischen und frühklassischen Griechenland*, Göttingen.

Mitchell, L.G. & Rhodes, P.J. (eds. 1997). *The Development of the Polis in Archaic Greece*, London.

Morgan, C. (1993). "The Origins of Pan-Hellenism", en N. Marinatos & R. Hägg (eds.), *Greek Sanctuaries: New Approaches*, London, 19-44.

Morris, I. & Raaflaub, K.A. (eds. 1997). *Democracy 2005? Questions and Challenges*, Dubuque.

Murray, O. (1983). "The *Symposion* as Social Organisation", en R. Hägg (ed.), *The Greek Renaissance of the Eighth Century: Tradition and Innovation*, Stockholm, 195-199.

Murray, O. (2009). "The Culture of the *Symposion*", en Raaflaub & van Wees (eds. 2009), 508-523.

Murray, O. (ed. 1990). *The Culture of the* Symposion: *A Symposium on the* Symposion, Oxford.

Neer, R.T. (2007). "Delphi, Olympia, and the Art of Politics", en H.A. Shapiro (ed.), *The Cambridge Companion to Archaic Greece*, Cambridge, 225-264.

Nicholson, N.J. (2005). *Aristocracy and Athletics in Archaic and Classical Greece*, Cambridge.

Ober, J. (1996). *The Athenian Revolution: Essays on Ancient Greek Democracy and Political Theory*, Princeton.

Patterson, C.B. (1989). *The Family in Greek History*, Cambridge.

Raaflaub, K.A., Ober, J., Wallace, R.W. *et al.* (2008). *Origins of Democracy in Ancient Greece*, Berkeley.

Raaflaub, K.A. & van Wees, H. (2009). *A Companion to Archaic Greece*, Malden.

Reinhold, M. (1970). *A History of Purple as a Status Symbol in Antiquity*, Brussels.

Roussel, D. (1976). *Tribu et cité. Études sur les groupes sociaux dans les cités grecques aux époques archaïque et classique*, Paris.

Schmitz, W. (1999). "Nachbarschaft und Dorfgemeinschaft im archaischen und klassischen Griechenland", *Historische Zeitschrift*, 268, 561-597.

Schmitz, W. (2004). *Nachbarschaft und Dorfgemeinschaft im archaischen und klassischen Griechenland*, Berlin.

Schmitz, W. (2007). *Haus und Familie im antiken Griechenland*, München.

Schmitz, W. (2008). "Verpaßte Chancen. Adel und Aristokratie im archaischen und klassischen Griechenland", en H. Beck, P. Scholz & U. Walter (eds.), *Die Macht der Wenigen. Aristokratische Herrschaftspraxis, Kommunikation und "edler" Lebensstil in Antike und Früher Neuzeit*, München, 35-70.

Schmitz, W. (2014). *Die griechische Gesellschaft. Eine Sozialgeschichte der archaischen und klassischen Zeit*, Heidelberg.

Schneider, L.A. (1975). *Zur Bedeutung der archaischen Korenstatuen*, Hamburg.

Schneider, Th. (1991-92). "Félix Bourriots 'Recherches sur la nature du génos' und Denis Roussels 'Tribu et cité' in der althistorischen Forschung der Jahre 1977-1989", *Boreas*, 14-15, 15-31.

Selle, H. (2008). *Theognis und die Theognidea*, Berlin.

Stahl, M. (1987). *Aristokraten und Tyrannen im archaischen Athen*, Stuttgart.

Stein-Hölkeskamp, E. (1989). *Adelskultur und Polisgesellschaft. Studien zum griechischen Adel in archaischer und klassischer Zeit*, Stuttgart.

Stein-Hölkeskamp, E. (1997). "Adel und Volk bei Theognis", en W. Eder & K.J. Hölkeskamp (eds.), *Volk und Verfassung im vorhellenistischen Griechenland*, Stuttgart, 21-35.

Stein-Hölkeskamp, E. (2009). "The Tyrants", en Raaflaub & van Wees (eds. 2009), 100-116.

Stein-Hölkeskamp, E. & Hölkeskamp, K.-J. (2018). *Ethos – Ehre – Exzellenz. Antike Eliten im Vergleich*, Göttingen.

Stein-Hölkeskamp, E. & Hölkeskamp, K.-J. (eds. 2010). *Die griechische Welt. Erinnerungsorte der Antike*, München.

Ulf, Ch. (1990). *Die homerische Gesellschaft. Materialien zur analytischen Beschreibung und historischen Lokalisierung*, München.

van Wees, H. (2000). "Megara's Mafiosi: Timocracy and Violence in Theognis", en Brock & Hodkinson (eds. 2000), 52-67.

van Wees, H. (2002). "Greed, Generosity, and Gift Exchange in Early Greece and the Western Pacific", en W. Jongman & M. Kleijwegt (eds.), *After the Past: Essays in Ancient History in Honour of H.W. Pleket*, Leiden, 341-378.

Wecowski, M. (2014). *The Rise of the Aristocratic Banquet*, Oxford.

Welwei, K.-W. (1983). *Die griechische Polis*, Stuttgart [3ª ed. 2017].

Welwei, K.-W. (2011). *Athen von den Anfängen bis zum Beginn des Hellenismus*, Darmstadt.

Antiguas guerras entre vecinos. Rituales y propaganda[1]

Natasha Bershadsky
(Center for Hellenic Studies, Harvard University)

Este artículo ofrece un resumen de mi investigación sobre dos conflictos: la Guerra Lelantina y los enfrentamientos argivo-espartanos por la Tireátide. Propongo considerar al mito como el núcleo de estas confrontaciones históricamente problemáticas. Una vez que el motivo de la antigua lucha letal entre ciudades vecinas es percibido como un mito política y culturalmente potente, se vuelve posible descubrir los contornos de las transformaciones y apropiaciones históricas del mito. Se presenta la siguiente reconstrucción: en el período arcaico, las disputas por la llanura lelantina y la Tireátide no constituyeron guerras propiamente dichas. Fueron, más bien, enfrentamientos rituales, que generalmente ocurrían en condiciones de paz entre los bandos enfrentados. Los participantes, que pertenecían a la clase de los *hippeîs*, recreaban mitos de antiguas luchas devastadoras sobre los territorios en disputa, y las batallas, que probablemente no fueran letales, servían como ritos de paso a la adultez para los jóvenes de la élite. Hacia finales del siglo VI a.C., el sistema aristocrático de recreaciones rituales se había desintegrado. Sin embargo, los mitos de las antiguas enemistades entre las ciudades-estado vecinas conservaron su poder: su prestigio los convirtió en un ámbito de disputa en las luchas políticas intra-*polis*, en el que las facciones democrática y oligárquica introdujeron diferentes perspectivas y modificaciones.

1 Traducción de Sergio Amor y Agustín Saade.

Enfrentamientos extraños

A continuación, presento un resumen de mi investigación sobre varios conflictos de la era arcaica y sus transformaciones en el período clásico[2]. He estudiado en detalle la guerra entre Eretria y Calcis por la llanura lelantina, y la lucha entre Esparta y Argos por el territorio de la Tireátide. También describiré mi trabajo en desarrollo sobre los enfrentamientos entre Tebas y Orcómeno.

Mi visión de estos conflictos está en deuda con el trabajo de investigación de Angelo Brelich, quien ha delineado numerosas características peculiares de las guerras por la Tireátide y la llanura lelantina. Brelich (1961; conclusiones en 80-84) ha notado la presencia de regulaciones que limitan el alcance de los combates. Además, ha observado que en ocasiones se mencionan enfrentamientos que tienen lugar en condiciones de paz entre los bandos opuestos; también ha señalado conexiones entre estos conflictos y ciertos cultos y rituales, así como interesantes referencias a cortes de pelo asociados con el combate, todo lo cual parece vincular estos conflictos con los ritos de pasaje.

La Guerra Lelantina fue una larga disputa entre las vecinas ciudades eubeas de Eretria y Calcis por la llanura lelantina, situada entre ambas. Estrabón (10.1.12) relata que Eretria y Calcis estaban "fundamentalmente de acuerdo entre ellas" (πλέον ὡμολόγουν ἀλλήλαις) y que acordaron no usar armas de alcance en los combates. Aparecen referencias a la guerra en Eubea en la poesía de Hesíodo (*Trabajos y días*, 654-657), Arquíloco (fr. 3 West) y Teognis (891-894). Fuentes posteriores narran que alguna vez los Curetes lucharon reiteradamente por la llanura lelantina, y que se cortaban la parte delantera de la cabellera para evitar ser jalados de ella durante el combate (Estrabón 10.3.6; compárese con Plutarco, *Teseo*, 5). Otro episodio de la Guerra Lelantina sirvió de etiología para la aceptación de la pederastia por los calcídeos (Plutarco, *Obras Morales*, 760e-761b). Tucídides menciona a la antigua guerra entre Eretria y Calcis como el único caso previo a la Guerra del

---

2 Me gustaría expresar mi gratitud hacia los organizadores de la conferencia *Encuentros con las élites en el mundo antiguo*, por crear una atmósfera tan cordial, así como intelectualmente vibrante. También agradezco a los participantes por las interacciones tan productivas.

Peloponeso en el que el mundo griego se dividió en alianzas con uno u otro bando (Tucídides, 1.15.3; Brelich, 1961: 9-21).

El relato más conocido del enfrentamiento argivo-espartano por la Tireátide (una llanura fértil en la región costera montañosa de la Cinuria) es la descripción de Heródoto de la Batalla de los Campeones, en la que trescientos argivos y trescientos espartanos lucharon por ese territorio, hasta que solo dos argivos y un espartano quedaron con vida, y ambos bandos se dieron por victoriosos. Una gran batalla tuvo lugar a continuación, en la que los espartanos tomaron la Tireátide. Heródoto concluye el episodio informando que, después de la batalla, los argivos decidieron adoptar la costumbre de cortarse el cabello en señal de duelo por la pérdida de la Tireátide, mientras que los espartanos comenzaron a dejarse el cabello largo (Heródoto 1.82). Tucídides (5.41.1) describe a la Cinuria (termino que frecuentemente es usado de manera intercambiable con la Tireátide) como "un territorio fronterizo sobre el que [Esparta y Argos] han estado disputando desde siempre" (αἰεὶ πέρι διαφέρονται μεθορίας οὔσης) y menciona que en 421 a.C. los argivos propusieron a los espartanos un tratado de paz, cuya condición consistía en librar batallas por la Tireátide, en las que la persecución no estuviera permitida más allá de las fronteras de Argos y Esparta (Tucídides, 5.41.2). La disputa por la Tireátide está asociada con la figura de Apolo Pitio, adorado tanto por los argivos como por los espartanos (cf. Kowalzig, 2007: 132-157). La festividad espartana de las Gimnopedias conmemoraba la victoria espartana en la batalla por la Tireátide (Sosibio, *ap*. Ateneo, 15.678b; Brelich, 1961: 22-34).

Brelich (1961: 83-84) sostuvo que las hostilidades por la llanura lelantina y la Tireátide comenzaron como combates rituales que funcionaban como ritos de pasaje durante la Edad Oscura griega. Más tarde, los enfrentamientos rituales se transformaron en guerras reales, dejando solo un "aura" cultual-ritual. Sin embargo, debemos preguntarnos: ¿cuál es la naturaleza precisa de esa aura que permanece después de la cesación del ritual?; ¿cómo mutaron los rituales en guerras reales?

Además, los intentos de reconstruir los contornos históricos de estos conflictos en el período arcaico no han producido un cuadro coherente. Las fechas propuestas para la Guerra Lelantina abarcan más de dos siglos, y no existe un consenso sobre el alcance y el curso de las hostilidades[3]. El análisis de Jonathan Hall (2007: 8) concluye que es incierto "cuándo ocurrió –o, incluso, si ocurrió– la Guerra Lelantina" (cf. Bakhuizen, 1976: 36).

De manera similar, Thomas Kelly ha argumentado que la enemistad arcaica entre Esparta y Argos nunca existió. El único objeto de disputa entre Argos y Esparta atestiguado tanto en las fuentes clásicas como en las anteriores es el territorio de la Tireátide/Cinuria. Sin embargo, Kelly (1970: 980-981) ha señalado que un requisito previo para el interés estratégico de Esparta en ese territorio era el dominio espartano sobre Tegea, que controlaba el único acceso posible a la Cinuria. No está claro, por lo tanto, por qué Esparta habría estado dispuesta a luchar por esa llanura aislada, situada en un terreno extremadamente montañoso, antes de mediados del siglo VI, cuando estableció su hegemonía sobre Tegea. A partir de entonces, tenemos un registro claro de hostilidades entre Argos y Esparta.

Mitos y rituales bélicos entre ciudades vecinas

Entonces, ¿tuvieron lugar los enfrentamientos por la Tireátide y la llanura lelantina antes de mediados del siglo VI a.C.? Al mismo tiempo, tenemos la imagen de una Guerra Lelantina global, de alto perfil, transmitida por Tucídides (1.15.3), quien afirma que "en aquella guerra entre los calcídicos y eretrios, el resto de los griegos también se dividieron en alianzas con uno u otro bando" (ἐς τὸν πάλαι ποτὲ γενόμενον πόλεμον Χαλκιδέων καὶ Ἐρετριῶν καὶ τὸ ἄλλο Ἑλληνικὸν ἐς ξυμμαχίαν ἑκατέρων διέστη). En consecuencia, considero que si bien podemos dudar sobre si la guerra realmente tuvo lugar, es justo derivar de la referencia de Tucídides al "resto de los griegos" (τὸ ἄλλο Ἑλληνικὸν) que se creía que la Guerra Lelantina había involucrado a todo el mundo griego. En otras palabras, que era una tradición panhelénica. Y, si pensamos en la Guerra Lelantina como un mito panhelénico, las referencias a esa guerra en la poesía panhelénica de Hesíodo, Arquíloco y Teognis pueden ser tomadas como indicadores adicionales de la importancia política y cultural de esa guerra.

---

3 Cf. Tausend (1987: 501-508) y Parker (1997) para una revisión de la bibliografía previa sobre el tema, incluyendo las fechas, los aliados y las causas propuestas.

Sugiero que operar con el concepto de la Guerra Lelantina como mito nos permitirá avanzar en nuestra comprensión de la forma en que encajan las diversas informaciones que poseemos sobre el enfrentamiento entre Calcis y Eretria. Una vez que apreciamos que la idea de que hubo batallas antiguas para la llanura lelantina es un mito[4], podemos enfrentar con mayor éxito su aparentemente inexistente contraparte histórica. Ahora, nuestro principal objetivo ya no es reconstruir las hostilidades históricas, sino rastrear una serie de adaptaciones y transformaciones del mito, incrustadas en sus contextos históricos.

Cuando intenté reconstruir los mitos relacionados con la lucha por la llanura lelantina, quedó claro que la referencia a los Curetes luchando reiteradamente por la llanura es parte de una estructura mítica más extensa. La versión local euboica de la genealogía de los Curetes los hacía hijos de la ninfa Calcis, y los retrataba (a ellos o a su madre) como los inventores de la armadura de bronce.

De manera que el mito contempla a los Curetes, primeros humanos en Eubea, cobrando vida, cubriéndose de bronce y luchando continuamente por la llanura lelantina. En mi reconstrucción, se trata de una lucha intestina, que tiene lugar entre los Curetes y resulta en la aniquilación de la antigua ciudad de Calcis-Eubea, a la que se imaginaba situada en la llanura lelantina (Bershadsky, 2013: 80-93; 2018a).

Esta estructura mítica parece complementar perfectamente la conjetura de Brelich acerca de la existencia de combates rituales sobre la llanura de llantina. Sin embargo, no sitúo esos combates en la Edad Oscura, sino a lo largo del período arcaico. En otras palabras, sugiero que existió una práctica de enfrentamientos rituales recurrentes por la llanura lelantina, que recreaba las devastadoras luchas de los Curetes (Bershadsky, 2013: 110-111; 2018a)[5]. Estos enfrentamientos eran normativamente no-letales y tenían lugar en condiciones de paz entre Eretria y Calcis. Funcionaban como ritos de pasaje a la adultez para los jóvenes eretrios y calcídicos que participaban en ellos, quienes adquirían para esas ocasiones

4 Uso "mito" en el sentido de "narrativa cultural de importancia crucial", y no "relato contrario a los hechos".

5 Arquíloco, fr. 3 West, parece describir una configuración semejante: predice una batalla futura en Eubea que será librada a la manera de los antiguos combates. Cf. Bershadsky (2013: 94-105; 2018a).

un peinado "curético", cortándose el cabello en la parte delantera de la cabeza. El carácter panhelénico de los enfrentamientos se reflejaba en la presencia de aliados de otras ciudades-estado que, como los participantes eretrios y calcídicos, pertenecían a las aristocracias de sus ciudades (profundizo sobre esto más adelante).

En el caso de la confrontación argivo-espartana por la Tireátide es posible un análisis similar, aunque existen diferencias entre los dos casos. La guerra por la Tireátide no parece ser un fenómeno panhelénico. Sin embargo, es posible distinguir, de manera similar, elementos del mito, el ritual y la historia en nuestra fuente más antigua, la descripción de Heródoto de la Batalla de Campeones.

En primer lugar, la fecha de 546 a.C., comúnmente atribuida a la batalla porque en la narrativa de Heródoto está sincronizada con la derrota de Creso por los persas, no es confiable, ya que no existe una relación causal entre esta batalla y la derrota de Creso. Una vez que se prescinde de la precisión cronológica engañosa, el relato revela su naturaleza compuesta: la contraparte mítica es la de una batalla entre trescientos espartanos y trescientos argivos, que luchan hasta la muerte; el componente histórico es la batalla a gran escala narrada por Heródoto, que refleja la anexión espartana de la Tireátide, lo que aparentemente ocurrió a mediados del siglo VI[6]. Sostengo que previamente existieron enfrentamientos rituales recurrentes entre los espartanos y los argivos, que recreaban la letal Batalla de los Campeones (cf. Bershadsky, 2012; 2013: 185-202). La referencia de Heródoto a los peinados especiales, relacionados con la lucha por la Tireátide, es un eco de estos enfrentamientos rituales. Más importante aún, Tucídides proporciona testimonio de un intento de reestablecer las batallas regladas por la Tireátide en el marco de un tratado de paz entre Argos y Esparta en 421.

Participantes aristocráticos de los combates rituales

Es de gran importancia el hecho de que los participantes en los enfrentamientos rituales parecen ser de la aristocracia (cf. Howe, 2008: 81): pertenecen a la clase social de los caballeros (*hippeîs*). Los *hippeîs* eretrios y los *hippobótai* calcídicos son explícitamen-

6 La ocupación de la Cinuria por los espartanos parece estar atestiguada por una proliferación de asentamientos, comprobada arqueológicamente, en ese territorio a mediados del siglo VI a.C. Cf. Kennell (2010: 52).

te señalados como participantes clave en la Guerra Lelantina. Sabemos por numerosos pasajes de Aristóteles que la Eretria arcaica era gobernada por los *hippeîs* (Aristóteles, *Política,* 1306a; [Aristóteles], *Constitución de los atenienses,* 15.2) y Calcis por los *hippobótai* (Heródoto, 5.77.2-3; Aristóteles, fr. 603 Rose, *ap*. Estrabón, 10.1.8), y que ambas clases superiores criadoras de caballos estaban en guerra entre sí (Aristóteles, *Política,* 1289b). Infiero que los enfrentamientos por la llanura lelantina funcionaron como ritos de pasaje a la adultez para los jóvenes *hippeîs* e *hippobótai* que participaban en ellos (Bershadsky, 2013: 137-139; 2018a).

La situación con Esparta y Argos es menos sencilla. Sin embargo, es probable que en las primeras etapas de las batallas rituales argivo-espartanas por la Tireátide los participantes también pertenecieran a la clase social de los caballeros. La clave está en la institución espartana de los *hippeîs*.

Las fuentes antiguas describen a los *hippeîs* espartanos como un cuerpo de trescientos hoplitas selectos. En el período clásico, los *hippeîs* luchaban cerca del rey y tenían la tarea de protegerlo. También servían como "fuerza de emergencia" en casos de peligro interno o externo (Figueira, 2006: 58-60; asimismo, Detienne, 1968: 135).

Eran escogidos, mediante una competencia, del cuerpo de los *hebôntes* (Jenofonte, *República de los lacedemonios,* 4.3-4; Figueira, 2006: 62-67), los espartiatas de entre veinte y treinta años de edad. Sin embargo, como sugiere Thomas Figueira (2006: 68), los *hippeîs* espartanos deben haber sido alguna vez jinetes aristocráticos. Figueira propone que, en el proceso de transformación igualadora de Esparta, se creó una versión más abierta de los aristocráticos "proto-*hippeîs*" hereditarios: el cuerpo selecto de *hippeîs* hoplíticos, elegido sobre la base de la excelencia militar.

El cuerpo de los *hippeîs* y el mito de la Batalla de los Campeones están vinculados por el número de los *hippeîs*, trescientos, y también por la ideología del cuerpo. Nicole Loraux (1995: 73, 280 n. 113, con referencias a Isócrates, *Sobre la Paz*) observa que el código de comportamiento de los *hippeîs* en el campo de batalla era más estricto que el de los hoplitas regulares, obligándolos, por ejemplo, a morir con un rey. Así, la ideología de la muerte bella, expresada en el mito de la Batalla de los Campeones[7], era aplicable especialmente a ellos.

He presentado una versión completa del argumento en otra parte (Bershadsky, 2012: 70-72; 2013: 224-236); pero, en resumen, propongo el siguiente escenario: en una etapa anterior, los aristocráticos proto-*hippeîs* espartanos participaban en las recreaciones rituales de la Batalla de los Campeones con sus oponentes argivos. La designación espartana alternativa de los *hippeîs* como *ko(û)roi*, "jóvenes"[8], probablemente se remonte a ese período, cuando las batallas rituales servían de iniciaciones en la edad adulta (el término *kóroi* trae a la memoria a los Curetes de Eubea en el mito de la Guerra Lelantina). Más tarde, cuando las reformas igualadoras ampliaron los derechos en Esparta, el sistema reorganizado se apropió del mito aristocrático de la lucha a muerte por la Tireátide como una encarnación de las virtudes espartanas. La lucha era conmemorada en el festival de las Gimnopedias, que dramatizaba la unificación de la sociedad espartana[9]. Al mismo tiempo, una nueva institución, el selecto cuerpo de los *hippeîs*, reclamó una conexión particularmente fuerte con el mito, en paralelo con sus precursores aristocráticos, los proto-*hippeîs*.

Sin embargo, los nuevos *hippeîs* no recrearon, meramente, el mito en una forma atenuada y no letal: más bien, el mito animó su conducta de batalla. Se esperaba que lucharan hasta el último hombre[10].

La oscuridad del curso exacto de los cambios en la Esparta arcaica hace que la descripción precedente sea algo abstracta, pero la creación de los cuerpos de élite abiertos a todos los espartiatas

---

7 Sobre el mito de la Batalla de los Campeones como una articulación de la ideología de la "bella muerte", ver Bershadsky (2012: 61-66).

8 Figueira (2006: 67); Kennell (1995: 139). La información proviene de Arquitas, *ap.* Estobeo, *Florilegium*, 4.1.138 = 34.16-27 Thesleff.

9 Cf. Ducat (2006a: 268-272) sobre la *trikhoria* y las competiciones corales por grupos etarios en las Gimnopedias.

10 Figueira (2006: 61-62) ha sugerido (a partir de Heródoto, 7.205.2) que los heroicos trescientos de las Termópilas no eran *hippeîs*, sino ex-*hippeîs* que ya tenían hijos; ha argumentado que, en el "espíritu de la metonimia institucional", su muerte se asoció con los *hippeîs*, aumentando la gloria del cuerpo. Otro episodio de muerte de 300 guerreros espartanos es atestiguado por Heródoto, en una breve mención de la suerte de Arimnesto, quien cayó con sus trescientos hombres en una batalla contra "todos los mesenios" (9.64.2, en referencia a la revuelta hilota de 465 a.C.). Figueira (2006: 60) entiende que el episodio involucró al cuerpo de *hippeîs*; Loraux (1995: 72).

sobre la base del mérito y portando el nombre aristocrático de los *hippeîs* debe haber sido un paso radical. Un análisis de la constitución mixta de Esparta, transmitida por Estobeo y atribuida por él a Arquitas, destaca a los *hippagrétai* (los que seleccionaban a los *hippeîs*) y a los *kóroi* (*hippeîs*) como los componentes democráticos de la constitución (Figueira, 2006: 66-67).

Situar la creación del cuerpo de los *hippeîs* en la línea de tiempo de la disputa argivo-espartana es una cuestión crucial que requiere más investigación. Conjeturo que la creación de ese cuerpo fue uno de los pasos en el proceso de transformación de las batallas rituales en hostilidades reales, que dio lugar a la anexión permanente de la Tireátide por Esparta a mediados del siglo VI.

Transformaciones de los mitos de antiguas enemistades

Las confrontaciones rituales por la llanura lelantina entre Calcis y Eretria debieron haberse detenido cuando Atenas tomó el control de la llanura en el año 506 a.C. (Herodoto, 5.77.2). Por consiguiente, a finales del siglo VI, las recreaciones aristocráticas de las batallas letales por el dominio de las fronteras pertenecían al pasado. Sin embargo, las historias de confrontación entre Eretria y Calcis, y entre Argos y Esparta, siguieron estando muy presentes. Estas se convirtieron en argumentos muy disputados entre las facciones democráticas y oligárquicas. A continuación, presento dos casos, el primero de Eretria y el segundo de Argos.

Heródoto narra que los eretrios y los atenienses enviaron ayuda militar a Mileto en 499 a.C, durante la revuelta jonia. El historiador señala que los eretrios no lo hicieron para complacer a los atenienses, sino para retribuir a los milesios por su anterior ayuda en la guerra contra Calcis, cuando los calcídeos fueron asistidos por los samios (Heródoto, 5.99). Al interpretar esta información, es crucial tomar en consideración que Eretria se convirtió en una democracia hacia finales del siglo VI a.C. (Knoepfler, 2010: 113-115; también, Walker, 2004: 236-269), y disfrutó de buenas relaciones con Atenas. Es sorprendente ver cómo se debilitan estas relaciones cercanas y encontrar, en cambio, al joven régimen democrático justificar sus acciones refiriéndose a enfrentamientos aristocráticos interrumpidos. Sugiero que Heródoto transmite aquí un caso antiguo de propaganda: el régimen democrático se apropia del pasado aristocrático para sus propios fines. En este proceso, el enfrentamiento ritual es reinterpretado como un hecho real. El vínculo "partidista" pro-democrático de Eretria con Atenas queda solapado, mientras que a la iniciativa militar se le da una apariencia tradicional[11].

En Argos, tanto las facciones oligárquicas como las democráticas intentaron apropiarse de las historias de enfrentamientos por la Tiréatide y de la enemistad entre Esparta y Argos. Esto ha resultado en un registro histórico sorprendentemente complejo, constituido por numerosos y variados relatos y contra-relatos. He intentado aislar algunas de esas capas en un trabajo anterior. Por ejemplo, he argumentado que el relato de la defensa heroica de Argos por parte de las mujeres argivas después de la Batalla de Sepea fue un mito fundacional de la democracia argiva en los años 460[12]. Sin embargo, en el presente trabajo me gustaría discutir una serie diferente de acontecimientos.

Ya he mencionado la descripción de Tucídides (5.41) de la propuesta que hicieron los argivos a los espartanos en 421 a.C. Los argivos ofrecieron firmar un tratado de paz con los espartanos, bajo la condición de seguir realizando batallas por el control de la Tireátide, en las que la persecución no iría más allá de las fronteras de Argos y Esparta. Las batallas tendrían lugar solo en ausencia de guerras o plagas tanto en Esparta como en Argos. ¿Cuál era el objetivo de la sugerencia de los argivos de reproducir el viejo enfrentamiento por la Tireátide? Comúnmente se interpreta como una simple ensoñación sobre su pasado glorioso.

Sin embargo, parece claro que la idea de volver a recrear la batalla fue un hecho promovido por la facción oligárquica argiva. Por lo tanto, algunos miembros de la aristocracia argiva estaban interesados en resucitar la antigua práctica de enfrentar a los espartanos en batallas por la Tireátide. No tenemos información

11 Para una versión más completa de este argumento, Bershadsky (2018b). Es probable que haya habido una división facciosa en ese período en Eretria: sabemos que las élites eretrias, o al menos una parte de ellas, prefirieron a los persas en lugar de los atenienses, y rindieron su ciudad a los persas en 490 a.C. (Heródoto, 6.101).

12 Bershadsky (2013: 237-295). Sobre las modificaciones del culto de Apolo Pitio, una figura divina que velaba sobre los combates rituales por la Tireátide a favor de la facción democrática argiva en diferentes períodos, ver Bershadsky (2013: 333-340, 366-369).

directa sobre sus razones, pero los sucesos de los siguientes años nos dan algunos indicios.

En primer lugar, en el lapso de un año se instituyó en Argos a expensas públicas un cuerpo especial de élite de unos mil hombres jóvenes. Diodoro Sículo (12.75.7) señala que estos jóvenes "eran, al mismo tiempo, los más vigorosos en cuerpo y los más ricos" (καὶ μάλιστα τοῖς τε σώμασιν ἰσχύοντας καὶ ταῖς οὐσίαις); por lo tanto, si bien estos "Mil" fueron financiados con fondos públicos y se suponía que debían ser seleccionados a partir de los integrantes de la asamblea de ciudadanos (Diodoro Sículo, 12.80.2), aparentemente eran un grupo aristocrático. Nuevamente, nos está faltando información directa, pero es posible que la conformación de los "Mil" estuviera relacionada con la idea de revivir las batallas por la Tireátide: tal vez los "Mil" estaban originalmente destinados a luchar realmente contra los espartanos por ese territorio (Piérart, 2009: 278; Bershadsky, 2012: 73; 2013: 361).

En 421 a.C., el tratado de paz entre Argos y Esparta aún no había entrado en vigencia —Alcibíades indujo a los argivos a realizar una *volte-face*, por lo que hicieron una alianza con Atenas—. Las posteriores transformaciones de los "Mil" son extraordinarias. Lucharon contra los espartanos en la Batalla de Mantinea en 418 y, aunque los argivos perdieron la batalla, los "Mil" ganaron popularidad en Argos (Aristóteles, *Política*, 1304a 25-26; Diodoro Sículo, 12.80.3). La mayoría de los "Mil" sobrevivieron a la batalla (Tucídides, 5.73.4), y Diodoro Sículo (12.79.6) transmite un relato fascinante que reivindica su supervivencia. Cuenta que los espartanos rodearon a los "Mil" y estaban a punto de masacrarlos a todos (κατακόψειν ἅπαντας), cuando el consejero de Agis, Fárax, les indicó que dejaran pasar al selecto cuerpo argivo (τοῖς λογάσι δοῦναι δίοδον), con el fin de no "aprender del valor condenado" (λαβεῖν ἀτυχούσης ἀρετῆς) de hombres que "abandonaron todas las esperanzas de vivir" (ἀπεγνωκότας τὸ ζῆν). Esta historia presenta a los "Mil" como los nuevos Campeones, los letales luchadores a los que deben permitir escapar precisamente porque están dispuestos a morir ante un hombre (Bershadsky, 2012: 74; 2013: 369-374). Es necesario concluir que el relato de Diodoro deriva de una versión laudatoria difundida por los propios "Mil".

Varios investigadores modernos interpretaron la supervivencia de los "Mil" como un movimiento estratégico de los espartanos, quienes "estaban mirando más allá de la batalla" (Hanson, 2005: 159; Ruzé, 2006: 270-271), al dejar ir a los "Mil" para que se convirtieran en una base de apoyo espartana en Argos. De hecho, la admiración que provocaron los "Mil" en Argos pronto dio sus frutos: se celebró un tratado de paz con Esparta, seguido de una alianza argivo-espartana, y luego por un golpe oligárquico en Argos en 417 (Tucídides, 5.76-81). El golpe fue realizado por los "Mil" argivos, quienes fueron asistidos por mil espartanos (Tucídides, 5.81.2).

Las manipulaciones del mito del enfrentamiento por la Tireátide emergen como un medio esencial de la facción oligárquica argiva para ejecutar las maniobras políticas necesarias en su camino al poder, desde la elaboración del tratado de paz con Esparta como una continuación de la antigua disputa por la Tireátide, hasta la presentación de la sospechosa supervivencia de los "Mil" en Mantinea como una prueba de su similitud con los intrépidos Campeones, como así también la ejecución del golpe en Argos con un grupo numéricamente idéntico de espartanos. El uso retórico del mito permitió a los "Mil" argivos una notable fluidez en su auto-representación: podían asumir una postura pro-espartana o anti-espartana para respaldar tanto la paz como la guerra, al tiempo que enfatizaban su conexión carismática con el pasado heroico.

Tebas y Orcómeno

Consideremos ahora otro par de ciudades: Tebas y Orcómeno. Para esto, mi texto clave es un pasaje de Diodoro Sículo (15.79.3-6), fechado en 364 a.C. La narrativa es tan notable que merece ser citada en su totalidad:

> (3) τότε δὲ τοῖς Θηβαίοις ἔδοξε στρατεύειν ἐπὶ τὸν Ὀρχομενὸν διὰ τοιαύτας τινὰς αἰτίας. τῶν φυγάδων τινὲς βουλόμενοι τὴν ἐν Θήβαις πολιτείαν εἰς ἀριστοκρατικὴν κατάστασιν μεταστῆσαι, συνέπεισαν τοὺς τῶν Ὀρχομενίων ἱππεῖς, ὄντας τριακοσίους, συνεπιλαβέσθαι τῆς ἐπιβολῆς. (4) οὗτοι δὲ εἰωθότες μετὰ Θηβαίων ἀπαντᾶν ἡμέρᾳ τεταγμένῃ πρὸς τὴν ἐξοπλισίαν, εἰς ταύτην συνέθεντο ποιήσασθαι τὴν ἐπίθεσιν· πολλῶν δὲ καὶ ἄλλων κοινωνούντων τῆς προθέσεως καὶ προσορμησάντων, ἀπήντησαν πρὸς τὸν καιρόν. (5) οἱ μὲν οὖν συστησάμενοι τὴν πρᾶξιν μετανοήσαντες ἐδήλωσαν τοῖς βοιωτάρχαις τὴν ἐπίθεσιν, προδόντες τοὺς συνομόσαντας, καὶ διὰ τῆς εὐεργεσίας ταύτης ἑαυτοῖς ἐπορίσαντο τὴν

σωτηρίαν. τῶν δ' ἀρχόντων συλλαβόντων τοὺς τῶν Ὀρχομενίων ἱππεῖς καὶ παραγαγόντων εἰς τὴν ἐκκλησίαν, ὁ δῆμος ἐψηφίσατο τούτους μὲν ἀποσφάξαι, τοὺς δ' Ὀρχομενίους ἐξανδραποδίσασθαι καὶ τὴν πόλιν κατασκάψαι. ἐκ παλαιῶν γὰρ χρόνων οἱ Θηβαῖοι πρὸς τούτους ἀλλοτρίως διέκειντο, δασμοφοροῦντες μὲν τοῖς Μινύαις ἐν τοῖς ἡρωικοῖς χρόνοις, ὕστερον δ' ὑφ' Ἡρακλέους ἐλευθερωθέντες. (6) οἱδ' οὖν Θηβαῖοι καιρὸν ἔχειν νομίσαντες καὶ προφάσεις εὐλόγους τῆς τιμωρίας λαβόντες, ἐστράτευσαν ἐπὶ τὸν Ὀρχομενόν· κατέχοντες δὲ τὴν πόλιν τοὺς μὲν ἄνδρας ἀπέκτειναν, τέκνα δὲ καὶ γυναῖκας ἐξηνδραποδίσαντο.

(3) En ese momento, los tebanos decidieron marchar contra Orcómeno por las siguientes razones. Ciertos refugiados que querían cambiar la constitución de Tebas a una aristocracia indujeron a los caballeros de Orcómeno, trescientos en total, a unirse a ellos en el intento. (4) Estos caballeros, que tenían el hábito de reunirse con algunos tebanos en un día determinado para realizar maniobras militares, acordaron realizar el ataque en este día, y junto con muchos otros que se unieron al movimiento y sumaron sus esfuerzos, se reunieron a la hora acordada. (5) Ahora, los hombres que habían originado la acción cambiaron de opinión, y revelaron a los beotarcas el ataque proyectado, traicionando así a sus compañeros conspiradores, y con este servicio adquirieron seguridad para sí mismos. Los oficiales arrestaron a los caballeros de Orcómeno y los llevaron ante la Asamblea, donde la gente votó ejecutarlos, vender a los habitantes de Orcómeno como esclavos y arrasar la ciudad. Pues desde tiempos anteriores los tebanos habían estado mal dispuestos hacia ellos, habiendo pagado tributo a los Minias en la Época Heroica, pero más tarde fueron liberados por Heracles. (6) Así que los tebanos, pensando que tenían una buena oportunidad y habiendo tenido pretextos plausibles para castigarlos, marcharon contra Orcómeno, ocuparon la ciudad, mataron a los habitantes masculinos y vendieron como esclavos a mujeres y niños[13].

Hay algunas similitudes notables entre este episodio y las reconstrucciones que he ofrecido para el caso de la Guerra Lelantina y el enfrentamiento argivo-espartano por la Tireátide. Primero, encontramos que 300 *hippeîs* de Orcómeno tenían una tradición de maniobras militares conjuntas (τὴν ἐξοπλισίαν) en una fe-

13 Traducción al inglés de Sherman (1952), modificada. (*N. del tr.*: la traducción al español se basa en el texto inglés, cotejado con el original en griego).

cha particular con "algunos tebanos"[14]. No solo eso, sino que los *hippeîs* orcomenios estaban listos para luchar en nombre de esos tebanos con el fin de derrocar la democracia tebana. Tal patrón de cooperación entre las aristocracias de las ciudades vecinas, junto con sus prácticas militares conjuntas, se parece mucho a mi modelo sobre las confrontaciones aristocráticas rituales que tienen lugar en el contexto de la paz entre bandos opuestos. Propongo que el relato de Diodoro de que los *hippeîs* de Orcómeno estaban acostumbrados (εἰωθότες) a reunirse con ciertos tebanos para realizar prácticas militares es evidencia de un recurrente compromiso militar y ritual análogo a las disputas sobre la llanura lelantina y la Tireátide. En el caso de los orcomenios y los tebanos en 364, no tenemos ninguna información concerniente a la forma particular del combate ritual: puede haber sido una batalla no-letal, o quizás ejercicios militares conjuntos más elaborados.

Es interesante plantear que la contraparte tebana de los 300 *hippeîs* orcomenios era también un cuerpo de 300 *hippeîs*. Tal situación se asemeja a los combates por el territorio de la Tireátide entre grupos de trescientos espartanos y argivos. El intento de los *hippeîs* de Orcómeno de apoyar un golpe de estado aristocrático en Tebas en 364 encuentra un paralelo exacto en los eventos de 417, cuando mil espartanos ayudaron al cuerpo de mil argivos a establecer un régimen oligárquico en Argos.

Diodoro agrega una información fascinante cuando narra el descubrimiento de la conspiración y la decisión de la asamblea tebana de destruir a Orcómeno. El foco de repente cambia a los tiempos antiguos (παλαιῶν γὰρ χρόνων), a los tiempos de los héroes (τοῖς ἡρωικοῖς χρόνοις): se relata que hubo una antigua enemistad entre Tebas y Orcómeno, y que los tebanos habían rendido tributo a los orcomenios hasta que Heracles los liberó. Podemos inferir que los encuentros militares rituales entre los *hippeîs* tebanos y orcomenios aparentemente tenían una contraparte mítica en la historia de la enemistad histórica entre las dos ciudades. Hemos visto mitos similares en el caso de la Guerra Lelantina y la lucha por la Tireátide.

---

14 Stylianou (1998: 498) asume que el hecho era solamente una "revista de caballería" que se realizaba de forma recurrente en un día particular en Tebas.

El último y excepcional aspecto de este episodio es su retrato escalofriante de la adopción retórica del mito de la enemistad por parte de la facción democrática tebana. La antigua confrontación entre Tebas y Orcómeno se usa para motivar la horriblemente brutal destrucción de Orcómeno. La propaganda democrática liga directamente el mito de las antiguas luchas con las salvajes hostilidades contemporáneas, contradiciendo la versión aristocrática, en la que las antiguas luchas deben haber servido de base para una relación amistosa entre las élites tebanas y orcomenias.

Si estoy en lo cierto al sugerir que hubo una versión anterior del mito de la enemistad que fue recreado ritualmente por los *hippeîs* tebanos y orcomenios, podemos esperar que dicho mito presente una batalla que terminó en un empate, o bien muestre otra conclusión dejando la disputa irresoluta. La versión del mito, utilizada por la facción democrática tebana y transmitida por Diodoro, es sin duda una producción tebana: su punto central es la victoria definitiva de Tebas, asistida por Heracles, sobre Orcómeno. Sin embargo, reconstruir los lineamientos tanto del mito anterior como de sus reelaboraciones en las circunstancias históricas posteriores es una tarea que debe realizarse en otro trabajo. Aquí solo puedo mencionar algunos detalles posiblemente relevantes. Varios pasajes transmiten variantes más elaboradas de los eventos descriptos por Diodoro: hablan de la muerte accidental del rey Clímeno de Orcómeno a manos de los tebanos en el santuario de Poseidón en Onquesto, como consecuencia de lo cual los tebanos fueron forzados por los orcomenios a rendirles un tributo. Una intervención de Heracles liberó a los tebanos de esa carga (Pausanias, 9.37.1-2; Pseudo-Apolodoro, *Biblioteca*, 2.4.11). Tal vez se puedan distinguir rastros de un estadio anterior del mito en ciertos elementos: por ejemplo, hay un detalle interesante de que Heracles defendió a Tebas de Orcómeno cuando era un efebo, y que dirigió un ejército de efebos tebanos contra Orcómeno (Diodoro Sículo, 4.10.2-4). La muerte del rey orcomenio, Clímeno, en el santuario de Poseidón en Onquesto también parece significativa, debido al rol del santuario en la formación de la identidad beocia (Estrabón, 9.2.33).

Sabemos por las inscripciones conmemorativas de Olimpia sobre la existencia de hostilidades en el siglo VI entre Orcómeno y Coronea, o entre Hieto y Tebas (*SEG* 11.1208; *SEG* 24.300). Como ha sugerido Hans Beck (2014: 31-32), estas confrontaciones deben verse en contraste a partir de "un trasfondo mucho más amplio de intercambios pacíficos", que incluyen "lazos económicos, la celebración de ritos religiosos e intentos de arbitraje". Tal vez, los enfrentamientos ritualizados entre las élites de Tebas y Orcómeno tuvieron algún papel en forjar la identidad grupal de las ciudades beocias, integrándolas a través de la competencia.

También podemos preguntarnos: ¿cuál era la relación entre los trescientos tebanos (quienes probablemente eran *hippeîs*) y el Batallón Sagrado? Mi respuesta tentativa es que el Batallón Sagrado era una apropiación democrática de las antiguas tradiciones tebanas del cuerpo aristocrático de trescientos. Podemos señalar testimonios anteriores de estos cuerpos aristocráticos. En 479 a.C. trescientos tebanos, "los primeros y mejores" (οἱ πρῶτοι καὶ ἄριστοι; Heródoto, 9.67), fueron asesinados luchando valientemente para el bando persa en la batalla de Platea. En 424, trescientos selectos guerreros tebanos, denominados aurigas y "aquellos que permanecen juntos [los aurigas]" (ἡνίοχοι καὶ παραβάται καλούμενοι, ἄνδρες ἐπίλεκτοι τριακόσιοι, Diodoro Sículo 12.70.1) derrotaron a los atenienses en Delio. Es de destacar que los trescientos tebanos se enfrentaron a los atenienses en ambas ocasiones; además, Tebas era una oligarquía tanto en 479 como en 424 (Robinson, 2011: 53-54). En contraste, entre los años 379 y 378, cuando se creó el Batallón Sagrado, Tebas acababa de convertirse en una democracia.

Es importante señalar que John Ma (2008: 83) ha caracterizado al Batallón Sagrado como un "sitio de memoria", una unidad cuya cultura reverberaba con ecos de un pasado heroico. Tal vez ahora podamos percibir más claramente el mecanismo por el cual se fue forjando esa conexión con el pasado: la democracia tebana se impuso por sí misma estableciendo un selecto grupo de individuos bajo el molde de la institución aristocrática más antigua. Hemos visto un ejemplo similar de apropiación de tradiciones aristocráticas en la Guerra Lelantina con el caso del régimen eretrio en el año 499 a.C.; la institución espartana de los *hippeîs* también presentaba un fascinante paralelo. Sorprendentemente, el relato de Diodoro nos permite reconstruir la existencia del antiguo grupo aristocrático de trescientos *hippeîs* tebanos junto al Batallón Sagrado en 364, catorce años después de la creación de esa nueva versión democrática del cuerpo de élite.

Conclusión

La recreación ritual de las antiguas luchas letales era un modo simbólicamente potente y también sorprendentemente maleable de representar la identidad de la élite en el período arcaico. Las recreaciones rituales recapturaron el pasado violento en el presente, a la vez que lo recrearon y lo domesticaron. Posicionaron a las élites participantes como representantes y defensoras de sus ciudades-estado, y al mismo tiempo reforzaron la división entre ellas y sus compatriotas que no integraban la élite. Simultáneamente, impulsaron a los aristócratas de las ciudades vecinas a enfrentarse unos contra otros en el campo de batalla, y forjaron vínculos aristocráticos de amistad y cooperación inter-*poleis*. Además, las oposiciones y paradojas internas inherentes al concepto de recreación de los combates catastróficos otorgaron a los participantes la posibilidad retórica y conceptual de alternar entre los idiomas de la guerra y la paz, entre la violencia mortal y sus sustitutos simbólicos. Esta adaptabilidad convirtió los mitos de las antiguas guerras entre ciudades vecinas en armas poderosas (aunque también de doble filo) en las luchas entre facciones democráticas y oligárquicas en el período clásico.

Bibliografía

Bakhuizen, S.C. (1976). *Chalcis-in-Euboea: Iron and Chalcidians Abroad*, Leiden.

Beck, H. (2014). "Ethnic Identity and Integration in Boiotia: The Evidence of the Inscriptions (6th and 5th century BCE)", en N. Papazarkadas (ed.), *The Epigraphy and History of Boeotia: New Finds, New Prospects*, Leiden, 19-44.

Bershadsky, N. (2012). "The Border of War and Peace: Myth and Ritual in Argive-Spartan Dispute over Thyreatis", en J. Wilker (ed.), *Maintaining Peace and Interstate Stability in Archaic and Classical Greece*, Mainz, 49-77.

Bershadsky, N. (2013). *Pushing the Boundaries of Myth: Transformations of Ancient Border Wars in Archaic and Classical Greece*, PhD Diss., University of Chicago.

Bershadsky, N. (2018a). "Impossible Memories of the Lelantine War", *Mètis*, n.s. 16, 191-213.

Bershadsky, N. (2018b). "Chariots on the Lelantine Plain and the Art of Taunting the Losers, Part 2: Enter Theseus", *Classical Inquiries*, May 22, https://classical-inquiries.chs.harvard.edu/chariots-on-the-lelantine-plain-and-the-art-of-taunting-the-losers-enter-theseus/.

Brelich, A. (1961). *Guerre, agoni e culti nella Grecia arcaica*, Bonn.

Detienne, M. (1968). "La phalange: problèmes et controverses", en J.-P. Vernant (ed.), *Problèmes de la guerre en Grèce ancienne*, Paris-La Haye, 119-142.

Ducat, J. (2006). *Spartan Education: Youth and Society in the Classical Period*, tr. E. Stafford, P.-J. Shaw & A. Powell, Swansea.

Hall, J. (2007). *A History of the Archaic Greek World, ca. 1200-479 BCE*, Malden.

Howe, T. (2008). *Pastoral Politics: Animals, Agriculture, and Society in Ancient Greece*, Claremont.

Figueira, Th. (2006). "The Spartan *Hippeis*", en Hodkinson & Powell (eds. 2006), 57-84.

Hanson, V.D. (2005). *A War Like no Other: How the Athenians and Spartans Fought the Peloponnesian War*, New York.

Hodkinson, S. & Powell, A. (eds. 2006). *Sparta and War*, Swansea.

Kelly, Th. (1970). "The Traditional Enmity between Sparta and Argos: The Birth and Development of a Myth", *American Historical Review*, 75, 971-1002.

Kennell, N.M. (1995). *The Gymnasium of Virtue: Education and Culture in Ancient Sparta*, Chapel Hill.

Kennell, N.M. (2010). *Spartans: A New History*, Malden.

Knoepfler, D. (2010). *La patrie de Narcisse. Un héros mythique enraciné dans le sol et dans l'histoire d'une cité grecque*, Paris.

Kowalzig, B. (2007). *Singing for the Gods: Performances of Myth and Ritual in Archaic and Classical Greece*, Oxford.

Loraux, N. (1995). *The Experiences of Tiresias: The Feminine and the Greek Man* [1989], tr. P. Wissing, Princeton.

Ma, J. (2008). "Chaironeia 338: Topographies of Commemoration", *Journal of Hellenic Studies*, 128, 72-91.

Parker, V. (1997). *Untersuchungen zum Lelantischen Krieg und verwandten Problemen der frühgriechischen Geschichte*, Stuttgart.

Piérart, M. (2009). "Récits étiologiques argiens du temps des hommes", en U. Dill & Ch. Walde (eds.), *Antike Mythen. Medien, Transformationen und Konstruktionen*, Berlin, , 276-291.

Robinson, E.W. (2011). *Democracy Beyond Athens: Popular Government in the Greek Classical Age*, Cambridge.

Ruzé, F. (2006). "Spartans and the Use of Treachery among their Enemies", en Hodkinson & Powell (eds. 2006), 267-285.

Sherman, C.L. (1952). *Diodorus Siculus. Library of History, Vol. VII: Books 15.20-16.65*, Cambridge, MA.

Stylianou, P.J. (1998). *A Historical Commentary on Diodorus Siculus: Book 15*, Oxford.

Tausend, K. (1987). "Der Lelantische Krieg — ein Mythos?", *Klio*, 69, 499-514.

Walker, K.G. (2004). *Archaic Eretria: A Political and Social History from the Earliest Times to 490 BC*, London.

Localismo y conectividad. ¿Cuán locales fueron las élites de la Grecia clásica?[1]

Hans Beck
(Westfälische Wilhelms-Universität Münster)

Excavaciones en un edificio de almacenamiento del siglo V a.C. en el ágora de Corinto han revelado los restos de ánforas con bolsas de escamas de pescado. Un examen minucioso de las escamas mostró que el pescado –el besugo– había sido fileteado y secado con sal. Hasta aquí nada notable, porque el Golfo de Corinto demandaba, y continuaría demandando, besugo en cantidad. Sin embargo, en su análisis de las ánforas, los arqueólogos descubrieron que las vasijas se producían en el Mediterráneo occidental. La forma y el análisis petrológico apuntan a Cádiz en la costa atlántica, cerca del Estrecho de Gibraltar, famosa por su procesamiento de pescado y su industria del pescado salado desde el siglo VI a.C. La conclusión es que los besugos salados se exportaron desde dominios púnicos en el sur de España a través del Mediterráneo, para ser vendidos como un manjar en el mercado de Corinto[2].

¿Quién comía este pescado y, en consecuencia, quién pagaba las importaciones desde el otro extremo del Mediterráneo, aun cuando el Golfo de Corinto fuera tan rico en suministros locales? No cometeremos un error si asumimos que los compradores provenían de un rango de la sociedad que era económicamente rico. A juzgar por las listas de precios de otros lugares, de Atenas y de Tebas por la pesca en el lago Copais, es obvio que el pescado como complemento placentero (*ópson*) de la dieta diaria era extraordina-

---

1 Traducción de Julián Gallego.

2 Koehler (1981); Maniatis *et al.* (1984). Las ánforas se exhiben en el Museo de Corinto.

rio y costoso. No nos equivocamos al ubicar a los consumidores en el estrato más alto de la sociedad, y en este sentido, en la élite[3].

Qué clase de élite, es una pregunta diferente. Es notablemente difícil hablar de las élites de la Grecia clásica, e identificarlas. De entrada, la búsqueda de las élites en la *polis* se halla complicada por las nociones gemelas de ciudadanía y autogobierno, que eran contradictorias con el ejercicio del gobierno de élite. Aclaremos que hubo élites en todo el mundo griego, tanto en las democracias como en las oligarquías. Pero, en política, su papel fue frenado por la noción omnipresente (y omnipotente) de igualdad entre todos los ciudadanos –sin importar cómo se definiera el cuerpo de ciudadanos–. El acceso privilegiado, y menos aún exclusivo, a los cargos de la *polis* fue imposible en virtud de las prácticas de designación prevalecientes, que tenían regulaciones muy estrictas relativas a la idea de igualdad. Las élites de la Grecia clásica no eran una élite conforme al cargo. Josh Ober (1989) ha demostrado cómo las élites gobernantes atenienses recurrieron a registros que mejoraron su estatus dentro de la arena social y política, aun sin detentar necesariamente las funciones ejecutivas: esto se observa en el despliegue ostentoso de la distinción, por ejemplo, en el simposio; en su experticia retórica y su apariencia estética, incluido el gimnasio; o a través de un tipo particular de *habitus*.

Es notable comprobar cuán anónimas resultan las élites de la Grecia clásica en nuestras fuentes. Hacen política, por supuesto, pero no de manera explícita, y ciertamente no con mano dura; esto habría puesto en peligro la idea de igualdad. No es casualidad que virtualmente ninguna de las grandes familias aristocráticas de la era arcaica tardía sobreviva hasta el siglo IV a.C., en cualquier lugar de Grecia. Si se percibe alguna continuidad familiar, esto estuvo favorecido por la acumulación de prestigio social y, más decisivamente, de capital económico. En otras palabras, existe una gran división entre las élites de la era arcaica y las del mundo helenístico. Mientras que las élites arcaicas eran familias aristocráticas por excelencia, clanes gobernantes con los que sus comunidades como tales estaban por completo amalgamadas, las élites helenísticas eran élites cortesanas o líderes de comunidades

3 Para el consumo de pescado, cf. Olson & Sens (2000). Ver la temprana inscripción helenística de Acrefia que contiene una lista de precios: *SEG* 32.450, con Lytle (2010).

locales que no tenían ningún poder político translocal. Intercaladas entre estos extremos, las élites de la Grecia clásica enfrentaron el desafío de situarse en un mundo gobernado por ideas de igualdad cívica. Las prácticas universales de distinción continuaron siendo formativas, como el simposio, por caso. Al mismo tiempo, sus valores e ideologías, por ejemplo, el cambiante concepto de *kalokagathía*, fueron constantemente sondeados y torpedeados por discursos que no solo estaban fuera de su control sino también más allá de la capacidad de las élites para dirigirlos. ¿Cómo navegaron las élites de la Grecia clásica en las corrientes del cambio (Bourriot, 1995)?

Volvamos a nuestros corintios consumidores de besugo. Su ciudad ocupaba un lugar agradable. Situado en un lugar que conectaba la ciudad con las principales rutas de tráfico por tierra y mar, el propio centro urbano de Corinto estaba ubicado en un lugar perfecto. Desde el extremo inferior de la ladera norte de Acrocorinto hacia el área del ágora emergente, el asentamiento se extendía a través de una serie de terrazas de piedra caliza que permitían un fácil acceso a las vetas de agua inferiores. El sitio no solo era rico en recursos agrícolas de las tierras circundantes, sino que tenía abundantes suministros de agua y materiales para la construcción. El desarrollo del asentamiento fue impulsado por el triángulo típico de nucleamiento urbano, permeación espacial de la *khóra* y politización de las estructuras de poder. Desde la era arcaica temprana, podemos rastrear la aparición de ejes de conexión entre varias concentraciones de casas y tumbas en el interior del país que facilitaron e intensificaron el intercambio. Estas rutas y caminos iniciales hablan de un crecimiento de los asentamientos a través no solo de la extensión del núcleo urbano sino también de la incorporación continua de grupos de casas que evolucionaron a lo largo de dichos caminos. Al igual que las rutas de procesión a lo largo del campo en otras ciudades, esas arterias de tráfico expresaron y, a la vez, inspiraron un robusto sentido de territorialidad entre los viajeros cotidianos[4].

Se desconoce cuándo este sentido de apego a la tierra se tradujo en una nueva organización integral del territorio de la *polis*

---

4 Para el desarrollo de un sentido correspondiente de apego a la tierra de la *polis*, ver Beck (2020).

de Corinto, pero no estaríamos mal orientados si ubicáramos el proceso general en algún momento entre fines del siglo VIII y comienzos del VII a.C., cuando Corinto estuvo bajo el gobierno de la célebre familia de los Baquíadas y, posteriormente, de Cipselo y su dinastía. Durante el predominio de las Baquíadas (*ca.* 747 a 657 a.C.), los arqueólogos pudieron rastrear tanto una separación notoria de espacios de la *polis* como una concentración creciente de estructuras monumentales. En la estrecha meseta al oeste del centro urbano tardío, un creciente distrito industrial, el llamado Barrio de los Alfareros, señala el comienzo de una especialización artesanal; la industria cerámica local pronto se convirtió en una actividad de referencia, que se suma al establecimiento de una identidad lugareña particular. En el centro de la ciudad se llevaron a cabo varios proyectos para proteger los suministros de agua con paredes terraplenadas monumentales y la consolidación de manantiales naturales mediante la construcción de estructuras y cámaras de suministro (la llamada Fuente Ciclópea). Aproximadamente al mismo tiempo, la remoción parcial de la Colina del Templo en el corazón de la ciudad permitió la construcción de uno de los templos de piedra más antiguos y presumiblemente más impresionantes de la Grecia de ese momento, adornado con elementos arquitectónicos significativos y de una escala considerable (Dubbini, 2016: 52-57).

Estos proyectos continuaron bajo los Cipsélidas (657 a 580 a.C.), aunque también se les dio un nuevo giro permitiendo la articulación creciente de una identidad local distintiva, expresada en la semántica del lugar. Por ejemplo, los lazos con Apolo y Delfos, tan manifiestamente importantes para Cipselo, fueron destacados mediante una continua ampliación del santuario en la Colina del Templo. El Manantial de Pirene recibió su primer entorno arquitectónico completo, sustituyendo la Fuente Ciclópea. Presumiblemente, la renovación se inspiró en, y a la vez inspiró, la leyenda local de Belerofonte y su domesticación de Pegaso mientras el caballo bebía de un pozo –el propio Manantial de Pirene que localizó la tradición, avalando y enriqueciendo dicha tradición con los apoyos de un lugar concreto–. El tema aparece de manera diversa en la iconografía de las producciones de cerámica local de esa época. Lo más probable es que los espacios delineados para actividades gimnásticas se establecieran bajo el propio Cipselo;

por ende, en un momento en que las actividades atléticas, militares e iniciáticas afloraron con fuerza en la cerámica corintia.

El estilo de vida masculino de la élite asociado con esta imaginería se complementa con animadas muestras también de distinción femenina: el llamado tema *Frauenfest* [fiesta de mujeres; *n. del tr.*] en la cerámica corintia media, particularmente destacado en los vasos de los años 600 a 575 a.C., representa en líneas simples a mujeres que bailan con guirnaldas. Las imágenes recurrentes indican que "en Corinto, las mujeres que bailan, a veces en asociación con las procesiones, fueron una característica central del culto de las mujeres" (Dillon, 2002: 130). Aunque las mujeres y las jóvenes también bailaban públicamente durante los rituales religiosos en otras ciudades, la relevancia del *Frauenfest* en los medios públicos indica que la actividad siguió una idiosincrasia local: era "un aspecto importante e intrínseco del ritual de culto" en Corinto (Dillon, 2002: 130; Jucker, 1963). Al igual que la exhibición de la virtud masculina, las escenas muestran una habilidad local notable que se revela también en el mito local del avance del conocimiento y la capacidad –el tipo de *Könnensbewusstsein* [conocimiento de habilidades; *n. del tr.*] (Meier, 1978) que une a los miembros de una élite local en el acto de tomar conciencia de sí mismos y de distinguirse de los demás, tanto dentro como fuera de la *polis*–. A juzgar por su narrativo mundo visual, las élites locales de Corinto en la era arcaica tardía se veían a sí mismas como insuperables[5].

Después de la expulsión de los Cipsélidas, Corinto fue gobernada por una oligarquía moderada que gozó de una notable estabilidad (Píndaro, *Olímpicas*, 13.6). En el período clásico, el territorio se dividía en ocho distritos (*mére*) que estaban relacionadas con ocho *phylaí*; efectivamente, estas sirvieron como grupos de inscripción para el cuerpo ciudadano. Las *phylaí* se subdividían en dos *hemiógdoa* cada una ("semi-ochos"), que, a su vez, comprendían un número desconocido de *triakádes*. La principal unidad de gobierno era una *boulé* formada por ciudadanos de todas las *phylaí*, *hemiógdoa* y *triakádes* (Grote, 2016: 145-161). Sería engañoso buscar paralelos exactos con las *trittýes* y *phylaí* atenienses,

5 Dubbini (2016: 57-61). El competente análisis de Dubbini señala cómo los principales protagonistas en el tejido local del mito fueron "especialmente útiles para la autoconfiguración corintia, ya que encarnaban la notable habilidad del pueblo corintio" (p. 53).

pero el modelo corintio revela obviamente una interacción similar entre la política y la permeación del espacio. Al igual que en el Ática, y presumiblemente un poco antes, la tierra y el pueblo de toda la Corintia fueron integrados en una ciudad-estado coherente y territorializada. La unificación espacial no solo impuso actitudes territoriales en el interior, sino que también balizó las reivindicaciones sobre la tierra frente a las ciudades vecinas (Morgan, 1994; Pettegrew, 2016; Dubbini, 2016).

Dada la gran cantidad de información que tenemos sobre la historia de Corinto en los siglos V y IV a.C., asombra comprobar lo poco que sabemos sobre la sociedad y la política domésticas. Hans-J. Gehrke (1986: 128-133) ha conjeturado que los terratenientes agrarios fueron la fuerza impulsora detrás de los asuntos de la ciudad; gran parte de la extensa *khóra* parece haber estado en sus manos. Al mismo tiempo, esos propietarios también se involucraron en otras actividades comerciales –comercio de ultramar y artesanía, ambos a gran escala–. Nótese que el discurso local estaba aparentemente libre de prejuicios contra artesanos y comerciantes. Por el contrario, parece que los corintios coincidían en –y apreciaban– que a su ciudad le iba bien bajo la *politeía* de ese momento, ya que esto aseguraba el bienestar económico de la ciudad (cf. Gehrke, 1986: 129; Salmon, 1984: 159-164).

Estamos tratando, entonces, con una élite sobre todo económica en Corinto. Sin duda, los miembros de este grupo compartieron muchas prácticas universales de distinción social con las élites helénicas de otros lugares; de hecho, entre variadas características, la práctica de alianzas matrimoniales translocales entre las élites fue no solo una práctica universal común sino una herramienta real para respaldar la noción de lazos más estables más allá de los límites de la ciudad. Además, sus contactos comerciales a distancia los hicieron parte de una red vibrante y horizontal de comunicación e intercambio a lo largo del Mediterráneo –el tipo de conectividad que se ha incorporado a la agenda académica en los últimos años con tanta fuerza paradigmática y que ha cambiado profundamente nuestra comprensión del trasfondo de la cultura helénica en su contexto mediterráneo–. En nuestro intento de rastrear las características de las élites corintias, debemos reconocer que el gobierno de la élite en el Istmo se basó en la riqueza a partir de la propiedad de las tierras locales y las actividades comerciales conectadas por tierra y mar.

Por ende, las élites corintias estuvieron conectadas por todas partes. Al mismo tiempo, su discurso local estuvo dominado por la idiosincrasia local. Como señaló Jonathan Hall, las leyendas de fundación corintia se formaron deliberadamente con elementos narrativos y exposiciones que resaltaban la conexión profunda e innata entre los corintios y su tierra. Las principales sagas enfatizan el papel del lugar en sí, y se regían por la idea de que los corintios estaban ligados al suelo. La tierra no fue solo el telón de fondo de la historia, su escenario físico, sino que proveyó el significado social. Ya apuntamos cómo el mito de Pirene proporcionó un vínculo entre el pueblo y el lugar, y cómo esta conexión se articuló mediante una casa de la fuente monumental. Además, Píndaro habla de los corintios como "hijos de Aletes" (*Olímpicas*, 13.14) que, desde el siglo V a.C., se consideraba el padre de la fundación mítica de la ciudad. Aletes no solo ocupó la tierra alrededor del Istmo, sino que también introdujo las ocho *phylaí* que ya mencionamos. Ambas acciones –ocupación de la tierra e introducción de las *phylaí*– resaltaban el vínculo entre el pueblo y el lugar. El análisis de Jonathan Hall del mito de fundación revela cómo recién a fines del siglo VI la saga de Aletes fue realineada con el gran ciclo dórico, el regreso de los Heráclidas. Y, como parte integral de la narrativa dórica universal, Aletes siguió siendo siempre un héroe local, una figura que proporcionó orientación y sentido a quienes vivían en su reino: la tierra corintia y las *phylaí*. La saga de Aletes, por lo tanto, parece haber sido un relato decididamente local –significado local no solo localmente acotado, sino, más ampliamente, conformado por el horizonte local y lleno de ese significado, inspirado en la noción de lugar como un dominio fuente que proporciona un propósito para las interacciones comunales diarias–. Podríamos preguntarnos qué relato fue más importante para los corintios en sus interacciones cotidianas y en la conducta religiosa en particular, en las que las élites participaban: ¿la supersaga dórica o la leyenda local de Aletes? (Hall, 1997: 56-65; cf. Salmon, 1984: 38-54).

Aprovechando las circunstancias específicas de su ciudad –su ubicación, los rasgos físicos del lugar– las élites corintias establecieron un robusto conjunto de tradiciones, actitudes e idiosincrasias locales: desarrollaron una epistemología artesanal extremadamente exitosa, que fue su industria cerámica; con esto, alimentaron una ideología cívica particular que apreciaba la artesanía y el comercio en vez de menospreciar estas prácticas; tuvieron su propio mito fundacional basado en la tierra, algo que tácitamente aumentó el prestigio de quienes poseían la tierra; y tal vez incluso tuvieron un sabor decididamente local: les encantaba el besugo salado. En resumen, y a pesar de todas las redes y la conectividad, la jerarquía social y la distinción se rigieron por prácticas que estuvieron profundamente arraigadas en, e inspiradas por, el horizonte local. A menudo se considera a Corinto una ciudad conectada por excelencia, pero insto a que tengamos precaución aquí: por mucho que los corintios y sus élites se involucraran en lo que Irad Malkin ha llamado *Hellenic Wide Web*, ellos siguieron gravitando en torno a la órbita local del Istmo, y al propósito que esto trajo a sus vidas (Malkin, 2011; Malkin, Constantakopoulou & Panagopoulou, eds. 2011).

Es interesante cotejar con otras ciudades griegas de las inmediaciones y comprobar allí también cómo las élites estuvieron sujetas a narraciones, idiosincrasias y epistemologías que fueron igualmente locales. Por ejemplo, en la vecina Megara, el entorno discursivo siguió un régimen de distinción social sustancialmente diferente: la práctica decisiva allí para asegurar la riqueza no fue la propiedad de la tierra a gran escala sino la crianza de ganado y todo lo que esta cadena productiva implicaba, desde la gestión del rebaño y el pastoreo hasta la esquila y el hilado, para diseñar un vestido de lana especial que fue reconocido en toda la Grecia clásica por su alta calidad, el *khlanís* megárico. La competencia local implícita con Megara casi seguramente inspiró el engrandecimiento de la Casa de la Fuente de Glauco en Corinto en el siglo VI a.C., demostrando una habilidad local similar a la que fue necesaria para construir la Fuente de Teágenes en Megara (o viceversa, dependiendo de qué casa de la fuente fuera más antigua) (cf. Beck & Smith, eds. 2018). Considérese asimismo el caso de las élites sicionias, que se hallaban en competencia abierta con Corinto por la producción cultural y artística de todo, desde el modelado en arcilla hasta la escultura en bronce y la pintura (cf. Ziskowski, 2016). Al otro lado del Istmo, al este, las élites gobernantes de Egina operaron en un entorno discursivo plenamente local; las *Odas* de Píndaro cantan muchísimo a su mundo (cf. Burnett, 2005). Y al sur, las élites de la gran ciudad de Argos, que actuaron a través de un vasto conjunto de idiosincrasias locales en cultura, política y aglomeración social, tenían evidentemente su propia visión del mundo, suscitando un conjunto de habilidades bastante diferente, o *Könnensbewusstsein* (cf. Bearzot & Landucci, eds. 2006).

No podemos profundizar en el rico cuerpo de evidencia para cada uno de estos ejemplos. En cambio, me gustaría insistir en la noción de diversidad local y detenerme en sus consecuencias. Las élites de la Grecia clásica estuvieron bajo una inmensa presión. Las cambiantes circunstancias en la política y la sociedad, provocadas por la gobernanza completamente desarrollada de la *polis*, sus instituciones, reglas, procedimientos, establecen parámetros totalmente nuevos para las agencias de élite. En los siglos VII y VI, sus ideologías formativas fueron fundamentales para el surgimiento de la comunidad como tal. Sin embargo, a mediados del siglo V esta relación se derrumbó. Ya mencionamos la desaparición de *kalokagathía* como un eslogan para presumir distinción. Al mismo tiempo, las escenas de simposio retrocedieron dramáticamente en el canon de exhibición visual en los vasos, y lo mismo ocurrió con la participación en la competencia atlética. En resumen, los valores comunales de la *polis* de los *hómoioi* y los ideales cívicos de los *polîtai* no solo se habían emancipado de los de "los pocos", "los mejores", "los hermosos"; se habían convertido en un desafío abierto, si no en una amenaza para el gobierno de las élites.

¿Cómo las élites lidiaron con el cambio? Una estrategia en el camino hacia el ajuste fue presentarse como líderes, o garantes, de un entorno discursivo local totalmente nuevo. Esto se ha visto mucho en política. Por ejemplo, la célebre ley de ciudadanía de Pericles de 451 a.C. es considerada por muchos como un intento de comprometer la conectividad de amplio alcance de las élites gobernantes; sus lazos familiares; sus redes extrapolíticas de apoyo y éxito; el prestigio que esto traía. En este sentido, se sumó al gran proceso de convertir a las élites aristocráticas conectadas del período arcaico tardío en las élites locales de la *polis* de esa época (Blok, 2013; 2017).

Pero Atenas es solo un ejemplo entre muchos y, en cualquier caso, el discurso local es más profundo que la fuerza de la ley. Desde finales del siglo VIII en adelante, las ciudades-estado que se multiplicaron rápidamente a lo largo de la Grecia egea desarrollaron un profundo sentido del lugar, un apego al horizonte epicórico y a la tierra como su escenario central. Los habitantes de Corinto, Megara, Argos y otros lugares desarrollaron su propia sociología epicórica, lo cual significa que vivían en mundos vitales llenos de orden y significado que tenían una naturaleza genuinamente local. En sus conversaciones sobre cultura, los miembros de la sociedad constituyeron una serie de vínculos con su localidad. Como reino físico e imaginario, lo local fue invocado como una figura que los unía en su comunidad, con sus normas y prácticas cotidianas y su régimen local de verdad. En este sentido, el horizonte epicórico fue una fuente rica que informó la evaluación de las cambiantes circunstancias del mundo. Proporcionó a las sociedades de la *polis* un lugar para las convicciones, creencias y patrones de razonamiento. Lo local fue más que un punto de apoyo firme a partir del cual luchar por el futuro. Fue el pegamento que unió a las personas en el ejercicio implícito de las normas y prácticas establecidas[6].

Algunos académicos han indicado que las élites de la Grecia clásica dejaron pasar una serie de oportunidades: incapaces de monopolizar el ejercicio del poder político y carentes, a la vez, de un código conjunto de valor que les permitiera distinguirse positivamente del pueblo común, las élites gobernantes de las ciudades-estado griegas estuvieron condenadas a la extinción (cf. Schmitz, 2008). Estas observaciones merecen una consideración desde una perspectiva intercultural: de hecho, la naturaleza cambiante de los discursos públicos en la *polis* griega creó un clima social y político que puso a las élites locales ante enormes desafíos. Sin embargo, el veredicto negativo, es decir, la incapacidad de superar esos obstáculos y marcar el camino de la política en un sentido más rígido y también sostenido, no necesariamente ayuda a explicar la naturaleza de la distinción de élite en cuanto tal. El argumento es casi circular: la oportunidad de monopolizar el poder nunca se presentó realmente en la *polis* clásica, y cualquier código de valor en pos de este objetivo habría sido contrario a la realidad política y social como tal. Por el contrario, resulta posible sugerir que las élites de la Grecia clásica aprovecharon todas

---

6 El enfoque conceptual respecto de lo local se basa en mi trabajo continuo sobre el localismo en el mundo antiguo; cf. Beck (2017; 2018; 2019).

las oportunidades para fortalecer su estatus social en casa, en sus comunidades locales. Su mundo estaba conectado por todas partes, conformado por un vibrante intercambio de conocimiento y bienes materiales, dirigido por tradiciones y creencias que las hicieron griegas. Sin embargo, el discurso cotidiano de la *polis* era completamente local, regido por la idiosincrasia de la costumbre y el culto, por evaluaciones socio-céntricas del mundo, por nociones de apego y pertenencia al lugar. Como líderes de este discurso, las élites de la Grecia clásica se hallaban firmemente arraigadas y debieron responder a las demandas de un mundo vital que era significativamente más local que lo que sugiere la fascinación académica con una conectividad aparentemente ubicua en todo el Mediterráneo griego.

Bibliografía

Bearzot, C. & F. Landucci (eds. 2006). *Argo. Una democrazia diversa*, Milano.

Beck, H. (2017). "Dem Lokalen auf der Spur. Einige Vorbemerkungen zur Parochial Polis", en H. Beck, B. Eckhardt, C. Michels & S. Richter (eds.), *Von Magna Graecia nach Asia Minor. Festschrift für Linda-Marie Günther*, Wiesbaden, 35-54.

Beck, H. (2018). "'If I Am from Megara –so What?': Introduction to the Local Discourse Environment of an Ancient Greek City-State", en Beck & Smith (eds. 2018), 1-31.

Beck, H. (2020). *Localism and the Ancient Greek City-State*, Chicago.

Beck, H. & Smith, P.J. (eds. 2018). *Megarian Moments: The Local World of an Ancient Greek City-State. Teiresias Supplements Online*, Vol. 1.

Blok, J. (2013). "Citizenship, the Citizen Body, and its Assemblies", en H. Beck (ed.), *A Companion to Ancient Greek Government*, Malden, MA, 161-175.

Blok, J. (2017). *Citizenship in Classical Athens*, Cambridge.

Bourriot, F. (1995). Kalos Kagathos – Kalokagathia: *d'un terme de propagande de sophistes à une notion sociale et philosophique. Étude d'histoire athénienne*, Hildesheim.

Burnett, A.P. (2005). *Pindar's Songs for Young Athletes of Aigina*, Oxford.

Dillon, M. (2002). *Girls and Women in Classical Greek Religion*, London.

Dubbini, R. (2016). "The Organization of Public Spaces in the Emergent Polis: The Example of Archaic Corinth", en S. Schmidt-Hofner, C. Ambos & P. Eich (eds.), *Raum-Ordnung. Raum und soziopolitische Ordnungen im Altertum*, Heidelberg, 47-70.

Gehrke, H.-J. (1986). *Jenseits von Athen und Sparta. Das Dritte Griechenland und seine Staatenwelt*, München.

Grote, O. (2016). *Die griechischen Phylen. Funktion – Entstehung – Leistung*, Stuttgart.

Hall, J.M. (1997). *Ethnic Identity in Greek Antiquity*, Cambridge.

Hall, J.M. (2007). *A History of the Archaic Greek World, ca. 1200-479 BCE*, Malden, MA.

Jucker, I. (1963). "Frauenfest in Korinth", *Antike Kunst*, 6, 47-61.

Koehler, C.G. (1981). "Corinthian Developments in the Study of Trade in the Fifth Century", *Hesperia*, 50, 449-458.

Lytle, E. (2010). "Fish Lists in the Wilderness: The Social and Economic History of a Boiotian Price Decree", *Hesperia*, 79, 253-303.

Malkin, I. (2011). *A Small Greek World: Networks in the Ancient Mediterranean*, Oxford.

Malkin, I., Constantakopoulou, C. & Panagopoulou, K. (eds. 2011). *Greek and Roman Networks in the Mediterranean*, New York.

Maniatis, Y. *et al.* (1984). "Punic Amphoras Found at Corinth, Greece: An Investigation of their Origin and Technology", *Journal of Field Archaeology*, 11, 207-222.

Meier, Ch. 1978. "Ein antikes Äquivalent des Fortschrittsgedankens. Das ‚Könnens-Bewusstsein' des 5. Jahrhunderts v. Chr.", *Historische Zeitschrift*, 226, 265-316.

Morgan, C. (1994). "The Evolution of Sacral Landscape: Isthmia, Perachora, and the Early Corinthian State", en S.E. Alcock & R. Osborne (eds.), *Placing the Gods: Sanctuaries and Sacred Space in Ancient Greece*, New York, 105-142.

Ober, J. (1989). *Mass and Elite in Democratic Athens: Rhetoric, Ideology, and the Power of the People*, Princeton.

Olson, S.D. & Sens, A. (2000). *Archestratos of Gela: Greek Culture and Cuisine in the Fourth Century BCE*, Oxford.

Pettegrew, D.K. (2016). *The Isthmus of Corinth: Crossroads of the Mediterranean World*, Ann Arbor.

Salmon, J.B. (1984). *Wealthy Corinth*, Oxford.

Schmitz, W. (2008). "Verpasste Chancen. Adel und Aristokratie im archaischen und klassischen Griechenland", en H. Beck, P. Scholz & U. Walter (eds.), *Die Macht der Wenigen. Aristokratische Herrschaftspraxis, Kommunikation und edler Lebensstil in Antike und Früher Neuzeit*, München, 35-70.

Smith, P.H. (2004). *The Body of the Artisan: Art and Experience in the Scientific Revolution*, Chicago.

Ziskowski, A. (2016). "Networks of Influence: Reconsidering Braudel in Archaic Corinth", en C. Concannon & L.A. Mazurek (eds.). *Across the Corrupting Sea: Post-Braudelian Approaches to the Ancient Eastern Mediterranean*, London, 91-110.

El *agón* atlético como expresión de un ideal elitista en la antigua Grecia[1]

Fábio de Souza Lessa
(Universidade Federal do Rio de Janeiro)

En este texto proponemos analizar las competiciones deportivas (*agônes*), especialmente las disciplinas no ecuestres, y defender su carácter elitista entre los antiguos griegos[2]. Si en el período arcaico (siglos VIII-VI a.C.) las prácticas deportivas estaban estrechamente vinculadas a la aristocracia, en el período clásico (siglos V y IV a.C.) se mantuvieron igualmente como un fenómeno reservado para los niveles sociales superiores de la sociedad. Podemos decir que para los atletas no hubo un gran cambio, incluso con la introducción de la democracia, porque continuaron viniendo exclusivamente de las filas aristocráticas. Podemos argumentar que la democracia busca extender el "estilo de vida" aristocrático a los otros niveles sociales.

García Romero (2004: 427-445) presenta una síntesis de las ideas defendidas, por ejemplo, por H. W. Pleket y D. C. Young, respecto de la discusión acerca de grupos menos ricos que tienen acceso a competiciones deportivas, pero donde no se trazan diferencias entre disciplinas ecuestres y disciplinas "atléticas". Ambos abogan por la democratización del acceso a los eventos deportivos, aunque para Pleket (1992) la participación de los grupos sociales menos ricos se limitó inicialmente a los juegos locales. El autor afirma que hasta principios del siglo VI a.C. el *agón* deportivo era casi exclusivamente un monopolio de la aristocracia, porque este grupo tenía la *skholé* y las destrezas físicas para la práctica del

1 Traducción de Julián Gallego.

2 Este texto se basa en ciertos subtemas tratados en F. S. Lessa, *Atletas na Grécia Antiga, da competiçao à excelência*, Rio de Janeiro, 2017.

deporte. La implantación de gimnasios públicos durante el siglo VI a.C. era uno de los argumentos de este helenista para defender la incorporación de otros grupos sociales a la práctica del deporte, o mejor dicho, al "estilo de vida aristocrático".

En la misma línea argumental de Pleket, Young (1984) extiende la participación de atletas no nobles a grandes competiciones como los Juegos Olímpicos, considerando que fueron significativos durante los períodos arcaico y clásico. Quizás podamos considerar el argumento de Young como la posibilidad de que estos atletas utilizaran los beneficios socioeconómicos derivados de sus éxitos en las competiciones locales para invertir en la participación en competencias más importantes. Intentaremos reflexionar sobre esta cuestión en términos de las disciplinas no ecuestres[3].

Una selección de imágenes pintadas en soportes de cerámica, cuyo tema es el lanzamiento del disco, formará parte de la documentación de este texto. Esto se debe a que el discóbolo puede concebirse, por un lado, como el ícono de la democracia ateniense, y, por otro, como una disciplina deportiva también asociada con los segmentos sociales acomodados.

Las referencias al discóbolo en la literatura y, principalmente, en la iconografía y la estatuaria son significativas. Ante un corpus de imágenes significativo, seleccionamos tres imágenes –figuras 1, 2 y 3– que enfatizan los cuerpos de los atletas y sus movimientos en etapas diferenciadas. Sostendremos que el lanzamiento del disco es un símbolo de la democracia ateniense, no solo porque está abierto a los diferentes segmentos de la sociedad, o porque teóricamente requiere un equipo más accesible, sino principalmente porque proporciona el desarrollo armonioso de los cuerpos desnudos de los ciudadanos.

Un evento popular entre los helenos, el lanzamiento del disco requería que el atleta tuviera disciplina técnica, que se hacía explícita en la armonía de los movimientos del cuerpo. Exigía ritmo, precisión y fuerza. Los autores contemporáneos señalan el canto XXIII de la *Ilíada* como el testimonio más antiguo de la disciplina (Paleologos, 2004: 206; García Romero, 1992: 272)[4].

---

3 Las disciplinas no ecuestres son: carrera a pie, salto en largo, lanzamiento del disco, lanzamiento de la jabalina, lucha libre, boxeo, pancracio y pentatlón.

4 García Romero (1992: 273) describe la mención del lanzamiento del disco en las obras homéricas: 1) momentos de ociosidad; 2) practicado por los pretendientes de

En el centro de la copa –figura 1– hay un joven entrenando, dentro de la palestra[5], para lanzar el disco. También hay signos –pesas y una azada– que hacen referencia al lanzamiento de la jabalina y al salto. La ausencia de barba nos muestra que es un hombre joven que ciertamente está preparado para ejercer la ciudadanía plena[6].

Figura 1. Ubicación: Museo del Louvre - inv. G 111. Tema: lanzamiento del disco; Procedencia: no informada; Formato: *kýlix*; Estilo: figuras rojas: Pintor: Cleomelos; Fecha: aprox. 525-475 a.C.; Referencias bibliográficas: Villanueva-Puig (1992: 33); Martinez (2010: 107); Lessa (2004: 124, fig. 2); *Corpus Vasorum Antiquorum* del Museo del Louvre Ib, Plato 64; http://www.beazley.ox.ac.uk (número de vaso 200994; acceso en abril de 2017).

En la imagen se halla la inscripción "Cleomelos es hermoso" (*Kléomelos kalós*), que nos indica, además de su condición de buena cuna, la belleza física inherente a la idea de un ciudadano virtuoso, como ya se dijo.

El pintor enfatiza la belleza física del atleta, la práctica deportiva, el desvestimiento característico de la democracia ateniense, el movimiento y la armonía del cuerpo, las virtudes de un ciudadano ideal, el equilibrio y la sincronía de los movimientos. El disco en la mano izquierda del personaje, su cuerpo y la esvástica[7] presente en el centro del equipo son signos que indican movimiento en la escena.

Penélope (*Odisea*, 6.625-227, 17.167-169); 3) entre los guerreros mirmidones (*Ilíada*, 2.771-775); 4) en los juegos en honor de Patroclo (*Ilíada*, 23.826 ss.); 5) en la corte de los feacios (*Odisea*, 8.186 ss.).

5 En una descripción física, la palestra era esencialmente tierra para deportes al aire libre, en forma cuadrada y rodeada de paredes, y podía usarse para todas las disciplinas atléticas, excepto para la carrera a pie que tenía lugar en el estadio.

6 La presencia de la barba como un signo que simboliza la edad masculina es notable en un discurso del personaje amigo de Sócrates, en Platón, *Protágoras*, 309a.

7 La esvástica, también representada en las ruedas de los carros de carreras, es un ideograma de movimiento; Magdalena (1995: 13).

Los autores contemporáneos argumentan que el disco utilizado en la antigüedad estaba hecho de bronce y pesaba hasta cuatro kilogramos[8]; a diferencia de los atletas contemporáneos que lanzan el disco desde un área circular, los griegos tenían una mayor libertad de movimiento en el momento del lanzamiento, ya que su área estaba limitada solo en el frente y en los lados.

Antes de presentar los movimientos inherentes al lanzamiento del disco, es conveniente pensar en el *dískos* mismo como equipamiento. Según Bailly (2000: *s.v.*), el *dískos* era "redondo, primitivamente de piedra; luego se hizo de metal o de madera, ya que se arrojaba en ciertos juegos"[9]. Por lo tanto, el disco es etimológicamente un "objeto que se arroja", relacionado con el verbo *díko* (Bailly, 2000: *s.v.*). Sin embargo, si se observa el canto XXIII de la *Ilíada* (826, 839 y 844) veremos que el término usado por el poeta es *sólon*. *Sólos* (Bailly, 2000: *s.v.*) significa "masa de hierro, tipo de disco".

Varios autores contemporáneos describen los movimientos utilizados por el discóbolo[10], pero la sistematización realizada por Marrou (1990: 192-193), debido a su carácter sucinto, es más relevante en este momento:

1) El discóbolo levantaba el disco hasta la altura de la cabeza con las dos manos y luego, sosteniéndolo con la mano cerrada contra su antebrazo derecho, arrojaba este brazo violentamente hacia abajo y hacia atrás; cuerpo y cabeza seguían el movimiento y giraban en la misma dirección. Todo el peso del cuerpo descansaba sobre el pie derecho, que servía como eje; el pie izquierdo y el brazo entraban en juego solo para mantener el equilibrio.
2) Luego tenemos la proyección hacia adelante. Cabe enfatizar que la fuerza del lanzador no proviene del brazo, sino de la distensión del muslo y la corrección abrupta del cuerpo curvo.

A diferencia del discóbolo presente en las siguientes dos cerámicas –figuras 2 y 3– en la figura 1, el atleta representado no está desarrollando ninguno de los dos movimientos. Quizás la elección

8 Ver Vanoyeke (1992: 40); Marrou (1990: 192); García Romero (1992: 277); Paleologos (2004: 206); Salvador (2009: 66-68).

9 Ver Homero, *Ilíada*, 2.774; *Odisea*, 8.186, Eurípides, *Ifigenia en Áulide*, 200.

10 Ver García Romero (1992: 284-287); Miller (2004: 61-63); Paleologos (2004: 208-211).

del pintor refuerza la noción de que está entrenando, especialmente porque sostiene el disco y la jabalina al mismo tiempo.

El cuerpo de Cleomelos sigue el modelo apolíneo transmitido principalmente en la cerámica pulida. Observamos en él rasgos bien definidos, medidas correctas y simetría de formas y musculatura, enfatizando un cuerpo rígido, como deberían ser los cuerpos de los ciudadanos. La representación del patrón estético de la belleza helénica es clara. Ciertamente, el pintor eligió resaltar el ideal de *kalokagathía,* tan importante para la vida cívica en la *polis* (Spivey, 2005: 56-57), un ideal también introducido por la desnudez del atleta. Una situación idéntica se puede ver en los discóbolos pintados en las siguientes imágenes.

En el cuenco hallado en el ágora de Atenas –figura 2– vemos al discóbolo en el movimiento inicial de lanzar el disco. Lo más destacado del pintor radica en la torsión del cuerpo del atleta. El lanzamiento del disco requiere una secuencia de torsión en la musculatura del cuerpo y un juego sincronizado entre los brazos que depende del equilibrio del peso corporal en las piernas[11]. En el caso del medallón de abajo, el joven atleta ya ha comenzado su movimiento y se encuentra girando su cuerpo en la dirección opuesta al primer movimiento, cambiando su peso a la pierna izquierda.

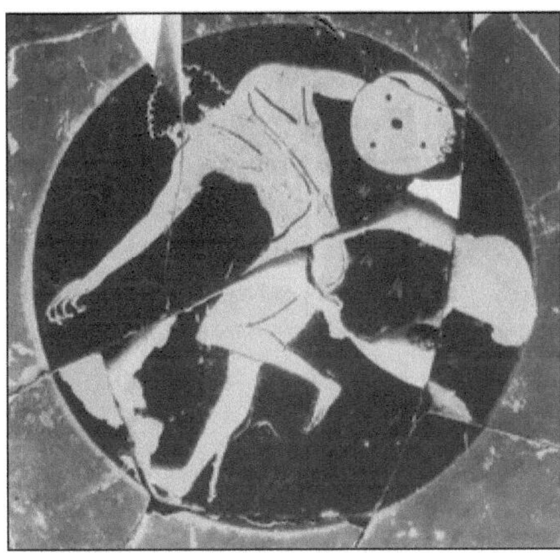

Figura 2. Ubicación: Museo del Ágora, Atenas - inv. P 2698; Tema: Disco; Procedencia: ágora de Atenas; Formato: *kýlix;* Estilo: figuras rojas: Pintor: No informado; Fecha: aprox. 500-450 a.C.; Referencias bibliográficas: Miller (2004: 62, fig. 111); http://www.beazley.ox.ac.uk (número de vaso 313444 - acceso en mayo de 2017).

11 Cabe señalar que los lanzadores siempre debían usar el mismo disco para tener las mismas condiciones en los eventos; Paleologos (2004: 206-207); García Romero (1992: 278). Pausanias, 6.19.4, informa que el disco utilizado en la competencia de Pentatlón en los Juegos Olímpicos se almacenó en el tesoro ofrecido por Mirón y la gente de Sición, ubicada en el norte del Peloponeso.

A diferencia de la escena anterior, en esta podemos pensar en el registro como una de las etapas de una competencia, aunque no contamos con la representación de la *balbís*, una línea también utilizada para el lanzamiento del disco. Filóstrato (*Imágenes*, 1.24.2), al describir la muerte de Jacinto después de ser golpeado accidentalmente por un disco lanzado por Apolo, enfatiza que la *balbís* era una base muy pequeña, suficiente para una sola persona.

Quizás la mención de la *Odisea* podría ser útil en este punto. Nos referimos al canto VIII (186-193) cuando Odiseo lanza el disco. Esta cita permite a los autores contemporáneos argumentar que el lanzamiento del disco en la antigüedad no difería mucho del atletismo contemporáneo. Veamos cómo el poeta describe los movimientos de su héroe épico:

> Tal diciendo saltó con el manto en los hombros; un disco
> grueso y largo tomó que en su peso con mucho excedía
> de aquel otro que usaban luchando entre sí los feacios
> y tras un revoleo lo lanzó de la mano robusta.
> Zumbó el gran pedrejón; la mirada bajaron a tierra
> los feacios, potentes remeros, gloriosos marinos,
> al disparo del disco que en vuelo pasó a los de todos
> desprendido del brazo[12].

Las imágenes y los textos literarios resultan cercanos cuando exaltan los movimientos del cuerpo y la agilidad del discóbolo, además de la belleza de estos cuerpos en movimiento. La diferencia entre el discóbolo en las escenas analizadas y Odiseo es la edad. Es esencial considerar la diferencia de belleza en cada edad, descrita por Aristóteles en *Retórica* (5, 1361b). Mientras que la belleza del joven consiste en tener un cuerpo capaz de soportar la fatiga, en la medida en que es agradable verlo en un espectáculo, la belleza del hombre maduro se resume en su capacidad de parecer agradable mientras inspira miedo.

La siguiente imagen –figura 3–, reproducida en un ánfora panatenaica, recupera las dos oposiciones que eran frecuentes en muchas de las pinturas analizadas: desnudo versus vestido/atleta versus *hellanodíkes*[13], y sin barba versus barbudo/joven versus

---

12 *N. del tr.*: se utiliza la traducción al español de Homero, *Odisea*, Madrid, 1993, por J. M. Pabón.

13 Miller (2004: 63) identifica al personaje como un *hellanodíkes*.

adulto. O la oposición entre la belleza del joven y la del hombre maduro, según Aristóteles. La presencia del *hellanodíkes* puede indicar que se trata de un evento en lugar de un entrenamiento.

Figura 3. Ubicación: Museo Arqueólogico Nacional, Nápoles - inv. P 86357; Tema: Lanzamiento del disco; Procedencia: Cumas (Italia); Formato: ánfora panatenaica; Estilo: figuras negras ; Pintor: atribuido a Aquiles; Fecha: aprox. 500-450 a.C.; Referencias bibliográficas: Miller (2004: 63, fig. 112); García Romero (1992: fig. 54); Decker (2004: 119, pl. XVI); Paleologos (2004: 212, fig. 98);
http://www.beazley.ox.ac.uk (número de vaso 303101 - acceso en mayo de 2017).

A diferencia de las dos imágenes anteriores, en esta figura el discóbolo divide la escena con el *hellanodíkes* vestido con un manto doblado. Además de la vestimenta, el bastón, un signo de poder entre los griegos, aparece en la escena. Este observa de cerca el movimiento del atleta.

El discóbolo está representado en el momento del lanzamiento del disco bajo la vigilancia de un juez. Es decir, se trataría de uno de los últimos movimientos para completar el lanzamiento. El pie izquierdo del atleta debía colocarse hacia adelante, produciendo el impulso necesario, ya que el atleta luego extendería su cuerpo y la pierna izquierda proporcionaría el impulso adicional para ayudar en la liberación del disco.

Las tres imágenes revelan tres fases diferentes del lanzamiento del disco y resaltan los movimientos circulares necesarios para el evento. Es este movimiento plástico inherente al lanzamiento del disco lo que respalda nuestra hipótesis de que el discóbolo se ha convertido en un ícono de la democracia. No ignoramos que el disco ya estaba presente en Homero, pero entendemos que es a partir del proceso de democratización de los eventos deportivos, es decir, en el período clásico y especialmente entre los atenienses, que la disciplina ganará mayor protagonismo[14]. Las secuencias de los movimientos realizados por el atleta son circulares. Interpretamos que el círculo, que también es la forma del disco en sí, reproduce la dinámica de la *polis* y la democracia. Cabe destacar que dos de las esferas físicas que permitieron a la *polis* debatir eran circulares: la Pnix y el teatro eran espacios semicirculares que permitían, metafóricamente, desnudar a los ciudadanos. El teatro tenía incluso un espacio circular en su centro, la *orkhéstra*, reservada para el coro, que se correspondía con el *dêmos*.

Aunque los deportes no ecuestres permitieron un mayor acceso a sus prácticas y quizás a la "forma de vida aristocrática", no rompieron por completo con el carácter aristocrático presente en el *agón* atlético. Por el contrario, se puede decir que las competiciones atléticas han estado ligadas desde el comienzo de la historia griega a la aristocracia e incluso a la democracia, ya que no vemos cambios significativos en el origen de los atletas: en buena medida siguen proviniendo de los grupos sociales acaudalados (Decker, 2004: 107). Cabe mencionar que esta posición difiere de las de Pleket y Young, autores a quienes citamos al inicio del texto.

En conclusión, reiteramos que el *agón* atlético exigía que los atletas tuvieran los medios para sufragar su subsistencia, entrenar y tener *skholé*, el tiempo libre para dedicarse exclusivamente a la disciplina atlética. Los estratos sociales altos que se dedicaron a la cultura del gimnasio podían satisfacer más adecuadamente tales requisitos. Esta cultura legó a los ciudadanos la belleza física, la desnudez característica de la democracia ateniense, el movimiento y la armonía de los cuerpos, las virtudes y el equilibrio. Todavía no podemos tener una posición sólida sobre el alcance de los argumentos de Pleket y Young para justificar su defensa de la democratización del acceso a eventos deportivos, a saber, el establecimiento de gimnasios públicos desde el siglo VI a.C. y el uso por parte de los atletas de los beneficios socioeconómicos resultantes de sus victorias en los juegos locales.

Posiblemente, la respuesta a la pregunta sea la presentada por García Romero (2004: 440), basada en el catálogo de atletas

---

14 Se carece de un estudio más detallado de la frecuencia con la que el lanzamiento del disco aparece en la producción literaria del período clásico, y también en un corpus de imágenes más amplio. Sin embargo, sin descuidar este hecho, consideramos válida la presentación de esta hipótesis, aunque todavía con carácter provisorio.

atenienses ofrecido por Kyle (1993: 195-228). Según el filólogo español, de los 45 atletas conocidos hasta el siglo IV a.C. y que compitieron en eventos ecuestres, no sabemos nada o casi nada sobre 30 de ellos. Del mismo modo, ninguna pista sugiere que fueran nobles. Tendríamos que hacer una indagación similar para juegos no ecuestres para mapear la situación.

Bibliografía

Bailly, A. (2000). *Dictionnaire grec-français*, Paris.

Decker, W. (2004). "Grèce", en W. Decker & J-P. Thuillier (eds.), *Le sport dans l'Antiquité. Egypte, Grèce, Rome*, Paris, 63-142.

García Romero, F. (1992). *Los Juegos Olímpicos y el deporte en Grecia*, Barcelona.

García Romero, F. (2004). "El mito del deporte griego antiguo y la creación de los Juegos Olímpicos modernos", en J.M. Candau, F.J. Ganzález Ponce & G. Aandreotti (eds.), *Historia y mito. El pasado legendario como fuente de autoridad*, Málaga, 427-445.

García Romero, F. (2016). "Educación física femenina en la Grecia arcaica y clásica: una comparación entre Esparta, Atenas y las ciudades ideales", *Rivista Italiana di Pedagogia dello Sport*, 1, 83-97.

Kyle, D.G. (1993). *Athletics in Ancient Athens*, Leiden.

Kyle, D.G. (2007). *Sport and Spectacle in the Ancient World*, Malden.

Lessa, F.S. (2004). "Corpo, esporte e masculinidade em Atenas", *Phoînix*, 10, 111-132.

Magdaleno, A.S. (1995). "As representações sociais da morte na Grécia arcaica", *Phoînix*, 1, 9-17.

Marrou, H-I. (1990). *História da educação na Antiguidade*, [1948], tr. M.L. Casanova, São Paulo.

Martinez, J.-L. (2010). *La Grèce au Louvre*, Paris.

Miller, S.G. (2004). *Ancient Greek Athletics*, New Haven.

Paleologos, K. (2004). "O arremesso de disco", en N. Yalouris (ed.), *Os Jogos Olímpicos na Grécia antiga*, São Paulo, 206-213.

Pleket, H.W. (1992). "The Participants in the Ancient Olympic Games: Social Background and Mentality" en W.D.E. Coulson & H. Kyrieleis (eds.), *Proceedings of an International Symposium on the Olympic Games*, Athens, 147-152.

Salvador, J.L. (2009). *El deporte en Occidente. Grecia, Roma, Bizancio*, Madrid.

Vanoyeke, V. (1992). *La naissance des Jeux Olympiques et le sport dans l'Antiquité*, Paris.

Villanueva-Puig, M.C. (1992). *Images de la vie quotidienne en Grèce dans l'Antiquité*, Paris.

Young, D.C. (1984). *The Olympic Myth of Greek Amateur Athletics*, Chicago.

Young, D.C. (2004). *A Brief History of the Olympic Games*, Oxford.

Moda oligárquica e indiferenciación democrática en la Atenas de finales del siglo V a.C.

Julián Gallego
(PEFSCEA/Universidad de Buenos Aires-CONICET)

Durante la Guerra del Peloponeso, una moda laconizante parece haberse impuesto entre los jóvenes de los círculos oligárquicos de la élite ateniense. La adopción de este aspecto es claramente visible en el uso del cabello largo junto con cierta austeridad en la vestimenta siguiendo la usanza espartana. Paralelamente, las críticas oligárquicas a la democracia por la "antinatural" igualación que ella habilita hacen hincapié en la indistinción reinante entre ciudadanos, extranjeros, metecos, esclavos, mujeres, etc. El estilo de vida que se difunde entre los jóvenes oligárquicos resulta ser no solo una declaración de identidad de clase en el plano ideológico sino también la configuración de una identidad política en función de la actuación pública. En este sentido, la moda laconizante no parece haber sido una simple cuestión de gusto estético destinado a ser mostrado dentro del reservado ámbito elitista, sino una activa decisión de comunicar públicamente la existencia de un grupo dispuesto a pasar a la acción. Es el momento en que las heterías lograron coronar su accionar muchas veces furtivo pasando a concretar abiertamente sus propósitos antidemocráticos en el espacio público, teniendo a la organización espartana, o su visión de ella, como referente de los cambios buscados. En términos comunicacionales, esta estrategia se concretó a través de la apelación a conceptos que ponderaban la *sophrosýne* o moderación política y la revitalización de la noción de *eunomía*.

La indiferenciación democrática y la moda oligárquica

En trabajos previos he indagado las críticas a la democracia[1], centrándome en particular en el hecho de que su existencia instaura una indiferenciación, producto de la igualación de todos con todos, que anula, según los críticos, la necesaria distinción que debe prevalecer entre quienes en verdad no son iguales. Es así que se desarrolla la idea de que la democracia implica una mezcla de hombres de toda clase (παντοδαποί)[2], sin jerarquía ni distinción alguna, lo cual conduce a la anarquía y la falta de orden (cf. Gallego, 2015; 2016a; 2018b: 55-70). Las críticas enfatizan que esta igualación es "antinatural", al punto de producir una indistinción entre ciudadanos, metecos, extranjeros, esclavos, etc. En efecto, según *República de los atenienses* (1.10-12) atribuida a Jenofonte, la igualdad democrática genera una situación extrema en que los esclavos gozan de la igualdad de palabra (ἰσηγορία) como si fueran hombres libres, y algo similar ocurre con los metecos en relación con los ciudadanos. La igualdad irrestricta es, entonces, libertinaje (ἀκολασία) que se asocia con la injusticia (ἀδικία) y un mal orden político (κακονομία), puesto que todos tienen las mismas prerrogativas sin jerarquía alguna (cf. Isócrates, 7.20 [*Areopagítico*]). Este libertinaje es un rasgo común al pueblo, los esclavos y los metecos, indistinguibles unos de otros conforme a sus vestidos y apariencias[3]. Vestidos y apariencias, la moda como problema, aparecen en un pasaje de Tucídides con sesgo costumbrista y sin aparentes conexiones con la situación democrática ateniense, que ha generado una serie de análisis que permite indagar hasta qué punto esto guarda o no alguna relación no solo con las condiciones sociales sino sobre todo con las posturas políticas:

> Entre los griegos, los atenienses fueron los primeros que dejaron de portar armas, y con un estilo de vida más libre adquirieron una mayor comodidad. Y los más viejos de los ricos no hace mucho tiempo que dejaron de vestir quitones de lino como signo de lujo (ἁβροδίαιτον),

---

1 Cf. Jones (1957: 41-72); Roberts (1994: 48-92); Ober (1998); Balot (2006: 86-137); Piovan (2008).

2 Andócides, *Sobre su regreso*, 2.23; Platón, *Gorgias*, 489c; *República*, 557c; Aristóteles, *Política*, 1319b 7-8.

3 Cataldi (2000); cf. Daverio Rocchi (1971: 338-340); Nakategawa (1995: 34-37); Raaflaub (2004: 224).

> y de atarse un mechón de pelo en la cabeza con un broche de oro en forma de cigarra... Por otra parte, los primeros que usaron vestidos sencillos (μετρίᾳ ἐσθῆτι), a la moda actual (ἐς τὸν νῦν τρόπον), fueron los lacedemonios, y además principalmente los propietarios más ricos adoptaron un tipo de vida igual al de la multitud (1.6.3-4)[4].

Como se ha indicado desde variados puntos de vista conceptuales, la recepción de determinada moda por parte de un sector, en concreto, una élite en nuestro caso, no depende solamente de una visión estética –aun cuando esta consideración pueda formar parte del proceso–, y menos aún de un mero acto de delectación individual a partir de ciertos gustos y preferencias personales. La moda opera, sobre todo, como una forma de distinción que colabora en el diseño de la identidad de un grupo, y, tratándose de una élite, actúa como uno de los soportes a partir del cual esta pone de relieve, o así pretende hacerlo, su rol en la sociedad. De esta manera, los diferentes aspectos ligados a la aceptación y la difusión de una moda configuran una política del signo, una semiótica con sus propias formas, mediante la cual se pone de manifiesto que el gusto se organiza sobre criterios y bases enteramente sociales, exteriorizando vectores de distinción que expresan posiciones y disparidades de estatus o de clase.

En este sentido, Veblen (1899: 167) apuntaba a la vestimenta como una de las formas del gasto más universalmente practicadas, respecto de cualquier otro hábito de consumo, en que más evidente resulta la exhibición como el efecto perseguido. Con otro enfoque, Baudrillard (1972: 37-38) planteaba que los cambios en la moda, en la vestimenta, por caso, no suponen una necesidad natural, sino que ratifican psicológicamente coacciones procedentes de la esfera de la diferenciación social y el prestigio. En la medida en que "los objetos desempeñan el papel de exponentes del estatus social", señala el autor, "atestiguarán siempre a la vez una situación adquirida (siempre lo han hecho), pero también, al inscribirse en el ciclo distintivo de la moda, virtualidades de movilidad de ese estatus social". La moda, en general, y la vestimenta, en particular, que es lo que aquí nos atañe, poseen su propia semántica, desplegando significaciones sociales que se integran

4 Sobre este pasaje, Hornblower (1991: 25-27), que acepta la interpretación de Geddes que en breve veremos.

en un imaginario necesariamente compartido. Esto no excluye, más bien lo contrario, diferencias y luchas entre diversos grupos dentro de una sociedad dada, atravesada por formas diversas de distinción, siendo precisamente la vestimenta un factor capaz de constituirse en uno de los vectores de distinción de una élite. Como indica Perrot (1994: 8), refiriéndose a la vestimenta de la burguesía en el siglo XIX, el hecho de vestirse a sí mismo es un acto de diferenciación y significación que mediante símbolos o convenciones pone de relieve "esencia, superioridad, tradición, prerrogativa, herencia, casta, linaje, grupo étnico, generación, religión, origen geográfico, estado civil, posición social, papel económico, creencia política y afiliación ideológica". Así pues, considerada como signo o símbolo cultural, la vestimenta permite afirmar y revelar clivajes, jerarquías y solidaridades de acuerdo con un código garantizado y perpetuado por la sociedad y sus instituciones, que Bourdieu (1988: 182) categoriza como una de las tres estructuras principales de consumo en tanto que maneras de distinguirse por parte de la clase dominante, en la que los gastos se destinan a la presentación y representación de sí mismo (las otras son la alimentación y la cultura). Se podría argumentar que estas perspectivas están intrínsecamente ligadas a las sociedades de consumo cuyas prácticas y pautas de funcionamiento se proponen explicar. Sin embargo, ellas plantean una serie de aspectos más generales que, con los debidos recaudos, resultan válidos para ensayar un análisis de la Grecia antigua, lo cual ya ha sido probado previamente[5].

Volviendo al pasaje de Tucídides, de atenernos a las derivaciones inmediatas que podrían extraerse del mismo, pareciera que lo que en Atenas era señal de distinción de la élite, el quitón de lino y el pasador de oro, terminó cayendo en desuso y fue remplazado por una vestimenta más sencilla de origen laconio[6],

---

5 Cf. Marzel (2015: 2-3), que propone una oposición entre "sociedad de vestimenta" y "sociedad de moda", y señala que esta última emerge a partir del Renacimiento y supone un impulso permanente a la innovación, mientras que la primera, asociada a la época medieval, tendería al conservadurismo y la estabilidad inhibiendo los cambios, vistos como algo peligroso. Más allá de la utilidad de ambas nociones, este esquematismo deja afuera del análisis una porción significativa de la historia, restringiendo la noción de moda a la modernidad occidental.

6 De manera general, sobre el vestido en la Grecia antigua, ver Köhler (1930: 93-111); Lee (2015).

equiparando aparentemente a todos los ciudadanos y generando una suerte de indistinción en lo atinente a la moda mediante la que los atenienses todos hacían la presentación de sí mismos, para usar los términos de Bourdieu. Si como decía Ehrenberg (1951: 99), un hombre es noble, caballero, debido a su manera y estilo de vida, ¿es posible que, con los cambios ocurridos en la moda de la vestimenta en Atenas, la élite prescindiera de un factor que usualmente permite enfatizar tanto los aspectos propios de la exhibición, la diferenciación social y el prestigio cuanto las pautas de consumo como vectores de distinción inherentes a la presentación y representación de sí misma por parte de la élite?

En un artículo fundamental acerca del sentido social del vestido entre los atenienses, Geddes (1987) apela a Veblen para explicar el cambio del lujoso quitón por el moderado himatión: mientras que el primero implica un consumo ostensible, en cambio, el segundo entraña un ocio ostensible. Fue el desarrollo de la democracia lo que hizo posible la estandarización en la vestimenta, resaltando así la igualdad[7]. En efecto, como ha destacado Lee (2015: 109), Geddes asocia el cambio del quitón por el himatión con el desarrollo de la democracia, aunque también tiene su peso el rechazo ateniense hacia el lujo oriental. Ahora bien, los cuatro mensajes que según Geddes expresarían los vestidos "moderados", a saber: ocio, buena forma física, igualdad, semejanza de ideas, se ligan a la condición de los ciudadanos ricos, quienes precisamente eran los que podían estar ociosos: "El ocio [es] proclamado por el himatión desabrochado como lo había sido por el lujoso quitón. Los guerreros, como los aristócratas, despreciaban tener que trabajar para vivir" (p. 323). Sin embargo, más allá de diferentes calidades de telas y arreglos, ya no habría distinciones entre aristócratas y hombres comunes, ni entre atenienses pobres y esclavos, porque todos llevarían por atuendo el himatión. De esta manera, Geddes relativiza su propia hipótesis basada en Veblen de que la vestimenta "moderada" expresaba el ocio ostensible de la ciudad hoplítica: los hombres

7 Su postura en relación con la influencia de la democracia en este cambio en la vestimenta es seguida por otros estudiosos: cf. *e.g.* Hornblower (1991: 25-27); Lee (2015: 108-109); Paiaro & Requena (2015: 159-160).

comunes, los atenienses pobres, los esclavos no gozaban de ocio, pero todos usaban el democratizante himatión[8].

Ante esta visión de Geddes reacciona Miller (1997: 153-187), que analiza la permeabilidad de la cultura ateniense ante la influencia persa y dedica un capítulo entero al tema de la vestimenta. A mi entender, su conclusión ubica en el marco histórico adecuado la referencia de Tucídides al cambio producido en el vestido ateniense. Tras criticar la interpretación de que la moderación en la vestidura reflejaba los principios de la Atenas democrática, sostiene:

> Cuando Tucídides afirma que los hombres de su tiempo adoptaron un vestido moderado (μετρία ἐσθής), ¿cuál es su grupo de comparación? Para los ojos modernos el vestido griego parece igualitario según los estándares de Lúculo e Imelda Marcos. Tucídides pensaba que su grupo de comparación era el vestido de las generaciones pasadas de Atenas, hasta donde podía recordarlo de su juventud; pero de hecho era el rico atuendo del Oriente contemporáneo. El dignificado himatión se sitúa en alguna parte entre las lujosas prendas de los príncipes persas y el estrecho *exomís* de los pobres atenienses. Tucídides elogia el vestido moderado del oligarca (varón) moderado, pero describe lo que en esos términos es más un vestido estándar que de élite. La élite de Atenas estaba apelando al Cercano Oriente por modelos (o volviéndose hacia Esparta, el otro extremo); la adopción de prendas extranjeras muestra cuán cargados de prestigio estaban los artículos aqueménidas, presumiblemente como derivación de un clima de riqueza y poder sin precedentes (pp. 186-187)[9].

---

8 En tal sentido, como bien se sabe, si ser hoplita suponía poseer una riqueza suficiente para costearse la panoplia –que ciertamente confería un estatus concreto a quien pudiera integrarse en ese rango militar–, sin embargo, todo indica que la mayoría de los hoplitas eran campesinos medianos, con propiedades que promediaban las 5 ha, que debían trabajar para ganarse la vida. Cf. Gallego & Valdés Guía (2014: 151-186), con referencias previas.

9 En cuanto a la vestimenta de los pobres y los esclavos (*exomís* o himatión de baja calidad), la autora remite a Pritchett (1956: 205-207). Con las debidas reservas, el *exomís* de los atenienses pobres, que también usarían los esclavos, puede compararse con la ropa (κατωνάκη) de los hilotas en Esparta, vestido tosco con bordes de piel de oveja; Ducat (1974: 1455-1456). Según Ehrenberg (1951: 184-185), la *katonáke* y el *exomís* podían ser usados por esclavos y ciudadanos pobres. En Atenas, durante la tiranía Pisistrátida ciertos sectores debieron usar obligatoriamente la *katonáke*; cf. Aristófanes, *Lisístrata*, 1150-1155; Julio Pólux, 7.68; Henderson (1987: 203).

Así, estas mutaciones en la vestimenta deben asociarse estrictamente con formas de distinción de la élite ateniense, mirando hacia el lujo oriental o la moderación espartana. En términos de Bourdieu, lujo y moderación serían modos posibles de presentación de sí ejecutados conscientemente por la élite, que se encuadrarían en formas de ufanarse de su posición en la sociedad, aplicándose aquí el *dictum* de Aristóteles (*Ética Nicomaquea*, 1127b 27-29): "Y a veces se muestra jactancia (ἀλαζονεία), tal como el vestido de los laconios; pues es jactancioso no solo el exceso sino también la excesiva carencia". Es por eso que Miller no titubea en decir que el elogio de Tucídides está dirigido al oligarca moderado. Y tratándose de la mesura en el arreglo corporal que aparece en directa relación con prácticas desarrolladas por los lacedemonios, no sería extraño que esta opción de la élite (o una parte de ella) se inscribiera en tendencias filolaconias como la de Critias, oligarca de armas tomar, actor destacado en el golpe y la tiranía de los Treinta y filolaconio confeso, que alababa en su *Constitución de los lacedemonios* "los más simples utensilios de la vida diaria: las excelentes botas laconias y sus vestidos (ἱμάτια) sumamente agradables y útiles de llevar" (DK 88 B 34 = Ateneo, XI, 483b).

El filolaconismo y la distinción de la élite

El filolaconismo tiene en Atenas una historia que excede el estrecho contexto temporal aquí adoptado, esto es, finales del siglo V a.C., o, para incluir los antecedentes de lo que me interesa desarrollar, podríamos decir el período de la Guerra del Peloponeso. En efecto, el filolaconismo no es un fenómeno que haga su presentación en este marco histórico, puesto que ya una figura como la de Cimón se asocia con este comportamiento, al menos en la interpretación que de su accionar ofrece Plutarco (*Cimón*, 16.1: ἀπ᾽ ἀρχῆς φιλολάκων); aunque es necesario hacer notar que las menciones a su filolaconismo aparecen en la coyuntura inmediatamente previa a los comienzos de la guerra, o durante los años en que ya está transcurriendo (Zaccarini, 2011). Así pues, en la Atenas del último cuarto del siglo V parece haberse impuesto o acentuado una moda laconizante, sobre todo, entre los jóvenes provenientes de los círculos de la élite que al llegar el momento oportuno se mostraron enteramente prooligárquicos. Tal vez a estos jóvenes y a esta época se estuviera refiriendo implícitamente Tucídides en el pasaje citado con anterioridad, en el que contrastaba el vestido moderado lacedemonio, que los atenienses habían adoptado como propio, con el lujoso quitón de lino que hasta no hace mucho tiempo (οὐ πολὺς χρόνος) seguían usando en Atenas los más viejos de entre los ricos.

Junto con la austeridad en la vestimenta siguiendo la usanza espartana, cabe mencionar asimismo la adopción de un criterio similar en el uso del cabello largo por parte de ciertos sectores de la élite. A tal efecto puede resultar útil dirigir otra vez nuestra mirada hacia el libelo atribuido a Jenofonte, cuyo autor es conocido como el Viejo Oligarca. La igualdad que la democracia había puesto en vigencia en la Atenas de su época generaba en él, como vimos, un resentimiento que se expresaba, entre otras manifestaciones que aparecen en el panfleto, en la imposibilidad de distinguir a un ciudadano (pobre, evidentemente) de un esclavo o un meteco:

> Si fuera legal que el esclavo o el meteco o el liberto fuesen golpeados por un ciudadano libre, a menudo se le pegaría por error a un ateniense, creyendo que es un esclavo. Pues el pueblo no está para nada mejor vestido que los esclavos y los metecos, ni es mejor tampoco en su apariencia (*República de los atenienses*, 1.10).

Esta afirmación se contrapone en buena medida a la uniformidad en el atuendo de los atenienses que se desprende del texto de Tucídides. El pueblo se viste igual que los esclavos y los metecos, pero no así la élite, al menos según el Viejo Oligarca. Además de destacar la cuestión de la vestimenta, en relación con todos aquellos que debían trabajar, es decir que no gozaban del ostensible ocio del que habla Geddes, el pasaje podría encuadrarse en lo que Weiler (2002) analiza con la idea de *kalokagathía* invertida, en la medida en que, desde la mirada del Viejo Oligarca, todos estos grupos debieran considerarse inferiores (πονηροί). Tal era su deseo explícito, que de concretarse políticamente resolvería el problema de la igualdad y la indiferenciación democráticas, estableciendo jerarquías claramente definidas y excluyendo a todos los que ya desde sus apariencias se mostrarían como integrantes de los *poneroí*.

En su comentario a la última parte del pasaje, que dice que el pueblo "tampoco es mejor en su apariencia" (τὰ εἴδη οὐδὲν βελτίους εἰσίν), Marr y Rhodes (2008: 76-77) se preguntan a qué alude la referencia a la apariencia. Tras descartar que se trate de la estatura o la corpulencia, señalan que remite al estilo en uso con respecto a la cabellera. Los autores aluden a la práctica habitual impuesta a los esclavos griegos consistente en hacerles llevar el pelo muy corto o casi rapado[10]. Por ende, además de la vestimenta, en lo que atañe a la apariencia, la indistinción de los ciudadanos atenienses procedentes de los sectores populares en relación con esclavos, metecos y libertos se referiría a que los ciudadanos pobres usarían el pelo corto, al igual que los esclavos, debido probablemente a las molestias y los inconvenientes que provocaría el pelo largo para la realización de los trabajos físicos que necesitaban hacer. La costumbre de los jóvenes ricos de llevar el pelo largo a la manera espartana manifiesta, pues, una distinción de clase que ponía en claro que no efectuaban tareas laborales. En consecuencia, cabe concluir que la descripción del Viejo Oligarca implica que, en Atenas, tanto ciudadanos pobres como esclavos y metecos llevarían el pelo corto, haciéndolos indistinguibles entre sí. Estamos cada vez más lejos del ciudadano ostensiblemente ocioso que Geddes veía como producto de la igualación democrática, a partir de dos aspectos muy visibles como la vestimenta y el pelo.

El uso del pelo largo está claramente asociado a la figura militarista del ciudadano espartano, que no realizaba ningún tipo de trabajo, como se desprende de varios testimonios. Heródoto (7.208.3) relata la visión que obtiene el espía enviado por Jerjes al llegar al campamento de los espartanos que estaban a las órdenes de Leónidas en las Termópilas: mientras unos practicaban ejercicios gimnásticos, otros se peinaban la cabellera. Esto último también es mencionado por Jenofonte (*República de los lacedemonios*, 13.8), que previamente hacía alusión a la disposición establecida por Licurgo permitiendo usar el pelo largo a quienes hubieran superado ya la edad de la juventud (11.3). Plutarco retomaba las informaciones contenidas en estos dos pasajes de Heródoto y Jenofonte y las reelaboraba del siguiente modo:

---

10 Cf. Eurípides, *Electra*, 107-109; Aristófanes, *Aves*, 911. En ciertos vasos se ven representaciones de esclavos coincidentes con esta práctica, en especial mujeres esclavas; cf. Thalmann (2011: 82-87); Wrenhaven (2012: 63, 71, 83, 96, 102-103, 173 n. 56).

Entonces, aunque aplicaban a los jóvenes los ejercicios más duros de la educación (ἀγωγῆς), no les impedían embellecer sus cabellos... Por eso, si bien ya se dejaban las melenas desde la edad de efebos, se la cuidaban particularmente ante los peligros, para que apareciera perfumada y bien peinada, teniendo presente una sentencia de Licurgo a propósito de la cabellera: a los bellos los hace más hermosos y a los feos mucho más temibles (*Licurgo*, 22.1).

Esta usanza tal vez tuviera un origen ritual, que se expresaría con claridad en esa especie de purificación del cuerpo que los espartanos llevaban a cabo antes del combate, entre cuyas prácticas se hallaba el cuidado del cabello. Ahora bien, la adopción de este estilo espartano en cuanto a la cabellera va a adquirir en la Atenas de finales del siglo V una connotación palmariamente política. En efecto, la opción de dejarse el cabello largo (κομᾶν) manifiesta un laconismo del que Aristófanes da cuenta en varias ocasiones, en comedias que se datan entre 424 y 411 a.C. (cf. Harvey, 1994). En *Caballeros* (del año 424), precisamente los caballeros que componen el coro, por definición aristócratas, piden que no se los vea con malos ojos por tener el pelo largo (v. 580: κομῶσι), lo cual se reafirma como una característica de la clase cuando Demo de Pnix les responde: "Bajo vuestras melenas (ἔνι ταῖς κόμαις ὑμῶν) no hay inteligencia, si creéis que no me entero", en referencia a lo que hacen los demagogos (vv. 1121-1122). En *Nubes* (de 423), Estrepsíades se refiere a su hijo Fidípides como un melenudo (ὁ δὲ κόμην ἔχων) que pretende ser parte de los jóvenes que integran la clase aristocrática, caracterizando la actitud de llevar el pelo largo como una forma de ostentación (vv. 14, 348, 545)[11]. En *Avispas* (de 422), el coro llama "Aminias melenudo" (κομηταμυνία) a Bdelicleón, que ha adoptado los modales laconizantes, impulsa la tiranía y aparece asociado al espartano Brásidas (vv. 464-466, 474-476)[12]. En *Aves* (de 414) aparece asimismo la idea del pelo largo como ostentación para posteriormente indicar, en boca del heraldo, que antes de que Pistetero fundara la ciudad aérea todos

11 Dover (1968: 94, 147, 169). Cf. Hubbard (1991: 98-99 y n. 35, 103, 150); O'Regan (1992: 52-53, 102-103, 180 n. 35).

12 MacDowell (1995: 159): "En Atenas el pelo largo fue adoptado por los jóvenes ricos, especialmente los caballeros, y por eso Bdelicleón tiene su pelo largo para acomodarse a esa moda". Respecto de Aminias, cf. MacDowell (1971: 139-140, 295-297). Ver asimismo Ruzé (2007).

los hombres estaban enloquecidos con los usos de la moda laconia (ἐλακωνομάνουν), enumerando en primer lugar el hecho de dejarse el pelo largo (ἐκόμων) (vv. 911, 1280-1283)[13]. En *Lisístrata* (de 411) una de las mujeres habla de un filarco melenudo (κομήτην) a caballo (v. 561; cf. Henderson, 1987: 140). Así pues, como ha puesto de relieve MacDowell (1971: 197), el pelo largo aparece asociado tanto a los caballeros como a las formas de ostentación de quienes poseían riqueza y se percibían a sí mismos como superiores, pero también a quienes en el contexto de la guerra parecen simpatizar con Esparta. Probablemente, estos tres registros confluyeran como formas de distinción de un único grupo social, un sector de la élite que comenzaba a hacerse ver y a percibirse con una identidad propia, con pretensiones de transformarse en la clase dirigente de una Atenas que debería si no anular al menos limitar la capacidad política del pueblo y, por consiguiente, la democracia misma[14].

Pero al asociar la moda laconizante de sectores acomodados con las posiciones políticas a favor de la oligarquía estamos adelantando los términos de un recorrido aún no realizado. Hemos aludido al filolaconismo que se desarrolla en Atenas al menos desde la época de Cimón. Pero, ¿qué implicaba ser filolaconio? Por lo que se puede ver a partir de lo expuesto, es claro que se trata de una condición que varía con el tiempo y las circunstancias. Para abreviar es oportuno adoptar aquí la ya clásica clasificación propuesta por Cartledge (1999: 313-314) que identifica tres modos de laconismo. Uno es el laconismo social o laconomanía de sectores de la clase alta, que se revelaba en las apariencias adoptadas. Cartledge considera que se trata de una postura esnob que se reduce a un espectáculo: ropa andrajosa, crecimiento del cabello, estilo de vida ostentosamente sucio. El segundo es el laconismo pragmático-político de aquellos que veían en Esparta un modelo alternativo con fines propagandísticos o como un objetivo práctico a llevar a cabo. El tercero es el laconismo político-teórico expresado

---

13 Cf. Dunbar (1998: 432-433), acerca del uso del término ἐλακωνομάνουν en referencia a las prácticas laconizantes, entre ellas, la moda del pelo largo: "El compuesto solo aparece aquí, pero la imitación laconizante en señal de indiferencia hacia el aseo y en actitudes antidemocráticas habían sido practicadas desde antes por algunos aristócratas atenienses, y durante la guerra claramente despertó sospechas de traición" (p. 432).

14 Sobre estos aspectos y los que siguen, ver Gallego (2018a), texto que complementa los análisis de este trabajo.

por determinadas posiciones filosóficas, tanto en público como en privado, que pudo o no articularse con el segundo modo buscando tener impacto en términos políticos prácticos[15]. Ciertamente, cabría pensar, siguiendo los criterios planteados por Cartledge, que las manifestaciones de filolaconismo ligadas a la moda se inscribirían sin más en la primera de las tres formas.

Aceptando los postulados de Cartledge, Jordović (2014) ve el desarrollo del filolaconismo como una forma de contracultura de un sector de la élite ateniense que no estaba a favor de la democracia, para poder distinguirse en una situación que los constreñía debido a la indistinción instaurada por la igualdad democrática (cf. Canevaro, 2017). Buena parte de su argumento apunta a demostrar que solo en contadas y acotadas ocasiones, como el caso de Critias y los Treinta tiranos, el filolaconismo adquirió dimensión política. Pero esto no supuso un intento de hacer de Atenas una nueva Esparta en términos de organización socioeconómica e institucional. Por el contrario, según Jordović, más allá de ciertos nombres alegóricos, como la instauración de los éforos durante el golpe de los Treinta, la estructura sociopolítica ateniense era muy diferente de la lacedemonia como para poder aspirar a cambiarla en la dirección que esta implicaba. Pero este no ha sido un parecer unánime entre los historiadores.

Según Krentz (1982: 63-68), la reorganización radical de la sociedad y las instituciones atenienses se hizo sobre la base de la imitación del estado espartano: las *gerousía* de los Treinta, los 3.000 seleccionados como *hómoioi* y el resto impedido de entrar a la ciudad como *períoikoi*. Whitehead (1982-83: 119-124) plantea las similitudes implicadas en la presencia tanto de los cinco éforos como de los Treinta como una *gerousía*, que incluso contarían con trescientos guardias, como la realeza espartana. Y en un sentido similar también se ha pronunciado Canfora (2013). Cartledge (1999: 317) ha enumerado sumariamente estas coincidencias, aunque previamente en su libro sobre Agesilao (Id., 1987: 282) ponía en duda la autenticidad de la transformación laconizante operada por los Treinta, que tal vez fuera solamente una postura adoptada en función de obtener el apoyo incondicional de los espartanos. Por

15 Hodkinson (2005: 223), plantea una cuarta forma de laconismo, la de los nostálgicos historiadores del siglo IV, tales como Éforo y Teopompo.

su parte, Hodkinson (1994: 189-190; 2005: 266-267) la analiza en relación con las visiones utópicas que derivaron en determinadas acciones prácticas a partir, precisamente, de las concepciones idealizadas de la *politeía* espartana que tenían algunos miembros de los Treinta. Como indica Brock (1989: 163 y nn. 31-32), retomando argumentos de Whitehead y Krentz, la cuestión significativa no radica en si se correspondía con la realidad histórica sino en el hecho de que para un ateniense laconizante las pautas adoptadas resultaban una estimación razonable, en la medida en que el modelo a imitar no residía en una figura ideal espartana sino en la forma contemporánea de Esparta, que era la que había obtenido éxito recientemente.

En su reciente análisis, Caire (2016: 103-124, 241-247) revisa detalladamente estos problemas. Según la autora, si bien en 411 el modelo espartano parece no ser el referente de las heterías oligárquicas en función de las mutaciones políticas a implementar –aunque la alianza con Esparta resulta un último recurso en apoyo de la oligarquía en Atenas–, en cambio, en 404 dicho modelo sería claramente el horizonte del gobierno que se puso en marcha con el golpe de los Treinta[16]: los cinco éforos establecidos por las heterías, los Treinta que evocaban indiscutiblemente la *gerousía* esparciata, el número y el estatus de los Tres mil que podrían ser el resultado de la percepción en Atenas de la situación de los *hómoioi* en Esparta en esos momentos. Los fragmentos de la *Constitución de los lacedemonios* de Critias son para Caire una prueba relevante de la pregnancia de los valores lacedemonios en la organización y las prácticas de la oligarquía ateniense en 404[17]. La autora demuestra así, a mi entender correctamente, aunque con las lógicas limitaciones del caso, que las experiencias de los golpistas oligárquicos tuvieron su norte en Esparta y buscaron reproducir en la medida

16 Sobre ambos golpes oligárquicos, con fuentes y bibliografía, Gallego (2012; 2016b). Además de los trabajos citados en estos artículos, dentro de la ingente cantidad de análisis sobre el tema, ver los siguientes estudios, que han sido de utilidad para nuestra perspectiva: Munn (2000: 93-244); Balot (2001: 179-233); Sancho Rocher (2007; 2016a; 2016b); Bearzot (2009; 2013); Shear (2011); Canfora (2014: 265-271, 411-414).

17 En cuanto a la transmisión de los textos de Critias sobre la constitución lacedemonia y el sentido de sus obras, en el marco tal vez de intereses más amplios referidos al estudio de diversas *politeîai*, Centanni (1997: 20-23, 89-125).

de lo posible formas institucionales y aspectos organizacionales evocativos de la situación lacedemonia.

A modo de conclusión

Planteemos, finalmente, qué relación guardan los aspectos identitarios de la moda laconia adoptada por sectores de la élite con la pregnancia del modelo espartano en el horizonte político de los oligarcas atenienses de finales del siglo V. A mi entender, no parece acertado descartar, como hacen rápidamente Cartledge y quienes lo siguen, el solapamiento entre los tres modos de laconismo según precisas circunstancias, sin dejar de lado, por supuesto, la laconomanía esnob de algunos excéntricos atenienses. Resulta claro que una marca de distinción de un sector de la élite fueron ya no los vestidos andrajosos sino los modestos, de origen laconio, que alababan Tucídides y Critias; asimismo, el pelo largo aparece como una forma de distinción propia de un sector de la juventud de tendencia oligarca. Una parte de la élite había hecho de estos elementos una evidente señal de identidad política, con la que tal vez se la viera pasar a la acción directa cuando resolvió ejecutar sus fines subversivos respecto de la democracia, manifestando sus posturas dentro del marco de referencia brindado por las heterías, cuyo accionar fue fundamental en los procesos que desembocaron en los golpes oligárquicos de 411 y 404[18]. Así, el estilo de vida laconizante adoptado por sectores de la élite aristocrática no parece haberse quedado solo en la declaración pública de una filiación ideológica, sino que formó parte de una clara toma de partido en función de la actuación política antidemocrática.

En efecto, la moderación asociada al laconismo como moda ateniense tiene su correlación política en la aplicación de la idea de *sophrosýne* a la organización espartana, a la que se veía como un orden uniforme y sin aparentes disensos; una política de la *sophrosýne* como ha formulado con agudeza McGlew (1999: 11-17)[19]. En alguna medida, la moderación que se asignaba a las

18 Sobre el accionar político antidemocrático de las heterías, ver McGlew (1999); cf. Ostwald (1986: 537-550).

19 Jenofonte, *Helénicas*, 2.3.34; Critias, DK 88 B 6; cf. Iannucci (2002: 79-113). Sobre la *sophrosýne* en Esparta, cf. Humble (2002); Rademaker (2005: 208-216); Mara (2008: 166-167).

vestimentas laconias reaparece entonces como característica más general propia del modo de vida lacedemonio[20]. Paralelamente, en el plano de la ideología política esta moderación va a encontrar una expresión conceptual específica en torno a la idea de *eunomía*[21]. De esta manera, la estrategia oligárquica de asalto al poder democrático se concretaría en términos comunicacionales a través de la apelación a conceptos que ponderaban la moderación política, como la *sophrosýne*, revitalizando al mismo tiempo la noción de *eunomía*. En definitiva, vista en retrospectiva a la luz de los hechos, la moda en cuanto a la vestimenta moderada y el cabello largo, que podría haberse quedado en un simple gusto estético, se convirtió en una anticipación ideológica de una toma de partido político en función de subvertir la democracia cuando la ocasión fue propicia, con el objetivo de instaurar un gobierno oligárquico.

Bibliografía

Balot, R.K. (2001). *Greed and Injustice in Classical Athens*, Princeton.

Balot, R.K. (2006). *Greek Political Thought*, Malden.

Baudrillard, J. (1972). *Pour une critique de l'économie politique du signe*, Paris.

Bearzot, C. (2009). "La sovversione dell'ordine costituito nei discorsi degli oligarchici ateniesi", en G. Urso (ed.), *Ordine e sovversione nel mondo greco e romano*, Pisa, 69-86.

Bearzot, C. (2013). *Come si abbatte una democrazia. Tecniche di colpo di stato nell'Atene antica*, Roma.

Beltrán, A., Sastre, I. & Valdés, M. (eds. 2015). *Espacios de la esclavitud y la dependencia desde la Antigüedad. Homenaje a Domingo Plácido*, Besançon.

Bourdieu, P. (1988). *La distinción. Criterios y bases sociales del gusto* [1979], tr. M.C. Ruiz de Elvira, Madrid.

Brock, R. (1989). "Athenian Oligarchs: The Numbers Game", *Journal of Hellenic Studies*, 109, 160-164.

Caire, E. (2016). *Penser l'oligarchie à Athènes aux Ve et IVe siècles. Aspects d'une idéologie*, Paris.

Canevaro, M. (2017). "The Popular Culture of the Athenian Institutions: 'Authorized' Popular Culture and 'Unauthorized' Elite Culture in Classical Athens", en L. Grig (ed.), *Popu-*

20 Sobre esta ideología auto-justificatoria oligárquica, en Atenas, en particular: Raaflaub (1983: 524-534); Rhodes (2000: 128-135); para Grecia, de manera general: Ostwald (2000: 21-30); Simonton (2017: 186-223).

21 Cf. Raaflaub (1983: 524-527); Simonton (2017: 59, 72-73, 108-120).

lar Culture in the Ancient World, Cambridge, 39-65.

Canfora, L. (2013). "Crizia e la 'laconizzazione' dell'Attica", en Id., *Storia della letteratura greca* [1986], 2ª ed., Roma, 341-352.

Canfora, L. (2014). *El mundo de Atenas* [2011], tr. E. Dobry, Barcelona.

Cartledge, P. (1987). *Agesilaos and the Crisis of Sparta*, London.

Cartledge, P. (1999). "The Socratics' Sparta and Rousseau's", en S. Hodkinson & A. Powell (eds.), *Sparta: New Perspectives*, Swansea, 311-337.

Cataldi, S. (2000). "Ἀκολασία e ἰσηγορία di meteci e schiavi nell'Atene dello Pseudo-Senofonte", en M. Sordi (ed.), *L'opposizione nel mondo antico*, Milano, 75-101.

Centanni, M. (1997). *Atene assoluta. Crizia dalla tragedia alla storia*, Padova.

Daverio Rocchi, G. (1971). "L'Ἀθηναίων Πολιτεία del V sècolo a.C.", *Parola del Passato*, 26, 323-341.

Dover, K.J. (1968). *Aristophanes: Clouds*, Oxford.

Ducat, J. (1974). "Le mépris des hilotes", *Annales ESC*, 29, 1451-1464.

Dunbar, N. (1998). *Aristophanes. Birds*, Oxford.

Ehrenberg, V. (1951). *The People of Aristophanes: A Sociology of Old Attic Comedy* [1943], 2ª ed. Oxford.

Gallego, J. (2012). "La liberación del *dêmos*, la memoria silenciada. Atenas, de la violencia oligárquica a la amnistía democrática", *Anales de Historia Antigua, Medieval y Moderna*, 44, 11-31.

Gallego, J. (2015). "La expulsión del *dêmos* del espacio político y las nuevas formas de dependencia en la Atenas de finales del siglo V a.C.", en Beltrán, Sastre & Valdés (eds. 2015), 171-182.

Gallego, J. (2016a). "Aristóteles, la democracia ateniense y el problema de la anarquía", *El Arco y la Lira*, 4, 29-43.

Gallego, J. (2016b). "De la democracia a la oligarquía y de la oligarquía a la democracia, una y otra vez: Atenas, 411-403 a.C.", en M. Campagno, J. Gallego & C.G. García Mac Gaw (eds.), *Regímenes políticos en el Mediterráneo Antiguo*, Buenos Aires, 153-165.

Gallego, J. (2018a). "Filolaconismo y política oligárquica en Atenas a finales del siglo V a.C.", *Habis*, 49, 43-63.

Gallego, J. (2018b). *La anarquía de la democracia. Asamblea ateniense y subjetivación del pueblo*, Buenos Aires

Gallego, J. & Valdés Guía, M. (2014). *El campesinado ático y el desarrollo de la democracia ateniense*, Buenos Aires.

Geddes, A.G. (1987). "Rags and Riches: The Costume of Athenian Men in the Fifth Century", *Classical Quarterly*, 37, 307-331.

Harvey, D. (1994). "Lacomica: Aristophanes and the Spartans", en Powell & Hodkinson (eds. 1994), 35-58.

Henderson, J. (1987). *Aristophanes: Lysistrata*, Oxford.

Hodkinson, S. (1994). "'Blind Ploutos'? Contemporary Images of the Role of Wealth in Classical Sparta", en Powell & Hodkinson (eds. 1994), 183-222.

Hodkinson, S. (2005). "The Imaginary Spartan *Politeia*", en M.H. Hansen (ed.), *The Imaginary Polis*, Copenhagen, 222-281.

Hornblower, S. (1991). *A Commentary on Thucydides, Volume I: Books 1-3*, Oxford.

Hubbard, T.K. (1991). *The Mask of Comedy: Aristophanes and the Intertextual Parabasis*, Ithaca.

Humble, N. (2002). "*Sōphrosynē* Revisited: Was it Ever a Spartan Virtue?", en A. Powell & S. Hodkinson (eds.), *Sparta: Beyond the Mirage*, London, 85-109.

Iannucci, A. (2002). *La parola e l'azione. I frammenti simposiali di Crizia*, Bologna.

Jones, A. (1957). *Athenian Democracy*, London.

Jordović, I. (2014). "The Origins of Philolaconism: Democracy and Aristocratic Identity in Fifth-Century BC Athens", *Classica & Mediaevalia*, 65, 127-154.

Köhler, C. (1930). *A History of Costume* [1926], ed. E. von Sichart, tr. A.K. Dallas, New York.

Krentz, P. (1982). *The Thrity at Athens*, Ithaca.

Lee, M.M. (2015). *Body, Dress and Identity in Ancient Greece*, Cambridge.

MacDowell, D.M. (1971). *Aristophanes: Wasps*, Oxford.

MacDowell, D.M. (1995). *Aristophanes and Athens: An Introduction to the Plays*, Oxford.

Mara, G.M. (2008). *The Civic Conversations of Thucydides and Plato: Classical Political Philosophy and the Limits of Democracy*, Albany.

Marr, J.L. & Rhodes, P.J. (2008). *The 'Old Oligarch': The* Constitution of the Athenians *Attributed to Xenophon*, Oxford.

Marzel, S.-R. (2015). "Introduction", en S.-R. Marzel & G.D. Stiebel (eds.), *Dress and Ideology: Fashioning Identity from Antiquity to the Present*, London, 1-15.

McGlew, J.F. (1999). "Politics on the Margins: The Athenian 'Hetaireiai' in 415 BC", *Historia*, 48, 1-22.

Miller, M.C. (1997). *Athens and Persia in the Fifth Century BC: A Study in Cultural Receptivity*, Cambridge.

Munn, M. (2000). *The School of History: Athens in the Age of Socrates*, Berkeley.

Nakategawa, Y. (1995). "Athenian Democracy and the Concept of Justice in Pseudo-Xenophon's *Athenaion Politeia*", *Hermes*, 123, 28-46.

Ober, J. (1998). *Political Dissent in Democratic Athens: Intellectual Critics of Popular Rule*, Princeton.

O'Regan, D.E. (1992). *Rhetoric Comedy and the Violence of Language in Aristophanes* Clouds, New York.

Ostwald, M. (1986). *From Popular Sovereignty to Sovereignty of Law: Law, Society, and Politics in Fifth-Century Athens*, Berkeley.

Ostwald, M. (2000). Oligarchia*: The Development of a Constitutional Form in Ancient Greece*, Stuttgart.

Paiaro, D. & Requena, M.J. (2015). "'Muchas veces pegarías a un ateniense creyendo que era un esclavo'... (PS-X, 1.10): espacios democráticos y relaciones de dependencia en la Atenas clásica", en Beltrán, Sastre & Valdés (eds. 2015), 153-170.

Perrot, P. (1994). *Fashioning the Bourgeoisie: A History of Clothing in the Nineteenth Century* [1981], tr. R. Bienvenu, Princeton.

Piovan, D. (2008). "Criticism Ancient and Modern: Observations on the Critical Tradition of Athenian Democracy", *Polis*, 25, 305-329.

Powell, A. & Hodkinson, S. (eds. 1994). *The Shadow of Sparta*, Swansea.

Pritchett, W.K. (1956). "The Attic Stelai, Part II", *Hesperia*, 25, 178-317.

Raaflaub, K.A. (1983). "Democracy, Oligarchy, and the Concept of the 'Free Citizen' in Late Fifth-Century Athens", *Political Theory*, 11, 517-544.

Raaflaub, K.A. (2004). *The Discovery of Freedom in Ancient Greece*, Chicago.

Rademaker, A. (2005). Sophrosyne *and the Rhetoric of Self-Restraint: Polysemy and Persuasive Use of an Ancient Greek Value Term*, Leiden.

Rhodes, P.J. (2000). "Oligarchs in Athens", en R. Brock & S. Hodkinson (eds.), *Alternatives to Athens: Varieties of Political Organization and Community in Ancient Greece*, Oxford, 119-136.

Roberts, J.T. (1994). *Athens on Trial: The Antidemocratic Tradition in Western Thought*, Princeton.

Ruzé, F. (2007). "'Lacôniser' à Athènes. À propos des *Guêpes* d'Aristophane", en P. Schmitt-Pantel & F. de Polignac (eds.), *Athènes et le politique. Dans le sillage de Claude Mossé*, Paris, 249-270.

Sancho Rocher, L. (2007). "*Athenaion Politeia* 34.3, about Oligarchs, Democrats and Moderates in the Late Fifth Century BC", *Polis*, 24, 298-327.

Sancho Rocher, L. (2016a). "Sociología de la *stásis*, I. El *dêmos* y los oligarcas en 411 a.C.", *Athenaeum*, 104, 5-30.

Sancho Rocher, L. (2016b). "Sociología de la *stásis*, II. El soporte social de los Treinta y el del *dêmos* en 404/3 a.C.", *Athenaeum*, 104, 373-396.

Shear, J. (2011). *Polis and Revolution: Responding to Oligarchy in Classical Athens*, Cambridge.

Simonton, M. (2017). *Classical Greek Oligarchy: A Political History*, Princeton.

Thalmann, W.G. (2011). "Some Ancient Greek Images of Slavery", en R. Alston, E. Hall & L. Proffitt (eds.), *Reading Ancient Slavery*, London, 72-96.

Veblen, T. (1899). *The Theory of the Leisure Class: An Economic Study of Institutions*, New York.

Weiler, I. (2002). "Inverted *Kalokagathia*", en T. Wiedemann & J. Gardener (eds.), *Representing the Body of the Slave*, London, 11-28.

Whitehead, D. (1982-83). "Sparta and the Thirty Tyrants", *Ancient Society*, 13-14, 105-130.

Wrenhaven, K.L. (2012). *Reconstructing the Slave: The Image of the Slave in Ancient Greece*, London.

Zaccarini, M. (2011). "The Case of Cimon: The Evolution of the Meaning of Philolaconism in Athens", ὅρμος, 3, 287-304.

IMITATIO REGIS: LEALTAD, HELENIZACIÓN Y PRESTIGIO EN EL REINO SELÉUCIDA[1]

Alex McAuley
(Cardiff University)

Probablemente, el fenómeno más fascinante en la historia del mundo helenístico es la extrema rapidez con la que los territorios conquistados por Alejandro Magno comenzaron a adoptar características que podemos etiquetar como "griegas". En el caso seléucida, que consideraremos a lo largo de este capítulo, solo uno de los muchos ejemplos de esta tendencia helenizante es la aparición de decenas de ciudades griegas en todo el imperio durante un período de poco más de un siglo. Dentro (y de hecho, más allá) de estas comunidades griegas podemos encontrar la difusión de muchas otras facetas de la cultura griega que se volvieron centrales para el estilo de vida de las élites helenísticas: el uso del idioma y de nombres griegos, las prácticas de participación cívica local y donación pública, junto con los medios para conmemorar tales actos a través de estatuas e inscripciones, y por supuesto la participación en la esfera más amplia de la cultura griega, que se convirtió en sinónimo de cultura de élite en los reinos de los sucesores de Alejandro. Es precisamente esta adopción –o imitación– de la cultura griega en lugares históricamente no griegos lo que llevó a Droysen a identificar al período como "helenístico" antes que puramente "helénico", y a considerarlo como una imitación de la cultura griega clásica en lugar de ver lo original del período en sí mismo.

La pregunta sobre quién fue el responsable de tan activa difusión de la cultura y la lengua griegas ha preocupado largamente a los investigadores del período, y el debate ciertamente continúa. De acuerdo con la vieja escuela de pensamiento representada

1 Traducción de Agustín Saade.

primero por Droysen (1836) y luego por Bevan (1902) y Mahaffy (1895; 1905), este proceso fue enteramente el resultado de los propios griegos: fue la iniciativa primero de Alejandro y luego de sus dinastías sucesoras las que hicieron que el helenismo floreciera, como producto de una política consciente de aculturación en los territorios que habían sido conquistados[2]. Conforme a este paradigma, los reyes helenísticos difundieron la cultura griega dentro de sus dominios, lo que luego fue imitado por las élites de sus respectivos imperios como medio de promover su propio estatus dentro del nuevo entramado de poder. Esta noción tiene una remarcable larga duración en los estudios académicos, y continúa siendo sostenida por Getzl Cohen (1995: 66-70), Kai Brodersen (2001), y más recientemente por Pierre Briant (2005) y John Grainger (2017). Se cree que la interacción entre los reyes griegos y las élites no griegas ha producido consecutivamente la fusión cultural (*Verschmelzung*) del Este y el Oeste, creando el crisol social que hizo que el mundo helenístico se volviera más griego, pero no realmente "griego" sino helenístico más que helénico.

Sin embargo, trabajos más recientes como los de Hilmar Klinkott (2007) y Hans-Joachim Gehrke (2008) han argumentado que no hubo un programa intencional de helenización en los imperios seléucida y ptolemaico, y que el período helenístico se describe mejor como un mundo heterogéneo más que como un crisol de culturas. En este paradigma, la actividad detrás de la helenización se aleja de los monarcas hacia los habitantes de las ciudades helenísticas, llevando a Christoph Michels (2012: 302) a sostener que deberíamos mirar hacia el medio, más que hacia arriba, de la sociedad helenística para encontrar a los responsables de este proceso[3]. Según este autor, en el contexto de la ciudad capadocia de Hanisa, "se carece de evidencia para sostener que la intervención real fuera el origen del cambio cultural"; fue el escenario, en cambio, de una interacción entre sistemas políticos equiparados [*peer-polity*] "entre la aristocracia indígena y las élites civiles de las *poleis* griegas/helenizadas" lo que fue incentivando este cambio. Mientras que su análisis de esta ciudad capadocia es

2 Ver Michels (2012: 284-285, con notas) para un conciso resumen de la historia de esta tradición académica.

3 En el proceso, Michels utiliza el modelo de "sistema político equiparado" [*peer-polity*], aplicado por primera vez a las ciudades helenísticas por John Ma (1999).

exhaustivo y fascinante, el marco teórico de Michels presenta un desafortunado efecto secundario del modelo *peer-polity*, a saber, la tendencia a considerar las relaciones horizontales y verticales aisladas unas de otras. En otras palabras, los reyes interactúan con reyes, y las ciudades interactúan con ciudades, pero los dos actores no se relacionan entre sí.

Pero en el caso de Capadocia, así como en otras regiones del reino seléucida, encontramos una gran cantidad de evidencia para sugerir que los reyes estaban involucrados en dar forma a la cultura urbana mucho más que en un sentido político; el rey y su corte ejercieron más influencia en los estilos de vida de la élite urbana de lo que pensamos a primera vista[4]. Para ver cómo funcionaba este proceso de helenización a nivel local, en este capítulo examinaré el particular contexto del imperio seléucida y consideraré quién o cuál fue la fuerza impulsora detrás de la adopción de las costumbres griegas. Para llevarlo a cabo, comenzaremos con una reseña general de la estructura del propio imperio y el rol desempeñado por las élites locales, antes de pasar al caso específico de Capadocia para analizar cómo esos procesos se desarrollaron a nivel local. Después de considerar la helenización de las élites locales, a modo de conclusión vamos a considerar el proceso inverso –cómo los reyes seléucidas adoptaron las costumbres de sus súbditos no griegos–. La aculturación, en el período helenístico como en cualquier otro, fue en gran medida un camino de doble sentido.

En el caso de Capadocia, sostengo que, en lugar de atribuir este fenómeno exclusivamente a reyes o ciudades, deberíamos contemplar en su lugar a las élites "imperiales" regionales del reino seléucida como los agentes principales de la helenización. Fueron su imitación y su adaptación de las costumbres y los estilos de vida de sus dominadores macedonios las que originaron el proceso de helenización en el reino seléucida, en lugar de un simple edicto real. Esta helenización, a su vez, se filtró a otros niveles de la sociedad en un proceso de emulación de élites. Con el paso del tiempo, esto llevó gradualmente, aunque quizás no inevitablemente, a un cambio cultural en diferentes niveles de la sociedad, dando lugar

---

4 Sobre la historia general de la Capadocia helenística, ver Gabelko (2016); Hansen (1947: 73-76); Grainger (2010: 131); Sherwin-White & Kuhrt (1993: 32-36); Ballesteros Pastor (2013). Para las discusiones sobre Capadocia en la época aqueménida, ver Michels (2012: 284, n. 9).

al vasto y diverso escenario cultural que encontramos tres siglos después de las conquistas de Seleuco I Nicátor.

Superando las diferencias: élites locales en el reino seléucida

A diferencia de sus contemporáneos ptolemaicos en Egipto, los seléucidas no controlaban una región que estaba particularmente caracterizada por una clara división entre griegos y no griegos, sino que tenía una herencia cultural mucho más compleja. Los casi tres millones de kilómetros cuadrados de territorio conquistados por Seleuco I y sus descendientes fueron el hogar de numerosas y diversas tradiciones culturales, que van desde el legado aqueménida de Irán y las antiguas familias satrápicas en Asia Menor hasta las comunidades griegas en la costa de Jonia y las tribus nómadas de Bactria y Aracosia. La diversidad cultural de este territorio, junto con una percepción de lo helenístico como decadente, llevó a los primeros investigadores de los seléucidas a juzgar a su reino como fundamentalmente artificial y condenado al fracaso: tal como Bevan (1902: I, 76) escribió, el imperio "no tenía vitalidad natural. Su historia desde el momento en que pierde la mano de su fundador es una de decadencia". El hecho de que, en la superficie al menos, no hubiera una política cultural unificada en el imperio ni un intento de helenización llevó a Bevan y otros autores a concluir que el imperio estaba intrínsecamente destinado a desintegrarse (noción también sostenida por Bikerman, 1938). En esta visión, solamente el poder de un rey único podría mantener unidas las piezas disímiles de este imperio fracturado.

Sin embargo, los trabajos más recientes sobre los seléucidas de Lauren Capdetrey (2007: 122-159, 283-294), David Engels (2011; 2017) y Rolf Strootman (2011) han sacado a la luz perspectivas analíticas muy diferentes. El enorme reino de los reyes seléucidas, ellos argumentan, se mantuvo unido principalmente por lazos de lealtad entre los reyes y sus dinastas clientes –la élite local de las regiones que se extienden desde el Ponto, Capadocia y Asia Menor, hasta Babilonia y Bactria–[5]. Estas élites locales gobernaron en

5 El matiz del nuevo modelo explicativo del imperio seléucida varía de cierta manera entre los autores, con Capdetrey (2007: 130-133) describiendo al imperio como algo similar a una entidad tributaria, mientras que Strootman (2011) y Engels (2011) lo analizan desde un modelo más feudal. De hecho, Engels denomina "feudalización"

representación del rey y con su reconocimiento, pero en términos prácticos mantuvieron una gran cuota de autonomía a nivel local en cuanto a la administración diaria de la región asignada. La lealtad de las élites locales fue asegurada y garantizada por lazos matrimoniales: en muchos rincones del imperio podemos encontrar princesas seléucidas casadas con miembros de las familias de las élites locales, una maniobra que incrementaba el prestigio de esas élites locales en su propio territorio, mientras que al mismo tiempo creaba lazos más cercanos de unión con sus dominadores a través de la interrelación familiar[6]. Es a través de este mecanismo que los seléucidas tejieron una red dinástica que incluía familias de las élites de Pérgamo, el Ponto, Capadocia, Bitinia y, siguiendo los análisis recientes de Wenghofer y Houle, también del reino greco-bactriano[7]. Como consecuencia de este gobierno por medio de representantes de la élite local, el advenimiento de la hegemonía seléucida no fue especialmente disruptivo en el nivel local del imperio. Dado que estas élites ya eran prominentes en las regiones que controlaban, no se percibía que una potencia externa hubiera llegado repentinamente y hubiera derrotado a las autoridades tradicionales; en su lugar, el contacto con los seléucidas fue ligero y familiar[8]. Frente al desafío de integrar el reino que ellos habían conquistado, los seléucidas recurrieron al lenguaje más común de la familia, el hogar y las obligaciones de la herencia que eran

---

al proceso de consolidación del poder en el reino seléucida. Ver también la discusión más detallada sobre la consolidación del poder por los primeros reyes seléucidas en Engels (2017: 187-213).

6 Sobre este proceso de interrelación por medio de lazos matrimoniales, ver McAuley (2016a; 2017: esp. 194-200, sobre el reino seléucida). Ver también McAuley (2018) sobre este proceso en la temprana consolidación seleúcida del poder en Anatolia.

7 En lugar de enumerar la lista completa de la bibliografía específica para cada región voy a limitar esas referencias solo a las publicaciones más pertinentes. Sobre la tendencia general a encomendar la administración a las élites locales, ver Engels (2011: 22-24). Este establecimiento de élites gobernantes ocurrió en Armenia (Estrabón, 11.13.1, Arriano, *Anábasis*, 4.18.3, Diodoro, 18.3.3). Sobre la inclusión de Bactria por vías matrimoniales en el imperio seléucida, ver Wenghofer & Houle (2016); sobre Cirene, ver McAuley (2016b). Sobre los atálidas, ver Hansen (1947) y Chrubasik (2013), así como también las relevantes contribuciones de Thonemann (2013). Sobre el Ponto, ver McGing (1986) y Erciyas (2006: 2-19), así como Gabelko (2016). Para una detallada discusión de cada estado cliente durante el reino de Antíoco III, ver Engels (2017: 309-346), con exhaustivas referencias.

8 Sobre la interacción entre los seléucidas y las élites cívicas en la Tetrápolis Siria, ver el reciente trabajo de Engels (2017: 409-455) y Grainger (1990).

comunes entre las diversas tradiciones constituyentes del imperio (Coloru, 2012).

Los propios seléucidas, por supuesto, se beneficiaron enormemente de la lealtad y el apoyo de estas élites locales, pero debemos recordar que este acuerdo era un camino de doble sentido. Las élites locales representaban los intereses del rey en sus respectivos rincones del imperio, pero al mismo tiempo el reconocimiento seléucida de su propio poder era un inmenso recurso para asegurar el estatus y el prestigio de estos mismos gobernantes clientes. El apoyo de un soberano extraordinariamente rico y poderoso, como los reyes seléucidas, elevó a una familia determinada por sobre sus contemporáneos locales, llegando en varios casos a ser reconocidos como reyes por propio derecho. Esta relación mutuamente beneficiosa fue el núcleo del poder seléucida en sus primeras etapas: fue durante los reinados de Seleuco I y su hijo Antíoco I cuando esas relaciones de poder se establecieron por primera vez, creando un precedente que fue ávidamente imitado por las subsecuentes generaciones de monarcas seléucidas. Como se ha discutido en otra parte, este mecanismo de gobierno a través de miembros de la élite local no fue una medida transitoria exigida por repentinas pérdidas de territorio o influencia, sino que yacía en el núcleo de la política imperial y la ideología real seléucidas desde el comienzo de su dinastía[9]. Al mismo tiempo, debemos tener en cuenta los distintos niveles en los que operó esta red de patronazgo real: como se mencionó anteriormente, mientras que las élites locales estaban decididamente en la base de la jerarquía en la escala imperial, a nivel local estas estaban en la parte superior de la jerarquía de poder, y ellas mismas podían demandar actos de lealtad y sumisión por medio de su propio uso del patronazgo. Es precisamente en virtud de su posición como intermediarios

---

9 Ver McAuley (2016a; 2016b) para una discusión más extensa de este tema, como así también McAuley (2018) para las primeras etapas de este gobierno local a través de gobernantes clientes. Hay que tener en cuenta que este proceso ocurrió al mismo tiempo que la fundación de numerosas ciudades seléucidas a lo largo del imperio, tal como lo discuten Cohen (1978) y Grainger (1990). Dado que muchas de estas ciudades eran fundadas en regiones que eran también gobernadas por una dinastía local, quizás esto parezca una estrategia de consolidación; sin embargo, deberíamos tomar en consideración el argumento de Mitchell (2018) que señala que otros reyes helenísticos establecieron muchas ciudades en Asia Menor, por lo que los seléucidas no estaban solos en este programa de fundación urbana. Sobre una visión general de los matrimonios reales, ver Grainger (2017: 33-55).

entre un centro imperial y una periferia local que esas familias de las élites locales fueron tan influyentes en la transmisión de los rasgos y prácticas culturales griegas de la familia real seléucida (macedonia) a los habitantes (no-macedonios) de las diferentes regiones del imperio.

Creando la Capadocia helenística

Es precisamente en este proceso por el cual los seléucidas establecieron el dominio de las élites locales sobre sus propios territorios donde se estaban sembrando las semillas del Helenismo, y la región de Capadocia es un ejemplo ideal de esto. Durante la fase del proceso que nos interesa, el territorio que se convertiría en el reino de Capadocia se vio envuelto en disputas internas como resultado del vacío de poder generado por el colapso de la autoridad aqueménida en la región después de las campañas de Alejandro. Este conflicto interno local se agravó por las incursiones de las tribus gálatas durante el siglo III a.C., así como también por la invasión de otras dinastías de las regiones vecinas a Anatolia. Entre los aspirantes al poder de la región se encontraba Ariaramnes, cabeza de una familia descendiente de los sátrapas iranios de la zona, que gradualmente llegó al poder tras haber derrotado a los invasores gálatas y luego a sus rivales contemporáneos. Con el fin de asegurar su derecho a la autoridad y dar una cierta permanencia a la influencia de su familia, Ariaramnes buscó una alianza con Antíoco II Teos en algún momento entre 255 y 250[10]. Antíoco II, por su parte, se contentó con aceptar la lealtad del nuevo gobernante como reconocimiento de la soberanía seléucida, lo que convirtió a la región controlada por Ariaramnes en un reino tributario del imperio que estaba en posición de funcionar como una defensa contra futuras incursiones gálatas desde el Norte. Como reconocimiento y garantía de la alianza, la hija de Antíoco II, Estratónice, se casó con el hijo de Ariaramnes, Ariarates III,

10 Diodoro, 31.19.6; Porfirio, *FGrHist*, 260, fr. 32, 6; Macurdy (1932: 86); Bevan (1902: II, 57-59); Grainger (2010: 131). Nótese que Grainger (2010: 131) está de acuerdo con la datación propuesta aquí, inicialmente presentada en Grainger (1997: 67-68). Ver también Sherwin-White & Kuhrt (1993: 32-36) y van Dam (2002), como también mi discusión sobre el matrimonio en McAuley (2017: 194-196).

creando un vínculo dinástico entre el monarca seléucida y su nuevo rey vasallo[11].

Ariaramnes tenía tanto para ganar con la alianza como Antíoco, ya que el reconocimiento de su autoridad local por parte del rey junto al prestigio obtenido a través de la nueva esposa de su hijo le sirvió para elevarse por sobre sus rivales directos, estableciéndolo claramente como el gobernante de la región con el aval seléucida. En el contexto de esta investigación, es notable la rapidez con la que esta familia de la élite local comenzó a imitar las costumbres de sus dominadores seléucidas. Diodoro (31.19.6) relata que inmediatamente después del matrimonio, Ariaramnes, "siendo un hombre inusualmente devoto a sus hijos, colocó la diadema sobre la cabeza de su hijo, lo hizo cogobernante, y compartió con él todos los privilegios de la dignidad real en iguales términos". Al imitar las tradiciones reales seléucidas, Ariaramnes también aprovechó el prestigio y el poder de la dinastía principal, y lo asoció con el suyo. En el lapso de una generación, podemos presenciar el surgimiento de una monarquía de estilo helenístico en una región que había sido previamente gobernada por una élite satrápica irania: en el acto de otorgar la diadema a su hijo junto con los privilegios de la realeza, Ariaramnes se reconocía simultáneamente con su hijo como monarcas al estilo macedonio, repletos de las insignias y el vocabulario del poder que se había convertido en terreno común a mediados del siglo III. Pero Ariaramnes no estaba simplemente reproduciendo una impresión genérica de la monarquía helenística, sino que imitaba conscientemente las tradiciones reales seléucidas. Con el matrimonio entre Estratónice y Antíoco I en 294/3 a.C., Seleuco I sentó el precedente por el cual el monarca seléucida reinante designaría a su heredero como corregente mientras todavía estuviera vivo como un medio para facilitar la sucesión luego de su muerte[12]. El caso del matrimonio entre Ariarartes III y Estratónice estaba claramente basado en

---

11 Estratónice, hija de Antíoco II Teos = Estratónice [5] en *DNP*, Estratónice (2) en Grainger (1997: 67-68); Eusebio, *Crónica*, 1.40.6. Todas las traducciones al inglés de Diodoro en este capítulo son tomadas de la edición de Loeb traducida por F.R. Walton (Vol. XI). (*N. del tr.*: la traducción al español se basa en el texto inglés, cotejado con el original en griego).

12 El famoso matrimonio entre Antíoco I y Estratónice es relatado por fuentes antiguas como Plutarco, *Vida de Demetrio*, 38 y Apiano, *Siríaca*, 59-61, y discutido por Breebart (1967) y, más recientemente, por Engels & Erickson (2016) y Almagor (2016).

prácticas dinásticas seléucidas, y tal vez en alguna medida tuvo la intención de imitar las circunstancias únicas del matrimonio de Antíoco I con Estratónice. De todos modos, esta imitación de élite en Capadocia transformó a la región de una antigua satrapía aqueménida en un reino helenístico en el lapso de una sola generación, y aseguró que la dinastía capadocia fuera reconocida como legítima por otros reinos helenísticos en virtud de su estructura y prácticas similares. Este vector de helenización en lo más alto de la sociedad puede ciertamente atribuirse a la agencia real.

En los años siguientes a esta alianza hallamos a esta élite regional emulando también las prácticas numismáticas de los seléucidas. Con una única excepción, los sátrapas capadocios nunca habían acuñado moneda propia durante el período aqueménida, y todas las monedas valiosas que se han encontrado, acuñadas entre los años 330-250 a.C., tienen inscripciones arameas e iconografía no griega[13]. Pero repentinamente después de que esta alianza concluyese, encontramos un marcado cambio en las prácticas locales de acuñación, comenzando con la incorporación gradual de la lengua y la iconografía griegas a las monedas producidas por el rey. Una moneda de bronce fabricada entre los años 250 y 230 exhibe en su anverso un interesante retrato de Ariaramnes en donde se representan los rasgos faciales del rey en una forma típicamente griega, pero llevando un casco de cuero que no aparece en ninguno de los retratos de reyes macedonios. El reverso de la moneda tiene la inscripción griega APIAPAMNOY y representa a un jinete (probablemente el mismo Ariaramnes) montando un caballo al galope y preparándose para arrojar una lanza[14]. Este retrato ecuestre tampoco es típico en términos iconográficos, pero ciertamente tiene un estilo bastante semejante al griego, y la presencia de una inscripción griega junto con la marca de ceca (H)

---

13 Simonetta (1977) es el trabajo de referencia habitual para la acuñación de moneda capadocia. Simonetta 1 y 2 son los primeros tipos de monedas, y de hecho Ariaramnes es el primer capadocio en acuñar numerario, aunque lo hace con inscripciones arameas y sin el uso de la titulatura real. Ver Mørkholm (1991: 131-132) para una visión general de las primeras acuñaciones de Capadocia y otras regiones vecinas en Asia Menor. El único sátrapa que acuñó monedas durante el período aqueménida fue Datames (*ca.* 362 a.C.), con varios tipos de plata como *SNG* Levante 79, 80 y 83, y *SNG* von Aulock 5943.

14 *SNG* von Aulock 6537, Simonetta 6. Sin embargo, hay que tener en cuenta que esta moneda no incluye un título para Ariarates.

revela cómo la dinastía había adoptado completamente las prácticas numismáticas helenísticas en la primera o segunda década después de su alianza con los seléucidas[15]. La helenización del sistema monetario capadocio continúa de manera más prominente durante el reinado de su hijo Ariarates III, donde algunas de sus emisiones portan una imagen de Atenea Promacos[16]. La inclusión de esta diosa en particular es notable, ya que Atenea figura prominentemente en monedas acuñadas por los reyes Seleuco II y Antíoco III, por lo que parece que Ariarates estaba deseoso por anunciar sus simpatías hacia los seléucidas en el medio de las revueltas de los años 230 y 220[17].

Los lazos entre las dinastías clientes, como la capadocia, y los seléucidas no fueron casos aislados, sino que estos vínculos entre élites se fortalecieron a lo largo de las generaciones posteriores. Así como Ariaramnes había casado a su hijo Ariarates III con una princesa seléucida, también el propio hijo de Ariarates se casó con una princesa seléucida. Ariarates IV se casó con Antióquida, hija de Antíoco III, en algún momento hacia finales del siglo III[18]. La renovación de esta alianza acercó a la casa real capadocia a la órbita cultural griega, tendencia que puede advertirse en la producción de monedas durante el reinado de Ariarates IV donde se revelan nuevas tendencias helenizantes. Mientras las representaciones numismáticas de su padre y su abuelo habían mantenido ciertos aspectos no-helénicos (como el *Bashlyk*), la imagen proyectada por Ariarates IV es puramente griega: una dracma datada en el 32° año de su reinado muestra al rey de perfil con un peinado greco-macedonio y una diadema (Simonetta 12). El reverso de

---

15 A pesar de que Ariaramnes lleva un casco de cuero, el hecho de que el retrato esté de perfil sugiere una influencia griega, al igual que la amplia mirada de los ojos y la estructura de los rasgos faciales. El caballo galopando en el reverso también tiene un estilo distintivamente griego.

16 Por ejemplo, Simonetta 2a, 2b, 4, 20.8, que fueron acuñadas en las cecas de Tiana y Cibistra; solo se lo identifica como *basileús* en Simonetta 20.8.

17 Ver Erickson (2009: 80-83, 155, 173-175, 203), para una visión más extensa sobre la figura de Atenea en los tipos de monedas seléucidas.

18 McAuley (2017: 196) para una detallada discusión sobre este matrimonio. Para el matrimonio en sí, ver Apiano, *Siríaca*, 5, en relación con la campaña tracia tal como es discutido por Hansen (1947: 68-73). La escuela alternativa de pensamiento relaciona este matrimonio con la reconquista de Asia Menor por parte de Antíoco III, tal como es discutido en Diodoro Sículo, 31.19.6-7; Polibio, 31.17.2, e interpretado por Bevan (1902: II, 57-59) y Ma (2000: 92-93).

la moneda presenta a Atenea sosteniendo a Nike, así como la inscripción βασιλέως Ἀριαράθου εὐσεβοῦς. Aquí encontramos nuevamente más imitaciones de la monarquía macedonia: su retrato se ha vuelto claramente macedonio, el rey ha tomado un epíteto, *eusebés*, como el que tenían los reyes de las principales dinastías desde hace más de un siglo, y ahora esta dinastía local estaba fechando sus monedas por año de reinado en otra imitación de las costumbres seléucidas. Este tipo numismático va a ser lo normal para las próximas generaciones de reyes capadocios, cuyas monedas tendrán en su anverso un retrato portando una diadema y a Atenea Promacos/Nicéforos en su anverso[19]. A través de una imitación deliberada de la iconografía y de los hábitos numismáticos "macedonios", y específicamente seléucidas, partiendo de un antiguo linaje satrápico de origen iranio esta élite familiar se transformó en una dinastía real de pleno derecho, ganando acceso al amplio mundo de la cultura de élite helenística.

Más allá de la familia real: helenizando el reino

Esta evolución de la autorrepresentación real capadocia en respuesta a los seléucidas es solo una parte de una imagen mucho más amplia de la helenización a lo largo del reino, pudiéndose vislumbrar cuando dirigimos nuestra mirada más allá de la familia real inmediata hacia otros niveles de la sociedad capadocia. Los reyes capadocios, al parecer, fueron los primeros en adoptar características griegas y seléucidas por las razones consignadas anteriormente, pero ciertamente no fueron los últimos en hacerlo. Aproximadamente un siglo después de que Ariaramnes estableciera su alianza con los seléucidas, encontramos una imagen fascinante del reino en el momento del ascenso de su bisnieto al trono. Al convertirse en rey en el año 163 a.C., luego de la muerte de su padre, Ariarates V fue cuidadoso al tratar con una jerarquía social claramente helenística. Tal como relata Diodoro (31.21):

> Ariarates, apodado Filópator, al heredar el trono, en primer lugar, dio a su padre un magnífico entierro; luego, cuando había atendido debidamente los intereses de sus *phíloi*, de los comandantes

19 Hay varios ejemplos de este tipo en Simonetta, por ejemplo, 13, 16, 17, 20a, 20b, 27, 29.

militares y de los funcionarios menores, logró ganarse el favor de la población.

Este conjunto de prioridades revela un marcado grado de helenización a lo largo de todo el reino, más allá de la familia real: aquí en la lejana Capadocia, Ariarates poseía una corte y una burocracia helenísticas completamente desarrolladas que se asemejaban a las de los seléucidas. El rey incluía en su corte a los *phíloi* reales, junto con funcionarios menores que manejaban los asuntos del reino –ambos grupos habrían exhibido su helenismo como una marca de su estatus social–. El reconocimiento generalizado en el mundo griego de la legitimidad de la dinastía queda implícito en la manera en que Diodoro (31.21) describe a Capadocia como el "reino ancestral" (τὴν πατρῴαν βασιλείαν) de Ariarates, y esto ocurrió en gran medida como consecuencia de generaciones previas de imitación de la cultura griega por parte de sus predecesores reales.

La proyección de una autorrepresentación helenizada por parte de los reyes capadocios para su audiencia local fue un acto inmensamente útil como fuente de legitimidad y prestigio, pero al mismo tiempo, también fueron cuidadosos en proyectar esa misma imagen helenizada fuera del reino. De acuerdo con Diodoro (31.19.8), Ariarates V había recibido una educación griega (παιδείας τε Ἑλληνικῆς μετασχεῖν) y transformó a Capadocia en un centro de la cultura griega en virtud de su forma de vida y devoción por la filosofía –Diodoro incluso llega a señalar que Capadocia había sido previamente desconocida para los griegos, pero se convirtió en un lugar de residencia para sabios gracias a su patrocinio (31.19.8)–. Este no es un testimonio aislado de su filohelenismo, ya que, según Diógenes Laercio (*Vidas de filósofos*, 4.65), el filósofo Carnéades le escribió al rey en varias ocasiones, y sus cartas se encuentran entre los pocos documentos escritos por su propia mano que se conservan hasta la actualidad. Ariarates tuvo especial cuidado en cultivar su imagen filohelénica en la misma Grecia, como se revela a través de su presencia epigráfica en Atenas. Su relación con Carnéades se encuentra además atestiguada por una estatua del filósofo que dedicó junto a su cuñado Atalo II, quien también tuvo una relación de estrecha amistad con él (*Syll*^{3} 666 = *IG* II^{2}.3781). En la inscripción de la base de la estatua, tanto él como Atalo se identifican como *sypalettioi* (l. 2), y, por lo tanto, como ciudadanos atenienses del demo de Sipaleto. En otra inscripción se revela que Ariarates y su esposa Nisa entregaron una gran cantidad de dinero a los *tekhnîtai* dionisíacos de Atenas en algún momento entre 163 y 160 a.C.; nuevamente, en esta inscripción se lo identifica como integrante del demo de Sipaleto y de la *phylé* de Cécrope (*OGIS* 353). De esta manera, como ciudadano ateniense, Ariarates hizo esas donaciones en su propia comunidad de ciudadanos adoptiva, dejando en claro en estas dedicaciones públicas que él era un ciudadano plenamente reconocido de Atenas, la más notable de las ciudades helénicas. Este hecho no es un gesto simbólico hacia la cultura dominante del período helenístico por parte de un rey cliente; más bien estas acciones revelan la profundidad con la que Ariarates y su familia habían adoptado el estilo de vida de las élites griegas. Eran ciudadanos de una comunidad cívica (Atenas ni más ni menos), honraron a grandes filósofos y patrocinaron a ilustres artistas, y se aseguraron de que hubiera un registro público de sus contribuciones en su comunidad cívica. La mezcla de evergetismo y *philotimía* revela una sensibilidad esencialmente helenística, como también los esfuerzos realizados por Ariarates para difundir su conocimiento y participación de actividades tan característicamente "griegas". Ciertamente, su involucramiento en la cultura de élite de Atenas repercutió en su posición local en Capadocia, ya que el rey pudo jactarse de tener tanta riqueza y notoriedad que, en su condición de ciudadano de Atenas, dejó su marca en el paisaje monumental de la ciudad. El prestigio internacional siempre influye en el estatus local.

En la esfera local, los reyes capadocios también imitaron la práctica seléucida más monumental que conjugaba la sensibilidad cívica griega clásica con el poder y la influencia de la monarquía helenística: la fundación de ciudades griegas a lo largo del reino. Es en esta práctica donde podemos encontrar el mecanismo de helenización local de mayor alcance e impacto llevado a cabo por los reyes capadocios. Como medio de asegurar una medida perdurable de control y dotar de algún tipo de unidad cultural a su imperio, los primeros reyes seléucidas establecieron docenas de ciudades de estilo griego en los límites más alejados de su territorio. Estas comunidades griegas dispersas por todo el reino estaban destinadas a convertirse en bastiones de la cultura griega y, simultáneamente, atestiguaban el poder de la familia real con nombres como Apamea, Seleucia y Antioquía[20]. Al igual que los seléucidas, también los ariarátidas llevaron a cabo una práctica similar: aunque no sabemos con certeza cuál fue el rey responsable, en algún punto entre finales del siglo III y durante el siglo II a.C. encontramos fundaciones de ciudades en Capadocia que abiertamente llevan nombres dinásticos. Ariaratia, en el actual río Zamanti, es el principal ejemplo de esta tendencia, y el hecho de que el origen étnico de la ciudad fuera registrado en inscripciones de Samos y Atenas significa que fue reconocida como una comunidad cívica propiamente dicha en otras partes del mundo griego[21]. El nombre de la ciudad indica claramente que fue construida por un rey llamado Ariarates.

De acuerdo con Estrabón (12.2.7) otra ciudad cerca del Argeo, previamente llamada Mazake, fue rebautizada Eusebia por Ariarates IV o V, y estaba destinada a servir de nueva capital para el refundado reino[22]. Como relata Estrabón, la ciudad utilizaba el código legal de Carondas, el reconocido legislador del período arcaico, y eligió un *nomodós* para interpretar la ley –por lo que incluso si residentes individuales de la ciudad no estaban helenizados, debido a esta decisión de la élite, ahora debían interactuar con un sistema legal griego–. Dado que no hay testimonio de una significativa afluencia de griegos en Capadocia en el siglo II a.C., o de grandes comunidades de mercenarios, podemos suponer que, a diferencia del reino seléucida, la mayoría de los habitantes de estas ciudades habrían sido capadocios. Al mismo tiempo, también está demostrada la presencia de algún tipo de funcionario real, quizás un gobernador, o *epì tês póleos*, y, en consecuencia, fue así como en las ciudades seléucidas se implantó el poder del rey en la jerarquía cívica[23]. Aunque los deberes de este funcionario son desconocidos, su mera presencia es sumamente simbólica en el contexto de nuestra discusión actual: un funcionario real está

20 Para la ideología de las fundaciones de las ciudades seléucidas, ver Grainger (1990: 64-113) y el estudio exhaustivo de Cohen (1978), así como sus catálogos más generales de fundaciones de ciudades helenísticas en Cohen (1995; 2006; 2013).

21 Para Ariaratia, ver Cohen (1995: 375-376) con referencias completas. Según lo discutido por Cohen (1995: 376, nn. 2 y 3), el origen étnico de la ciudad es atestiguado por *IG* II^2 980.11 = Osborne (1981: D112) e *IG* II^2 8378a.

22 Cohen (1995: 377-178), para la discusión completa sobre "Eusebia junto al Argeo".

23 La discusión en torno a este funcionario fue elaborada por Cohen (1995: 378, n. 3), basada en la inscripción compilada por Michel (1900: n° 546).

situado en la parte superior de una jerarquía cívica griega, que existe debido al deseo del rey de promover la cultura helénica en Capadocia[24]. Como dijimos anteriormente, es muy fácil colocar a reyes y ciudades en compartimentos analíticos separados y considerarlos de manera independiente unos de otros; pero la presencia de un gobernador real en esta ciudad nos recuerda que esta clase de comunidades era, en sí misma, producto de prerrogativas reales. Las acciones de una comunidad cívica como esta están intrínsecamente, aunque también indirectamente, vinculadas a la influencia real, y en este sentido el rey puso en movimiento un vector de helenización que luego seguirá un curso propio de la manera descrita por Michels (2012). Finalmente, hay dos comunidades más que pueden ser identificadas como fundaciones reales: una ciudad llamada Eusebia junto al Tauros y la escasamente atestiguada Ariaramneia están documentadas externamente, y probablemente fueron establecidas en este período[25]. Todas estas fundaciones reales capadocias son esencialmente imitaciones locales de las Alejandrías, Antioquías y Seleucias que encontramos a lo largo del mundo helenístico.

Al tiempo que se nos escapan los detalles de la estructura y el funcionamiento inherentes a estas fundaciones reales helenizadas, hay una interesante aunque enigmática inscripción proveniente de otra parte de Capadocia que muestra la profundidad con que la cultura griega se había infiltrado en la jerarquía social desde las élites regionales hasta las locales. Esta inscripción bastante extensa es una tableta de bronce de 50 cm de alto y 32,5 cm de ancho que fue descubierta en 1879 pero que se perdió durante la Segunda Guerra Mundial, y que registra un decreto que resuelve la cuestión alrededor de la propiedad de un cierto Apolonio, hijo de Abbas, un antiguo arconte de la ciudad que murió sin haber tenido hijos[26]. Sin embargo, la ciudad en cuestión no es una de las "fundaciones

24 Sobre la estructura cívica de las fundaciones urbanas seléucidas en general, ver Grainger (1990: 121-150); Cohen (2006: 80-85).

25 De acuerdo con Estrabón (12.2.7), una antigua ciudad llamada Tiana fue renombrada Eusebia junto al Tauros, según el análisis de Cohen (1995: 378-379). Se conservan varias monedas producidas en la ciudad, como también la inscripción *SEG* 1.466, que enumera a los gimnasiarcas de la ciudad. Para la escasa evidencia sobre Ariaramneia, ver Cohen (1995: 375).

26 En la discusión de esta inscripción, su contenido y su contexto se sigue la lectura erudita de Michels (2012: 286-291).

helenísticas", sino otra ciudad que solo está atestiguada en una moneda: Hanisa. Basándonos en el texto y comentario de Michels (2012: 286-291), la vida cotidiana de Hanisa, tal como lo revela esta inscripción, es fascinante: el decreto está fechado a partir del calendario macedonio y menciona la presencia de una *boulé* (1.4) y una *ekklesía* (1.22-23) del demo de los hanisios. La fuente también relata la existencia de funcionarios cívicos tales como un arconte, *demiourgoí*, y *prytáneis*, y quizás lo más importante es que atestigua la presencia de una estructura cívica paralela en la ciudad de Eusebia (Michels, 2012: 278-288). Aquí en Capadocia nos encontramos con festivales cívicos, reuniones de consejos y asambleas, registros de las decisiones de los magistrados, y todo lo demás que podríamos esperar de una típica comunidad cívica griega en el Egeo o en cualquier otro lugar. Pero los nombres mencionados en la inscripción –Abbas, Madates, Sasas, Anoptenes– son mayormente capadocios, no típicamente helénicos, por lo que hay evidencia de la perpetuación de al menos algunas costumbres locales, incluso en medio de esta estructura cívica helenística. Sin embargo, algunos nombres griegos provenientes de la generación más joven de la ciudad aparecen en la inscripción, por lo que tal vez la helenización de la población de Hanisa fuera un proceso generacional gradual, o quizás simplemente refleje el uso de un nombre griego solo en contextos griegos, tal como se puede apreciar en otras partes del mundo helenístico[27]. En cualquier caso, este decreto en su totalidad fue hecho para ser inscripto y erigido en el *prónaos* del santuario de Astarté para que los demás "siempre se esfuercen por prestar servicio a la *polis*" (l. 30-35). Esta exhortación, escrita en perfecto griego tal como señaló Robert, alienta a otros ciudadanos a seguir esta forma de vida cívica helenizada (Michels 2012: 288).

Sobre todo, el decreto de Hanisa revela que incluso si los reyes o las élites locales del imperio seléucida no ordenaron ni impulsaron la helenización como una cuestión de política imperial, sí posibilitaron la puesta en marcha del proceso quizás de manera involuntaria, por sus conductas interna y externa. Los reyes crearon un entorno político y social en el cual era ventajoso y beneficioso para sus *phíloi*, sus generales, soldados y funcionarios,

---

27 Para esta práctica bilingüe ver Mairs (2014).

como también para las élites cívicas locales, emular lo que en ese tiempo era un estilo de vida dominante que combinaba prestigio y reconocimiento "internacional". Aunque este proceso ciertamente tomó tiempo, podemos ver que las consecuencias más amplias de la helenización de la corte capadocia se manifiestan en la vida cívica rutinaria de una ciudad como Hanisa.

Conclusiones

Volviendo a la perspectiva helenística más general con la que empezó este capítulo y a modo de conclusión, deseo destacar tres puntos principales que surgieron del análisis de las acciones de la élite en la helenización de Capadocia. En primer lugar, debemos matizar algunas de las conclusiones de otros autores sobre este proceso. Aunque algunos han argumentado que ni siquiera los mismos reyes seléucidas ni los capadocios dirigieron el proceso de helenización o causaron directamente la emergencia de estructuras similares a la *polis* en el Oriente helenístico, como hemos visto en el caso de Capadocia, la emulación de prácticas reales "griegas" y específicamente "seléucidas" comenzó con las élites regionales (en este caso, con los reyes ariarátidas), y luego gradualmente se difundió en la corte, el ejército, y hacia la élite cívica de la región. Pero el hecho de que la helenización de la región no fuera una directiva real no significa que el rey no fuera el responsable final. En segundo lugar, este proceso de helenización de la élite, tal como lo hemos visto desarrollarse en Capadocia, ciertamente no es el único desarrollándose en el contexto más amplio del reino seléucida. Hay muchos otros ejemplos de un proceso paralelo operando en otros rincones del reino, cercanos y lejanos: Farnaces, el rey de Ponto, envió una carta expresando su lealtad y apoyo a la ciudad de Quersoneso en el Mar Negro en la década de 170 a.C. donde utiliza no solo el calendario macedonio, sino también donde realiza un juramento en nombre de los principales dioses olímpicos (Avram, 2016). Los diarios astronómicos babilonios atestiguan las acciones de la élite helenizada de la ciudad, identificados como *pu-/li-&a-nu* o *polîtai*. Capadocia, entonces, es solo un ejemplo de una tendencia mucho más amplia (*BCHP*, 13-16).

Tercero, y quizás lo más importante, debemos remarcar que este proceso de aculturación de élites es un camino de dos sentidos. Es fácil y tentador ver esto como una cuestión unidireccional en donde las élites no griegas simplemente imitan la cultura de la etnicidad dominante. Pero hay una cantidad notable de evidencias que apunta a que el proceso funciona en la otra dirección –la de los reyes seléucidas imitando las prácticas de las élites del Cercano Oriente–. Queda claro que los seléucidas hicieron grandes esfuerzos para integrarse con las comunidades que habían conquistado, frecuentemente a nivel religioso. Hay testimonios de reyes seléucidas viajando a varios templos de Babilonia para realizar los sacrificios anuales, idealmente en persona, pero si no lo hacían por medio de correspondencia –como hizo Seleuco III en Esagila (*BCHP*, 12)–. Un rey sin nombre (*BCHP*, 3) intentó restaurar las prácticas antiguas en las ruinas de otro templo babilonio, y el 6 de abril de 205 a.C. Antíoco III y su hijo salieron del palacio real en Babilonia para realizar sacrificios a las principales deidades tradicionales de la ciudad, Marduk e Ishtar[28]. El cilindro de Antíoco I es, desde luego, el ejemplo por excelencia de esta cuestión: el segundo rey de la dinastía describe cómo moldeó con sus propias manos los primeros ladrillos del templo reconstruido del dios Nabu en Ezida y colocó los cimientos del templo el 27 de marzo de 286[29]. Aunque reconoce la novedad de sus orígenes identificando a su padre Seleuco como "el macedonio", esto no impide que Antíoco se proclame a sí mismo como "el gran rey, el rey poderoso, rey del mundo, rey de Babilonia" tal como sus predecesores locales lo habían hecho durante casi dos milenios (l. 2, 5). La emulación de élite, en este contexto helenístico, es un ciclo compartido en vez de un camino de un solo sentido; los reyes seléucidas imitaron a sus predecesores y, a su vez, fueron emulados por sus propias élites. Este intercambio cultural en el Oriente helenístico parece ser entonces un proceso de aculturación mutua de élite, más que una simple relación de hegemonía.

El ciclo, por supuesto, continuaría con el advenimiento de la próxima gran potencia. La ciudad de Mazake, como hemos visto previamente, fue renombrada Eusebia por los ariarátidas de Capadocia. Un siglo y medio después sería denominada Cesarea

---

28 Sachs & Hunger (1988: n° 204 C, rev. 14-18), y, de manera general, Ristvet (2014).

29 Columna 1, líneas 1-13, en el texto de van der Spek & Stol (2008). Más recientemente, ver la discusión de Kosmin (2014).

cuando los vientos del poder cambiasen una vez más (Cohen, 1995: 377, n. 2). La élite dio la bienvenida al nuevo monarca, al parecer tal como lo había hecho con el antiguo rey, y el proceso comenzó nuevamente bajo el dominio romano, como antes había sucedido con los seléucidas y, antes que ellos, con los aqueménidas. Quizás entonces el título de este capítulo no debería haber sido el singular *imitatio regis*, sino el plural de ambos sustantivos, *imitationes regum*, imitaciones de reyes, porque fue gracias a eso que las élites locales pudieron entrar en la arena del protagonismo imperial.

Bibliografía

Almagor, E. (2016). "Seleukid Love and Power: Stratonike I", en Coskun & McAuley (eds. 2016), 67-86.

Avram, A. (2016). "Sur la date du traité entre Pharnace et Chersonèse Taurique", *Dialogues d'Histoire Ancienne*, Suppl. 16, 213-237.

Ballesteros Pastor L. (2008). "Cappadocia and Pontus, Client Kingdoms of the Roman Republic from the Peace of Apamea to the Beginning of the Mithridatic Wars (188-89 BC)", en A. Coskun (ed.), *Freundschaft und Gefolgschaft in den auswärtigen Beziehungen der Römer (2. Jahrhundert v. Crh. 1. Jahrhundert n. Chr.)*, Mainz, 45-63.

Bevan, E.R. (1902). *The House of Seleucus*, London, 2 vols.

Bikerman, E. (1938). *Institutions des Séleucides*, Paris.

Bouché-Leclercq, A. (1913-14). *Histoire des Séleucides*, Paris.

Breebart, A.B. (1967). "King Seleucus I, Antiochus, and Stratonike", *Mnemosyne*, 20, 154-164.

Briant, P. (2005). "Alexandre et l'hellénisation de l'Asie. L'histoire au passé et au présent", *Studi Ellenistici*, 16, 9-69.

Brodersen, K. (2001). "In den städtischen Gründungen ist die rechte Basis des Hellenisierens Zur Funktion der seleukidischen Städtegründungen", en S. Schraut (ed.), *Stadt und Land. Bilder, Inszenierungen und Visionen*, Stuttgart, 355-371.

Capdetrey, L. (2007). *Le pouvoir séleucide. Territoire, administration, et finances d'un royaume hellénistique*, Rennes.

Cohen, G.M. (1978). *The Seleucid Colonies: Studies in Founding, Administration and Organisation*. Wiesbaden.

Cohen, G.M. (1995). *The Hellenistic Settlements in Europe, the Islands, and Asia Minor*, Berkeley.

Cohen, G.M. (2006). *The Hellenistic Settlements in Syria, the Red Sea Basin and North Africa*, Berkeley.

Cohen, G.M. (2013). *The Hellenistic Settlements in the East from Armenia and Mesopotamia to Bactria and India*, Berkeley.

Coskun, A. & McAuley, A. (eds. 2016). *Seleukid Royal Women*, Stuttgart.

Chrubasik, B (2013). "The Attalids and the Seleukid Kings, 285-175 BCE", en P. Thonemann (ed.), *Attalid Asia Minor*, Oxford, 83-119.

Coloru, O (2012). "The Language of the *Oikos* and the Language of Power in the Seleukid Kingdom", en R. Laurence & A. Stromberg (eds), *Families in the Greco-Roman World*, London, 84-94.

Engels, D. (2011). "Middle Eastern 'Feudalism' and Seleucid Dissolution", en K. Erickson & G. Ramsey (eds.), *Seleucid Dissolution*, Wiesbaden, 19-36.

Engels, D. (2017). *Benefactors, Kings, Rulers: Studies on the Seleukid Empire between East and West*, Leuven.

Engels, D. & Erickson, K. (2016). "Apama and Stratonike: Marriage and Legitimacy", en Coskun & McAuley (eds. 2016), 39-66.

Erciyas, D.B. (2006), *Wealth, Aristocracy, and Royal Propaganda under the Hellenistic Kingdom of the Mithradatids in the Central Black Sea Region of Turkey*, Leiden.

Erickson, K. *The Early Seleucids, their Gods, and their Coins*, PhD Diss., Exeter.

Erskine, A. *et al*. (eds. 2017). *The Hellenistic Court*, Swansea.

Gabelko, O. (2017). "Bithynia and Cappadocia: Royal Courts and Ruling Society in the Minor Hellenistic Monarchies", en Erskine *et al*. (eds. 2017), 319-342.

Gehrke, H.-J. (2008). *Geschichte des Hellenismus*, 4ª ed. Münich.

Grainger, J.D. (1990). *The Cities of Seleucid Syria*, Leiden.

Grainger, J.D. (1997). *A Seleukid Prosopography and Gazetteer*, Leiden.

Grainger, J.D. (2010). *The Syrian Wars*, Leiden.

Grainger, J.D. (2017). *Great Power Diplomacy in the Hellenistic World*, London.

Hansen, E.V. (1947). *The Attalids of Pergamon*, Ithaca.

Klinkott, H. (2007). "Griechen und Fremde", en G. Weber (ed.) *Kulturgeschichte des Hellenismus. Von Alexander dem Großen bis Kleopatra*, Stuttgart, 224-241.

Kosmin, P.J. (2014). "Seeing Double in Seleucid Babylonia: Rereading the Borsippa Cylinder of Antiochus I", en A. Moreno & R. Thomas (eds.), *Patterns of the Past*, Oxford, 173-198.

Ma, J. (1999). "Peer-Polity Interaction in the Hellenistic Age", *Past & Present*, 180, 7-38.

Ma, J. (2000). *Antiochos III and the Cities of Western Asia Minor*, Oxford.

Mahaffy, J.P. (1895) *The Empire of the Ptolemies*, London.

Mahaffy, J.P. (1905) *The Progress of Hellenism in Alexander's Empire*, London

Mairs, R. (2014). *The Hellenistic Far East*, Berkeley.

McAuley, A. (2016a). "Mother Knows Best: Motherhood and Succession in the Seleucid Realm", en D. Cooper & C. Phelan (eds.), *Motherhood in Antiquity*, New York, 79-106.

McAuley, A. (2016b). "Princess and Tigress: Apama of Kyrene", en Coskun & McAuley (eds. 2016), 175-190.

McAuley, A. (2017). "Once a Seleucid, Always a Seleucid", en Erskine *et al.* (eds. 2017), 189-212.

McAuley, A. (2018). "The House of Achaios: Reconstructing an Early Client Dynasty of Seleukid Anatolia", en K. Erickson (ed.), *War Within the Family*, Swansea, 37-58.

McGing, B.C. (1986). "The Kings of Pontus: Some Problems of Identity and Date", *Rheinisches Museum*, 129, 246-259.

Michel, C. (1900). *Recueil d'inscriptions grecques*, Bruxelles.

Michels, C. (2012). "The Spread of Polis Institutions in Hellenistic Cappadocia and the Peer Polity Interaction Model", en E. Stavrianopoulou (ed.), *Shifting Social Imaginaries in the Hellenistic Period*, Leiden, 283-310.

Mørkholm, O. (1991). *Early Hellenistic Coinage*, Cambridge.

Ogden, D. (1999). *Polygamy, Prostitutes, and Death*, Swansea.

Osborne, M.J. (1981). *Naturalization in Athens*, Brussels, vol. I.

Sherwin-White, S. & Kuhrt, A. (1993). *From Samarkhand to Sardis: A New Approach to the Seleucid Empire*, Berkeley.

Ristvet, L. (2014). "Between Ritual and Theatre: Political Performance in Seleucid Babylonia", *World Archaeology*, 46, 256-269.

Sachs, A.J. & Hunger, H. (1988). *Astronomical Diaries and other Related Texts from Babylonia*, Vienna, vol. I.

Simonetta, B. (1977). *The Coins of the Cappadocian Kings: Typos II*, Fribourg.

Strootman, R. (2011). "Hellenistic Court Society: The Seleukid Imperial Court under Antiochos the Great, 223-187 BCE", en J. Duindam, M. Kunt & T. Artan (eds.), *Royal Courts in Dynastic States and Empires: A Global Perspective. Rulers and Élites 1*, Leiden, 63-89.

Thonemann, P. (ed. 2013). *Attalid Asia Minor*, Oxford.

van Dam, R. (2002). *Kingdom of Snow: Roman Rule and Greek Culture in Cappadocia*, Philadelphia.

van der Spek, R.J. & Stol, M. (2008). "The Antiochus Cylinder", en J. Lendering (ed.), *Livius.org: Articles on Ancient History*, https://www.livius.org/sources/content/mesopotamian-chronicles-content/antiochus-cylinder/.

La política del elitismo: la República romana, entonces y ahora, en la vieja Europa y en el bravo nuevo mundo anglófono[1]

Karl-J. Hölkeskamp
(Universität zu Köln)

Este artículo se centra en la particular interacción entre, por un lado, los investigadores alemanes y de otros países del continente europeo y, por otro lado, los clasicistas ingleses y americanos[2]. A pesar de las barreras del lenguaje, esta interacción ha sido particularmente intensa en la comunidad científica internacional que ha trabajado en el ámbito de la política en la República romana ya desde que Matthias Gelzer (1912 = 1969) y Friedrich Münzer (1920 = 1999) publicaron sus obras clásicas sobre la *nobilitas* romana y sobre los partidos y familias aristocráticas en 1912 y 1920, respectivamente. No es en ningún caso accidental que ambos libros estén entre las pocas obras traducidas al inglés, aunque haya sido más bien tardíamente, en concreto en 1969 y 1999. No fue sino hasta 1986, más de medio siglo después de su publicación, cuando un destacado investigador anglófono, en concreto Ronald Ridley (1986: 475), saludó la *Nobilität* de Gelzer como un "punto de inflexión" decisivo, si bien para él "el libro más importante jamás escrito sobre la política romana" era la "obra maestra" de Münzer. La larga historia de la ya mencionada interacción –con un concepto "elitista" de la política como punto central– ciertamente sigue siendo de gran importancia hasta nuestros días, puesto que se ha hecho referencia a ella, implícita e incluso explícitamente, en

1 Traducción de Francisco Pina Polo.

2 El texto que sigue es una versión anotada y ligeramente revisada de mi presentación en el coloquio de agosto de 2017 en Buenos Aires. Querría dar las gracias a Hans Beck (Münster) y Francisco Pina Polo (Zaragoza), así como a Julián Gallego y Carlos García Mac Gaw (Buenos Aires) por su generosa hospitalidad.

el moderno debate sobre la "cultura política" de la República que se inició en los años '80 del siglo pasado y que todavía continúa[3].

Fue en 1990 cuando William Harris (1990) eligió el concepto "cultura política" en su respuesta a la reseña crítica de John North (1990a; 1990b) sobre la *"frozen-waste theory"* de la política de la Roma republicana, al estilo de los conceptos de "facciones", *clientelae*, etc., usados por Matthias Gelzer, y los de "partidos aristocráticos" y los finamente velados *"arcana imperii"* de Friedrich Münzer (1920: 133, 317; cf. 427-428 = 1999: 127, 291; cf. 362-363). Además, esa etiqueta fue también utilizada para denunciar el concepto de política usado por Sir Ronald Syme (1939: 11, 405 y *passim*) en tanto que interminable "lucha por el poder, la riqueza y la gloria" (en el inimitable estilo literario del propio Syme) dentro de los exclusivos círculos de "una aristocracia única en duración y predominio". Esta sombría visión de la decadencia y caída de la *libera res publica* fue elegantemente expuesta en su influyente obra maestra *The Roman Revolution*, publicada en septiembre de 1939, justo cuatro días después de que Gran Bretaña hubiera declarado la guerra al tercer Reich.

Syme (1939: 10 n. 2, viii) no solo reconoció en una nota a pie de página su deuda con "la explicación lúcida de Gelzer del carácter de la sociedad romana y la política romana, a saber, un nexo de obligaciones personales"; en su introducción, dejó igualmente claro que su "concepción de la naturaleza de la política romana" debía mucho "al supremo ejemplo y la guía de Münzer", el reconocido y, con razón, reverenciado decano de la prosopografía republicana, autor de no menos de 5.000 valiosos artículos prosopográficos en la *Realencyclopädie*, que murió en el campo de concentración nazi de Theresienstadt en 1942[4]. Otros fueron más afortunados, como el joven Ernst Badian, quien en 1938 emigró con su familia a Nueva Zelanda, para más tarde convertirse en Oxford en discípulo de otro neozelandés, precisamente Syme. Badian, en su puesto de John Moors Cabot Professor of History en Harvard,

---

3 Hölkeskamp (2010; 2017b; 2019; en prensa); Jehne (1995; 2006: 14-23); Yakobson (2010); Hurlet (2012a). Sobre el estado de la cuestión del debate sobre las élites en el mundo antiguo, con una perspectiva comparativa, ver las diferentes contribuciones en Beck, Scholz & Walter (eds. 2008), y, ahora, Stein-Hölkeskamp & Hölkeskamp (2018), y Hölkeskamp (2019), con bibliografía suplementaria.

4 Sobre el impacto de Münzer (y de Gelzer) en la historiografía moderna sobre la República romana, ver Hölkeskamp (2001b; 2010: Cap. 1; 2012).

llegaría a ser uno de los más influyentes historiadores de la Roma republicana en el siglo XX. De manera similar a su maestro, Badian (1958: vii) distinguió explícitamente a Syme, Gelzer y Münzer, "quienes revolucionaron el enfoque del estudio" de la República tardía, en el prefacio de su primer gran libro, *Foreign Clientelae*, publicado en 1958.

Como consecuencia, durante los años '50 y la mayor parte de los '60 el subyacente concepto de política en época republicana estuvo aún basado exactamente en el mismo conjunto concomitante de asunciones interdependientes: la vida política no estaba caracterizada, de nuevo en palabras de Syme (1939: 10-11, 18 y vii), "por la oposición ostensible entre el senado y el pueblo, *optimates* y *populares, nobiles* y *homines novi*", y tampoco "por partidos y programas de carácter moderno y parlamentario". Más bien, la política era concebida como un juego entre un pequeño número de familias dominantes esforzándose por lograr influencia a través del consulado, es decir, "la magistratura suprema", consideradas por "el anillo estrecho" de *nobiles* como una oligarquía dentro de la oligarquía senatorial, "como prerrogativa del nacimiento y premio de la ambición". Para lograr este objetivo, los personajes importantes –"en cualquier época de la historia republicana" nunca más de "veinte o treinta hombres"– formaron alianzas sobre la base de relaciones puramente personales y de parentesco, mediante matrimonios dinásticos y "amistades". Por consiguiente, tiene que ser la "composición" de esta "oligarquía de gobierno" la que "emerge como el tema dominante de la historia política". En la República media, de acuerdo con el libro, también influyente, *Roman Politics 220-150 BC* de Howard Scullard (1951 = 1973: *passim*; cf. 1935 = 1980: 333), publicado en 1951 y reeditado en 1973, estas alianzas, o incluso este realmente "sistema elaborado de agrupamientos y contra-agrupamientos", ciertamente "formaba la base real, aun si inadvertida y extraoficial, de la vida pública romana". Se consideraba que tales alianzas permanecían durante generaciones, que habían sido creadas para tomar el control del "gobierno", mientras otras perdían su poder solo para levantarse de nuevo en una especie de rueda de la fortuna sin fin. Había sido de nuevo Syme (1939: 15, 340) quien había formulado los axiomas subyacentes con una claridad casi cínica, obviamente aludiendo al famoso aforismo atribuido a César: "la *res publica* no es nada, un mero nombre sin cuerpo ni forma". Syme dictaminó que la "mancomunidad romana", la *res publica populi Romani*, no era simplemente un nombre, pero que la "constitución" de la República no era nada más que una "fachada", "una pantalla y una farsa".

Décadas más tarde, en 1986 y en artículos publicados póstumamente en 1991, Syme todavía defendía de manera imperturbable su visión radicalmente elitista como una verdad metahistórica y eterna: "En todas las épocas, cualquiera sea la forma y el nombre del gobierno" o "cualquiera pueda ser el nombre y la teoría de la constitución", "ya sea una monarquía, una república o una democracia, una oligarquía acecha detrás de la fachada". En su tono típicamente magistral –tal vez debería decir imperativo–, Syme (1939: vii, 7, 18, 346, 459, 476) declaró que toda la historia romana, "republicana o imperial", era "la historia de la clase gobernante". Era esta "oligarquía de gobierno" y su "composición", las maquinaciones de los "partidos" o "facciones" y las "armas" que sus nobles líderes esgrimían en su "deseo de poder" y "dominación" lo que quedaba como "el tema dominante de la historia política, como el lazo vinculante entre la República y el Imperio". En el otro extremo, "las otras clases", amorfas y anónimas, en el mejor de los casos eran "susceptibles a la *auctoritas*, tomando sus gustos desde arriba". De hecho, "las clases bajas", en sus palabras, no solo "no tenían voz en el gobierno", sino que incluso no tenían un "lugar en la historia"[5].

Por entonces, sin embargo, los vientos del cambio ya habían cobrado impulso. Fue Sir Fergus Millar (2002a: 12-13) quien no solo rechazó esta, aparentemente, bien establecida ortodoxia, sino que fue él quien finalmente admitió, aunque solo años más tarde, que fue su maestro, Ronald Syme, quien había sido su representante más influyente. Millar ofreció también una nueva e iconoclasta lectura del "carácter político" de la República en su conjunto, si bien nunca explicó sistemáticamente sus categorías analíticas: Millar afirmó que la *libera res publica* debía ser concebida como una variante de la democracia antigua, mucho más parecida a la democracia directa de la Atenas clásica de lo que la moderna

---

5 Syme reafirmó sus puntos de vista décadas más tarde: por ejemplo, Syme (1986b: v, 13); cf. también Syme (1986a y 1988 = 1991: 338-345 y 323-337, respectivamente). Ver asimismo sus artículos publicados póstumamente sobre importantes familias y personajes de la República tardía: Syme (2016).

investigación (en particular la alemana) ha estado dispuesta a admitir. En obvio contraste con Syme, Millar no solo sostuvo que era el *populus Romanus*, "representado por las diversas formas de asamblea", el que formaba "en un sentido formal, el cuerpo soberano en la constitución republicana". Sugirió incluso que era apropiado, por consiguiente, que el pueblo romano fuera devuelto "a su lugar apropiado en la historia de los valores democráticos" y que la República romana fuera contada entre el "grupo relativamente pequeño de ejemplos históricos de sistemas políticos" que "podía merecer la etiqueta 'democracia'"[6].

Millar incluso cuestionó explícitamente que hubiera habido alguna vez "una 'clase gobernante', una 'aristocracia', o una 'élite'". Los candidatos a un cargo público –incluso si eran *nobiles*– debían presentar su candidatura como individuos. El término *nobilis* era solo "social o político, no constitucional", y un individuo considerado *nobilis* no gozaba de ningún derecho comparable a los derechos constitucionales hereditarios de un noble inglés. Sin embargo, lo cierto es que nadie –ni siquiera Theodor Mommsen, Gelzer y Münzer– había soñado con defender algo así. Como consecuencia, Millar negó rotundamente la existencia de una clase dirigente homogénea. Por decirlo en pocas palabras, para Millar no existió nunca en la República romana ni una aristocracia ni una oligarquía[7].

Paradójicamente, la nueva bestia negra elitista era ahora Christian Meier (1966 = 1980; cf. recientemente Meier, 2015), incluso a pesar de que este había sido el primer investigador en ofrecer una deconstrucción completa y sistemática de la teoría "faccionalista" y un concepto completamente nuevo de la "gramática política" republicana en su libro *Res publica amissa*, publicado en 1966 y reeditado en 1980, con una importante introducción teórica y metodológica que se centró en perspectivas innovadoras tales como una teoría general sobre la formación de grupos políticos en las sociedades pre-modernas. Estas importantes contribuciones no han recibido la atención que merecen debido a la barrera del

---

6 Millar (1984 = 2002a: 109-142, en 112; 1986 = 2002a: 143-161, en 158; 1989 = 2002: 85-108; 1995a = 2002: 162-182, en 165; 1995b = 2002: 200-214; 1998: 4, 11, 208); cf. también Millar (2002b: 6).

7 Millar (1984 = 2002a: 109-142, en 126-127; 1989 = 2002a: 85-108, en 87, 90-92, 104-106; 2002a: 4-6).

lenguaje. En contraste con su famosa biografía de César (Meier, 1982 = 1995, varias reediciones), la *Res publica amissa* de Meier no ha sido nunca traducida al inglés. Es más, a pesar de su obvia influencia en mucha de la investigación moderna en cualquier idioma, con mucha frecuencia el libro no es ni siquiera citado, y en ese caso indirectamente: muchos serios investigadores angló-fonos simplemente se refieren a reseñas en inglés, sobre todo a la detallada discusión en la influyente reseña del fallecido Peter Brunt (1968).

Regresemos a los años '80 y '90 del siglo pasado. La concepción de Millar (1995a = 2002a: 162-182, en 165, 172; 2002a: 15, 99, 208) de la República como una "democracia directa", en sus palabras, sobre la base de una "constitución estricta y puramente formal" en el sentido estricto del concepto, es decir, una "estructura", "sistema" o incluso "maquinaria compleja" de instituciones y procedimientos, pronto encontró críticas, en particular de investigadores alemanes, quienes discreparon de la idea de Millar sobre una "constitución" romana, lo cual parecía ser demasiado dependiente del "*Römisches Staatsrecht*" de Mommsen (Jehne, 1995: 8; Hölkeskamp, 2010: Cap. 2, con bibliografía). Sobre todo, las críticas continentales insistieron en la continuada importancia de una clase política básicamente oligárquica, una clase, o más bien un grupo con un determinado estatus, con una tasa de reproducción destacable, teniendo en cuenta el hecho de que en la República media no había sido nunca una casta completamente cerrada: desde la mitad del siglo III en adelante, el número de cónsules con antepasados consulares nunca cayó por debajo del 70%, y finalmente subió a más del 80% en la última generación de la República[8].

No obstante, Millar (2002a: 4) estaba en lo cierto al afirmar que incluso "una persona que fuera tanto un *patricius* como un *nobilis* tenía que competir por el cargo", y sus críticos así lo aceptaron. Así, su reformado concepto "elitista" de la cultura política republicana se basa en la visión de que el papel de las asambleas populares y de las "otras clases" de Syme tiene que ser tomado en serio, en concreto como un factor crucial en la constitución y en la reproducción de esta particular variante de clase dirigente.

8 Badian (1990: 411-412 y *passim*); cf. Hopkins & Burton (1983: 32, 112, 117, tabla 2.4 en p. 58).

Si la reputación, el rango relativo y, ciertamente, la pertenencia a esta élite se basaba regularmente, y exclusivamente, en la elección para determinados cargos, la participación institucionalizada en las asambleas no puede ser considerada como meramente formal, pasiva y sin influencia, o como una farsa o fachada (Hölkeskamp, 2006b; 2010: Cap. 6-8, con bibliografía).

Por otra parte, Millar había planteado importantes cuestiones que iban más allá de su estricta y formalista concepción del sistema político. Sobre todo, había insistido en la enorme importancia de la oratoria ante el pueblo, en el papel central del orador ante el pueblo reunido en asamblea en el Comicio o en el Foro, y en el tipo particular de publicidad de la política en general y de los procesos de toma de decisiones en particular. Es interesante anotar que fue esta forma específica de comunicación e interacción directa la que se habría de convertir en el contexto de la cultura política en destacado tema de debate, que se inició con el antes mencionado intercambio entre William Harris y John North[9].

Este debate continúa hasta hoy mismo, y ha ido mucho más allá de la muy poco fructífera cuestión de si debemos o no conceptualizar la República romana como (una especie de) democracia. Las contribuciones, por un lado, de investigadores alemanes tales como Egon Flaig (1994; 2003), Martin Jehne (2003; 2006; 2010; 2013; 2017), Uwe Walter (2017) y Hans Beck (2005), así como Francisco Pina Polo (2011a) en España y Jean-Michel David (2000), Michel Humm (2018) y Frédéric Hurlet (2012a; 2012b) en Francia, y, por otro lado, los influyentes estudios de colegas americanos como Erich Gruen (1991; 1992; 1996; 2017), Harriet Flower (1996; 2010), Nate Rosenstein (2012: Cap. 1) y Robert Morstein-Marx (2004), así como las contribuciones seminales de colegas como Henrik Mouritsen (2001; 2017) y Alexander Yakobson (1999; 2004; 2006; 2010; 2017), pertenecientes a universidades en Gran Bretaña e Israel, atestiguan su vibrante vivacidad y su carácter verdaderamente internacional. En términos concretos, la antes mencionada nueva visión "elitista" se ha centrado en años recientes en los llamados aspectos informales y aparentemente ornamentales de

---

9 Entre las brillantes contribuciones al debate se encuentran Morstein-Marx (2004); van der Blom (2010; 2016); Rosillo-López (2017). Véanse asimismo las contribuciones en una serie de importantes volúmenes, como Smith & Covino (eds. 2011); Rosillo-López (ed. 2017); Steel & van der Blom (eds. 2013); van der Blom, Gray & Steel (eds. 2018); Gray, Balbo, Marshall & Steel (eds. 2018).

la "cultura política", en particular en la dimensión comunicativa, simbólica, performativa y ritual de la política, en las estrategias e instrumentos de autorrepresentación, autolegitimación y autoconstrucción de la clase política como un tipo de "meritocracia"[10], en la *contio* como *oratoris maxima scaena*[11], en la *pompa funebris* y el triunfo[12], en el carácter y contenido de la memoria colectiva (o "cultural") del *populus Romanus* y de su élite en general[13], y en la *memoria* monumental de las *res gestae* aristocráticas en la densa topografía política y sagrada de Roma[14]. Por citar el famoso discurso de Winston Churchill del 10 de noviembre de 1942 una vez más: este no es el final, no es ni siquiera el comienzo del final, es quizás el final del comienzo[15].

Bibliografía

Badian, E. (1958). *Foreign Clientelae*, Oxford (reimpr. 1984).

Badian, E. (1990). "The Consuls, 179-49 BC", *Chiron*, 20, 371-413.

Beck, H. (2005). *Karriere und Hierarchie. Die römische Aristokratie und die Anfänge des* cursus honorum *in der mittleren Republik*, Berlin.

Beck, H., Scholz, P. & Walter, U. (eds. 2008). *Die Macht der Wenigen. Aristokratische Herrschaftspraxis, Kommunikation und ‚edler' Lebensstil in Antike und Früher Neuzeit*, München.

Brunt, P. (1968). Review: Ch. Meier, Res publica amissa. *Eine Studie zu Verfassung und Geschichte der späten römischen Republik, Journal of Roman Studies*, 58, 229-232.

Dally, O., Hölscher, T., Muth, S. & Schneider, R.M. (eds. 2014). *Medien der Geschichte – Antikes Griechenland und Rom*, Berlin.

10 Hopkins (1991 = 2018); Flaig (2003); Hölkeskamp (2010: 108-109, 121-122, 134-135); Flower (2011; 2014).

11 Pina Polo (1989: 1996; 2011b); Hölkeskamp (1995); Mouritsen (2001: Cap. 3); Morstein-Marx (2004: 7-12; 34-59; 93-104 y *passim*); David (2006).

12 Flower (1996; 2011; 2014); Hölkeskamp (2008), con bibliografía.

13 Véase la monografía fundamental de Walter (2004); también Pina Polo (2004); Hölkeskamp (2006a); Rodríguez Mayorgas (2007); y las destacadas contribuciones en Galinsky (ed. 2014: ed. 2016), así como en Dally, Hölscher, Muth & Schneider (eds. 2014). Sobre los instrumentos de transmisión visuales, Hölscher (1978; 1980; 1990); Hölkeskamp (2006a), con más bibliografía; también Holliday (2002).

14 Hölkeskamp (2001a; 2006a; 2016; 2018), y ahora la brillante síntesis de Davies (2017).

15 Véanse visiones generales de enfoques modernos sobre la historia social y política de la República romana en las diferentes contribuciones en Rosenstein & Morstein-Marx (eds. 2006); Haake & Harders (eds. 2017); Hölkeskamp (2019; en prensa). Sobre estudios comparativos de las ciudades-estado griegas y la República romana, véanse las contribuciones en Molho, Raaflaub & Emlen (eds. 1991); Hammer (ed. 2015).

David, J.-M. (2000). *La République romaine de la deuxième guerre punique à la bataille d'Actium, 218-31. Crise d'une aristocratie*, Paris.

David, J.-M. (2006). "Rhetoric and Public Life", en Rosenstein & Morstein-Marx (eds. 2006), 421-438.

Davies, P.J.E. (2017). *Architecture and Politics in Republican Rome*, Cambridge.

Flaig, E. (1994). "Repenser le politique dans la République romaine", *Actes de la Recherche en Sciences Sociales*, 105, 13-25.

Flaig, E. (2003). *Ritualisierte Politik. Zeichen, Gesten und Herrschaft im alten Rom*, Göttingen.

Flower, H.I. (1996). *Ancestor Masks and Aristocratic Power in Roman Culture*, Oxford.

Flower, H.I. (2010). *Roman Republics*, Princeton.

Flower, H.I. (2011). "Elite Self-Representation in Rome", en Peachin (ed. 2011), 271-285.

Flower, H.I. (2014). "Spectacle and Political Culture in the Roman Republic", en Ead. (ed.), *The Cambridge Companion to the Roman Republic*, 2ª ed. Cambridge, 377-398, 460-461.

Galinsky, K. (ed. 2014). Memoria Romana*: Memory in Rome and Rome in Memory*, Ann Arbor.

Galinsky, K. (ed. 2016). *Memory in Ancient Rome and Early Christianity*, Oxford.

Gelzer, M. (1912). *Die Nobilität der römischen Republik*, Leipzig.

Gelzer, M. (1969). *The Roman Nobility*, tr. e intr. R. Seager, Oxford.

Gray, Ch., Balbo, A., Marshall, R. & Steel, C. (eds. 2018). *Reading Republican Oratory: Reconstructions, Contexts, Receptions*, Oxford.

Gruen, E.S. (1991). "The Exercise of Power in the Roman Republic", en Molho, Raaflaub & Emlen (eds. 1991), 251-267.

Gruen, E.S. (1992). *Culture and National Identity in Republican Rome*, Ithaca.

Gruen, E.S. (1996). "The Roman Oligarchy: Image and Power", en J. Linderski (ed.), Imperium sine fine*: T. Robert S. Broughton and the Roman Republic*, Stuttgart, 215-234.

Gruen, E.S. (2017). "*The Last Generation of the Republic* Revisited", en Haake & Harders (eds. 2017), 553-567.

Haake, M. & Harders, A.-C. (eds. 2017). *Politische Kultur und soziale Struktur der Römischen Republik. Bilanz und Perspektiven*, Göttingen.

Hammer, D. (ed. 2015). *A Companion to Greek Democracy and the Roman Republic*, Malden.

Harris, W.V. (1990). "On Defining the Political Culture of the Roman Republic: Some Comments on Rosenstein, Williamson, and North", *Classical Philology*, 85, 288-294.

Hölkeskamp, K.-J. (1995). "*Oratoris maxima scaena*: Reden vor dem Volk in der politischen Kultur der Republik", en Jehne (ed. 1995), 11-49 = Hölkeskamp (2004: 219-256).

Hölkeskamp, K.-J. (2001a). "Capitol, Comitium und Forum: Öffentliche Räume, sakrale Topographie und Erinnerungslandschaften", en S. Faller (ed.), *Studien zu antiken Identitäten,*

Würzburg, 97-132 = Hölkeskamp (2004: 137-168).

Hölkeskamp, K.-J. (2001b). "Fact(ions) or Fiction? Friedrich Münzer and the Aristocracy of the Roman Republic – Then and Now", *International Journal of the Classical Tradition*, 8, 92-105.

Hölkeskamp, K.-J. (2004). Senatus Populusque Romanus. *Die politische Kultur der Republik – Dimensionen und Deutungen*, Stuttgart.

Hölkeskamp, K.-J. (2006a). "History and Collective Memory in the Middle Republic", en Rosenstein & Morstein-Marx (eds. 2006), 478-495.

Hölkeskamp, K.-J. (2006b). "Konsens und Konkurrenz. Die politische Kultur der Republik in neuer Sicht", *Klio*, 88, 360-396 = Hölkeskamp (2017a: 123-161).

Hölkeskamp, K.-J. (2008). "Hierarchie und Konsens. *Pompae* in der politischen Kultur der Republik", en A.H. Arweiler & B.M. Gauly (eds.), *Machtfragen: zur kulturellen Repräsentation und Konstruktion von Macht in Antike, Mittelalter und Neuzeit*, Stuttgart, 79-126 = Hölkeskamp (2017a: 189-236).

Hölkeskamp, K.-J. (2010). *Reconstructing the Roman Republic: An Ancient Political Culture and Modern Research*, Princeton.

Hölkeskamp, K.-J. (2012). "Friedrich Münzer – Werk und Wirkung", en F. Münzer, *Kleine Schriften*, ed. M. Haake & A.-C. Harders, Stuttgart, xiii-xlvi = Hölkeskamp (2017a: 43-71).

Hölkeskamp, K.-J. (2016). "*Memoria* – Monumente – *Monetae*: Medien aristokratischer Selbstdarstellung – Das Beispiel der Caecilii Metelli", en F. Haymann, W. Hollstein & M. Jehne (eds.), *Neue Forschungen zur Münzprägung der römischen Republik*, Bonn, 49-82 = Hölkeskamp (2017a: 273-309).

Hölkeskamp, K.-J. (2017a). Libera res publica. *Die politische Kultur des antiken Rom – Positionen und Perspektiven*, Stuttgart.

Hölkeskamp, K.-J. (2017b). "Politische Kultur – Karriere eines Konzepts. Ansätze und Anwendungen am Beispiel der Republik", en Haake & Harders (eds. 2017), 457-495.

Hölkeskamp, K.-J. (2018). "*Memoria* by Multiplication: The Cornelii Scipiones in Monumental Memory", en K. Sandberg & Ch. Smith (eds.), Omnium annalium monumenta*: Historical Writing and Historical Evidence in Republican Rome*, Leiden, 422-476.

Hölkeskamp, K.-J. (2019). "'Cultural Turn' oder gar Paradigmenwechsel in der Althistorie? Die politische Kultur der römischen Republik in der neueren Forschung", *Historische Zeitschrift*, 309, 1-35.

Hölkeskamp, K.-J. (en prensa). "Political Culture – Career of a Concept", en J. Prag & V. Arena (eds.), *A Companion to the "Political Culture" of the Roman Republic*, Malden.

Hölscher, T. (1978). "Die Anfänge römischer Repräsentationskunst", *Mitteilungen des Deutschen Archäologischen Instituts: Römische Abteilung*, 85, 315-357.

Hölscher, T. (1980). "Die Geschichtsauffassung in der römischen Repräsentationskunst", *Jahrbuch des Deutschen Archäologischen Instituts*, 95, 265-321

Hölscher, T. (1990). "Römische Nobiles und hellenistische Herrscher", en *Ak-*

ten des XIII. Internationalen Kongresses für Klassische Archäologie, Berlin 1988, Mainz, 73-84.

Holliday, P.J. (2002). *The Origins of Roman Historical Commemoration in the Visual Arts*, Cambridge.

Hopkins, K. (1991). "From Violence to Blessing: Symbols and Rituals in Ancient Rome", en Molho, Raaflaub & Emlen (eds. 1991), 479-498.

Hopkins, K. (2018). "From Violence to Blessing: Symbols and Rituals in Ancient Rome" ("Afterword", J. Elsner), en K. Hopkins, *Sociological Studies in Roman History*, ed. Ch. Kelly, Cambridge, 313-345.

Hopkins, K. & Burton, G. (1983). "Political Succession in the Late Republic", en K. Hopkins, *Death and Renewal*, Cambridge, 31-119.

Humm, M. (2018). *La République romaine et son empire, 509-31 av. J.-C.*, Malakoff.

Hurlet, F. (2012a). "Démocratie à Rome? Quelle démocratie? En relisant Millar (et Hölkeskamp)", en S. Benoist (ed.), *Rome, a City and Its Empire in Perspective: The Impact of the Roman World through Fergus Millar's Research / Rome, une cité impériale en jeu. L'impact du monde romain selon Fergus Millar*, Leiden, 19-43.

Hurlet, F. (2012b). "Représentation(s) et autoreprésentation(s) de l'aristocratie romaine", *Perspective*, 1, 159-166.

Jehne, M. (1995). "Einführung: Zur Debatte um die Rolle des Volkes in der römischen Politik", en Jehne (ed. 1995), 1-9.

Jehne, M. (2003). "Integrationsrituale in der römischen Republik. Zur einbindenden Wirkung der Volksversammlungen", en K.-J. Hölkeskamp, J. Rüsen, E. Stein-Hölkeskamp & H.-Th. Grütter (eds.), *Sinn (in) der Antike. Orientierungssysteme, Leitbilder und Wertonzepte im Altertum*, Mainz, 279-297.

Jehne, M. (2006). "Methods, Models, and Historiography", en Rosenstein & Morstein-Marx (eds. 2006), 3-28.

Jehne, M. (2010). "Die Dominanz des Vorgangs über den Ausgang. Struktur und Verlauf der Wahlen in der römischen Republik", en Ch. Dartmann, G. Wassilowsky & Th. Weller (eds.), *Technik und Symbolik vormoderner Wahlverfahren*, München, 17-34.

Jehne, M. (2013). "Politische Partizipation in der römischen Republik", en H. Reinau & J. von Ungern-Sternberg (eds.), *Politische Partizipation. Idee und Wirklichkeit von der Antike bis in die Gegenwart*, Berlin, 103-144.

Jehne, M. (2017). "Das römische Volk als Bezugsgröße und Machtfaktor", en Haake & Harders (eds. 2017), 535-549.

Jehne, M. (ed. 1995). *Demokratie in Rom? Die Rolle des Volkes in der Politik der römischen Republik*, Stuttgart.

Meier, Ch. (1966). Res publica amissa. *Eine Studie zu Verfassung und Geschichte der späten römischen Republik*, Wiesbaden.

Meier, Ch. (1980). Res publica amissa. *Eine Studie zu Verfassung und Geschichte der späten römischen Republik*, 2ª ed. Frankfurt.

Meier, Ch. (1982). *Caesar*, Berlin.

Meier, Ch. (1995). *Caesar*, tr. D. McLintock, New York.

Meier, Ch. (2015). "Die Ordnung der Römischen Republik", *Historische Zeitschrift*, 300, 593-697.

Millar, F. (1984). "The Political Character of the Classical Roman Republic, 200-151 BC", *Journal of Roman Studies*, 74, 1-19 = Millar (2002a: 109-142).

Millar, F. (1986). "Politics, Persuasion, and the People before the Social War (150-90 BC)", *Journal of Roman Studies*, 76, 1-11 = Millar (2002a: 143-161).

Millar, F. (1989). "Political Power in Mid-Republican Rome: Curia or Comitium?", *Journal of Roman Studies*, 79, 138-150 = Millar (2002a: 85-108).

Millar, F. (1995a). "Popular Politics at Rome in the Late Republic", en I. Malkin & Z.W. Rubinsohn (eds.), *Leaders and Masses in the Roman World: Studies in Honor of Zvi Yavetz*, Leiden, 91-113 = Millar (2002a: 162-182).

Millar, F. (1995b). "The Last Century of the Republic: Whose History?", *Journal of Roman Studies*, 85, 236-243 = Millar (2002a: 200-214).

Millar, F. (1998). *The Crowd in Rome in the Late Republic*, Ann Arbor.

Millar, F. (2002a). *Rome, the Greek World, and the East, I: The Roman Republic and the Augustan Revolution*, ed. H.M. Cotton & G.M. Rogers, Chapel Hill.

Millar, F. (2002b). *The Roman Republic in Political Thought*, Hanover.

Molho, A., Raaflaub, K.A. & Emlen, J. (eds. 1991). *City States in Classical Antiquity and Medieval Italy: Athens and Rome, Florence and Venice*, Stuttgart.

Morstein-Marx, R. (2004). *Mass Oratory and Political Power in the Late Roman Republic*, Cambridge.

Mouritsen, H. (2001). Plebs *and Politics in the Late Roman Republic*, Cambridge.

Mouritsen, H. (2017). *Politics in the Roman Republic*, Cambridge.

Münzer, Fr. (1920). *Römische Adelsparteien und Adelsfamilien*, Stuttgart.

Münzer, Fr. (1999). *Roman Aristocratic Parties and Families*, tr. Th. Ridley, Baltimore.

North, J. (1990a). "Democratic Politics in Republican Rome", *Past & Present*, 126, 3-21 = R. Osborne (ed.), *Studies in Ancient Greek and Roman Society*, Cambridge, 140-158.

North, J. (1990b). "Politics and Aristocracy in the Roman Republic", *Classical Philology*, 85, 277-287.

Peachin, M. (ed. 2011). *Social Relations in the Roman World*, Oxford.

Pina Polo, F. (1989). *Las contiones civiles y militares en Roma*, Zaragoza.

Pina Polo, F. (1996). Contra arma verbis. *Der Redner vor dem Volk in der späten römischen Republik*, Stuttgart.

Pina Polo, F. (2004). "Die nützliche Erinnerung: Geschichtsschreibung, *mos maiorum* und die römische Identität", *Historia*, 53, 147-172.

Pina Polo, F. (2011a). *The Consul at Rome: The Civil Functions of the Consul in the Roman Republic*, Cambridge.

Pina Polo, F. (2011b). "Public Speaking in Rome: A Question of *Auctoritas*", en Peachin (ed. 2011), 286-303.

Ridley, R.T. (1986). "The Genesis of a Turning-Point: Gelzer's *Nobilität*", *Historia*, 35, 474-502.

Rodríguez Mayorgas, A. (2007). *La memoria de Roma. Oralidad, escritura e historia en la República romana*, Oxford.

Rosenstein, N. (2012). *Rome and the Mediterranean 290 to 146 BC: The Imperial Republic*, Edinburgh.

Rosenstein, N. & Morstein-Marx, R. (eds. 2006). *A Companion to the Roman Republic*, Malden.

Rosillo-López, C. (2017). *Public Opinion and Politics in the Late Roman Republic*, Cambridge.

Rosillo-López, C. (ed. 2017). *Political Communication in the Roman World*, Leiden.

Scullard, H.H. (1935 = 1980). *A History of the Roman World, 753-146 BC*, London.

Scullard, H.H. (1951 = 1973). *Roman Politics, 220-150 BC*, Oxford.

Smith, Ch. & Covino, R. (eds. 2011). *Praise and Blame in Roman Republican Rhetoric*, Swansea.

Steel, C. & van der Blom, H. (eds. 2013). *Community and Communication: Oratory and Politics in Republican Rome*, Oxford.

Stein-Hölkeskamp, E. & Hölkeskamp, K.-J. (2018). *Ethos – Ehre – Exzellenz. Antike Eliten im Vergleich*, Göttingen.

Syme, R. (1939). *The Roman Revolution*, Oxford.

Syme R. (1986a). "Dynastic Marriages in the Roman Aristocracy", *Diogenes*, 34 (135), 1-10 = Syme (1991: 338-345).

Syme, R. (1986b). *The Augustan Aristocracy*, Oxford.

Syme, R. (1988). "Oligarchy at Rome: A Paradigm for Political Science", *Diogenes*, 36 (141), 56-75 = Syme (1991: 323-337).

Syme, R. (1991). *Roman Papers, VI*, ed. A.R. Birley, Oxford.

Syme, R. (2016). *Approaching the Roman Revolution: Papers on Republican History*, ed. F. Santangelo, Oxford.

van der Blom, H. (2010). *Cicero's Role Models: The Political Strategy of a Newcomer*, Oxford.

van der Blom, H. (2016). *Oratory and Political Career in the Late Roman Republic*, Cambridge.

van der Blom, H., Gray, Ch. & Steel, C. (eds. 2018). *Institutions and Ideology in Republican Rome: Speech, Audience and Decision*, Cambridge.

Walter, U. (2004). Memoria *und* res publica. *Zur Geschichtskultur im republikanischen Rom*, Frankfurt.

Walter, U. (2017). *Politische Ordnung in der römischen Republik*, Berlin.

Yakobson, A. (1999). *Elections and Electioneering in Rome: A Study in the Political System of the Late Republic*, Stuttgart.

Yakobson, A. (2004). "The People's Voice and the Speaker's Platform: Popular Power, Persuasion and Manipulation in the Roman Forum", *Scripta Classica Israelica*, 23, 201-212.

Yakobson, A. (2006). "Popular Power in the Roman Republic", en Rosenstein & Morstein-Marx (eds. 2006), 383-400.

Yakobson, A. (2010). "Traditional Political Culture and the People's Role in the Roman Republic", *Historia*, 59, 282-302.

Yakobson, A. (2017). "Consuls, Consulars, Aristocratic Competition and the People's Judgment", en Haake & Harders (eds. 2017), 497-516.

Diálogo romano-lucano: las élites locales y la integración cultural en la Lucania de la República tardía[1]

Ilaria Battiloro[2]
(Mount Allison University)

Hace ya tiempo que Lucania está reconocida como una región importante para comprender la asimilación cultural y la integración de las poblaciones conquistadas bajo el dominio romano. Aunque las fuentes literarias romanas pusieron el foco sobre todo en los aspectos disruptivos del proceso, en los conocimientos con que contamos, queda una laguna significativa con respecto a las dinámicas de cooperación y "diálogo" que pudieron darse entre las comunidades nativas y los romanos, dinámicas en las cuales las élites locales tuvieron un rol crucial.

Este artículo explora algunos aspectos del proceso de interacción entre los romanos y las élites lucanas durante la República tardía, aspectos que pueden inferirse del análisis de la evidencia material que proviene de los santuarios locales[3]. La evidencia arqueológica que proviene de los lugares de culto en Lucania abre un nuevo panorama de negociaciones y posibles alianzas entre los habitantes locales y los romanos, panorama que deja en claro la forma que tomó el proceso de asimilación a los modelos culturales romanos y también la forma en que, más tarde, fue adquiriendo facetas múltiples.

---

1 Traducción de Márgara Averbach.

2 Me gustaría agradecer a los organizadores del Coloquio y a los editores de este volumen por darme la oportunidad de presentar un trabajo sobre estos temas desde una perspectiva arqueológica. Este texto expande el tema y las interpretaciones que se proponen en Battiloro & Osanna (2015) y Battiloro (2017).

3 Actualmente, hay un debate sobre el impacto de la conquista romana en el desarrollo de los lugares de culto prerromanos dentro de la península italiana. Sobre ese tema, ver M. Torelli (1999); Bispham & Smith (2000); Schultz & Harvey (2006); Lacam (2010); Stek & Burgers (2015); Battiloro (2017).

La religión y el culto fueron el terreno más favorable de interacción y mediación entre las comunidades conquistadas y Roma. Eso no puede sorprendernos si pensamos que la forma en que las comunidades antiguas concebían el lugar de culto y se identificaban según creencias y cultos religiosos puede imaginarse como muy similar a lo que se da en el mundo moderno: muchas veces la identidad de un pueblo está encapsulada en la afiliación a una fe religiosa precisa y –a nivel local– la comunidad encuentra autoexpresión colectiva en una iglesia específica.

Antes de la conquista romana: familias gentilicias y santuarios locales

En Lucania, el siglo IV a.C. vio la emergencia de múltiples lugares de culto extra urbanos localizados en los cruces de caminos de las rutas principales (figura 1). El crecimiento de esos lugares debe encuadrarse dentro de la estandarización de una organización territorial centrada en asentamientos fortificados en la cima de las colinas, rodeadas por una *khóra* parcelada sembrada de establecimientos rurales y granjas unifamiliares. Las granjas se dedicaban primariamente a cultivos intensivos especializados, como olivos y viticultura, según un modelo reconstruido por E. Greco (1979: 20-25) para el territorio de Paestum. Ese esquema de asentamientos nucleares refleja la existencia de una sociedad compleja cuya columna vertebral eran los grupos aristocráticos cuyo poder se basaba en la posesión de la tierra y la acumulación de alimentos[4].

La naturaleza jerárquica de la sociedad lucana está especialmente documentada por la arquitectura doméstica. A ese respecto, el sitio paradigmático es el centro fortificado de Roccagloriosa, donde se ha excavado una casa residencial formada por una serie de habitaciones desplegadas alrededor de un patio pavimentado con baldosas (Gualtieri & Fracchia, 1990: 63-67; 2001: 6). La arquitectura compleja de ese edificio residencial es prueba de la existencia de familias gentilicias que seguramente tenían un rol de liderazgo dentro de la comunidad. Igualmente importante es

4 M. Torelli (1988: 66, 72); d'Agostino (1989: 232-236); Bottini (1990); Firpo (1994: 462).

el hecho de que, además de las residencias gentilicias, los centros fortificados probablemente albergaban edificios administrativos, como está documentado, por ejemplo, en el sitio de Pomarico Vecchio, que confirma la conexión entre los asentamientos en la cima de las colinas y los grupos de líderes que seguramente tuvieron un rol importantísimo en las instituciones políticas y administrativas de sus comunidades (Barra Bagnasco, 1997: 89, 247).

La creciente importancia de la posesión de la tierra y sus valores llevó a una enervación progresiva de las oligarquías y también al crecimiento de los cuerpos cívicos. Durante el siglo IV a.C., la afirmación de esas tendencias hacia la isonomía favoreció la emergencia de una clase media de granjeros y pequeños propietarios de tierra, cuya existencia está documentada sobre todo por un número cada vez más grande de granjas durante los siglos IV y III a.C. (M. Torelli, 1993: xiv).

En Lucania, otro componente del sistema de asentamientos está representado por los santuarios, que se situaban generalmente al pie de las colinas dominadas por fortificaciones y estaban conectadas a través de redes de rutas y antiguos *tratturi*, nexo físico que sugiere que la mayoría de los lugares de culto conocidos hasta ese momento eran de naturaleza local (Battiloro, 2017: 49-54). Tal vez ese nexo ocultó también una relación política y administrativa entre santuarios y centros habitados y, en ese caso, seguramente, la administración de los santuarios fue una prerrogativa de los grupos gentilicios locales que tenían residencias en los centros amurallados. Esa reconstrucción encuentra apoyo en el mundo samnita, donde el registro epigráfico, mucho más rico, señala la existencia de grupos aristocráticos que desempeñaban varias magistraturas y eran los encargados de controlar áreas territoriales que incluían los lugares de culto localizados dentro de ellas. Por ejemplo, la familia de los Papii estaba conectada con el santuario de Vastogirardi (*CIL* 1^2.1757), localizado en un área en la que seguramente los Papii poseían tierras; en cambio, los Staii estaban relacionados con el santuario de Pietrabbondante (La Regina, 1989: 361).

En Lucania, la naturaleza epicórica de los lugares de culto también está documentada por lo que puede inferirse de los objetos votivos descubiertos en los santuarios lucanos: los análisis arqueométricos de los artefactos del pequeño santuario de Torre di Satriano demuestran que esos ítems eran todos producidos localmente (Giammatteo, 2008), y eso también es evidente por la falta general de artefactos importados dentro del yacimiento.

En este paisaje de lugares de culto física y administrativamente conectados con los centros fortificados, hay una excepción principal: el santuario de Rossano di Vaglio, un complejo monumental localizado en el área de Potentino, no muy lejos del asentamiento lucano de Serra di Vaglio (figura 2). El complejo, en el cual el registro epigráfico documenta un culto dedicado a la diosa oscana Mefitis, muestra una serie de características que llevaron a los investigadores a suponer que su función territorial no era solo local sino más amplia, hipótesis postulada para los otros lugares de culto contemporáneos: primero, el santuario está situado en un lugar estratégico en el cruce de las rutas principales de comunicación, que unían las costas jonia y tirrena, y también la vecina Puglia; segundo, la arquitectura conservada lo convierte en el lugar de culto más grande y monumental de Lucania; tercero, el yacimiento arqueológico ha producido una cantidad extraordinaria de material votivo, incluyendo armas y herramientas agrícolas, lo cual lo diferencia de los lugares de culto más modestos de la misma época, en los que el material de metal es extremadamente raro; finalmente, el sitio arqueológico nos ha dado también numerosas inscripciones cuando las mismas están casi por completo ausentes en los otros lugares de culto (Adamesteanu & Dilthey, 1992; Battiloro, 2017: 51-53, 65-72, 96-103).

La conquista romana: santuarios y cultos en la Lucania posterior a Aníbal

La Guerra contra Aníbal es un momento crucial para la historia de las comunidades lucanas. Al final de esa guerra, los romanos empezaron a mostrar falta de confianza hacia las comunidades que habían apoyado a Aníbal después de la batalla de Cannae. Como consecuencia, hubo un cambio radical en el estatus político de las comunidades locales: así, perdieron validez los *foedera aequa* que Roma había estipulado previamente con los itálicos y las relaciones entre Roma y las comunidades locales se reestablecieron según nuevas modalidades (Livio, 27.15.2). Una señal de esa nueva actitud, mucho más severa, puede verse en la disolución de las ligas lucanas, lo cual se infiere de la falta de cualquier referencia a ellas en fuentes escritas después del final del siglo II a.C. (Russi, 1999: 404-506).

Ese cambio político dio como resultado una reconfiguración gradual del sistema de asentamientos de Lucania, cuya señal más evidente fue la contracción del mayor de los centros lucanos (Cazanove, 2005: 774-780). Así, tal como señala Gualtieri (2003: 15), a pesar de la transformación dada en ese asentamiento, la región siguió con su aspecto rural original y solamente tuvo un número restringido de centros en áreas periféricas. Eso es especialmente evidente cuando pensamos en la localización de las dos colonias romanas fundadas en Lucania a comienzos del siglo III a.C., Paestum y Venusia, ambas establecidas en los márgenes de la región.

La decadencia general de los centros en las cimas de las colinas lucanas se dio en paralelo con la ruralización progresiva del territorio que rodeaba los centros amurallados (Cazanove, 2005: 780-786); entre el siglo II a.C. y el I d.C., se establecieron nuevas formas de explotación de la tierra (Gabba, 1989: 232 ss.; Ligt, 2006). Como se sabe, el resultado más visible de ese fenómeno fue la aparición de casas de labranza y grandes propiedades de tierra que trabajaron en la producción comercial. En Lucania, ese fenómeno está documentado por la casa grande de Monte Moltone en Tolve, cuya función pasó de lugar residencial a lugar de producción entre fines del siglo III a.C. y el siglo siguiente (Russo, 1993). Hay un cambio similar en un edificio residencial localizado dentro del lugar amurallado de Cersosimo en el sudoeste de Lucania. Así se documenta que, en algunos casos, los centros en las cimas de las colinas también quedaron afectados por el proceso de ruralización en otras áreas de Lucania (Cossalter & De Faveri, 2006; 2009). Durante la fase anterior de la ocupación, entre fines del siglo IV a.C. y fines del III, el edificio residencial de Cersosimo fue una aristocrática casa con peristilo, de una monumentalidad que, como se ve en otros casos, cumple con las exigencias de la auto representación de los grupos emergentes de la sociedad local. Sin embargo, hacia fines del siglo III a.C., la casa de peristilo quedó abandonada o tal vez directamente destruida y, durante las primeras décadas del siglo II a.C., la reemplazó una granja, cambio radical que está en consonancia con la ruralización en la zona, muy extendida en ese momento.

El territorio lucano también quedó sujeto a una expropiación muy amplia, la mayor parte de la cual fue una especie de castigo por la traición de Lucania en el conflicto con Aníbal. Las áreas expropiadas se convirtieron en *ager publicus*, tierra pública que el estado romano podía distribuir entre ciudadanos y veteranos (Gallo, 2012; Roselaar, 2010: 69-71). Es en esa ola de división de tierras en el que se suele enmarcar el establecimiento de *praefecturae*, entre las cuales el Liber Coloniarum menciona a Potentia (*Liber Coloniarum* I, 209). La fecha de la fundación de Potentia sigue en debate (Campbell, 2000: 164; Di Noia, 2008); pero se puede ver ese momento como resultado final de una reconfiguración territorial que incluyó al distrito completo en el que estaba localizada la ciudad, reconfiguración cuyo signo más visible fue la desaparición del cercano centro fortificado de Serra di Vaglio. Es muy probable que Potentia haya heredado el rol central que desempeñó previamente Serra en la organización del asentamiento del área; según se puede argumentar, la ciudad se fundó, entre otras cosas, para administrar el *ager publicus* creado en esa área de la antigua Lucania.

Desde una perspectiva social, las transformaciones económicas ligadas al advenimiento de las nuevas formas de explotación de la tierra, y la conocida estrategia política romana, que favorecía a las aristocracias locales, dieron como resultado un debilitamiento general de los pequeños propietarios de tierra, que constituían la mayor parte de la sociedad lucana en los siglos IV y III. Seguramente Roma facilitó ese fenómeno: las clases medias podían ser particularmente peligrosas para la posición romana, ya que sus alianzas con uno u otro grupo oligárquico podían cambiar el equilibrio de poder entre Roma y las élites locales (M. Torelli, 1993: xviii).

En línea con esa estrategia, Roma tendía a suprimir a las clases gobernantes locales que le eran hostiles. Por ejemplo, en el Samnio, sabemos que Roma castigó a los frusinates, acusados de conspirar contra el imperio, y ejecutó a los miembros de la familia reconocida como líder de la conspiración (Livio, 10.1.3). Por otra parte, Roma se inclinaba a garantizar la posición de las elites aliadas y apoyaba especialmente a los aristócratas locales que se conectaban con los *nobiles* romanos, a través de lazos tanto matrimoniales como de patronazgo[5]. Si se analiza la situación desde el punto de vista de los aristócratas locales, no hay duda de que los seducían los beneficios que podían recibir en una alianza con Roma. Aparentemente recibieron como recompensa extensas asignaciones de tierra y probablemente también regalos monetarios (Fronda, 2010: 31, n. 78).

Además –aunque ciertamente hubo hostilidad entre los colonos y los locales después de la confiscación de tierras y la entrega de esas tierras a los colonos romanos–, hay evidencias de que un número importante de grupos locales se incorporó a las ciudades recién fundadas, fenómeno que explicaría parcialmente la disolución bien extendida de los lugares amurallados en el interior de Lucania[6].

La casi completa desaparición de los centros ubicados en las cimas de las colinas tuvo un eco en la fuerte contracción de los santuarios. Un caso que ilustra muy bien ese fenómeno es el del santuario de Torre di Satriano, en el cual la ausencia casi completa de materiales arqueológicos del siglo II a.C. sugiere que hubo una interrupción de la actividad, es decir, se dio probablemente una disminución significativa en el uso del lugar para propósitos religiosos (De Vincenzo, Osanna & Sica, 2004: 41-42; Osanna & Sica, 2005: 111-113, 433-434).

La única excepción en ese panorama es el santuario de Rossano di Vaglio. Durante los últimos dos siglos a.C., el complejo sufrió por lo menos dos fases de reconstrucción, expansión y restauración que lo convirtieron en un complejo monumental parecido a los helenísticos. En particular, la segunda intervención construida en el santuario, que data del siglo I a.C., puede conectarse con la actividad evergética de un noble local que pertenecía a la *gens* Acerronia, como puede inferirse de una inscripción, una dedicatoria descubierta en un arquitrabe fragmentario (Adamesteanu &

---

5 En el Samnio, hay testimonios que documentan que los Octacilii, una familia de Benevento, estaban relacionados con los Fabii por lazos matrimoniales (Festus, *Gloss. Lat.* 174 L): M.R. Torelli (1990); Fronda (2010: 30-34); Patterson (2006: 147-151).

6 En general, se acepta que las ciudades coloniales y los territorios que las rodeaban también estaban habitados por poblaciones indígenas conquistadas aunque no hay evidencias de que las poblaciones no romanas hayan tenido un rol activo en los comienzos de la colonia; en realidad, para los casos más conocidos, hay evidencia que sostiene que los grupos nativos tuvieron que cambiar su lugar de residencia *después* de la fundación de la colonia. Sobre ese tema, ver Gagliardi (2006); Roselaar (2011).

Dilthey 1992: 25, 78). Después de la fase de esa segunda construcción, el santuario adquirió una apariencia monumental, con una estructura de ladrillos y piedra caliza blanca. Se accedía a través de una escalera abierta y ancha localizada en el lado oeste de un gran patio pavimentado con losas de piedra caliza y dominado por un gran altar (figura 3); alrededor del patio había múltiples habitaciones y las del norte y el sur estaban delimitadas por líneas de columnas de ladrillos.

El efecto escenográfico de esa disposición quedó amplificado por la presencia de estatuas de mármol y ricas ofrendas votivas, cuyos restos se han descubierto durante la investigación arqueológica llevada a cabo en el lugar[7]. En realidad, en concomitancia con las importantes intervenciones conspicuas que ya se describieron, aparecieron en el santuario ofrendas muy preciosas, fenómeno que tal vez sugiera un escenario sociopolítico renovado. Es significativo que las pequeñas figuras de terracota producidas en masa, tan populares en los siglos anteriores, se fueran volviendo cada vez más raras y desaparecieran por completo del santuario –al igual que de otros lugares de culto de la misma época– a fines del siglo III a.C. Al mismo tiempo, aparecieron en el santuario nuevos tipos de ofrendas de terracota, ofrendas votivas anatómicas, objetos que en general se interpretan como una guía fósil para la forma en que se dispersaron los modelos culturales romanos en las regiones conquistadas de Italia (Comella, 1981: 775; Cazanove, 2015).

Las nuevas ofrendas votivas incluían estatuas de mármol y bronce, muy llamativas, dada la ausencia general de estatuas en los sitios arqueológicos lucanos anteriores. Las estatuas de bronce incluyen fragmentos de paños de vestidos femeninos y restos de cabello, una rama de laurel y un pimpollo, todos fragmentos que seguramente pertenecieron al mismo grupo escultural, igual que un fragmento de una cabeza femenina. Las estatuas de mármol son réplicas de reelaboraciones helenísticas de modelos clásicos tardíos, que probablemente se produjeron en talleres de Asia Menor y de las islas: un torso de Hermafrodita, dos estatuas que representan a Artemisa, una pequeña cabeza de Afrodita, una

---

7 Adamesteanu & Dilthey (1992); Colangelo *et al.* (2009); Andrisani (2009); Battiloro & Osanna (eds. 2012); Battiloro (2017: 188-203).

estatuilla de Eros y una pequeña estatua femenina que se puede relacionar con el culto de Isis (Denti, 1992; 1993).

A fines del siglo III a.C., además de las estatuas, los ornamentos en material valioso incluyen equipos de joyería para mujeres, anillos, aros, colgantes decorados con piedras preciosas y cinturones cubiertos con hojas de plata y oro, todos objetos de una manufactura soberbia (figura 4)[8]. Vale la pena mencionar también una hoja de bronce con decoración en relieve que representa a Anfitrita que sostiene un *phiale* y viaja montada en un delfín (De Paola & Sartoris, 2001: 26-27) (figura 5).

Finalmente, el santuario de Rossano nos ha entregado más de cien monedas que datan del período que va desde el siglo IV a.C. al inicio del período imperial, aunque la mayoría de ellas provienen del período entre el siglo III y II a.C. (Stazio & Siciliano, 1993: 86).

El diálogo entre Roma y Lucania, y el Santuario de Rossano di Vaglio

Para entender el significado de la intensa actividad de construcción que se llevó a cabo en el santuario de Rossano di Vaglio durante los últimos dos siglos a.C. –período que, como ya se dijo, estaba marcado por una contracción profunda de los lugares de culto–, se debe enmarcar la discusión en el contexto del "helenismo itálico". Como se sabe, si se habla de la Italia del sur, ese fenómeno cultural impacta también en las áreas samnitas y de Campania, donde el resultado fue la recuperación de los cultos locales y la monumentalización consecuente de lugares de culto preexistentes (La Regina, 1976; Tagliamonte, 2005: 189-202). Los santuarios samnitas empezaron a desarrollarse en terrazas para lograr un efecto teatral, en línea con los dictados de la arquitectura helenista y también aparecieron objetos a la moda helenística como tipos nuevos de ofrendas votivas. Sin embargo, el aspecto más innovador de ese fenómeno fue el establecimiento del templo como una categoría arquitectónica hasta entonces totalmente desconocida en el medio italiano. En muchos casos, el templo se construía sobre un podio alto moldeado para aislar y elevar el edificio, para separarlo del área circundante. El único acceso se subrayaba con una escalera.

8 Adamesteanu & Dilthey (1992: 26-27); Guzzo (1993); Vacca (2012).

Probablemente el famoso santuario de Pietrabbondante es el lugar samnita donde convergieron especialmente los nuevos estímulos e influencias culturales del mundo helenístico: el complejo B templo-teatro se construyó entre fines del siglo II y el año 80 a.C. (La Regina, 1976: 223-237; Capini, 1991). El área alrededor del templo está organizada según modelos prerromanos; el diseño del templo B deriva del mundo latino y claramente el estilo y la decoración del complejo son de inspiración helenística: esa mezcla de diversas tradiciones culturales refleja el mecanismo que está en la base de la transmisión de los modelos helénicos, cuyos vehículos principales deben buscarse en las áreas latinas y de la Campania (La Regina, 1976: 243).

¿Qué mecanismos sociales y políticos estaban en el centro de la revitalización de los santuarios samnitas durante la República tardía? La evidencia epigráfica sugiere que por lo menos una parte de las actividades de construcción que se llevaron a cabo en los santuarios samnitas durante ese período se financió por iniciativa del *touta* o de sus magistrados (*meddices tutici*), o en todo caso de los miembros de las *gentes* samnitas más ilustres (como los Staii, los Statii, los Decitii y los Papii) (Poccetti, 1979). Según creo, esa es la clave para interpretar también la mencionada ofrenda que se hizo en nombre de la *gens* Acerronia, descubierta en Rossano: por lo menos la última fase de la construcción y la más imponente, certificada en uno de los principales santuarios en Lucania durante la República tardía, debe relacionarse con la intervención de una familia local que aparentemente –como los Staii y los Papii en el mundo samnita– fue capaz de mantener su estatus en el nuevo dominio político e institucional introducido por Roma.

En la bibliografía habitual, la revitalización de los santuarios y cultos locales en el período que siguió a la conquista romana de la península italiana y la consecuente propagación de la cultura hegemónica se ha leído siempre como una forma de "resistencia ideológica" promovida por las élites para contrarrestar la imposición de los modelos culturales romanos (Rainini, 2003: 141-142; Tagliamonte, 2005: 195). Con la recuperación de los cultos ancestrales, las élites locales estaban reclamando una identidad propia y expresando así su oposición a la cultura hegemónica. Un mensaje cultural con implicaciones políticas intrínsecas.

¿Es esta la única lectura posible de este fenómeno? Si consideramos el estatus social y económico adquirido por las élites locales dentro del orden político de Roma, parece emerger una visión más compleja. Como ya vimos, Roma se oponía a las facciones anti romanas dentro de las comunidades conquistadas; por lo tanto, podemos postular que los grupos locales que mantuvieron un rol de liderazgo en la administración del santuario eran filo romanos (o, por lo menos, no estaban abiertamente en conflicto con Roma). Y que, como ya vimos, seguramente Roma misma los favoreció.

Tampoco deberíamos olvidar que tal vez las clases poderosas locales seguían disponiendo de considerables fuentes de financiación. La expropiación de las tierras dañaba sobre todo a las clases medias (cf. Livio, 39.29, en relación con los hechos en el año 85 a.C. en Apulia); las tierras confiscadas se alquilaban a las oligarquías lucanas que favorecían a Roma por el pago de un *vectigal* que casi nunca se cobraba y pronto se dejaba de lado (M. Torelli, 1993: xvii, xix; Gualtieri, 2003: 41). Del otro lado de la relación, queda claro que las élites locales encontraron una forma conveniente de garantizar su estatus en la alianza con Roma (Terrenato, 2008: 240). Eso se ilustra bien con las inscripciones en lenguaje osco y alfabeto griego descubiertas en el santuario de Rossano: se trata de inscripciones que son significativamente contemporáneas a las fases de monumentalización del complejo.

Esas inscripciones mencionan magistrados judiciales de los ciudadanos similares a los de origen romano[9], y aparece la fórmula romana *senathii tanginod* (= *de senatus sententia*) (Adamesteanu & Lejeune, 1971-72: 52-54). Tanto la mención de las instituciones políticas romanas como el uso de terminología política en latín dejan en claro los mecanismos empleados por las élites locales para relacionarse con el orden romano dominante e integrarse en el sistema político romano.

Si esa lectura es correcta, iría contra la visión tradicional de una dicotomía entre romanos y no romanos, visión siempre encapsulada en el paradigma ya descripto de la "resistencia ideológica"

9 RV-17+42, RV-18, RV-01, RV-02 (*quaestor*) (Crawford, 2011: 1375-6, 1378-9, 1368, 1369); RV-28 (*censor*) (Crawford, 2011: 1364-5); RV-28, RV-17+42, RV-18, RV-02 (*senatus*) (Crawford, 2011: 1364-5, 1375-6, 1378-9, 1369). Una discusión general sobre esos magistrados aparece en Senatore (2004: 309). En Poccetti (1993), se discute la transformación de las instituciones itálicas durante la era romana.

al dominio romano. ¿Por qué se interesarían las élites locales en actuar *contra* su propia fuente de riqueza y supervivencia? ¿Es posible que el renacimiento del culto más importante de la antigua Lucania se diera en el marco del clima de alianzas y lazos políticos que se esquematiza más arriba? Si así fuera, se podría postular que, al promover la restauración de Rossano, los grupos locales gobernantes trabajaron junto con Roma, sinergia que obviamente facilitó la integración de las comunidades conquistadas. Pero eso no significa que el apoyo de Roma a la revitalización del culto más importante de Lucania no haya fortalecido al mismo tiempo la identidad local a nivel religioso.

Esa hipótesis encuentra confirmación en el hecho de que Roma tenía un interés político en el culto de Mefitis. Después de que se abandonó el santuario de Rossano di Vaglio, el culto de la deidad oscana se transfirió a la cercana Potentia. Pero antes de eso, llegó a Roma. Según fuentes escritas, se veneraba a Mefitis en la colina Esquilina, donde estaban dedicados a ella un *lucus* (Varrón, *Ling.* 5.49) y un *aedes* (Festo 476 L). No se sabe muy bien el momento y la forma en que se introdujo ese culto en Roma. Es razonable postular que esa transferencia se debió a una *evocatio* proveniente del área sabelia, que ocurrió durante la República Media (ciertamente después del año 293 a.C., dado que Livio no hace mención de ello). Según Coarelli (1998: 185-190), esta *evocatio* ocurrió en ocasión de una victoria romana *de Samnitibus* durante los últimos años de la Tercera Guerra Samnita, o, más probablemente, de una victoria *de Lucanis*. En el sector occidental del Cispius, donde estaba situado el *lucus Mefitis,* hay dos inscripciones de mármol dedicadas por miembros de la *gens* Papiria a Hércules Defensor y Silvanus Custos que pueden arrojar algo de luz sobre la ocasión de esta *evocatio* (*CIL* 6.309; 195 = 6.310). Coarelli (1998: 189) afirma que la *gens* Papiria era una de las familias fundadoras del templo a Mefitis, como sugiere una victoria *de Samnitibus, Tarentinis et Lucanis* obtenida por L. Papirius Cursor durante su segundo consulado en 272 a.C. (Degrassi, 1947: 272-273). No hay duda de que un triunfo sobre los lucanos habría sido una buena oportunidad para transferir a Roma el culto lucano de Mefitis.

Los romanos tenían un respeto especial por algunos aspectos peculiares de Mefitis, aspectos que se preservaron deliberadamente cuando el culto se transfirió a Roma: sobre la colina Esquilina, la deidad se colocó topográficamente cerca de Juno, con quien ella compartía muchas características; de la misma manera, el *lucus* de Mefitis se colocó junto al de Juno Lucina; y tiene sentido que tuviera que estar también cerca de Libitina, una deidad identificada con Venus, otra diosa con quien se identificaba a Mefitis, y cuyo culto también estaba ubicado en la colina Esquilina (Calisti, 2006: 51-57).

En general, esa evidencia sugiere que, dentro de la estrategia para asimilar a las comunidades que había conquistado, Roma tomó la decisión de recuperar un culto que tenía especial importancia para los lucanos y que, además, tenía significado para Roma misma. Así, el caso de Rossano ilumina y clarifica aspectos de la compleja estrategia de "diálogo" con los locales que llevó a la creación de una nueva cultura "romana".

Más allá de la "resistencia indígena" y la "auto-romanización": nuevas perspectivas sobre los cambios culturales que empezaron con la conquista romana

El santuario de Rossano di Vaglio, con esa intensa actividad constructora que empezó inmediatamente después de la Guerra contra Aníbal, ofrece un punto de vista bastante diferente de la idea –dominante en la investigación– según la cual hubo una disolución amplia de las culturas locales después de que Roma conquistara la península italiana. Aún más, el nuevo enfoque que se adopta cuando se analizan los datos que provienen de Rossano nos permite superar la visión tradicional de un estado romano que intervenía solamente en los niveles militar y político y adoptaba una estrategia tipo *laissez-faire* en todo lo demás (incluyendo la religión) (Stek, 2016).

En realidad, el panorama que se puede construir sobre la base de la evidencia de Rossano muestra que la integración de la península italiana conquistada no debería entenderse necesariamente a partir de la idea de que se quería que los locales se convirtieran en romanos, porque en realidad incluía la interacción y la cooperación entre el estado dominante y las comunidades locales. En la revitalización del santuario de Rossano y su culto, vemos la acción de las élites locales por un lado y la de Roma, por otro. Los grupos locales de liderazgo se beneficiaron con la alianza que sellaron con

Roma y con su propia incorporación en el nuevo sistema político e institucional creado por los conquistadores. Al mismo tiempo, Roma estaba dispuesta a adoptar rasgos culturales locales como medio político de asimilación de las poblaciones locales.

El punto de contacto más favorable entre Roma y las comunidades lucanas era el que tenía que ver con la religión y los lugares de culto. Tal vez eso se explica pensando la religión como un área de la vida cultural que seguramente era "definitoria para la identidad" (para usar la terminología de Roth, 2007: 8) y lo era para los dos interlocutores de este encuentro cultural o, para decirlo de una manera más simple, era un área de la vida cultural que favorecía especialmente la creación de una nueva identidad cultural (¿romana?).

Como ya se ha dicho, esa reconstrucción difiere de la idea de "resistencia ideológica" al dominio hegemónico, ya que la "resistencia" implicaría una oposición directa a Roma de parte de las élites locales. Es plausible pensar que las élites que mantuvieron su liderazgo en Rossano estaban totalmente integradas en el sistema político y económico porque encontraron una forma de mantener su estatus político y económico a través de la alianza y la movilidad social que promovía Roma para reforzar su posición frente a las poblaciones conquistadas.

Esa reconstrucción de los hechos también difiere de la idea de "auto-romanización" (es decir la asimilación voluntaria a los modelos culturales romanos por parte de las élites locales para aprovechar esa asociación con el poder hegemónico) porque enfatiza la agencia de los romanos: en realidad, Roma era otro interlocutor *activo* en el diálogo cultural establecido entre las partes conquistadora y conquistada. Aparentemente Roma alentó el programa de restauración del lugar de culto a partir del siglo III a.C., y lo hizo junto con las familias aristocráticas lucanas que manejaban el santuario de Rossano. Probablemente los romanos que se establecieron en la región frecuentaban el santuario, ya que el culto de Mefitis ya había sido objeto de atención política por parte de los romanos.

En ese sentido, también vale la pena recordar que Roma nunca trató de erradicar completamente los rasgos culturales originales de las comunidades conquistadas: tenía una política de integración y concesiones a las comunidades locales. Por ejemplo, Roma nunca impuso ninguna *interpretatio romana* de los santuarios indígenas y griegos en la península italiana (Cazanove, 2005: 791). Como enfatiza Cecconi (2006), el imperio nunca se comportó como un estado totalitario y nunca trató de demoler por completo los sistemas sociales e institucionales anteriores a la conquista.

Una última nota sobre las clases más bajas. Sabemos que los protagonistas principales de la interacción cultural entre Roma y las comunidades conquistadas eran sobre todo las élites locales, y no parece que los otros grupos estuvieran activamente involucrados en el proceso del contacto cultural que implicó la integración al dominio romano[10]. Esa visión está corroborada por el lenguaje de la *koiné* que adoptó el santuario de Rossano di Vaglio en sus últimas fases de ocupación (lo mismo hicieron otros santuarios itálicos de la península): un lenguaje cultural comúnmente llamado "helenismo itálico" que no puede entenderse sino como una prerrogativa de las clases dominantes ya incorporadas a la cultura griega.

Por lo tanto, por lo menos en el nivel arqueológico, la transformación cultural de los grupos que no eran de élite solo es evidente en un momento muy tardío, cuando ya estaba lograda la integración en la esfera romana y los lucanos estaban transformados en romanos en los niveles políticos y administrativos. Ese es probablemente el caso para la mayor parte de los santuarios de la antigua Lucania, en los que el único cambio real atestiguado a nivel arqueológico es la contracción, resultado de las dramáticas transformaciones de los enclaves económicos y políticos que nacieron en el siglo III a.C. como consecuencia de la conquista romana. Un ejemplo sorprendente de ese fenómeno es el ya mencionado

---

10 Sin embargo, debe reconocerse que el foco de la investigación actual sobre los centros urbanos y no sobre el territorio puede haber contribuido a generar una visión distorsionada del cambio cultural que fue el resultado de la conquista romana. La investigación llevada a cabo en una serie de aldeas del área de Venusia dentro del *Sacred Landscape Project* ha revelado que algunas aldeas prerromanas sobrevivieron (y hasta florecieron) a la conquista durante la fase temprana de la colonización. Ya que el número de granjas de la era colonial del área es demasiado bajo para albergar a todos los colonos romanos que se mencionan en las fuentes escritas, es razonable concluir que los colonizadores también conquistaron y tomaron las aldeas rurales (Stek, 2017). Aunque no es posible reconstruir la composición étnica de esas aldeas prerromanas, el estudio de caso de Venusia puede tomarse como un *comparandum* significativo para interpretar mejor la situación del territorio lucano en el período que siguió a la conquista romana.

santuario de Torre di Satriano: después de un período de contracción durante el siglo II a.C., en el siglo I, el santuario se revitalizó y albergó un culto que ya estaba formado bajo la influencia de la religión y las formas culturales romanas. Eso queda documentado por la aparición de lámparas de aceite y el descubrimiento de una estatuilla de bronce (un Lar), durante esa última fase de la frecuentación del santuario de Torre di Satriano, que seguramente albergaba un culto de *Lares* y *Mater Larum*, es decir, un culto romano cuyas formas culturales hablaban un lenguaje que sin duda era romano (De Vincenzo, Osanna & Sica, 2004: 46-51).

Bibliografía

Adamesteanu, D. & Dithey, H. (1992). *Macchia di Rossano: il santuario della Mefitis. Rapporto preliminare*, Galatina.

Adamesteanu, D. & Lejeune, M. (1971-72). "Il santuario lucano di Macchia di Rossano di Vaglio", *MAL* s. 8, 16, 41-83.

Ampolo, C. *et al*. (1989). Italia omnium terrarum parens. *La civiltà degli Enotri, Choni, Ausoni, Sanniti, Lucani, Brettii, Sicani, Siculi, Elimi*, Milano.

Andrisani, A. (2009). *Il santuario della dea Mefitis a Rossano di Vaglio. Una rilettura degli aspetti archeologici e cultuali*, Matera.

Barra Bagnasco, M. (ed. 1997). *Pomarico Vecchio. I, Abitato, mura, necropoli, materiali*, Galatina.

Battiloro, I. (2017). *The Archaeology of Lucanian Cult Places. Fourth Century BC to the Early Imperial Age*, London-New York.

Battiloro, I. & Osanna, M. (eds. 2012). Brateís Datas. *Pratiche rituali attraverso votivi e strumenti del culto dai santuari della Lucania antica*, Venosa.

Battiloro, I. & Osanna, M. (2015). "Continuity and Change in Lucanian Cult Places between the Third and First Centuries BC. New Insights into the 'Romanization' Issue", en T. Stek & G.-L. Burgers (eds.), *The Impact of Rome on Cult Places and Religious Practices in Ancient Italy*, London, 169-197.

Bispham, E. & Smith, C. (eds. 2000). *Religion in Archaic and Republican Rome and Italy: Evidence and Experience*, Edinburgh.

Bottini, A. (1990). "I popoli apulo-lucani", en *Crise et transformation des sociétés archaïques de l'Italie antique au Vᵉ siècle av. J.-C.*, Rome, 155-163.

Calisti, F. (2006). *Mefitis: dalle madri alla madre. Un tema religioso italico e la sua interpretazione romana e cristiana*, Roma.

Campbell, J.B. (2000). *The Writings of the Roman Land Surveyors: Introduction, Text, Translation and Commentary*, London.

Capini, S. (1991). "Il santuario di Pietrabbondante", en S. Capini & A. Di

Niro (eds.), *Samnium. Archeologia del Molise*, Roma, 113-114.

Cazanove, O. de (2005). "Le aree interne dal III al I sec. Il quadro archeologico", en *Tramonto della Magna Grecia: ...Magnamque Graeciam, quae nunc quidem deleta est (Cic., Laelius de am., 4, 13)*, Taranto, 763-799.

Cazanove, O. de (2015). "Per la datazione degli ex voto anatomici d'Italia", en T. Stek & G.-L. Burgers (eds.), *The Impact of Rome on Cult Places and Religious Practices in Ancient Italy*, London, 29-66.

Coarelli, F. (1998). "Il culto di Mefitis in Campania e a Roma", en S. Adamo Muscettola & G. Greco (eds.), *I culti della Campania antica*, Roma, 185-190.

Colangelo, L., Curti, E., Fiorentino, G., Mutino, S., Novellis, D., Prascina, C. & Witte, N. (2009). "Nuovi scavi e moderne metodologie di documentazione nel santuario della dea Mefite a Rossano di Vaglio (PZ)", *XVII AIAC, Valle Giulia Poster Session. British School at Rome, "Multidisciplinary Approaches to Classical Archaeology", Rome September 2008*, Fastionline 167 (www.fastionline.org), 1-8.

Comella, A. (1981). "Tipologia e diffusione dei complessi votivi in Italia in epoca medio- e tardo-repubblicana. Contributo allo studio dell'artigianato antico", *MEFRA* 93, 2, 717-803.

Cossalter, L. & De Faveri, C. (2006). "Ricerche sull'edilizia privata in Lucania sud-occidentale. Il complesso domestico in località Castello di Cersosimo", *Ostraka*, 15, 165-194.

Cossalter, L. & De Faveri, C. (2009). "Cersosimo. Dalla strutturazione dell'insediamento lucano alle trasformazioni del territorio in età post-annibalica", en M. Osanna (ed.), *Verso la città. Forme insediative in Lucania e nel mondo italico fra IV e III sec. a.C.*, Venosa, 143-164.

Crawford, M.H. (ed. 2011). Imagines Italicae: *A Corpus of Italic Inscriptions*, London.

d'Agostino, B. (1989). "Le genti della Basilicata antica", en Ampolo *et al.* (1989), 193-246.

Degrassi, A. (1947). *Inscriptiones Italiae, 13. Fasti et Elogia: 1. Fasti consulares et triumphales*, Roma.

De Lachenal, L. (ed. 1993). *Da Leukania a Lucania. La Lucania centro-orientale tra Pirro e i Giulio-Claudii*, Roma.

Denti, M. (1992). *La statuaria in marmo del Santuario di Rossano di Vaglio*, Galatina.

Denti, M. (1993). "Macchia di Rossano – Sculture lapidee", en De Lachenal (ed. 1993), 70-79.

De Paola, A. & Sartoris, A. (2001). "Rapporto preliminare delle campagne di scavo a Serra e Rossano di Vaglio. Anni 1997-1999", *BBasil*, 17, 15-28.

De Vincenzo, S., Osanna, M. & Sica, M.M. (2004). "La lunga vita di un piccolo santuario lucano. Torre di Satriano in età romana", *Ostraka*, 13, 37-57.

Di Noia, A. (2008). *Potentia. La città romana tra età repubblicana e tardo antica*, Potenza.

Firpo, L. (1994). "Considerazioni sull'organizzazione degli Italici durante la guerra sociale", en L.A. Foresti, A. Barzanò, C. Bearzot, L. Prandi & G. Zecchini, *Federazioni e federalismo nell'Europa antica (Bergamo 21–25 set-*

tembre 1992). Alle radici della casa comune europea, Milano, 457-478.

Fronda, M.P. (2010). *Between Rome and Carthage: Southern Italy during the Second Punic War*, Cambridge-New York.

Gabba, E. (1989). "Rome and Italy in the Second Century BC", en A.E. Astin, F.W. Walbank & M.W. Frederiksen (eds.), *The Cambridge Ancient History, VIII: Rome and the Mediterranean to 133 BC*, 2ª ed. Cambridge, 197-243.

Gagliardi, L. (2006). *Mobilità e integrazione delle persone nei centri cittadini romani. Aspetti giuridici, I. La classificazione degli* incolae, Milano.

Gallo, A. (2012). "L'agro pubblico in Lucania. Le prefetture e il Liber coloniarum", *AgriCent*, 8, 53-71.

Giammatteo, T. (2008). "Ritornando al santuario lucano. Le analisi archeometriche", en M. Osanna & I. Battiloro (eds.), *Dall'abitato arcaico alla diocesi medievale. Studi e ricerche dell'Università degli Studi della Basilicata a Torre di Satriano*, Bari, 151-156.

Greco, E. (1979). "Ricerche sulla *chora* poseidoniate. Il paesaggio agrario dalla fondazione della città alla fine del sec. IV a.C.", *DArch* n.s. 1, 7-26.

Gualtieri, M. (2003). *La Lucania Romana. Cultura e società nella documentazione archeologica*, Napoli.

Gualtieri, M. & Fracchia, H. (eds. 1990). *Roccagloriosa, 1. L'abitato: scavo e ricognizione topografica (1976-1986)*, Napoli.

Gualtieri, M. & Fracchia, H. (eds. 2001). *Roccagloriosa, 2. L'*oppidum *lucano e il territorio*, Napoli.

Guzzo, P.G. (1993). "Oggetti preziosi dalla stipe", en De Lachenal (ed. 1993), 82-86.

Lacam J.-C. (2010). *Variations rituelles. Les pratiques religieuses en Italie centrale et méridionale au temps de la deuxième guerre punique*, Roma.

La Regina, A. (1976). "Il Sannio", en P. Zanker (ed.), *Hellenismus in Mittelitalien. Kolloquium in Göttingen com 5. Bis 9. Juni 1974*, Göttingen, 219-255.

La Regina, A. (1989). "I Sanniti", en Ampolo *et al.* (1989), 301-432.

Ligt, L. de (2006). "The Economy: Agrarian Change during the Second Century", en N. Rosensteing & R. Morstein-Marx (eds.), *A Companion to the Roman Republic*, Malden, 590-605.

Osanna, M. & Sica, M.M. (eds. 2005). *Torre di Satriano I. Il santuario lucano*, Venosa.

Patterson, J.R. (2006). "The Relationship of the Italian Ruling Classes with Rome: Friendship, Family Relations and their Consequences", en M. Jehne & R. Pfeilschifter (eds.), *Herrschaft ohne Integration? Rom und Italien in republikanischer Zeit*, Frankfurt, 139-153.

Poccetti, P. (1979). *Nuovi documenti italici a complemento del manuale di E. Vetter*, Pisa.

Poccetti, P. (1993). "Aspetti e problemi della diffusione del latino in area 'italica'", en E. Campanile (ed.), *Caratteri e diffusione del latino in età arcaica*, Pisa, 73-96.

Rainini, I. (2003). "*Mephitis aedes* o *locus consaeptus*. Alcune osservazioni sul santuario della dea Mefite nella Valle d'Ansanto", en O. de Cazanove & J. Scheid (eds.), *Sanctuaires et sources dans l'antiquité. Les sources documentaires et leurs limites dans la description de lieux de culte*, Napoli, 137-143.

Roselaar, S. (2010). *Public Land in the Roman Republic: A Social and Economic History of* ager publicus *in Italy, 396–89 BC*, Oxford.

Roselaar, S. (2011). "Colonies and Processes of Integration in the Roman Republic", *MEFRA*, 123, 527-555.

Roth, R. (2007). "Roman Culture between Homogeneity and Integration", en R. Roth & J. Keller (eds.), *Roman by Integration: Dimensions of Group Identity in Material Culture and Text*, Portsmouth, 7-10.

Russo, A. (1993). "Moltone di Tolve – Complesso residenziale. Le fasi costruttive", en De Lachenal (ed. 1993), 39-42.

Russi, A. (1999). "La romanizzazione: il quadro storico. Età repubblicana ed età imperiale", en D. Adamesteanu (ed.), *Storia della Basilicata, 1. L'antichità*, Bari, 487-558.

Senatore, F. (2004). "Note sulle origini di Potentia. Le premesse indigene e l'istituzione del *municipium*", *SCO*, 50, 303-328.

Schultz, C.E. & Harvey, P.B. (eds. 2006). *Religion in Republican Italy*, Cambridge.

Stazio, A. & Siciliano, A. (1993). "La documentazione numismatica", en De Lachenal (ed. 1993), 86-90.

Stek, T.D. (2016). "'Romanizzazione religiosa' tra modello poliadico e processi culturali. Dalla destrutturazione postcoloniale a nuove prospettive sull'impatto della conquista romana", en M. Aberson, M.C. Biella, M. Di Fazio, P. Sanchez & M. Wullschleger (eds.), *L'Italia centrale e la creazione di una* koiné *culturale? I percorsi della 'romanizzazione'*, Bern, 291-306.

Stek, T.D. (2017). "Motivazioni e forme alternative dell'espansionismo romano repubblicano. Il caso delle colonie latine nelle aree interne appenniniche", en G. Mastrocinque (ed.), *Paesaggi mediterranei di età romana. Archeologia, tutela, comunicazione*, Bari, 135-146.

Stek, T.D. & Burgers, G.-L. (eds. 2015). *The Impact of Rome on Cult Places and Religious Practices in Ancient Italy*, London.

Tagliamonte, G. (2005). *I Sanniti. Caudini, Irpini, Pentri, Carricini, Frentani*, 2ª ed. Milano.

Terrenato, N. (2008). "The Cultural Implications of the Roman Conquest", en E. Bispham (ed.), *Roman Europe. 1000 BC-AD 400*, Oxford, 234-264.

Torelli, M. (1988). "Le popolazioni dell'Italia antica. Società e forme del potere", en A. Momigliano & A. Schiavone (eds.), *Storia di Roma, I. Roma in Italia*, Torino, 53-74.

Torelli, M. (1993). "Introduzione", en De Lachenal (ed. 1993), xiii-xxvii.

Torelli, M. (1999). Tota Italia*: Essays in the Cultural Formation of Roman Italy*, Oxford.

Torelli, M.R. (1990). "I culti di Rossano di Vaglio", en M. Salvatore (ed.), *Basilicata. L'espansionismo romano nel sud-est d'Italia. Il quadro archeologico*, Venosa, 83-93.

Vacca, L. (2011). "Il progetto della scuola di Specializzazione in Archeologia di Matera sul santuario di Rossano di Vaglio. Oggetti di ornamento personale", en Battiloro & Osanna (eds. 2012), 233-243.

Figuras[11]

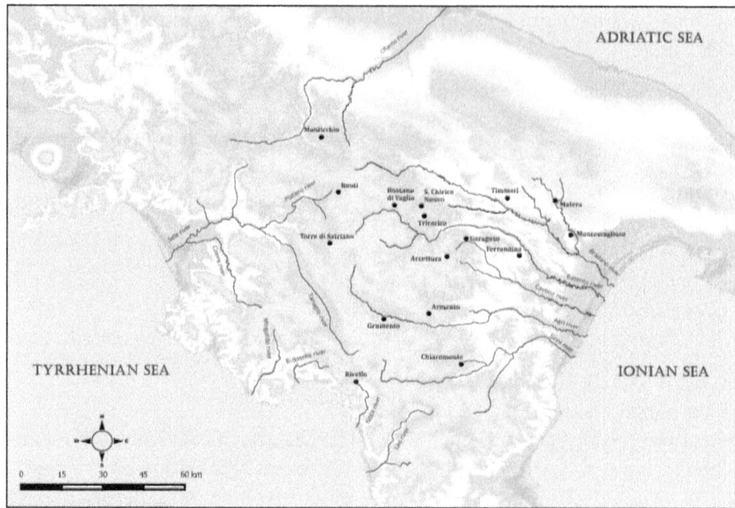

Figura 1. Santuarios de la antigua Lucania.

Figura 2. Santuario de Rossano di Vaglio (visto desde el sudoeste).

11 Todas las imágenes se reproducen por cortesía de la Soprintendenza: Archeologia, Belle Arti e Paesaggio della Basilicata.

Figura 3. Santuario de Rossano di Vaglio: el altar.

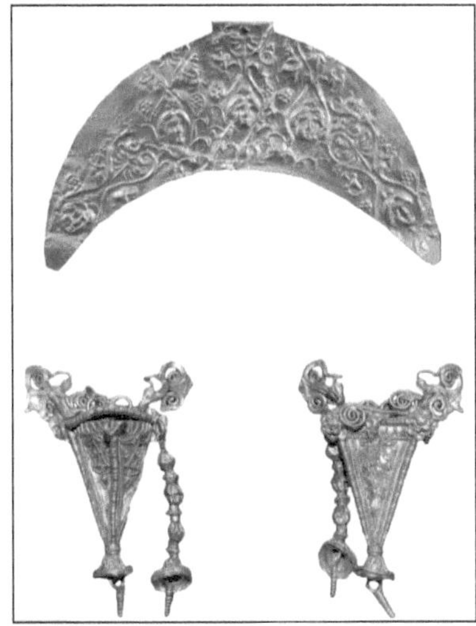

Figura 4. Santuario de Rossano di Vaglio: joyas de oro.

Figura 5. Santuario de Rossano di Vaglio: Lámina de bronce con decoración en relieve que representa a Anfitrite montando un delfín.

Hijos, hermanos y demás parientes en las comitivas de los mandos romanos durante la República: un comportamiento distintivo de la *nobilitas*[1]

Alejandro Díaz Fernández
(Universidad de Málaga)

Desde que Matthias Gelzer (1912: esp. 22-32) publicara su conocido trabajo *Die Nobilität der römischen Republik*, los historiadores han tratado de dibujar un retrato convincente y, ante todo, distintivo, de la *nobilitas* romana, destacando de esta manera aspectos tan característicos como el hecho de disponer del *ius imaginum* (el derecho de conservar las *imagines maiorum*) o de pertenecer a una familia con una dilatada presencia en las instituciones públicas. Aunque todavía no se ha establecido un punto de consenso a este respecto, parece lejos de toda duda que, en la Roma republicana, la condición nobiliaria estaba vinculada de manera indisoluble al nombre familiar y, más concretamente, a los méritos de los antepasados. La presencia y la continuidad de una determinada familia en el seno de la *nobilitas* pasaba así necesariamente por la participación de sus miembros en ciertos escenarios de la vida pública que constituían en la práctica un coto reservado a la nobleza romana[2]: para ello, el *nobilis* había de

1 Programa Juan de la Cierva-Incorporación del Ministerio de Ciencia, Innovación y Universidades (Gobierno de España). Nuestro trabajo se ha realizado en el marco de la Red de Investigación de Excelencia *Libera res publica: red de estudios sobre la República romana* (HAR2017-90703-REDT) del Ministerio de Ciencia, Innovación y Universidades (Gobierno de España), así como del Grupo de Estudios Historiográficos (HUM-394) del Plan Andaluz de Investigación, Desarrollo e Innovación de la Junta de Andalucía y el Proyecto de Investigación: *La cuestura durante la República, en Roma y las provincias del Imperio* (HAR2013-43477-P), bajo la dirección de F. Pina Polo. No podemos sino mostrar nuestra más sincera gratitud a Julián Gallego por la amabilísima disposición y la infinita paciencia dispensadas durante la realización del presente estudio.

2 Cicerón, *Defensa de Murena*, 15-17; Salustio, *Conjuración de Catilina*, 23.5-6; *Guerra de Yugurta*, 41.6-7; 63.5-7; Livio, 6.37.11. Gelzer (1912: 24-27): "Nobilitas

atenerse a una serie de tradiciones y pautas de comportamiento casi privativas de su condición y cursar una carrera pública lo más completa posible, coronada en el mejor de los casos con el consulado, la censura o el siempre deseado triunfo. Buena parte de este *cursus* se desarrollaba por supuesto en Roma, en particular en el foro y el senado, verdadero corazón de la *res publica* y escenario natural de representación de la *nobilitas*; pero también en un ámbito característico de la aristocracia romana como eran las provincias[3]. Después de todo, era justamente en las provincias donde el *nobilis* comenzaba su andadura en la vida pública a través del servicio en la milicia y donde, andando el tiempo, solía consolidar su carrera merced al ejercicio de ciertos puestos de responsabilidad. No olvidemos que, de acuerdo con el testimonio de Polibio, todo ciudadano romano dispuesto a desempeñar una magistratura había de completar antes un total de diez campañas en el ejército, condición a la que se solía dar cumplimiento en el marco de las distintas provincias[4].

No parece aventurado decir, en suma, que las provincias estaban decisiva e íntimamente vinculadas a la vida pública de los *nobiles* por cuanto estas constituían uno de los principales espacios de promoción y representación de los que disponían los nobles romanos para retratarse como tales, sobre todo en caso de asumir el mando de una provincia; de ahí que se concediera tanta importancia a la composición de la comitiva de la que solían rodearse los mandos romanos cuando cumplían tal cometido. Durante la República, se convirtió al parecer en una costumbre que todo

---

eignet in Rom, soweit die Erinnerung reicht, den Nachkommen all derer, welche jemals das höchste Gemeindeamt innegehabt haben, sei es in Form des Dictatur, des Consulats oder Consulartribunats. Die Gesamtheit dieser Nachkommen, kurzweg nobilitas *gennant, bildet seit 366 den römischen Adel, das heißt die Oberschicht des Senatorenstandes*" (p. 42); cf. Brunt (1982: 1-17); Burckhardt (1990: 77-88); Lintott (1999: 164-170); Beck (2005: 9-21). Pueden consultarse también los trabajos recientes de van der Blom (2010: 35-41) y Mehl (2018: 21-36), centrados en la no menos discutida distinción entre *nobilis* y *nouus*.

3 Así, Salustio, *Guerra de Yugurta*, 41.6-7: *ceterum nobilitas factione magis pollebat, plebis uis soluta atque dispersa in multitudine minus poterat. paucorum arbitrio belli domique agitabatur; penes eosdem aerarium prouinciae magistratus gloriae triumphique erant*; cf. Braund (1998: 10-12); Lintott (1999: 165). Más concretamente sobre el papel de la *nobilitas* en las provincias hispanas, Salinas de Frías (1995: 48-56).

4 Polibio, 6.19.4: πολιτικὴν δὲ λαβεῖν ἀρχὴν οὐκ ἔξεστιν οὐδενὶ πρότερον, ἐὰν μὴ δέκα στρατείας ἐνιαυσίους ᾖ τετελεκώς; cf. Plutarco, *Cayo Graco*, 2.5; Walbank (1957: 698); cf. Harris (1979: 10-41); Lintott (1999: 144-146); Rosenstein (2007: 136-138).

mandatario destinado a una provincia se dotara de un cierto número de acompañantes y colaboradores que, junto con el cuestor, los legados y demás componentes de su *consilium*, constituían su comitiva o *cohors*, convencionalmente denominada *cohors praetoria* en palabras de Cicerón[5]. Dejando a un lado al cuestor, principal colaborador y habitual mano derecha del *imperator*, normalmente asignado a su superior por sorteo, la inmensa mayoría de las personas que componían la comitiva solían ser nombradas por decisión del mandatario correspondiente: desde consejeros y asistentes de todo tipo hasta ciertos mandos del ejército, lo cual dejaba caer sobre aquel la responsabilidad de cualquier hecho cometido por estos en la provincia. No nos debe sorprender pues que el buen nombre de un mandato provincial dependiera también del papel que pudieran jugar en él los distintos miembros de la *cohors*, como bien destaca Cicerón (*Cartas a Quinto*, 1.1.10-14). Aparentemente, se primaba la participación de personas de contrastada valía o, en todo caso, con ciertas cualidades para la administración o la milicia a la hora de constituir una comitiva; pero la incorporación a la cohorte personal de un comandante romano podía responder también a recomendaciones personales, compromisos de todo

5 Cicerón, *Verrinas*, 2.1.36 (*dedi stipendio, frumento, legatis, pro quaestore, cohorti praetoriae HS mille sescenta triginta quinque milia quadringentos decem et septem nummos*); 2.3.70; 2.4.94; cf. *Cartas a Quinto*, 1.1.12 (*qui quasi ex cohorte praetoris appellari solent*); *Catilinarias*, 2.24; *Cartas a familiares*, 10.30.1-5; 15.4.7; *Cartas a Ático*, 7.2.3; Catulo, 10.10-13; Salustio, *Guerra de Yugurta*, 60.5; 61.3; César, *Guerra de las Galias*, 1.40.15; 1.42.6; *Guerra civil*, 1.75.2; Salustio, *Conjuración de Catilina*, 60.5; 61.3. Keppie (1996: 102-104); Braund (1998: 12-23); Muñiz Coello (2004: 104-107); Johnston (2008: 17-19). No podemos detenernos aquí en la controvertida asimilación entre *cohors praetoria* y la llamada *cohors amicorum* (φίλων ἴλη) que supuestamente acompañó a Escipión Emiliano a Hispania en el año 134, de acuerdo con ciertas lecturas de Apiano (*Ibérica*, 84); la cuestión ha sido tratada ya por Tullio (1942) y, más recientemente, por Pina Polo (2001; cf. 89-91), quien ha apuntado a la posibilidad de que el pasaje de Apiano aluda a una *turma* o escuadrón de caballería, tal y como indicaría el sustantivo griego ἴλη, y no a una cohorte como tal; cf. Mommsen (1879: 26-29). Más dudas plantea un pasaje de Festo (p. 249 Lindsay), en el que el autor cita a *Scipio Africanus* como el primer romano que decidió reclutar una *cohors praetoria*, si bien no sabemos con certeza a cuál de los Escipiones alude la noticia: *praetoria cohors est dicta, quod a praetore non discedebat. Scipio enim Africanus primus fortissimum quemque delegit, qui ab eo in bello non discederent et cetero munere militiae uacarent et sexquiplex stipendium acciperent*; cf. Pina Polo (2001: 89-93); también Muñiz Coello (1998: 104-106).

tipo y criterios particulares que iban más allá del interés público, como parece indicar la presencia de parientes cercanos en estas[6].

A pesar de la importancia que dispensa Cicerón a la composición de la *cohors praetoria*, hemos de reconocer que disponemos de pocos datos con relación a la constitución y el papel de tales comitivas para la época de la República: salvo casos contados, todo lo que sabemos se limita a comentarios sueltos o simples nombres. Dada justamente la parquedad de las noticias conservadas y la trascendencia que estas conceden a menudo a la composición de este tipo de cohortes, llama la atención que sea tan habitual encontrar en las mismas a hijos, hermanos y demás parientes del *imperator*: curiosamente, los ejemplos documentados de la participación de familiares en las comitivas de los mandos destinados a provincias constituyen un porcentaje considerable del total de casos conocidos. Buen ejemplo de ello es la cohorte de la que se rodeó Cicerón durante su proconsulado en Cilicia: sabemos que el orador contó con la colaboración de su hermano Quinto en calidad de legado (uno de los cuatro de los que dispuso) y que se hizo acompañar, además, de su hijo Marco y su sobrino Quinto, quienes residieron durante cierto tiempo en la corte del rey Deyótaro, en la vecina Galacia[7]. No se trata del único caso conocido: durante su mandato en Hispania Citerior, coincidiendo con la guerra de Numancia, Escipión Emiliano contó con la presencia entre sus tropas de su cuñado, C. Sempronio Graco (tal vez como tribuno militar), su hermano, Q. Fabio Máximo Emiliano, como legado, y el hijo de este, el joven Q. Fabio Máximo (posteriormente conocido como *Allobrogicus* por sus campañas en Galia), en calidad de cuestor[8]. De L. Valerio Flaco, el pretor defendido por Cicerón tras su controvertido mandato en Asia, sabemos que había estado décadas antes en la misma provincia en compañía de su padre, L. Valerio Flaco (*cos. suff.* 86), a la sazón procónsul de Asia, y que sirvió solo unos años después en Galia en el ejército de su tío, C.

---

6 Schulz (1997: 154-159); Muñiz Coello (2004: 111-119); Johnston (2008: 17-19); también Braund (1998: 12-18); cf. a este respecto los casos citados por Valerio Máximo, 3.7.5, y Casio Dión, 23.82.1.

7 Cicerón, *Cartas a Ático*, 5.9.3; 5.10.5; 5.17.3; 5.18.4; 5.20.5; 5.20.9; 5.21.6; 5.21.9; 6.2.1-2; 6.3.2; 6.4.1; 7.1.1; *Cartas a familiares*, 2.15.4; 15.4.8-10; cf. Thompson (1965: 382); Muñiz Coello (1998: 95-113).

8 Plutarco, *Tiberio Graco*, 13.1; Apiano, *Ibérica*, 84; 90; Valerio Máximo, 8.15.4. Salinas de Frías (2010: 21-23); cf. Pina Polo (2001: 95-96).

Valerio Flaco (*cos*. 93), tras lo cual continuó su carrera militar al servicio de nombres tan destacados como los de P. Servilio Vatia Isáurico, Q. Cecilio Metelo Crético o M. Pupio Pisón[9].

Aunque todo parece indicar que se trataba de una práctica hasta cierto punto habitual en la Roma republicana, lo cierto es que la cuestión no ha despertado demasiado interés entre los historiadores: hay estudios bien conocidos dedicados al *consilium* de los mandos romanos o a la composición y al papel de ciertas cohortes, como las de C. Verres y Escipión Emiliano, por ejemplo, pero no hay todavía un trabajo que se haya detenido concretamente en el hábito de incorporar a parientes cercanos a este tipo de séquitos[10]. Nuestra intención, en consecuencia, es presentar a continuación un estudio centrado en la participación de los hijos, hermanos y demás familiares en las comitivas de los mandatarios romanos para determinar, primero, cuáles eran las causas que conducían a los *imperatores* a hacerse rodear de estos durante sus mandatos y, segundo, qué cometido solían cumplir los parientes en este tipo de cohortes, destacando al mismo tiempo la posible incidencia de dicha práctica en el trabajo de representación de la *nobilitas*.

Antes de entrar a considerar el papel que jugaban los familiares en las comitivas de los mandos romanos, conviene detenernos un momento en la importancia que conceden las fuentes a la composición de la *cohors praetoria*. Es particularmente Cicerón, como ya adelantamos, quien comenta en sus cartas y discursos la conveniencia de contar con las personas adecuadas a la hora de asumir la administración de una provincia. Así, en una conocida carta destinada a su hermano Quinto con ocasión del proconsulado de este en Asia, Cicerón habla de la necesidad de delegar las responsabilidades del mando de acuerdo con la lealtad demostrada

---

9 Cicerón, *Defensa de Flaco*, 6; 63; *Scholia Bobiensia*, fr. vi-x; cf. *fragmentum Mediolanense*: *cum adulescentiam notaris, cum relinquum tempus aetatis turpitudinis maculis consperseris, cum priuatarum rerum ruinas, cum domesticam labes, cum urbanam infamiam, cum Hispaniae, Galliae, Ciliciae, Cretae, quibus in prouinciis non obscure uersatus est*; cf. Hayne (1978: 228-232).

10 Muñiz Coello (2004: 111-119, esp. 111-112 n. 32) trató la cuestión de manera sucinta en su estudio sobre las comitivas de los senadores romanos; cf. también Pina Polo (2001: 91-92); Scholz (2011: 226-236). Para la incidencia de las cohortes en la imagen de Roma, Braund (1998: 10-23). A propósito de la cohorte de C. Verres, Pittia (2007); también Cuomo (2011: 187-195); para la comitiva de Escipión Emiliano, Pina Polo (2001); Salinas de Frías (2010). Más concretamente sobre el *consilium* militar en época republicana, Johnston (2008).

por cada uno de los colaboradores (*Cartas a Quinto*, 1.1.11: *quanta sit in quoque fides, tantum cuique committere*), habida cuenta de que Quinto había de responder ante los aliados, los ciudadanos romanos y la *res publica* no solo de sí mismo, sino de todos cuantos participaban de una manera u otra en el ejercicio de su *imperium*: *in hac custodia prouinciae non te unum sed omnis ministros imperi tui sociis et ciuibus et rei publicae praestare uideare* (1.1.10). No quedaba ahí la responsabilidad del mandatario, pues, de acuerdo con el parecer de Cicerón (*Cartas a Quinto*, 1.1.12), Quinto había de rendir cuentas tanto de los hechos como de las palabras de quienes componían su *cohors praetoris*, lo cual incide en la necesidad de rodearse de personas de total confianza dentro de la comitiva: *quos uero aut ex domesticis conuictionibus aut in necessariis apparitionibus tecum esse uoluisti, qui quasi ex cohorte praetoris appellari solent horum non modo facta sed etiam dicta omnia praestanda nobis sunt*.

Cicerón (*Cartas a Ático*, 5.11.5) insiste esencialmente en el mismo planteamiento en sus discursos contra Verres o al hablar de su comitiva personal en las cartas remitidas a sus amistades durante su mandato en Cilicia, sobre todo en las destinadas a T. Pomponio Ático; en una de estas, por ejemplo, el orador destaca el comedimiento mostrado durante el viaje a la provincia por sus acompañantes y colaboradores, cuyo comportamiento redundaba directamente en la reputación (*existimatio*) del orador: *nec mehercule habeo quod adhuc quem accusem meorum. uidentur mihi nosse [nos] nostram causam et condicionem profectionis suae; plane seruiunt existimationi meae*. De hecho, el mismo Cicerón trataba de dar ejemplo de compostura en su día a día con el ánimo de evitar cualquier conducta delictiva entre los suyos, si bien no duda en reconocer su intención de tratar con severidad a quien no se comportase con tanto miramiento: *quod superest, si uerum illud est, 'οἵαπερ ἡ δέσποινα', certe permanebunt; nihil enim <a> me fieri ita uidebunt ut sibi sit delinquendi locus. sin id parum profuerit, fiet aliquid a nobis seuerius; nam adhuc lenitate dulces sumus, et, ut spero, proficimus aliquantum* (5.11.5).

No es solo Cicerón quien incide en la necesidad de nombrar a las personas adecuadas con vistas a constituir la cohorte personal: un valioso pasaje de Diodoro de Sicilia (37.8.1-4), contenido en los *Excerpta Constantiniana*, destaca por ejemplo el papel cumplido por cierto Lucio Asilio como pretor de Sicilia, poniendo especialmente de relieve su buen criterio a la hora de nombrar a sus colaboradores en la provincia[11]. Atendiendo a las mismas razones por las que Q. Mucio Escévola había sumado a su comitiva a un senador de contrastada reputación como P. Rutilio Rufo – amigo personal de Escévola – de cara a su mandato en la provincia de Asia (convertido a la postre en ejemplo de buen gobierno[12]), Asilio escogió también como legado y consejero al más eminente de todos sus amigos (προεχειρίσατο τὸν ἄριστον τῶν φίλων πρεσβευτήν τε καὶ σύμβουλον), un tal Cayo Longo, cuyo *nomen* no conocemos, de carácter conservador y discreto (ζηλωτὴς τῆς ἀρχαίας καὶ σώφρονος ἀγωγῆς), además de cierto *eques* de nombre Πόπλιος (tal vez *Publius* o, mejor, *Popilius*), persona muy respetada en Siracusa (πρωτεύοντα τῇ δόξῃ τῶν ἐν Συρακούσαις), con cuyo consejo y colaboración administró de manera ejemplar la isla[13].

Dada la importancia que solía concederse al comportamiento de quienes constituían la comitiva de un comandante romano y al papel desempeñado por estos durante el desarrollo de dicho mandato, parece claro que contar con personas de tanta confianza como las del círculo de familiares y amigos planteaba notables ventajas para el interesado. De los pasajes de Cicerón se concluye de hecho que, con independencia de la disposición y la valía particular de cada uno de los componentes de la comitiva, la cualidad más demandada en las personas que habían de escoltar al mandatario durante su estancia en la provincia era, sobre todo, la lealtad; y no solo con vistas a garantizar la colaboración de estos en las distintas parcelas de gobierno o el debido cumplimiento de todas y cada una de las decisiones derivadas del mando, sino también cierta complicidad con la que evitar cualquier situación capaz de comprometer seriamente su papel en la provincia. Apiano destaca por ejemplo que, durante el mandato de Q. Pompeyo (*cos.* 141) en Hispania Citerior, sus prefectos de caballería, los tribunos y una serie de senadores presentes en aquel entonces en la provincia

---

11 Acerca del *nomen Asullius*, Díaz Fernández (2017: 961-969).

12 Para el proconsulado de Escévola en Asia, cf. Marshall (1976: 117-130); Kallet-Marx (1989: 305-312); Brennan (2000: 549-552); Ferrary (2000b: 163-165). Sobre el carácter ejemplar del mandato de Escévola, en particular Diodoro, 37.5.1-4; cf. a este respecto van der Blom (2010: 238-241); Ferriés & Kirbihler (2011: 226-227); Díaz Fernández (2016: 77-83); también Braund (1998: 13).

13 Diodoro, 37.8.4; cf. Schulz (1997: 155); Díaz Fernández (2017: 969-970).

en calidad de consejeros delataron al cónsul cuando este se negó a aceptar el acuerdo de paz que él mismo había pactado con los numantinos, dejando así en total evidencia la traición cometida por Pompeyo[14]. Más conocido es el caso de Cayo Mario, legado de Q. Cecilio Metelo (*cos.* 109) en Numidia, quien no dudó en criticar abiertamente a su superior con la intención de desacreditarle ante la opinión pública romana (Salustio dice que la *nobilitas* de Metelo se tornó en *inuidia*) y privarle en última instancia del mando de la guerra contra Yugurta, como así sucedió, lo cual nos da una idea de las consecuencias que podía tener para un mandatario la deslealtad de sus colaboradores[15]. Es más, las disensiones en el ejercicio del mando podían devenir incluso en conspiraciones violentas, tal y como desvela el episodio que costó la vida al cónsul L. Valerio Flaco, titular de la provincia de Asia (86), a manos de C. Flavio Fimbria, posiblemente uno de sus legados[16]. Nadie pues mejor que un hijo, un hermano o cualquier otro pariente cercano para cumplir con la necesaria fidelidad que había de dispensar todo componente de la comitiva al *imperator*.

Ahí parece radicar la razón de que ciertos senadores se cuidaran incluso de tener como cuestores a jóvenes de su círculo inmediato de amistades o directamente de su familia, si bien hemos de suponer que a costa de conculcar verosímilmente la costumbre por la que todo cuestor había de ser adjudicado a su superior mediante sorteo[17]. De todos los colaboradores y asistentes de los que

---

14 Apiano, *Ibérica*, 79: παραγενομένου δ'αὐτῷ διαδόχου Μάρκου Ποπιλίου Λαίνα, οἳ μὲν ἔφερον τὰ λοιπὰ τῶν χρημάτων, ὃ δ›, ἀπηλλαγμένος μὲν τοῦ περὶ τοῦ πολέμου δέους τῷ παρεῖναι τὸν διάδοχον, τὰς δὲ συνθήκας εἰδὼς αἰσχράς τε καὶ ἄνευ Ῥωμαίων γενομένας, ἠρνεῖτο μὴ συνθέσθαι τοῖς Νομαντίνοις. καὶ οἳ μὲν αὐτὸν ἤλεγχον ἐπὶ μάρτυσι τοῖς τότε παρατυχοῦσιν ἀπό τε βουλῆς καὶ ἱππάρχοις καὶ χιλιάρχοις αὐτοῦ Πομπηίου, ὁ δὲ Ποπίλιος αὐτοὺς ἐς Ῥώμην ἔπεμπε δικασομένους τῷ Πομπηίῳ; compárese con Diodoro, 33.16-17; también Veleyo Patérculo, 2.1.4; Eutropio, 4.17; Orosio, 5.4.21; Livio, *Períocas*, 54; cf. García Riaza (2002: 93-96); Johnston (2008: 11-12).

15 Salustio, *Guerra de Yugurta*, 64.5-65.5; 73.3-5; también Plutarco, *Mario*, 7.1-4; cf. Comber & Balmaceda (2009: 238-239; 243-244); Díaz Fernández (2019: 127-129).

16 Apiano, *Mitridáticas*, 52; Casio Dión, 30-35, fr. 104.4-6; Estrabón, 13.1.27; cf. Livio, *Períocas*, 82; Veleyo Patérculo, 2.24.1; para el papel de C. Flavio Fimbria en la provincia de Asia, Lintott (1971: 696-701); Muñiz Coello (1995-96: 258-274).

17 De acuerdo con el relato de Livio (30.33.2), C. Lelio se convirtió en cuestor de su amigo P. Cornelio Escipión Africano *extra sortem ex senatus consulto*, lo cual indica que el sorteo era el procedimiento habitual de concesión de destinos a los cuestores y que dicha decisión había de ser siempre sancionada, en cualquiera de los casos, por *senatus consultum*; cf. Cicerón, *Verrinas*, 2.1.34; *Filípicas*, 2.50; *Cartas a Quinto*,

se dotaba un mando romano durante el ejercicio de su *imperium*, el cuestor era sin duda la persona con la que convenía mantener en mayor medida una relación cordial y cercana por tratarse del magistrado que había de administrar todas las cuentas derivadas de ese mandato y suplir – normalmente – a su superior en caso necesario. De ahí que se le considerase la mano derecha de todo comandante romano, como ya indicamos, y que ciertas fuentes insistan tanto en destacar la confianza y hasta la familiaridad (*necessitudo*) que habían de dominar la relación entre el cuestor y su correspondiente *imperator*[18]. Ahora bien, más allá del lenguaje retórico de Cicerón, quien no duda en dibujar dicha relación con tintes paternales, parece incuestionable que la lealtad del cuestor hacia su superior dependía en no poca medida del desenlace del sorteo y la sintonía personal entre las partes[19]. No deja de ser llamativo que Salustio destaque el talante del que hizo gala L. Cornelio Sila como cuestor de C. Mario, poniendo en particular el acento en el hecho de que Sila no se dedicara a minar el buen nombre del cónsul durante su estancia en Numidia, tal y como solían hacer quienes se dejaban llevar por la *praua ambitio*[20].

De hecho, no siempre se daba esa deseada cordialidad entre el cuestor y su comandante: Cicerón, sin ir más lejos, deja entrever en una de sus cartas ciertos recelos hacia su cuestor, L. Mescinio

---

1.1.11; Frontino, *Canalizaciones de agua de la ciudad de Roma*, 2.96; Ulpiano, *Digesto*, 1.13.1.2; *CIL* 1².749; Thompson (1962a: 22-25); Lintott (1999: 135-136); Pina Polo & Díaz Fernández (2019: 69-78, 131-137).

18 Cicerón, *Contra Cecilio*, 61-63; *Verrinas*, 2.1.37; 2.1.40; *Cartas a familiares*, 2.19.1; Thompson (1962b: 346-349).

19 Thompson (1962b: 349): "*the relationship between quaestor and commander-in-chief, as prescribed by public policy and custom, was an entirely official relationship. The quaestor was required to show a certain reverence, courtesy, and loyalty towards his superior during their official connexion. This held good also for other members of the commander's staff who did not happen to be friends or clients of the commander. Public policy and custom also imposed on the commander the moral obligation to treat his juniors correspondingly*". Cicerón, por ejemplo, establece una clara distinción entre la *necessitudo* que le había unido al cuestor C. Celio Caldo mediante el sorteo y la *consuetudo* que había de tramarse entre ambos; *Cartas a familiares*, 2.19.1: *magni enim uidebatur interesse ad eam necessitudinem quam nobis fors tribuisset consuetudinem quoque accedere*.

20 Salustio, *Guerra de Yugurta*, 96.3-4: *neque interim, quod praua ambitio solet, consulis aut quoiusquam boni famam laedere, tantummodo neque consilio neque manu priorem alium pati, plerosque anteuenire. quibus rebus et artibus breui Mario militibusque carissumus factus*; compárese con la actitud demostrada por Mario como legado de Q. Cecilio Metelo, en id., 64.5-65.5; 73.3-5; 84.1; cf. Comber & Balmaceda (2009: 262).

Rufo, con quien sostuvo una tensa correspondencia a cuenta de los números de su proconsulado en Cilicia[21]. No es este el único ejemplo de tales desavenencias, pues conocemos casos que devinieron en encausamientos y denuncias públicas que contravenían aparentemente la *necessitudo* del cuestor para con su superior, como bien indica Cicerón[22]. No olvidemos que, después de cumplir su cometido, el cuestor había de presentar sus cuentas o *rationes* al senado y los cuestores urbanos para su aprobación y consecuente entrada en el *aerarium* de Roma[23], cuestión particularmente delicada que comprometía directamente al titular de la provincia en su condición de responsable último de todas las decisiones tomadas en esta bajo su *imperium* y que requería no solo de la meticulosidad del cuestor, sino también de su eventual complicidad con vistas a evitar cualquier discordancia capaz de poner en entredicho el papel de su superior o de desembocar en un juicio. De ahí que ciertos senadores desearan eludir el necesario sorteo para poder tomar como cuestor a una persona de su entorno familiar, como hizo posiblemente Cn. Pompeyo con su cuñado, C. Memio (*q.* ca. 77), cuyo conocimiento de Hispania – destino en el que había militado ya bajo el mando de Q. Cecilio Metelo Pío – hacía de este una persona doblemente adecuada para convertirse en su cuestor en la Península[24]; o Ap. Claudio Pulcro (*cos.* 54), procónsul de Cilicia (53-51), quien tomó como cuestor a su yerno, M. Junio Bruto, después de que este declinara cumplir la cuestura a las órdenes de César para poder sumarse a la comitiva de su suegro[25].

21 Cicerón, *Cartas a familiares*, 5.20.1-9: cf. *Cartas a Ático*, 6.3.1; 6.4.1; Muñiz Coello (1998: 198-206).

22 Cicerón. *Contra Cecilio*, 63: *neque fere umquam uenit in contentionem de accusando qui quaestor fuisset, quin repudiaretur. itaque neque L. Philoni in C. Seruilium nominis deferendi potestas est data, neque M. Aurelio Scauro in L. Flaccum, neque Cn. Pompeio in T. Albucium; quorum nemo propter indignitatem repudiatus est, sed ne libido uiolandae necessitudinis auctoritate iudicum comprobaretur*; cf. *Verrinas*, 2.1.34-37; Quintiliano, *Instituciones oratorias*, 5.13.17-18. Thompson (1962b: 350-355).

23 Cicerón, *Cartas a familiares*, 2.17.2-4; 5.20.2; *Verrinas*, 2.1.36; 2.1.98-99. En particular, para las *rationes* de los cuestores romanos, cf. Fallu (1973); Berrendonner (2014).

24 Cicerón, *Defensa de Balbo*, 5: *ut Pompeius in Hispaniam uenerit Memmiumque habere quaestorem coeperit*; Orosio, 5.23.12: *Memmius, quaestor Pompei idemque uir sororis eius, occisus est*; Plutarco, *Sertorio*, 21.2; cf. Broughton (1952: 93, 96 n. 3, 98; 1986: 141); Pina Polo & Díaz Fernández (2019: 284).

25 *Sobre hombres ilustres*, 82.3-4: *quaestor <Caesari> in Galliam proficisci noluit, quod is bonis omnibus displicebat. cum Appio socero in Cilicia fuit, et cum ille repetundarum accusaretur, ipse ne uerbo quidem infamatus est*. Broughton (1986: 112).

Más llamativo parece todavía el caso ya citado de Escipión Emiliano, quien, no contento con haber sido nombrado cónsul por segunda vez en el año 134 y haber obtenido el mando de Hispania Citerior sin sorteo (saltándose así todos los impedimentos que le negaban tanto lo uno como lo otro), consiguió al parecer que se le asignara como cuestor a su sobrino, el joven Q. Fabio Máximo (*cos.* 121), hijo de su hermano mayor, el también consular Q. Fabio Máximo Emiliano (*cos.* 145)[26]. De esta manera, Escipión se aseguraba la lealtad y la buena disposición de quien había de ser su brazo derecho en la provincia no solo a la hora de tratar las cuestiones de intendencia o de contabilidad, sino todas las demás tareas derivadas del mando, incluidas las militares; hemos de tener en cuenta que, en su condición de magistrado del pueblo romano, el cuestor era la segunda autoridad de la provincia después del cónsul o el pretor, hasta el punto de que no era inhabitual que asumiera competencias de carácter militar durante el cumplimiento de su cargo[27]. Escipión, sin ir más lejos, concedió a su sobrino Q. Fabio la misión de trasladar a Hispania el destacamento reclutado personalmente por el cónsul tras la negativa del senado a dotarle de tropas, contingente al que se dio al parecer el significativo nombre de φίλων ἴλη o "escuadrón de amigos", según nos cuenta Apiano[28].

---

26 Valerio Máximo, 8.15.4: *Aemilianum enim populus ex candidato aedilitatis consulem fecit. eundem, cum quaestoriis comitiis suffragator Q. Fabi Maximi, fratris filii, in campum descendisset, consulem iterum reduxit. eidem senatus bis sine sorte prouinciam, prius Africam, deinde Hispaniam dedit*; Apiano, *Ibérica*, 84, cita al cuestor de Escipión con el nombre de Βουτεῶνι; cf. Richardson (2000: 172); Salinas de Frías (2010: 21-22). Para las circunstancias que posibilitaron el controvertido nombramiento de Escipión Emiliano, Díaz Fernández (2019: 123-126).

27 Así, por ejemplo, Lintott (1999: 136): "*The quaestors attached to major magistrates were their assistants in all kinds of activity. Those of the consuls seem in effect to have held the post of private secretary or aide-de-camp at home and abroad with particular responsibility for money, including army pay. The same was true of those appointed to serve a magistrate or promagistrate abroad, though these quaestors had a wider remit, being deputy to the commander or governor and usually his temporary replacement, if he left his post for any reason*"; Johnston (2008: 8-10); un estudio del papel de los cuestores en las provincias, en Pina Polo & Díaz Fernández (2019: 163-195).

28 Apiano, *Ibérica*, 84: οὕτω μὲν ὁ Σκιπίων αὖθις ὑπατεύων ἐς Νομαντίαν ἠπείγετο, στρατιὰν δ' ἐκ καταλόγου μὲν οὐκ ἔλαβεν, πολλῶν τε πολέμων ὄντων καὶ πολλῶν ἀνδρῶν ἐν Ἰβηρίᾳ, ἐθελοντὰς δέ τινας, ἔκ τε πόλεων καὶ βασιλέων ἐς χάριν ἰδίαν πεμφθέντας αὐτῷ, συγχωρούσης τῆς βουλῆς, ἐπηγάγετο καὶ πελάτας ἐκ Ῥώμης καὶ φίλους πεντακοσίους, οὓς ἐς ἴλην καταλέξας ἐκάλει φίλων ἴλην. Tullio (1942: 54-61); Astin (1967: 135-136); Pina Polo (2001: 89-92); Salinas de Frías (2010: 17-20).

No obstante, parecen ser pocos los casos en los que se dispensó a un mandatario romano la posibilidad de nombrar directamente a su cuestor, vulnerando de esta manera las condiciones del tradicional sorteo. Muy posiblemente, nos hallamos ante distinciones puntuales concedidas a título particular a senadores con un cierto nombre en el panorama político del momento, como era entonces Escipión Emiliano[29]. No parece casualidad que Cicerón (*Cartas a Quinto*, 1.1.11) destaque en su conocida carta a Quinto el hecho de que su hermano contase con el cuestor que le había tocado por sorteo, no con el que este habría deseado de acuerdo con su criterio (*quaestorem habes non tuo iudicio delectum, sed eum quem sors dedit*), lo cual da a entender que la concesión de un cuestor *sine sorte* constituía un privilegio al alcance de muy pocos. Desde este punto de vista, parece lejos de toda duda que la presencia en la comitiva de Escipión de su sobrino Q. Fabio en calidad de cuestor, sumada a la de otros conocidos miembros de su círculo de amistades y parientes y al considerable destacamento (Apiano habla de cuatro mil hombres) que componía su φίλων ἴλη, suponía toda una demostración de poder y autoridad con la que Escipión y los suyos se situaban en el primer plano de la escena política ante sus pares de la *nobilitas*[30]; después de todo, si tener a su sobrino como cuestor permitía a Escipión disponer de una persona de su directa confianza en un puesto tan incómodo para el ejercicio del mando como era la cuestura, hemos de pensar que, para un joven como Q. Fabio, el hecho de comenzar la carrera pública de la mano de su tío, dos veces cónsul, y de hacerlo, además, en compañía de su padre, senador consular y legado de su hermano Escipión, suponía sin duda una manera inmejorable de despuntar en un mundo dominado por la competitividad[31].

---

29 Para la concesión de provincias *sine sorte* a cuestores, Thompson (1962a); cf. Pina Polo & Díaz Fernández (2019: 75-78).

30 Así, Salinas de Frías (2010: 19-20); respecto a las tropas trasladadas a Hispania por Q. Fabio, cf. Apiano, *Ibérica*, 84: πάντας δὲ ἐς τετρακισχιλίους γενομένους παραδοὺς ἄγειν ἀδελφιδῷ Βουτεῶνι σὺν ὀλίγοις αὐτὸς προεξώρμησεν ἐς Ἰβηρίαν ἐπὶ τὸ στρατόπεδον.

31 Astin (1967: 82, n. 4). Q. Fabio Máximo desarrolló de hecho una destacada carrera: pretor hacia el año 124 (posiblemente *suo anno*), asumió a continuación el mando de Hispania Citerior (Plutarco, *Cayo Graco*, 6.2) para alcanzar posteriormente el consulado con L. Opimio como colega, ya en el año 121; Brennan (2000: 180-181). Gracias a sus victorias ante los alóbroges, rutenos y arvernos, se hizo merecedor de un triunfo *de Allobro[gibus] / et rege Aruernorum Betulto* (cf. *Acta Triumphalia*, *s.*

Más habitual es encontrar a los hijos, hermanos y parientes del mandatario en aquellos puestos que solían ser decididos directamente por este, caso de las legaciones y otros cargos de carácter militar en los que la confianza y la fidelidad dispensada por un familiar o un amigo cercano constituían virtudes de indudable valor a la hora de asumir el mando; tal parece ser la causa de que una buena parte de los nombres citados en este trabajo correspondan a parientes que cumplieron un determinado papel en el ejército, caso de quienes militaron en Hispania con Escipión Emiliano. Además de su sobrino, como ya indicamos, Escipión se encargó de escoger cuidadosamente a ciertos miembros de su comitiva de entre su círculo de familiares y amigos: su hermano, el ya citado Q. Fabio Máximo Emiliano, había sido cónsul y titular de la provincia Ulterior solo unos años antes (145-143)[32], por lo que su conocimiento de Hispania debió de ser de incuestionable ayuda durante su estancia en la península; y su cuñado y primo por adopción, C. Sempronio Graco, tal vez tribuno militar, era hijo del dos veces cónsul Ti. Sempronio Graco, pretor y procónsul de la provincia Hispania Citerior entre los años 180-178, cuya reputación entre los celtíberos (consecuencia de los tratados suscritos con estos durante dicho mandato[33]) había quedado patente con ocasión de la rendición de C. Hostilio Mancino ante los numantinos (137) y la decisiva actuación del joven Tiberio, hermano mayor de Cayo y cuestor de Mancino, en los acuerdos de paz resultantes[34].

---

a. 120) en el año 120, así como del cognomen *Allobrogicus*; Cicerón, *Defensa de Fonteyo*, 36; Livio, *Periocas*, 61; Veleyo Patérculo, 2.10.2; 2.39.1; Valerio Máximo, 3.5.2; 9.6.3; si bien cf. 6.9.4: *nihil Q. Fabio Maximo, qui Gallica uictoria cognomen Allobrogi<ci> sibimet ac posteris peperit, adulescente magis infame, nihil eodem sene ornatius aut speciosius illo saeculo nostra ciuitas habuit.*

32 Apiano, *Ibérica*, 65; Floro, 1.33.17; cf. Astin (1967: 82); Pina Polo (2001: 95-97); Salinas de Frías (2010: 22-23).

33 Apiano, *Ibérica*, 43: τοὺς δὲ ἀπόρους συνῴκιζε καὶ γῆν αὐτοῖς διεμέτρει καὶ πᾶσιν ἔθετο τοῖς τῇδε συνθήκας ἀκριβεῖς, καθ' ἃ Ῥωμαίων ἔσονται φίλοι· ὅρκους τε ὤμοσεν αὐτοῖς καὶ ἔλαβεν, ἐπιποθήτους ἐν τοῖς ὕστερον πολέμοις πολλάκις γενομένους. δι᾽ ἃ καὶ ἐν Ἰβηρίᾳ καὶ ἐν Ῥώμῃ διώνυμος ἐγένετο ὁ Γράκχος καὶ ἐθριάμβευσε λαμπρῶς; cf. Livio, 41.26.1; Floro, 1.33.9; Salinas de Frías (1995: 59-63); García Riaza (2005: 469-479).

34 Para la presencia de C. Graco en la comitiva de Escipión, Plutarco, *Tiberio Graco*, 13.1. Después de cercar a las tropas de Mancino, los numantinos apelaron al joven Tiberio, cuestor del cónsul, en consideración con el crédito con el que contaba su padre entre los hispanos; cf. Plutarco, *Tiberio Graco*, 5.3-6-3; también Cicerón, *Respuesta de los harúspices*, 43; *Bruto*, 103; Floro, 2.2.2; Veleyo Patérculo, 2.2.1;

De los numerosos ejemplos documentados se deduce ciertamente que los jóvenes de la *nobilitas* solían iniciarse y consolidar su carrera en la milicia de la mano de parientes cercanos o, en no pocos casos, de sus propios padres, habitualmente en calidad de tribunos militares o de legados: el mismo Q. Fabio Máximo Emiliano, sin ir más lejos, había servido en Macedonia bajo el mando de su padre, L. Emilio Paulo (168)[35], de la misma manera que Q. Fabio Máximo (*cos.* 213), tal vez su tío abuelo adoptivo, había combatido durante la segunda guerra púnica a las órdenes del suyo, Q. Fabio Máximo Verrucoso, si bien conviene matizar que aquel era ya senador consular cuando cumplió tal cometido (209)[36]. De M. Claudio Marcelo (*cos.* 196), por ejemplo, sabemos que se hallaba en compañía de su padre en calidad de tribuno militar cuando este cayó muerto ante las tropas de Aníbal en Petelia (208), coincidiendo entonces con su quinto consulado[37], en tanto que un conocido pasaje de Salustio puntualiza que Q. Cecilio Metelo Pío había militado en Numidia como *contubernalis* de su padre, Q. Cecilio Metelo Numídico (*cos.* 109), cuando apenas rondaba los veinte años de edad (*is eo tempore contubernio patris ibi dem militabat, annos natus circiter uiginti*)[38]. Debemos concluir pues que la presencia de los hijos en las comitivas de sus padres constituía una tradición bien asentada entre las mejores familias de la *nobilitas*, de la que no dudaban en jactarse incluso los nobles romanos cuando la ocasión lo permitía; no parece casualidad que Metelo Numídico aprovechara precisamente la estancia de su hijo en Numidia para tratar de disuadir a Cayo Mario de su deseo de viajar a Roma para concurrir a los comicios consulares del año 108, posibilidad que Metelo descartó con evidente desdén invitando

Aulo Gelio, 6.9.12; *Sobre hombres ilustres*, 59.5; 64.1; en particular, García Riaza (2002: 162-166); Pina Polo & Díaz Fernández (2019: 192-193).

35 Livio, 44.35.14-15; Plutarco, *Paulo Emilio*, 15.3-6 (Polibio, 29.14.1-3); cf. Johnston (2008: 22).

36 Livio, 27.8.13. De hecho, tras su cuarto consulado (214), Q. Fabio Máximo Verrucoso cedió a su hijo (*cos.* 213) el mando de las tropas de Apulia y se incorporó a su comitiva en calidad de legado; cf. Livio 24.44.9-10; 24.45.4-8; Valerio Máximo, 2.2.4; Plutarco, *Fabio Máximo*, 24.1-2.

37 Polibio, 10.32.6; Livio, 27.26.12; 27.27.7; Plutarco, *Marcelo*, 29.5.

38 Salustio, *Guerra de Yugurta*, 64.4; cf. Johnston (2008: 22); Comber & Balmaceda (2009: 238).

a Mario (que había entrado ya en la cincuentena) a presentarse al consulado cuando pudiera hacerlo su hijo[39].

Hasta donde sabemos, parece que la costumbre de incorporar a los hijos a las comitivas de los mandos romanos no cayó en desuso durante las últimas décadas de la República. Así lo demuestran los ejemplos ya citados de M. Tulio Cicerón (*Cartas a Ático*, 5.17.3; 5.18.4; 5.20.9), el hijo del orador, trasladado a Cilicia en compañía de su tío y su primo con ocasión del mandato de su padre en dicha provincia, y L. Valerio Flaco, quien acompañó al suyo (*cos. suff.* 86) a la provincia de Asia para continuar después su carrera como tribuno militar a las órdenes de su tío, C. Valerio Flaco (*cos.* 93), en la comandancia de Galia (85)[40]. No menos conocido es el caso de P. Licinio Craso, hijo de M. Licinio Craso, muerto junto a su padre en la batalla de Carras cuando tal vez no había superado todavía la treintena (53)[41]. A pesar de su juventud, sabemos que Craso no dudó en poner a su hijo al mando del escuadrón de mil jinetes que este había traído a Siria desde la provincia de Galia (destino en el que Publio había militado a las órdenes de César), además de toda un ala del ejército con el que presentó combate a los partos en las cercanías de Carras[42]. Apenas unos años antes había sido A. Gabinio (*cos.* 58), procónsul de Siria, quien había dejado a su hijo, A. Gabinio Sisena, al mando de su provincia mientras él se trasladaba con sus tropas a Alejandría para restituir a Ptolomeo XII Auletes en el trono de Egipto, decisión que no tardó en concitar las críticas de ciertos senadores y que desvela al mismo tiempo el importante papel que, pese a su juventud, cumplían a veces los hijos de los comandantes romanos durante los mandatos de sus padres[43].

---

39 Salustio, *Guerra de Yugurta*, 64.4: *ac postea saepius eadem postulanti fertur dixisse, ne festinaret abire: satis mature illum cum filio suo consulatum petiturum. is eo tempore contubernio patris ibidem militabat, annos natus circiter uiginti*; Plutarco, *Mario*, 8.3.

40 Cicerón, *Defensa de Flaco*, 63: *neque uero te, Massilia, praetereo quae L. Flaccum [tribunum] militum quaestoremque cognosti*; *fragmentum Mediolanense*; *Scholia Bobiensia*, fr. vi-vii; Hayne (1978: 230).

41 Cicerón, *Sobre la adivinación*, 2.22; *Cartas a familiares*, 13.16; Livio, *Períocas*, 106; Floro, 1.46.10; Valerio Máximo, 1.6.11; Justino, 42.4.4; Plutarco, *Craso*, 25.11-12; Casio Dión, 40.21.2-3.

42 Plutarco, *Craso*, 17.4-6; 23.4-5; 25.1-26.4; Casio Dión, 40.21.2-3; Cicerón, *Bruto*, 282.

43 Casio Dión, 39.56.5: καταλιπὼν οὖν ἐν τῇ Συρίᾳ Σισένναν τε τὸν υἱὸν κομιδῇ νέον ὄντα καὶ στρατιώτας μετ' αὐτοῦ πάνυ ὀλίγους, τὴν μὲν ἀρχὴν ἐφ' ἧς ἐτέτακτο τοῖς

Mención aparte merece aquí un pasaje del discurso *Defensa de Murena* de Cicerón, en el que el orador destaca el hecho de que su defendido, el *consul designatus* L. Licinio Murena (*cos.* 62), hubiese servido de joven a las órdenes de su padre, titular del mando de Asia durante los años que sucedieron a la victoria de Sila sobre las tropas de Mitrídates (84-81)[44], convirtiéndose de esta manera en *adiumentum, solacium* y *gratulatio* de su padre en dicha provincia: *hic uero, iudices, et fuit in Asia et uiro fortissimo, parenti suo, magno adiumento in periculis, solacio in laboribus, gratulationi in uictoria fuit* (*Defensa de Murena*, 12; cf. Fantham, 2013: 102). De las palabras de Cicerón parece deducirse, además, que era una costumbre bien asentada entre los jóvenes romanos tomar parte en las comitivas de sus padres cuando estos habían de asumir el mando de una provincia; tanto es así que, de no haber viajado con su padre a Asia, L. Licinio Murena habría despertado todo tipo de suspicacias que habrían dejado al joven en una situación delicada, hasta el punto de parecer que había sido repudiado por aquel: *qui si adulescens patre suo imperatore non meruisset, aut hostem aut patris imperium timuisse aut a parente repudiatus uideretur* (*Defensa de Murena*, 11; Fantham, 2013: 101). Aún va más allá Cicerón en sus comentarios al indicar que la colaboración dispensada por el joven Murena durante su estancia en Asia constituía un testimonio de su *uirtus* y su *pietas* que coadyuvó a convertir la provincia en escaparate de la *laus* de su *familia*, la *memoria* de su *genus*, y el *honos* y la *gloria* de su *nomen*[45]. Dejando a un lado el planteamiento encomiástico del

---

λῃσταῖς ἔτι καὶ μᾶλλον ἐξέδωκεν; Casio Dión cita a Sisena como νέος, lo cual da a entender que era todavía joven; cf. también Josefo, *Antigüedades judías*, 14.92-93; 14.98-102; *Guerra de los judíos*, 1.171-172; 1.175-177; Apiano, *Siríaca*, 51; Williams (1985: 31-38); Siani-Davis (1997: 327-334). Dado el nombre con el que Casio Dión y Flavio Josefo citan al hijo de Gabinio (Σισέννα), hemos de suponer que se trataba de un Cornelio Sisena que había sido adoptado por este; así Rawson (1979: 330).

44 Cicerón, *Defensa de Murena*, 11-12; cf. 15; *Acerca del mandato de Pompeyo*, 8; Granio Liciniano, 36.5; *Syll*³ 745; Apiano, *Mitridáticas*, 64; cf. Brennan (2000: 556-557); Ferrary (2000b: 179-182); Díaz Fernández (2015: 452-453).

45 Cicerón, *Defensa de Murena*, 12: *quam ob rem non Asiae nomen obiciendum Murenae fuit ex qua laus familiae, memoria generi, honos et gloria nomini constituta est, sed aliquod aut in Asia susceptum aut ex Asia deportatum flagitium ac dedecus. meruisse uero stipendia in eo bello quod tum populus Romanus non modo maximum sed etiam solum gerebat uirtutis, patre imperatore libentissime meruisse pietatis, finem stipendiorum patris uictoriam ac triumphum fuisse felicitatis fuit. maledicto quidem idcirco nihil in hisce rebus loci est quod omnia laus occupauit.* Añade, además, Cicerón que la presencia del joven Murena en el triunfo de su padre concedía mayor esplendor si cabe a la ceremonia; cf. 11: *huic donis militaribus patris triumphum decorare*

pasaje, determinado en este caso por las circunstancias del juicio, parece claro que la participación de los hijos en las comitivas de sus padres no respondía solo a una cuestión de confianza personal: todo indica que se trataba de una costumbre destinada también a la representación y al lucimiento del nombre familiar en el marco de la *nobilitas*, que trascendía en consecuencia la mera necesidad de contar con un cierto número de colaboradores leales durante el ejercicio del mando.

Años después, será L. Licinio Murena quien sumará a su comitiva a su hermano menor, C. Licinio Murena, durante su etapa al mando de Galia (64-63), provincia que decidió dejar en manos de este mientras él se personaba en Roma con la intención de presentar su candidatura al consulado, coincidiendo casualmente con la conjuración de Catilina[46]. De hecho, conocemos también numerosos testimonios de hermanos incorporados a comitivas de cónsules y pretores durante la República tardía. A los ejemplos ya citados podemos sumar nombres tan conocidos como los de Cn. Cornelio Escipión Calvo, legado de su hermano Publio (*cos.* 218), con quien compartió el mando de Hispania hasta la muerte de ambos a manos de las tropas cartaginesas en el año 211[47]; o su sobrino, P. Cornelio Escipión Africano, destinado a Asia en calidad de legado de su hermano, L. Cornelio Escipión Asiático (*cos.* 190), el cual había servido a su vez a las órdenes del Africano durante la segunda guerra púnica[48]. Mayor interés despierta si cabe el caso de A. Postumio Albino, quien, en circunstancias similares a las de C. Licinio Murena, hubo de asumir el mando de Numidia como *legatus pro praetore* en tanto su hermano, el cónsul Esp. Postumio Albino (*cos.* 110), se desplazaba a Roma para presidir los comicios. Salustio nos cuenta que, tras la marcha de su hermano, Aulo decidió atacar por su cuenta la ciudad de Sutul dispuesto a

---

fugiendum fuit, ut rebus communiter gestis paene simul cum patre triumpharet?; Fantham (2013: 101-102).

46 Cicerón, *Defensa de Murena*, 89; Salustio, *Conjuración de Catilina*, 42.3: *in citeriore Gallia C. Murena, qui ei prouinciae legatus praeerat*; Badian (1966: 913-916); Brennan (2000: 577-578); Díaz Fernández (2015: 520-521).

47 Polibio, 3.49.4; 3.76.1; Livio, 21.32.3-4; cf. 27.4.6; Salinas de Frías (1995: 23-30).

48 Para la estancia de P. Cornelio Escipión Africano en Asia, coincidiendo con la guerra contra el rey Antíoco, cf. Livio, 37.1.9; Cicerón, *Defensa de Murena*, 32. Respecto a la legación de L. Cornelio Escipión Asiático, cf. Livio, 38.58.1; 28.4.4; 29.7.2; 29.25.10; 30.38.4.

capturar el tesoro real, con tan mala suerte que Yugurta le sitió y le hizo aceptar una paz del todo humillante para los romanos[49]. La controvertida actuación de Aulo no tardó en concitar el descontento de la opinión pública romana, cansada ya del devenir de una guerra que había dejado en evidencia a una buena parte de la *nobilitas*, hasta el punto de provocar en este caso la condena de su hermano, el consular Esp. Postumio Albino, encausado en el marco de la *rogatio Mamilia* como responsable de unos hechos sucedidos en última instancia bajo sus auspicios y su *imperium*[50].

Más allá de las consecuencias del episodio, llama la atención que Esp. Postumio Albino se decantara por encomendar el mando de sus tropas a una persona de su círculo familiar, de la misma manera que decidió hacer L. Licinio Murena con ocasión de su estancia en Galia o que hizo después A. Gabinio al poner la provincia de Siria en manos de su hijo, un joven que quizás no había ejercido ni siquiera la cuestura cuando su padre le confió tal cometido. No podemos dejar de recordar a este respecto los desvelos que causó a Cicerón su decisión de ceder a uno de sus colaboradores el mando de Cilicia de manera interina para poder abandonar la provincia sin tener que esperar a su sucesor, P. Sestio[51]. Aunque Cicerón se

---

49 Salustio, *Guerra de Yugurta*, 36.4: *Albinus Aulo fratre in castris pro praetore relicto Romam decessit*; 37.3-38.10; cf. Livio, *Períocas*, 64: *A. Postumius legatus infeliciter proelio aduersus Iugurtham gesto pacem quoque adiecit ignominiosam*; Eutropio, 4.26.3; Rosenstein (1990: 135-136); Clark (2014: 188-189).

50 Así Rosenstein (1990: 136): "*Aulus' surrender ultimately gave rise to the quaestio Mamiliana, before which his brother, as the magistrate formally responsible for his actions, was condemned*". Salustio puntualiza que la *rogatio Mamilia* supuso entre otros el procesamiento de quienes habían pactado la paz con Yugurta, en lo que parece una clara alusión a la capitulación de A. Postumio Albino y al papel cumplido en dicho episodio por su hermano; cf. *Guerra de Yugurta*, 40.1: *interim Romae C. Mamilius Limetanus tribunus plebis rogationem ad populum promulgat, uti quaereretur in eos, quorum consilio Iugurtha senati decreta neglegisset, quique ab eo in legationibus aut imperiis pecunias accepissent, qui elephantos quique perfugas tradidissent, item qui de pace aut bello cum hostibus pactiones fecissent*; Cicerón, *Bruto*, 128; cf. Comber & Balmaceda (2009: 215). Alexander (1990: 29) contempló la posibilidad de que A. Postumio Albino hubiese sido también condenado en el curso de la *rogatio Mamilia*; cf. Díaz Fernández (2019: 127-128). Para la posible carrera política de Aulo, Sumner (1973: 82-84).

51 Cicerón habla en sus cartas a Ático de la inquietud que le causaba la cuestión (6.3.1: *ac primum illud quod me maxime angebat*), a la que da el nombre de πρόβλημα (6.5.3: *qui cum aduenerit, ἄλλο πρόβλημα, quem praeficiam, nisi Caldus quaestor uenerit; de quo adhuc nihil certi habebamus*). Para el mandato de P. Sestio en Cilicia, cf. Plutarco, *Bruto*, 4.2; *cf.* Cicerón, *Cartas a Ático*, 8.15.3; Brennan (2000: 574); Díaz Fernández (2015: 472-473).

decantó a la postre por C. Celio Caldo[52], destinado a Cilicia en calidad de cuestor solo unos meses antes de la salida del orador, sabemos por varias de sus cartas que este contempló también la posibilidad de traspasar el mando a su hermano Quinto en su condición de legado[53]. Al parecer, la tradición dictaba en tales casos que el titular de la provincia cediera su autoridad al miembro de mayor jerarquía de su comitiva o a su cuestor, lo cual convertía a Quinto y al también legado C. Pomptino en los candidatos mejor situados para asumir dicha tarea por tratarse de *uiri praetorii*, toda vez que Cicerón daba por descartado a su entonces cuestor, L. Mescinio Rufo[54]. No obstante, la marcha de Pomptino en los primeros meses del año 50 parecía dejar a su hermano como la única y, tal vez también, mejor de las soluciones[55], dado que Quinto había quedado ya antes al mando de los cuarteles de invierno de la provincia y era, además, pariente inmediato del orador[56].

52 Cicerón, *Cartas a familiares*, 2.15.4; 2.19.2; *Cartas a Ático*, 6.2.10; 6.4.1; 6.5.3; 6.6.3-4; 7.1.6; Thompson (1965: 384-386).

53 Cicerón, *Cartas a Ático*, 5.21.9: *primum contendam a Quinto fratre ut se praefici patiatur, quod et illo et me inuitissimo fiet*; cf. 6.4.1: *rectissimum uidebatur Quintum fratrem cum imperio relinquere*; 6.1.14; 6.3.1-2; 6.6.3; 6.9.3. Para la sucesión de Cicerón en el mando de Cilicia, Thompson (1965).

54 Cicerón, *Cartas a Ático*, 6.3.1: *quem relinquam qui prouinciae praesit? ratio quidem et opinio hominum postulat fratrem, primum quod uidetur esse honos, nemo igitur potior; deinde quod solum habeo praetorium. Pomptinus enim ex pacto et conuento (nam ea lege exierat) iam a me discesserat. quaestorem nemo dignum putat; etenim est leuis, libidinosus, tagax*; cf. 6.6.3-4; *Cartas a familiares*, 2.15.4; 2.18.2. Así Thompson (1965: 375-376; cf. 376: "*when a governor left his province before his successor's arrival he placed one of his staff in temporary command. Such an appointment was considered a great honor, and, though in general it seems to have been the quaestor who was thus chosen, the governor who had on his staff a legate of higher than quaestorian rank would normally give preference to the legate*"); Muñiz Coello (1998: 204-205). De nuevo sobre L. Mescinio Rufo, *Cartas a Ático*, 6.4.1: *relinquendus erat ex senatus consulto qui praeesset. nihil minus probari poterat quam quaestor Mescinius*; cf. Thompson (1965: 381-384); cf. Pina Polo & Díaz Fernández (2019: en prensa). De C. Pomptino sabemos que había sido pretor en el año 63 y titular del mando de Galia posiblemente hasta el año 59: Livio, *Períocas*, 103; Casio Dión, 37.47.1; cf. *Scholia Bobiensia*, 149 (ed. Stangl); Cicerón, *Cartas a Ático*, 1.19.2; Badian (1966: 916-917); Brennan (2000: 578-580); Díaz Fernández (2015: 520-521).

55 Cicerón, *Cartas a Ático*, 5.21.9: *aliter honeste fieri non potest, praesertim cum uirum optimum Pomptinum ne nunc quidem retinere possim; rapit enim hominem Postumius Romam, fortasse etiam Postumia*; cf. 6.1.14; 6.3.1; *Cartas a familiares*, 3.10.3; Thompson (1965: 376-377).

56 Cicerón, *Cartas a Ático*, 5.21.6: *ego aestiuis confectis Quintum fratrem hibernis et Ciliciae praefeci*; 5.20.5.

De las cartas de Cicerón se concluye que aquella era una decisión de cierto calado para el buen desenlace de un mandato provincial, pues la responsabilidad de todo cuanto sucediera desde entonces en la provincia continuaba recayendo en el comandante saliente por tratarse de la persona bajo cuyos auspicios actuaba el cuestor o legado de turno hasta la toma de posesión de su sucesor (Berthelet, 2015: 167-168); tal parece ser la causa de que los mandos romanos se decantaran a veces por delegar su autoridad en un hijo o un hermano, dado el compromiso y la lealtad que cabía esperar habitualmente de un familiar cercano. Cicerón, con todo, conocía sobradamente a su hermano[57] y era sin duda consciente de las consecuencias que podía tener el nombramiento de Quinto para su reputación si la situación se complicaba en la provincia tras su partida, de la misma manera que había sucedido en los casos de Esp. Postumio Albino o A. Gabinio[58]. L. Thompson (1965: 379-381) concluyó a este respecto que, detrás de las supuestas reticencias de Quinto a asumir el mando de la provincia (tal y como dan a entender ciertas cartas de Cicerón), se escondían en realidad las reservas del orador ante la posibilidad de que Cilicia quedara no solo a merced de su hermano, sino también de su joven sobrino, tras su marcha de la provincia[59].

A pesar del celo con el que Cicerón cuidó siempre de su tan preciada reputación, hemos de tener presente que esta dependía

57 Cicerón, por ejemplo, habla en sus cartas de la *iracundia* de Quinto: cf. *Cartas a Quinto*, 1.1.37-38; 1.2.6-7.

58 Valerio Máximo (2.7.3) nos da otro ejemplo de las complicaciones que causaban a veces los parientes durante el cumplimiento del mando: P. Rupilio (*cos.* 132), destinado a Sicilia durante la sedición de esclavos desatada en la isla, dio orden a su yerno Q. Fabio de que dejara de inmediato la provincia tras haber perdido la ciudadela de Tauromenio a manos de los sublevados, destacando en particular la *ignominia* que este tipo de sucesos provocaban en las familias: *bene etiam illi disciplinae militari adfuerunt, qui necessitudinum perruptis uinculis ultionem uindictamque laesae cum ignominia domuum suarum exigere non dubitauerunt*; Rosenstein (1990: 188).

59 Thompson (1965: 380): "*Cicero feared that Quintus' performance as acting-governor might be disastrous (judged at least by his own criteria), especially as the acting-governor was now expected to have a fairly long term of office. This fear was strengthened by the prospect of Quintus' headstrong son remaining in the province if his father was left in command. Nor is it difficult to appreciate Cicero's anxiety. His career is marked by an almost pathological concern for* gloria, *and he saw his own glory as inseparable from that of his family*"; cf. Cicerón, *Cartas a Ático*, 5.21.9; 6.3.1-2; 6.6.4; 6.9.3. Cicerón era además consciente de que dejaba a Quinto en una situación muy delicada como consecuencia de la incursión de los partos: cf. *Cartas a Ático*, 6.1.14; 6.3.2; 6.4.1.

también del buen nombre de cuantos componían su entorno personal y, en particular, del comportamiento y la imagen pública de sus parientes directos[60], de suerte que cualquier desliz que pudiera cometer Quinto durante su período de permanencia en Cilicia habría de redundar doblemente en detrimento del orador en su condición de titular de la provincia y hermano del anterior. Cicerón reconoce incluso en una de sus cartas a Ático que su decisión de descartar a Quinto para tal cometido respondía también a su temor hacia las habladurías que podía haber suscitado el hecho de ceder a su hermano el mando de la provincia: *uidebam sermones: 'hui, fratrem reliquit! num est hoc non plus annum obtinere prouinciam? quid quod senatus eos uoluit praeesse prouinciis qui non praefuissent? at hic triennium'* (*Cartas a Ático*, 6.6.3; cf. Thompson, 1965: 380-381). Dadas las circunstancias, no nos ha de sorprender pues que Cicerón se decantara a la postre por dejar la provincia en manos de su cuestor, lo cual parecía una solución menos comprometedora para él y los suyos, avalada además por la tradición (*at omnium fere exemplo*) e, incluso, por la condición nobiliaria (*at nobilem adulescentem*) de C. Celio Caldo, nieto del cónsul del año 94[61].

A la vista de la decisión de Cicerón y de sus reticencias a la hora de ceder a su hermano el mando de Cilicia, cabe plantearse pues por qué el orador sumó a su comitiva a una persona que suscitaba en él tantas dudas como Quinto. Más allá del compromiso y la colaboración que Cicerón pudiera esperar de su hermano durante su mandato en Cilicia, parece lícito pensar que la presencia de este

60 Así, por ejemplo, Cicerón, *Cartas a Quinto*, 1.1.43-44; cf. van der Blom (2010: 287-291, 316-324).

61 Cicerón, *Cartas a familiares*, 2.15.4: *ego de prouincia decedens quaestorem Coelium praeposui prouinciae. 'puerum' inquis. at quaestorem, at nobilem adulescentem, at omnium fere exemplo. neque erat superiore honore usus quem praeficerem*; cf. *Cartas a Ático*, 6.6.3; Thompson (1965: 384-385): "*Since he had little confidence in his brother as an administrator or in his ability to handle businessmen in the way in which a would-be successful governor must, Cicero naturally preferred to leave in Cilicia someone whose errors could only very indirectly, if at all, affect the glory the Tullii Cicerones*" (p. 381). Cicerón plantea el mismo razonamiento en una de sus cartas a Q. Minucio Termo, titular del mando de Asia, ante su inminente salida de la provincia; *Cartas a familiares*, 2.18.2: *sed mihi magis magisque cottidie de rationibus tuis cogitanti placet illud meum consilium quod initio Aristoni nostro, ut ad me uenit, ostendi, grauis te suscepturum inimicitias si adulescens potens et nobilis a te ignominia adfectus esset. et Hercule sine dubio erit ignominia. habes enim neminem honoris gradu superiorem; ille autem, ut omittam nobilitatem, hoc ipso uincit uiros optimos hominesque innocentissimos legatos tuos, quod et quaestor est et quaestor tuus.*

en la provincia respondía también a la voluntad de participar de una práctica que había devenido con los años en una costumbre distintiva de la *nobilitas*. Desde su *nouitas*, Cicerón trató siempre de codearse con esa nobleza cuya virtud parecía dimanar directamente de su condición social y del nombre familiar, tal y como da a entender el orador a propósito de la *nobilitas* del joven Celio Caldo[62]; consciente de la trascendencia que podía tener su paso por Cilicia para su imagen pública, y pese a su conocido desdén hacia las tareas del mando, Cicerón decidió convertir aquel incómodo capítulo de su vida en una oportunidad de promocionar su nombre y el de su familia a través de los cauces de representación de los que solían valerse los nobles romanos durante la tenencia de una provincia. De ahí no solo su denodado interés por presentar en sus cartas una imagen ejemplar de su mandato, sino también su decisión de contar con su hermano de cara a su estancia en Cilicia. Nadie podía discutir que Quinto reunía todas las condiciones para participar en la comitiva de Cicerón: además de senador de rango pretorio y de haber sido en su momento procónsul de Asia, Quinto era, ante todo, pariente del orador, lo cual hacía de él un compañero todavía más necesario durante su etapa en la provincia, habida cuenta de lo que parecía dictar la tradición a la hora de componer la cohorte personal. De no haber contado con su hermano, Cicerón habría suscitado posiblemente todo tipo de comentarios que no convenían ni a su reputación ni a la de su familia, tal y como habría sucedido si el joven L. Licinio Murena no hubiese tomado parte en la comitiva de su padre, de acuerdo con el pasaje ya comentado del orador (*Defensa de Murena*, 11). Aunque Cicerón desestimara la posibilidad de ceder a su hermano el mando de Cilicia por las causas ya apuntadas, todo parece indicar que la presencia de Quinto en la provincia, sumada en este caso a la del hijo y el sobrino del orador, contribuía a ensalzar el nombre de los *Tullii Cicerones* en uno de los mejores escenarios para la promoción social de los que disponían entonces los nobles romanos[63].

---

62 Cicerón, *Cartas a familiares*, 2.15.4; *Cartas a Ático*, 6.6.3; compárese con las palabras de Mario en Salustio, *Guerra de Yugurta*, 85.4; cf. también Cicerón, *Sobre la ley agraria*, 2.1.1-2.5; *Defensa de Murena*, 15-17; van der Blom (2010: 48-59).

63 Así, Cicerón, *Defensa de Murena*, 12; cf. *Cartas a Quinto*, 1.1.44. McDermott (1971: 711-713); Muñiz Coello (1998: 99-100); van der Blom (2010: 289-291).

De todas maneras, tal vez no se tratase tan solo de una cuestión de representatividad o distinción social; las cartas y discursos de Cicerón desvelan al mismo tiempo que la presencia en la comitiva de un mando romano suponía normalmente una oportunidad de enriquecimiento personal a través de distintas vías, no solo las derivadas de la actividad militar[64]. Baste recordar, por ejemplo, los comentarios del orador a propósito de los desmanes cometidos por la comitiva de C. Verres en Sicilia[65]; o los lamentos de C. Valerio Catulo ante las pocas posibilidades de lucro que le había concedido su participación en la cohorte de C. Memio, titular de la provincia de Bitinia, a pesar de las esperanzas concebidas por el poeta (*Carmina*, 10; cf. 28; Braund, 1996: 45-57). Gracias a un pasaje de Nepote, sabemos también que T. Pomponio Ático, conocido amigo de Cicerón y cuñado de su hermano Quinto, renunció en distintas ocasiones a participar como prefecto en comitivas provinciales y a las consecuentes ganancias que estas solían reportar, pese a contar con importantes negocios en las provincias orientales del imperio; tanto es así que Ático declinó incluso la invitación de su cuñado para tomar parte en su cohorte personal con el deseo de preservar su *dignitas* y evitar cualquier sospecha de delito (*qua in re non solum dignitati seruiebat, sed etiam tranquillitati, cum suspiciones quoque uitaret criminum*), lo cual parece insistir, en todo caso, en la incidencia de los negocios privados y los lazos familiares en la composición de las comitivas[66].

---

64 Muñiz Coello (1998: 107-113). Cicerón habla de los considerables gastos que solían causar las cohortes en las provincias, destacando en su caso la moderación mostrada por él y los suyos durante su paso por Asia y Cilicia: Cicerón, *Verrinas*, 2.1.34-37; 2.1.98-102; *Cartas a Quinto*, 1.1.9-14; *Cartas a Ático*, 5.10.2; 5.16.3; 5.21.5; 7.1.6; cf. también Livio, 32.27.3-4; Plutarco, *Catón el Mayor*, 6.2; *Catón el Menor*, 36.3-4.

65 Así, Cicerón, *Verrinas*, 2.2.27: *comites illi tui delecti manus erant tuae; praefecti, scribae, accensi, medici, haruspices, praecones manus erant tuae; ut quisque te maxime cognatione adfinitate necessitudine aliqua attingebat, ita maxime manus tua putabatur; cohors tota illa, quae plus mali Siciliae dedit quam si centum cohortes fugitiuorum fuissent, tua manus sine controuersia fuit*; cf. Pittia (2007: 72-82); Cuomo (2011: 187-195).

66 Rauh (1986: 7-12). Ático solo aceptó los puestos a título nominal, con la condición de no desplazarse a cada uno de los destinos; Nepote, *Ático*, 6.5; cf. 6.4: *multorum consulum praetorumque praefecturas delatas sic accepit, ut neminem in prouinciam sit secutus, honore fuerit contentus, rei familiaris despexerit fructum: qui ne cum Quinto quidem Cicerone uoluerit ire in Asiam, cum apud eum legati locum obtinere posset. non enim decere se arbitrabatur, cum praeturam gerere noluisset, asseclam esse praetoris*. De los comentarios de Cicerón se concluye que la decisión de Ático no le sentó demasiado bien a su cuñado; Cicerón, *Cartas a Ático*, 1.17.1-7; en particular

Aun así, Cicerón reconoce en sus cartas haber mediado en ciertos negocios (*negotiola*) que Ático mantenía en Éfeso durante su viaje a Cilicia[67]; es más, cabe plantearse si la presencia de Quinto en la comitiva de su hermano pudo haber coadyuvado también en la solución de tales asuntos y, tal vez, incluso, en la gestión de los negocios personales de Marco. Aunque este no deja de destacar en sus cartas la continencia con la que él y los suyos se comportaron durante su mandato en Cilicia, da la sensación de que los Cicerones no eran ajenos a las posibilidades de enriquecimiento que solía conceder la tenencia de una provincia. Antes bien, pese al celoso silencio que Cicerón trata de mantener en su correspondencia, todo indica que el orador contaba con ciertos intereses en Asia, nacidos quizás al calor del mandato de Quinto en dicha provincia, por lo que la incorporación de este al equipo de colaboradores de su hermano se hacía si cabe más necesaria[68]. Así, en una de las cartas redactadas durante su estancia en Éfeso, Cicerón dice haber presentado a un tal Filógenes, liberto de Ático,

---

1.17.7: *atque in ista incommoditate alienati illius animi et offensi illud inest tamen commodi, quod et mihi et ceteris amicis nota fuit et abs te aliquanto ante testificata tua uoluntas omittendae prouinciae, ut, quod una non estis, non dissensione ac discidio uestro sed uoluntate ac iudicio tuo factum esse uideatur. qua re et illa quae uiolata expiabuntur et haec nostra, quae sunt sanctissime conseruata, suam religionem obtinebunt*; si bien, 1.19.11.

67 Cicerón, *Cartas a Ático*, 5.13.2: *tua negotiola Ephesi curae mihi fuerunt, Thermoque, tametsi ante aduentum meum liberalissime erat pollicitus tuis omnibus, tamen Philogenem et Seium tradidi, Apollonidensem Xenonem commendaui*; 5.20.10; cf. 4.15.2; 4.16.9. Hemos de recordar, además, que L. Tulio, uno de los cuatro legados de Cicerón, era al parecer una persona cercana al círculo de amistades de Ático (*tuus Tullius*), por lo que su presencia en la comitiva del orador respondía posiblemente a los intereses de aquel; cf. Cicerón, *Cartas a Ático*, 5.11.4; 5.14.2; McDermott (1971: 711-712, n. 44); Muñiz Coello (1998: 101-102). Lo mismo cabría decir de Q. Volusio, yerno de cierto Tiberio, conocido de Ático (*Cartas a Ático*, 5.21.6: *Q. Volusium, tui Tiberi generum*), cuya implicación en los asuntos contables de Cicerón queda patente en *Cartas a familiares*, 5.20.3-4.

68 Muñiz Coello (1998: 221-241); cf. por ejemplo Cicerón, *Cartas a Ático*, 11.6.6; 11.10.2; 11.13.1-2. Hemos de tener en cuenta que los senadores habían de rechazar cualquier tipo de negocio o actividad comercial, tal y como dictaba la tradición, por lo que era conveniente derivar tales asuntos en conocidos, amigos y parientes que no pertenecieran directamente al cuerpo senatorial; cf. Rauh (1986: 4): "*If the traditionally accepted view that Roman senators were legally and ethically prohibited from engaging in non-agricultural business activities such as contracting, commerce and moneylending is to hold valid in the fase of examples such as this, then it seems apparent that senators must have relied upon clients, relatives, and non-senatorial friends to engage in these activities from them*". Así, por ejemplo, Catón, *Sobre la agricultura, praef.*; Cicerón, *Sobre los deberes*, 1.150-151; *Verrinas*, 2.4.9-10; Asconio, 93 C; cf. Harris (1979: 74-93).

las cuentas de una *permutatio* que Marco había suscrito con este (no sabemos concretamente con qué propósito), lo cual conduce a pensar que el orador aprovechó su proconsulado para participar en inversiones de carácter privado[69]. No en vano, Cicerón habla también en varias de sus misivas de una importante suma de dinero en cistóforos que él mismo había puesto en manos de una sociedad pública de Éfeso, cantidad que, posiblemente, procedía de las rentas obtenidas como consecuencia de su paso por Cilicia[70].

No se trataba, en todo caso, de los únicos intereses que parecían estar en juego durante el proconsulado de Cicerón, tal y como dejan entrever las cartas del orador a propósito de los manejos de M. Junio Bruto en la provincia de Cilicia[71]. Hasta donde sabemos, parece que Bruto había llevado a cabo una serie de inversiones en Salamina en concepto de créditos merced a su participación en la comitiva de su tío, M. Porcio Catón, destinado a Chipre en el año 58 como *[pro]quaestor pro praetore* con la misión de tomar posesión de la isla y apoderarse del tesoro del rey Ptolomeo[72]. Plutarco

---

69 Cicerón, *Cartas a Ático*, 5.13.2; cf. 7.7.2; sobre Filógenes; cf. 5.20.8; Shackleton Bailey (1968: 214); Rauh (1986: 9).

70 Cicerón, *Cartas a Ático*, 11.1.2: *ego in cistophoro in Asia habeo ad sestertium bis et uiciens. huius pecuniae permutatione fidem nostram facile tuebere*; cf. 11.2.2-3; 11.3.3; *Cartas a familiares*, 5.20.8: *simul illud cogitare debes, me omnem pecuniam quae ad me saluis legibus peruenisset Ephesi apud publicanos deposuisse; id fuisse HS <XXII>*. Muñiz Coello (1998: 227-230) contempló a su vez la posibilidad de que la *controuersia* que sostenía M. Aneyo, legado de Cicerón, con los habitantes de Sardes, tal y como nos cuenta el orador en dos de sus cartas a Q. Minucio Termo (propretor de Asia), concerniera directamente a los intereses de Cicerón; cf. *Cartas a familiares*, 13.55 (*eum cum Sardianis habere controversiam scis. causam tibi exposuimus Ephesi*); 13.57. De todas maneras, conviene matizar que el planteamiento de estas cartas no es distinto del de otras *litterae commendaticiae* contenidas en el corpus ciceroniano; de hecho, corresponden al conjunto de cartas destinadas por Cicerón a Termo con la intención de recomendar ante este a una serie de conocidos (habitualmente *negotiatores*) con distintos intereses en la provincia de Asia. Habría que plantearse, en todo caso, si la implicación de Cicerón en este tipo de asuntos iba más allá de la simple mediación.

71 Cicerón, *Cartas a Ático*, 6.1.5-7; 6.2.7-10; 6.3.5-7; cf. *Cartas a familiares*, 3.7.1; 15.14.6; cf. Rauh (1986: 21-29); Muñiz Coello (1998: 129-134).

72 Cicerón, *Sobre la casa*, 20-21; Veleyo Patérculo, 2.38.5-6; cf. 2.45.4-5: *idem P. Clodius in tribunatu sub honorificentissimo ministerii titulo M. Catonem a re publica relegauit: quippe legem tulit, ut is quaestor cum iure praetorio, adiecto etiam quaestore, mitteretur in insulam Cyprum ad spoliandum regno Ptolemaeum, omnibus morum uitiis eam contumeliam meritu*; Floro, 1.44.1-5; Valerio Máximo, 4.1.14; 4.3.2; 8.15.10; *Sobre hombres ilustres*, 80.2; Plutarco, *Catón el Menor*, 34.2-4; Casio Dión, 39.22.1-23.4; cf. Oost (1955: 98-112); Badian (1965: 110-121); Brennan (2000: 428-430); Tiersch (2015: 239-260); también Pina Polo & Díaz Fernández (2019: 159-163).

(*Bruto*, 3.1-4; *Catón el Menor*, 36.1) destaca el valioso papel que Bruto cumplió en Chipre a instancias de Catón, quien no dudó en encomendar a su sobrino la supervisión de las cuentas resultantes de su intervención, pero no nos da más detalles de los negocios entablados en la isla por este. De las cartas de Cicerón se deduce no obstante que la población de Salamina contrajo con Bruto una considerable deuda que todavía no se había saldado cuando el orador asumió el mando de la provincia de Cilicia en el año 51. Ahí parece estar la causa de que M. Junio Bruto desestimara la posibilidad de cumplir la cuestura en Galia y terminara sumándose a la comitiva de su suegro, Ap. Claudio Pulcro, titular del mando de Cilicia (53-51) y, por ende, responsable del gobierno de Chipre tras la incorporación de la isla a los dominios de Roma[73]. Es más, sabemos que Apio concedió una de sus prefecturas a un *negotiator* llamado M. Escapcio, directamente vinculado con los asuntos de Bruto, que no dudó en hacer uso de la violencia para velar por sus intereses y los de este a costa de los salaminios[74]. Aunque Cicerón se negó inicialmente a hacer este tipo de concesiones durante su mandato en Cilicia (pese a la mediación de personajes tan destacados como Pompeyo o Ático[75]), lo cierto es que el orador coadyuvó a que Bruto cobrara parte de las deudas contraídas no solo por los salaminios, sino también por Ariobarzanes de Capadocia, a quien Bruto y Pompeyo habían prestado al parecer una cuantiosa suma de dinero[76]. Habríamos de plantearnos, además, hasta qué punto participó Cicerón en la gestión de tales negocios y, en consecuencia, si él y los suyos sacaron también partido de estos, sobre todo teniendo en cuenta los nombres implicados en ellos y su relación

---

73 *Sobre hombres ilustres*, 82.3-4: *quaestor <Caesari> in Galliam proficisci noluit, quod is bonis omnibus displicebat. cum Appio socero in Cilicia fuit.* Para la incorporación de Chipre a la provincia de Cilicia, cf. Cicerón, *Cartas a familiares*, 1.7.4; 13.48; en particular, Díaz Fernández (2015: 205-208).

74 Cicerón da a entender que M. Escapcio y un segundo *creditor*, de nombre P. Matinio, actuaban en realidad a instancias de M. Junio Bruto; Cicerón, *Cartas a Ático*, 6.1.6; cf. 5.21.10; 6.1.3-6; 6.3.5-6. Rauh (1986: 3-4).

75 Cicerón, *Cartas a Ático*, 5.21.10: *praefecturam petiuit. negaui me cuiquam negotianti dare, quod idem tibi ostenderam (Cn. Pompeio petenti probaram institutum meum, quid dicam Torquato de M. Laenio tuo, multis aliis?)*; 6.1.4-6; 6.2.8. A pesar de su actitud inicial, Cicerón concedió a la postre sendas prefecturas a M. Escapcio y L. Gavio a petición de Bruto: Cicerón, *Cartas a Ático*, 6.1.4; 6.3.6. Rauh (1986: 21-22).

76 Cicerón, *Cartas a Ático*, 6.1.3-4; 6.2.10; 6.3.5; cf. *Cartas a familiares*, 2.13.2; 3.4.2; 3.2.10; 3.11.3; 15.4.15; Muñiz Coello (1998: 230-235).

directa con el entorno personal del orador (Rauh, 1986: 7; Muñiz Coello, 1998: 221-241). De todas maneras, Plutarco (*Bruto*, 4.2) sitúa de nuevo a Bruto en la provincia de Cilicia justo tras la partida de Cicerón, concretamente como πρεσβευτής o legado de P. Sestio, su sucesor, lo cual conduce a pensar que la cuestión no se había solucionado del todo a pesar de su intercesión.

De todo lo indicado aquí podemos concluir que la participación de los hijos, hermanos y demás parientes en las comitivas de los mandatarios romanos devino con el paso de los años en una práctica cada vez más habitual entre la *nobilitas*, en la que no solo incidía la necesidad de contar con personas de contrastada lealtad durante el cumplimiento del mando, sino también la voluntad de distinción social y, por supuesto, los intereses privados. Es más, da la sensación de que la presencia de familiares en las comitivas posibilitaba al mismo tiempo la consolidación de ciertos lazos sociales con las comunidades provinciales, tal y como parece apuntar de nuevo la correspondencia de Cicerón: hemos de recordar, por ejemplo, que había sido precisamente la incorporación de Bruto a la comitiva de Catón lo que había dado pie a que tío y sobrino se convirtieran en patronos de los salaminios[77] y a que Bruto, además, pudiera hacer negocios en la isla a costa de estos. Así parece indicarlo también la inscripción de un pedestal descubierto en el santuario de Claros, provincia de Asia, en el que se conmemora a nuestro ya conocido L. Valerio Flaco (*pr*. 63) en su condición de ἀνθύπατος y πάτρωνα διὰ προγόνων, lo cual desvela que el pretor contrajo la relación de patronato (en este caso, con la comunidad de Colofón) no solo merced a su propio mandato en Asia, sino al papel desempeñado anteriormente en esta por su tío (procónsul ca. 97) y, en particular, por su padre (los πρόγονοι de la inscripción), a quien Lucio había acompañado, como ya adelantamos, durante su consulado en dicha provincia[78].

77 Cicerón, *Cartas a Ático*, 6.1.5; cf. *Sobre los fines*, 4.56; Eilers (2002: 265-266); en particular, Tiersch (2015: 239-260).

78 *SEG* 51.1590; Ferrary (2000a: 345-348); Eilers (2002: 228-229). Para el mandato de C. Valerio Flaco (*cos*. 93) en Asia (ca. 97), cf. *SEG* 51.1586; Ferrary (2000a: 334-337); Brennan (2000: 552). L. Valerio Flaco, su hermano, parece que ocupó el mando de la provincia de Asia en dos etapas distintas: una primera, después de su pretura (ca. 92), tal y como parece apuntar una segunda inscripción hallada en Claros (*SEG* 51.1587), y una segunda, con ocasión de su consulado (*cos. suff*. 86), cuando cayó muerto a manos de C. Flavio Fimbria en presencia de su hijo Lucio;

Muy posiblemente, eran también este tipo de relaciones, cultivadas al calor de mandatos provinciales, las que hacían conveniente la participación de personas del entorno familiar en las comitivas de los *imperatores* con la intención de establecer redes sociales destinadas, en buena medida, a enaltecer la posición y el nombre de sus familias, tanto en las provincias como en la misma Roma[79]. Más allá de las ventajas que podía plantear la colaboración de un pariente cercano a la hora de administrar una provincia, parece claro que la presencia de los familiares en las comitivas se convirtió en un hábito encaminado también a la distinción social de quienes participaban de él. De ahí el acento con el que Cicerón habla en su defensa de L. Licinio Murena del notable papel cumplido por este en la comitiva de su padre, haciendo particular hincapié en la *laus*, el *honos* y la *gloria* que supuso para su familia su paso por la provincia de Asia (*Defensa de Murena*, 12). No es casual que Cicerón advierta a su hermano sobre la necesidad de aspirar a la *gloria* durante su mandato en Asia, no solo por una cuestión de interés personal, sino por la trascendencia que su comportamiento había de tener en sí mismo (esto es, en Cicerón)

---

cf. Cicerón, *Defensa de Flaco*, 61; Livio, *Períocas*, 82; Veleyo Patérculo, 2.24.1; Apiano, *Mitridáticas*, 52; Ferrary (2000a: 337-339); Brennan (2000: 553-557). Q. Cicerón es también homenajeado en calidad de ἀνθύπατον / εὐεργέτην ὄντα / τῶν Ἑλλήνων καὶ / πάτρωνα τοῦ δή/μου en una inscripción de Claros (*SEG* 37.958), si bien en este caso se trata de un reconocimiento a título particular; Tuchelt (1979: 165); Eilers (2002: 227). De todas maneras, hay constancia de que los habitantes de Samos dedicaron una exedra junto al Hereo en honor de los Cicerones, monumento relacionado sin duda con los vínculos que mantenían Marco y Quinto con la provincia de Asia; cf. Dörner & Gruben, 1953; Tuchelt (1979: 52); van der Blom (2010: 289, n. 9).

79 Más concretamente sobre la importancia de las relaciones clientelares en las provincias, Gelzer (1912: 70-83; 81: "*Die provinzialen Clientelen sind von höchstem Wert für den Ruf eines Politikers*"); Eilers (2002: 95-97; cf. 97: "*Indeed, prestige was probably the most important advantage a Roman derived from such relationships. It was no doubt worthwhile to take advantage of the opportunity to enhance one's reputation in this way*"); si bien véase el reciente trabajo de Rosillo López (2015: 263-280). En todo caso, no parece casual que M. Licinio Craso o Q. Cecilio Metelo Pío huyeran durante la dominación cinnana a Hispania Ulterior y África, provincias que habían visitado durante los mandatos de sus padres, P. Licinio Craso (*cos*. 97) y Q. Cecilio Metelo Numídico (*cos*. 80), y en las que habían tramado al parecer ciertos lazos con sus habitantes; cf. Plutarco, *Craso*, 4.1 (αὐτὸς δὲ νέος ὢν παντάπασι τὸ μὲν αὐτίκα δεινὸν ἐξέφυγε, πάντῃ δὲ περιβαλλόμενον ἑαυτὸν αἰσθανόμενος καὶ κυνηγετούμενον ὑπὸ τῶν τυράννων, τρεῖς φίλους ἀναλαβὼν καὶ θεράποντας δέκα, τάχει δ' ὑπερβάλλοντι χρησάμενος, εἰς Ἰβηρίαν ἔφυγε, γεγονὼς πάλαι στρατηγοῦντος αὐτόθι τοῦ πατρὸς καὶ φίλους πεποιημένος); 6.2; Livio, *Períocas*, 84; cf. Salustio, *Guerra de Yugurta*, 64.4; Plutarco, *Mario*, 8.3.

y en sus respectivos hijos[80]: *denique etiam illud debes cogitare, non te tibi soli gloriam quaerere; quod si esset, tamen non neglegeres, praesertim cum amplissimis monumentis consecrare uoluisses memoriam nominis tui. sed ea tibi est communicanda mecum, prodenda liberis nostris.* Ateniéndonos a las palabras de Cicerón, parece lícito concluir que la posterior incorporación a la comitiva del orador de su hijo, su hermano y su sobrino debió de reportarle a él y a los suyos una notoriedad todavía mayor, en la medida en que estos participaron directamente de la *gloria* de su mandato en la inmediata compañía de Cicerón. Desde este punto de vista, podríamos decir que el interés de los mandos romanos en hacer participar en este tipo de comitivas a personas del círculo familiar no era en esencia tan distinto del propósito que perseguían las *imagines maiorum*: si la principal finalidad de estas era poner de manifiesto la gloria familiar a través de la evocación de los antepasados[81], la presencia en las comitivas de los parientes directos, en particular hijos y hermanos, constituía también para los *nobiles* una indudable demostración de notoriedad, personalizada en este caso en aquellos a quienes correspondía preservar la *gloria* de sus familias.

Bibliografía

Alexander, M.C. (1990). *Trials in the Late Roman Republic, 149 BC to 50 BC*, Toronto.

Astin, A.E. (1967). *Scipio Aemilianus*, Oxford.

Badian, E. (1964). "Notes on Provincial Governors from the Social War down to Sulla's Victory", en Id., *Studies in Greek and Roman History*, Oxford, 71-104.

Badian, E. (1965). "M. Porcius Cato and the Annexation and Early Administration of Cyprus", *Journal of Roman Studies*, 55, 110-121.

Badian, E. (1966). "Notes on *Provincia Gallia* in the Late Republic", en R. Chevallier (ed.), *Mélanges d'archéologie et d'histoire offerts à André Piganiol*, Paris, 901-918.

Beck, H. (2005). *Karriere und Hierarchie. Die römische Aristokratie und die Anfänge des* cursus honorum *in der mittleren Republik*, Berlin.

80 Cicerón, *Cartas a Quinto*, 1.1.44; McDermott (1971: 711-713); van der Blom (2010: 289-291).

81 Polibio, 6.53.6-54.5; cf. 6.53.10: τὸ γὰρ τὰς τῶν ἐπ' ἀρετῇ δεδοξασμένων ἀνδρῶν εἰκόνας ἰδεῖν ὁμοῦ πάσας οἷον εἰ ζώσας καὶ πεπνυμένας τίν' οὐκ ἂν παραστῆσαι; τί δ' ἂν κάλλιον θέαμα τούτου φανείη; también Salustio, *Guerra de Yugurta*, 85.21-25.

Berrendonner, C. (2014). "Pour administrer, faut-il-savoir compter? Les questeurs provinciaux et la tenue des comptabilités publiques (IIe-Ier siècles av. J.-C.)", en J. Dubouloz, S. Pittia & G. Sabatini (eds.), *L'*Imperium Romanum *en perspective. Les savoirs d'empire dans la République romaine et leur héritage dans l'Europe médiévale et moderne,* Besançon, 173-191.

Berthelet, Y. (2015). *Gouverner avec les dieux. Autorité, auspices et pouvoir, sous la République romaine et sous Auguste,* Paris.

Braund, D. (1996). "The Politics of Catullus 10: Memmius, Caesar and the Bithynians", *Hermathena,* 169, 45-57.

Braund, D. (1998). "*Cohors*: The Governor and his Entourage in the Self-Image of the Roman Republic", en R. Laurence & J. Berry (eds.), *Cultural Identity in the Roman Empire,* London, 10-24.

Brennan, T.C. (2000). *The Praetorship in the Roman Republic,* Oxford.

Broughton, T.R.S. (1951; 1952; 1986). *The Magistrates of the Roman Republic,* Atlanta, 3 vols.

Brunt, P.A. (1982). "*Nobilitas* and *Novitas*", *Journal of Roman Studies,* 72, 1-17.

Burckhardt, L.A. (1990). "The Political Elite of the Roman Republic: Comments on Recent Discussion of the Concepts *nobilitas* and *homo novus*", *Historia,* 39, 77-99.

Clark, J.H. (2014). *Triumph in Defeat: Military Loss and the Roman Republic,* Oxford.

Comber, M.R. & Balmaceda, C. (2009). *Sallust: The War Against Jugurtha* (ed., intr., tr. y com.), Oxford.

Cuomo, S. (2011). "All the Proconsul's Men: Cicero, Verres and Account-keeping", en A. Roselli & R. Velardi (eds.), *L'insegnamento delle* technai *nelle culture antiche. Atti del convegno, Ercolano, 23-24 marzo 2009, Annali dell'Università degli studi di Napoli 'L'Orientale',* 15, 183-203.

Díaz Fernández, A. (2014). "A propósito de M. Porcio Catón y su presencia en la *Gallia Narbonensis* (Gel., 13.20.12)", *Dialogues d'Histoire Ancienne,* 40, 75-96.

Díaz Fernández, A. (2015). Prouincia et imperium. *El mando provincial en la República romana,* Sevilla.

Díaz Fernández, A. (2016). "Retratos del mando provincial en la República romana: Cicerón, Escévola y el denominado *edictum provinciale*", en F. Marco Simón, F. Pina Polo & J. Remesal Rodríguez (eds.), *Autorretratos. La creación de la imagen personal en la Antigüedad,* Barcelona, 67-86.

Díaz Fernández, A. (2017). "*Asullius*: A Missing Roman Nomen?", *Latomus,* 76, 961-974.

Díaz Fernández, A. (2019). "Military Disasters, Public Opinion, and Roman Politics during the Wars in Hispania (153-133 BC)", en C. Rosillo-López (ed.), *Communicating Public Opinion in the Roman World,* Stuttgart, 107-133.

Dörner, F.K. & Gruben, G. (1953). "Die *Exedra* der Cicerones", *Mitteilungen des Deutschen Archäologischen Instituts: Athenische Abteilung,* 68, 63-76.

Dubouloz, J. & Pittia, S. (eds. 2007). *La Sicile de Cicéron. Lectures des* Verrines, *Actes du colloque de Paris, 19-20 mai 2006,* Besançon.

Eilers, C.F. (2002). *Roman Patrons of Greek Cities*, Oxford.

Fantham, E. (2013). *Cicero's* Pro L. Murena Oratio, Oxford.

Fallu, E. (1973). "Les *rationes* du proconsul Cicéron. Un exemple de style administratif et d'interprétation historique dans la correspondance de Cicéron", en *Aufstieg und Niedergang der römischen Welt*, Berlin, 1.3, 209-238.

Ferrary, J.-L. (2000a). "Les inscriptions du sanctuaire de Claros en l'honneur de Romains", *Bulletin de Correspondance Hellénique*, 124, 331-376.

Ferrary, J.-L. (2000b). "Les gouverneurs des provinces romaines d'Asie Mineure (Asie et Cilicie), depuis l'organisation de la province d'Asie jusqu'à la première guerre de Mithridate (126-88 av. J.-C.)", *Chiron*, 30, 161-193.

Ferriés, M.-C. & Delrieux, F. (2011). "Quintus Mucius Scaevola, un gouverneur modèle pour les Grecs de la province d'Asie?", en N. Barrandon & F. Kirbihler (eds.), *Les gouverneurs et les provinciaux sous la République romaine*, Rennes, 207-230.

García Riaza, E. (2002). *Celtíberos y lusitanos frente a Roma. Diplomacia y derecho de guerra*, Vitoria.

García Riaza, E. (2005). "En torno a la paz de Graco en Celtiberia", en *Actas del XI Congreso Español de Estudios Clásicos. Universidad de Santiago de Compostela, 15 al 20 de septiembre de 2003*, Madrid, vol. I, 469-479.

Gelzer, M. (1912). *Die Nobilität der römischen Republik*, Stuttgart (ed. J. von Ungern-Sternberg, 1983).

Harris, W.V. (1979). *War and Imperialism in Republican Rome, 327-70 BC*, Oxford.

Hayne, L. (1978). "The *Valerii Flacci* – A Family in Decline", *Ancient Society*, 9, 223-233.

Jehne, M. & Pina Polo, F. (eds. 2015), *Foreign Clientelae in the Roman Empire: A Reconsideration*, Stuttgart.

Johnston, P.D. (2008). *The Military* Consilium *in Republican Rome*, Piscataway.

Kallet-Marx, R. (1989). "Asconius 14-15 Clark and the Date of Q. Mucius Scaevola's Command in Asia", *Classical Philology*, 84, 305-312.

Keppie, L.J.F. (1996). "The Praetorian Guard before Sejanus", *Athenaeum*, 84, 101-124.

Konrad, C.F. (1994). *Plutarch's Sertorius: A Historical Commentary*, Chapel Hill.

Lintott, A. (1971). "The Offices of C. Flavius Fimbria in 86/5 BC", *Historia*, 20, 696-701.

Lintott, A.W. (1999). *The Constitution of the Roman Republic*, Oxford.

Marshall, B.A. (1976). "The Date of Q. Mucius Scaevola's Governorship of Asia", *Athenaeum*, 54, 117-130.

McDermott, W.C. (1971). "Q. Cicero", *Historia*, 20, 702-717.

McGushin, P. (1992). *Sallust: The* Histories, *I* (tr., intr. y com.), Oxford.

Mehl, A. (2018). "The *homo novus* in the Society and Political Culture of Rome", en E.-M. Becker & J. Mortensen (eds.), *Paul as* homo novus*: Authorial Strategies of Self-Fash-*

ioning in Light of a Ciceronian Term, Göttingen, 21-38.

Mommsen, Th. (1879). "Die Gardetruppen der römischen Republik und der Kaiserzeit", *Hermes*, 14, 25-35.

Muñiz Coello, J. (1995-96). "C. Flavius Fimbria, consular y legado en la provincia de Asia (86-84 a. de C.)", *Studia Historica: Historia Antigua*, 13-14, 257-276.

Muñiz Coello, J. (1998). *Cicerón y Cilicia. Diario de un gobernador romano del siglo I a. de C.*, Huelva.

Muñiz Coello, J. (2004). "El senador y su entorno. Séquitos y comitivas republicanas", *Klio*, 86, 101-125.

Oost, S.I. (1955). "Cato Uticensis and the Annexation of Cyprus", *Classical Philology*, 50, 98-112.

Pina Polo, F. (2001). "Die Freunde des Scipio Aemilianus im numantinischen Krieg: Über die sogennante *cohors amicorum*", en M. Peachin (ed.), *Aspects of Friendship in the Graeco-Roman World*, Portsmouth, 89-98.

Pina Polo, F. & Díaz Fernández, A. (2019). *The Quaestorship in the Roman Republic*, Berlin.

Pittia, S. (2007). "La cohorte du gouverneur Verrès", en Dubouloz & Pittia (eds. 2007), 57-87.

Prag, J.R.W. (2007). "Roman Magistrates in Sicily, 227-49 BC", en Dubouloz & Pittia (eds. 2007), 287-310.

Rauh, N.K. (1986). "Cicero's Business Friendships: Economics and Politics in the Late Roman Republic", *Aevum*, 60, 3-30.

Rawson, E. (1979). "L. Cornelius Sisenna and the Early First Century BC", *Classical Quarterly*, 29, 327-346.

Rosenstein, N. (1990). Imperatores victi: *Military Defeat and Aristocratic Competition in the Middle and Late Republic*, Berkeley.

Rosenstein, N. (2007). "Military Command, Political Power, and the Republican Elite", en P. Erdkamp (ed.), *A Companion to Roman Army*, Oxford, 132-147.

Rosillo-López, C. (2015). "Reconsidering Foreign *Clientelae* as a Source of Status in the City of Rome during the Late Roman Republic", en Jehne & Pina Polo (eds. 2015), 263-280.

Salinas de Frías, M. (1995). *El gobierno de las provincias hispanas durante la República romana (218-27 a.C.)*, Salamanca.

Salinas de Frías, M. (2010). "*In castreis Scipionis*. Ejército y política en Roma durante el siglo II a.C.", en J.J. Palao Vicente (ed.), *Militares y civiles en la antigua Roma. Dos mundos diferentes, dos mundos unidos*, Salamanca, 15-29.

Scholz, P. (2011). *Den Vätern folgen. Sozialisation und Erziehung der republikanischen Senatsaristokratie*, Berlin.

Schulz, R. (1997). *Herrschaft und Regierung. Roms Regiment in den Provinzen in der Zeit der Republik*, Paderborn.

Shackleton Bailey, D.R. (1968). *Cicero's Letters to Atticus, III: Books V-VII.9*, Cambridge.

Siani-Davis, M. (1997). "Ptolemy XII Auletes and the Romans", *Historia*, 46, 306-340.

Sumner, G.V. (1973). *The Orators in Cicero's* Brutus*: Prosopography and Chronology*, Toronto.

Thompson, L.A. (1962a). "The Appointment of Quaestors *extra sortem*", *Proceedings of the African Classical Associations*, 5, 17-25.

Thompson, L.A. (1962b). "The Relationship between Provincial Quaestors and their Commanders-in-Chief", *Historia*, 11, 339-355.

Thompson, L.A. (1965). "Cicero's Succession-Problem in Cilicia", *American Journal of Philology*, 86, 375-386.

Tiersch, C. (2015). "Von personaler Anbindung zu territorialer Organisation? Dynamiken römischer Reichsbildung und die Provinzialisierung Zyperns (58 v. Chr.)", en Jehne & Pina Polo (eds. 2015), 239-260.

Tuchelt, K. (1979). *Frühe Denkmäler Roms in Kleinasien. Beiträge zur archäologischen Überlieferung aus der Zeit der Republik und des Augustus*, Tübingen.

Tullio, R. (1942). "*Cohors praetoria* e *cohors amicorum*", *Rivista di Filologia e di Istruzione Classica*, 20, 54-61.

van der Blom, H. (2010). *Cicero's Role Models: The Political Strategy of a Newcomer*, Oxford.

Walbank, F.W. (1957). *A Historical Commentary on Polybius, I: Commentary on Books I-VI*, Oxford.

Williams, R.S. (1985). "*Rei publicae causa*: Gabinius' Defence of his Restoration of Ptolemy Auletes", *Classical Journal*, 81, 25-38.

¡Parece salido de un museo! Comunicación de élite, artefactos culturales y Escipión Emiliano[1]

Brahm H. Kleinman
(McGill University)

En la primavera del año 146 a.C., un ejército romano bajo las órdenes del cónsul Publio Cornelio Escipión Emiliano saqueó la ciudad de Cartago, finalizando la tercera guerra púnica y eliminando al mayor rival de Roma en el Mediterráneo occidental[2]. El sitio y la captura de la ciudad fueron notoriamente sistemáticos y brutales (Polibio, 20.1-11; Apiano, *Guerras púnicas,* 128-130, 135). Se nos informa que los soldados romanos saquearon indiscriminadamente, e historiadores más tardíos como Apiano critican al ejército romano por trasgredir los límites religiosos al desmembrar la estatua dorada del dios fenicio Resef (Apiano, *Guerras púnicas,* 127)[3]. Pero el mismo Escipión Emiliano no recibe más que alabanzas efusivas en las fuentes literarias por su trato de los despojos de Cartago. En un pasaje famoso, el historiador contemporáneo Polibio elogia a Emiliano por no mezclar nada del saqueo de Cartago y Libia con su propiedad privada (Polibio, 18.35.9-11; cf. Cicerón, *Sobre los oficios,* 2.76; Valerio Máximo, 4.3.13). En su lugar, dio mucho a sus soldados y más aún al tesoro romano. El hecho de que Escipión designara a todo el botín de Cartago

---

1 Traducción de Carlos García Mac Gaw.

2 Todas las fechas son a.C. a menos que se señale lo contrario. Agradezco a los organizadores y participantes del coloquio *Encuentros con las élites del mundo antiguo* así como a los miembros de la audiencia de la *2017 Canadian Association of Classics Annual Meeting* por los estimulantes comentarios y sugestiones. Quiero dar las gracias igualmente a Yelena Baraz, Marc Domingo-Gygax, Harriet Flower, Amanda Klause, Noah Levin, Caroline Mann, Carolyn Tobin, Andrew Riggsby, Annie Truetzel y Clem Wood por sus comentarios sobre las versiones de este capítulo.

3 El incendio del templo de Eshmosh/Asclepio también parece haber sido controvertido, aunque la narrativa de Apiano (130-131) culpa a los desertores del ejército romano, al comandante cartaginés Hasdrúbal y a su esposa.

como "público" es significativo en sí mismo[4]. Muchos generales y senadores romanos quedaron envueltos en controversias por la apropiación incorrecta de los despojos a raíz de la segunda guerra púnica, incluyendo al abuelo adoptivo de Emiliano, Escipión el Africano[5]. Pero aún más interesante es la decisión tomada por Emiliano después del saqueo. Proclamó que devolvería muchos de los artefactos culturales encontrados en Cartago a sus anteriores propietarios, los griegos de Sicilia. Citando al historiador siciliano del siglo primero Diodoro Sículo (32.25):

> Después de la captura de Cartago, Emiliano expuso todos los despojos a los enviados llegados de Sicilia. Le dijo a cada uno de ellos que recogieran cualquiera de las cosas tomadas largo tiempo atrás de sus propias ciudades por Cartago y que las devolvieran a Sicilia. Encontraron muchos retratos de hombres distinguidos, muchas estatuas de hombres exepcionales por su manufactura, y no pocos magníficos ornamentos de los dioses de oro y plata. Estaba entre ellos el famoso toro de Acragas[6].

Este acto de restauración, también atestiguado por inscripciones dedicatorias individuales, Cicerón, Valerio Máximo y Apiano, ha provocado mucha discusión y debate académicos sobre cuál habría sido el propósito y el efecto de tal decisión. Este trabajo no puede responder plenamente estas preguntas, aunque en su lugar usará este y otros episodios de la vida de Emiliano como

---

4 Los investigadores han citado particularmente este pasaje como evidencia sobre si los despojos clasificados como *manubiae* eran propiedad pública o privada del general conquistador. Churchill (1999: 96-97), en relación con el pasaje de Polibio citado anteriormente, dice que este demuestra que todo el botín era considerado propiedad pública, *contra* Shatzman (1972: 185). Este debate está más allá del alcance de este capítulo, pero acepto la visión de Churchill, de acuerdo con la mayoría del consenso moderno. Véase también Gnoli (1979: 71-104); Coudry (2009); Rosenstein (2011).

5 La naturaleza precisa, la cronología y las razones por el "juicio de los Escipiones" en *ca.* 187-184 son materia de controversia. A pesar de las contradicciones en las fuentes, es probable que el cargo haya sido robo de la propiedad pública (*peculatus*) de los despojos resultantes de la guerra siria o de la indemnización impuesta a Antíoco III en 190, o ambos, como sugiere Gruen (1990: 132). También se debe observar los juicios de Manio Acilio Glabrio en 189 (Livio, 37.57.9-58.2) y Gayo Lucrecio Galo en *ca.* 170-169 (Livio, 43.4.5-7; 43.7.5-11).

6 Ὅτι ὁ Σκιπίων μετὰ τὴν ἅλωσιν Καρχηδόνος τοῖς ἀπὸ τῆς Σικελίας κατηντηκόσι πρεσβευταῖς ἐπιδείξας ἅπαντα τὰ λάφυρα προσέταξεν ἑκάστους τὰ ἐκ τῶν ἰδίων πατρίδων εἰς Καρχηδόνα πάλαι ποτὲ μετενηνεγμένα ἐπιλεγομένους ἀποκομίζειν εἰς Σικελίαν. καὶ πολλαὶ μὲν εὑρέθησαν ἐπισήμων ἀνδρῶν γραφαί, πολλοὶ δὲ ἀνδριάντες ἐπιφανεῖς ταῖς κατασκευαῖς, οὐκ ὀλίγα δὲ ἀναθήματα διαπρεπῆ θεῶν ἀργυρᾶ τε καὶ χρυσᾶ. ἐν δὲ τούτοις ὑπῆρχε καὶ ὁ περιβόητος ταῦρος ἐξ Ἀκράγαντος.

estudios de caso sobre el rol de los objetos de lujo y los artefactos culturales en la vida política romana de mediados del siglo II a.C. Observaré cómo Emiliano usó objetos individuales, reconocibles como el toro de Acragas, como herramientas de construcción de su propia identidad pública. Argumentaré que la manipulación de tales objetos actuó como una forma simbólica de comunicación de la élite tanto para sus pares aristocráticos como para el pueblo romano, lo que le permitió a Emiliano enfatizar su posesión de dos cualidades romanas: moderación (o *frugalitas*) y generosidad (*liberalitas*).

La mayoría de nuestra evidencia sobre Emiliano y su conducta proviene básicamente de Polibio, el historiador griego que obtuvo el patronazgo de la familia de Emiliano en Roma. Polibio se convirtió en amigo de Emiliano y tutor desde su juventud, y su digresión sobre el carácter de Escipión Emiliano y sus historias domina la tradición histórica posterior[7]. Aunque solo Diodoro Sículo y Veleyo Patérculo sintetizan explícitamente esta sección, es claro que otros autores siguieron de cerca a Polibio al describir los eventos importantes de la vida de Emiliano. En la medida en que Polibio mantuvo una amistad con Escipión durante la tercera guerra púnica y lo acompañó en las campañas, mucha de la recepción positiva de la conducta de Emiliano en esta guerra y otras en las fuentes literarias se debe a Polibio[8]. Esto puede resultar frustrante puesto que es difícil evaluar el grado por el cual rivales contemporáneos, oponentes políticos, y víctimas de sus conquistas, criticaron los logros de Emiliano. Pero, como han afirmado muchos estudiosos, es probable que el retrato de Polibio nos permita entender cómo Emiliano quería presentarse a sí mismo[9]. En este sentido, resulta una evidencia útil para la auto-construcción de Emiliano.

Volviendo a la devolución de los artefactos culturales de los sicilianos en el 146, consideraré ahora cuál fue el efecto de este gesto en términos más generales antes de enfocarme en los objetos

---

7 Polibio, 31.23-25.1; Diodoro Sículo, 31.26.3-6; Veleyo Paterculo, 1.12-1.13; Dión Casio, 22, fr. 76.

8 Se debe notar las similitudes entre el relato de Polibio sobre la tercera guerra púnica y el saqueo de Cartago, y las narrativas de otros autores: Polibio, 18.35.9-12, 38.19-22; Zonaras, 9.30; Apiano, *Guerras púnicas*, 130-135; Diodoro Sículo, 32.34-25.

9 Ver Pittenger (2008: 253-255) acerca de este argumento sobre Polibio y Lucio Emilio Paulo.

mismos. Como la casi mayoría de las fuentes atestiguan, Emiliano devolvió específicamente artefactos sagrados que los cartagineses habían tomado de las ciudades griegas de Sicilia, en algunos casos siglos antes[10]. Los investigadores han dado varias explicaciones acerca de la decisión de Emiliano de ofrecer estas restituciones. Una posibilidad es que las mismas, como un acto de *pietas*, eran un medio para procurarse clientes en esas comunidades sicilianas[11]. El traslado de los artefactos mismos desde Cartago, muchos de los cuales eran representaciones divinas, puede también haber constituido una afirmación religiosa acerca del abandono de Cartago por parte de los dioses después de su destrucción (Purcell, 1995: 141). Y la decisión de Escipión era un poderoso mensaje sobre la defensa de Roma del mundo helenístico, como sugiere la interpretación de sus donaciones por parte de Cicerón en sus *Verrinas*[12]. Este mensaje era particularmente urgente en 146, dado el desarrollo de la guerra aquea y la creciente impopularidad del imperio de Roma entre sus aliados y súbditos griegos[13].

Estas interpretaciones consideran el efecto de la restauración en los sicilianos y en el conjunto del mundo griego, y todas son posibles. Pero en el resto del capítulo me centraré en un aspecto de esta decisión frecuentemente ignorado: su efecto en las audiencias romanas, y en particular, cómo Emiliano desplegó artefactos culturales individuales del saqueo de Cartago para comunicar ciertas virtudes de la élite romana. Apiano, al discutir sobre la restauración de estos artefactos culturales, argumenta que, a través de ese acto, "Emiliano se ganó mayormente a la gente (romana) para sí, como alguien que era benevolente con el poder"[14]. ¿Pero

10 Livio, *Periocas*, 51; Cicerón, *Verrinas*, 2.1.11; 2.2.85-88; 2.4.72-93; Diodoro Sículo, 32.25; Valerio Máximo, 5.1.6; Plutarco, *Moralia*, 200B; Apiano, *Guerras púnicas*, 133; Eutropio, 4.12.2.

11 Astin (1967: 77); Rutledge (2012: 53-56); Cadario (2014: 93-94). De modo más general, Yarrow (2006: 68) argumenta que esto fue un intento de forjar relaciones positivas con los aliados sicilianos.

12 La evidencia ciceroniana se discutirá con mayor detalle luego. Astin (1967: 77); Gruen (1992: 117-118); Miles (2008: 98-99). Ferrary (1988: 578-588) afirma que Escipión estaba imitando conscientemente a Alejandro.

13 Polibio, 36.9, en relación con diferentes opiniones griegas sobre Roma durante la tercera guerra púnica; aunque, como indica Walbank (1979: 663), Polibio no se compromete con ninguna de las opiniones que presenta.

14 Apiano, *Guerras púnicas*, 133: ὃ καὶ μάλιστα αὐτὸν ἐδημαγώγησεν ὡς μετὰ τοῦ δυνατοῦ φιλάνθρωπον.

por qué otorgar los expolios de Cartago a los sicilianos habría causado que Emiliano obtuviera popularidad en Roma?

Parte de la respuesta yace en el contexto de la cultura política en Roma a mediados del siglo II a.C. En este período los magistrados romanos que conducían guerras a través del Mediterráneo frecuentemente, al volver a sus hogares, enfrentaron controversias por parte del senado y del pueblo. Algunos fueron juzgados por sus fechorías. Por ejemplo, en 151-150, cinco años antes del saco de Cartago, el pretor Servio Sulpicio Galba había masacrado a los lusitanos en Hispania después de haber acordado con ellos la firma de un tratado[15]. Apiano cita su codicia por el botín como una razón para esta decisión, que llevó al juicio (posible) de Galba[16]. En la tercera guerra macedónica entre 171-168, el senado romano responsabilizó a varios comandantes por maltratar a los aliados y apropiarse indebidamente de sus ornamentos religiosos[17]. Los tribunales condenaron y multaron a los pretores Gayo Lucrecio Galo y Publio Licinio Craso, por ejemplo[18]. Lucio Emilio Paulo, padre natural de Emiliano, se enfrentó a un escándalo de tipo distinto cuando, después de derrotar a Perseo en Pidna, sus propios soldados intentaron bloquear su triunfo, quejándose de que no les había dado lo suficiente en el saqueo[19]. Claramente existían inquietudes y debates en la sociedad romana de mediados del siglo II sobre cómo los magistrados trataban el botín mientras

15 Sobre Galba, ver "Sulpicius", en *Realencyclopädie der classischen Altertumswissenschaft*, 58; Broughton (1951: 455), sobre la pretura de Galba. La fuente principal para sus campañas es Apiano, *Hispania*, 58-60. Cf. también Livio, *Periocas*, 48.22; Suetonio, *Galba*, 3.2; Valerio Máximo 9.6.2; Orosio, 4.21.3, 10. Los *Orígenes* de Catón el viejo finalizan con la campaña lusitana de Galba y el saqueo a los lusitanos (Nepote, *Catón*, 3.3).

16 Apiano, *Hispania*, 60; Cicerón, *Bruto*, 89-90; *Sobre el orador*, 1.227-228; Livio, *Periocas* 49.17-20; Catón, fr. 12, 196-199 (*ORF* [Malcovati]); Valerio Máximo, 8.1.2; Ps. Asconio, *Cecilio*, 66 (Stangl, p. 203). Hay un debate sobre si ocurrió efectivamente un juicio o simplemente una fallida *rogatio* para instituir un juicio ante el pueblo. Ver Richardson (1986: 138-139) sobre la opinión de que no hubo juicio. Sobre la rogación: Brennan (2000: 174-176).

17 Lintott (1981: 166); Forsythe (1988: 113-114); Feig Vishnia (1996: 137-139); Betts & Marshall (2013: 43-45).

18 Livio, 43.8.9-10; *Periocas*, 43.1; Zonaras, 9.22 (Dión Casio, fr. 66).

19 Livio, 45.35-40; Plutarco, *Paulo*, 29-30. Sobre este triunfo impugnado, ver especialmente el profundamente esclarecedor análisis de la narrativa de Livio proporcionado por Pittenger (2008: 246-274). Cf. Itgenhorst (2005: 155-156, 213-215); Beard (2007: 242, 244).

estaban en el exterior. Un posible efecto de estas controversias fue la creación del primer tribunal permanente de Roma en el 149, el tribunal sobre *repetundae* (extorsión), que permitió la devolución de objetos y riqueza robados y extorsionados a los aliados luego de la condena de un exmagistrado[20].

Pero ocurrió otra reacción a través de la conducta de las élites individuales, que comenzaron a enfatizar distintas virtudes e impulsaron nuevos *exempla*. Este nuevo foco está ejemplificado mejor por la retórica de Catón el viejo. Por ejemplo, en un discurso titulado *Sobre su propio gasto* (*De sumptu suo*), exclama (*ORF* [Malcovati], fr. 173 y 203):

> Nunca he distribuido mi dinero o el de mis aliados por causa de la ambición. Nunca establecí prefectos a través de las ciudades de sus aliados para que ellos pudieran saquear sus bienes y niños. Nunca dividí los botines de guerra, o cualquier cosa capturada al enemigo o *manubiae*, entre un pequeño grupo de mis amigos y los arrebaté a aquellos que lo habían obtenido… Nunca entregué dinero para la distribución de vino a mis ayudantes y amigos, ni los hice ricos en detrimento de los bienes públicos[21].

La retórica de Catón enfatiza aquí que él se niega a tomar cualquier cosa que pueda atribuirse a los aliados del pueblo romano en su propio beneficio o el de sus amigos. Al mismo tiempo, insiste sobre su generosidad hacia sus propios soldados, según su afirmación de que él nunca había robado el botín de guerra a quienes se lo habían apropiado.

Como Neil Coffee (2017: 48-50, 55-57) ha argumentado en un libro reciente, Catón y otros senadores de mediados del siglo II apelaron cada vez más a dos virtudes: *frugalitas* (moderación), y

---

20 Los estudios sobre la *lex Calpurnia de repetundis* y la creación de esta *quaestio* es extensa. Los tratamientos recientes más importantes incluyen Eder (1969: 51-57); Lintott (1981: 166-167); Forsythe (1988: 110-111); Riggsby (1999: 126-129); Clark (2014: 151-154). No acepto los argumentos de Richardson (1987) y Betts & Marshall (2013: 47-60) de que el tribunal de las *repetundae*, puesto que usaba el procedimiento civil de la *legis actio sacramento*, solo trataba los robos a los ciudadanos romanos y no a los aliados y súbditos.

21 *Numquam ego pecuniam neque meam neque sociorum per ambitionem dilargitus sum; numquam <ego> praefectos per sociorum vestrorum oppida imposivi, qui eorum bona liberos diriperent; numquam ego praedam neque quod de hostibus captum esset neque manubias inter pauculos amicos meos divisi; ut illis eriperem, qui cepissent… numquam ego argentum pro vino congiario inter apparitores atque amicos meos disdidi, neque eos malo publico divites feci.*

liberalitas (generosidad). Lucio Emilio Paulo enfatizó su propia moderación durante la tercera guerra macedónica, al advertir sobre la cantidad de los despojos que él había concedido al tesoro público y sobre el hecho de que no había tomado nada para su uso personal o de su familia, aparte de la biblioteca del rey Perseo, un regalo para sus hijos.[22] De forma similar, Catón criticó a aquellos senadores y generales que hacían ostentación del saqueo público en contextos privados. Como señala en un discurso titulado *Con el fin de que el botín sea devuelto al pueblo* (*ORF* [Malcovati], fr. 98):

> Me maravillo de que ellos sean audaces y no tengan escrúpulos religiosos, y que coloquen estatuas y pinturas de los dioses, imitaciones de las formas de los dioses, en sus casas como si fueran muebles[23].

Estas exposiciones privadas de despojos capturados tal vez podrían haber merecido un cargo de robo de la propiedad pública (*peculatus*), como evidencian los juicios de Lucrecio y Casio durante la segunda guerra macedónica. Pero había sido una costumbre decorar las casas de las élites con *spolia* –en general, armas, armaduras y espolones de embarcaciones apropiadas en el combate–[24]. Y Polibio sugiere que se volvió común hacer lo mismo con los artefactos griegos capturados en las casas privadas durante los asedios a fines del siglo tercero y principios de segundo[25]. La exposición del saqueo en contextos privados cae por lo tanto en una especie de área legal gris, incluso si el criticismo de tales prácticas se incrementó a mediados del siglo II[26].

---

22 En la medida en que dos de los hijos de Paulo que no habían sido adoptados por otras familias murieron durante las campañas, sus otros dos hijos, Escipión Emiliano y Fabio Emiliano, deben haber hecho uso de esta biblioteca. Ellos heredaron la propiedad de Paulo luego de su muerte (Polibio, 31.28.1-2).

23 *Uti Praeda in Publicum Referatur*: *miror audere atque religionem non tenere, statuas deorum, exempla earum facierum, signa domi pro supellectile statuere.*

24 Sobre los *spolia* y los artefactos saqueados en la *domus* romana, ver Polibio, 6.39.10; Livio, 23.23.6; Suetonio, *Nerón*, 38.2; Rawson (1991: 582-585); Welch (2006: 102-124, esp. 110-112).

25 Polibio, 9.10.12-13. Sobre este pasaje ver Welch (2006: 103-104), que argumenta que Polibio elogia a los romanos por evitar la colocación de objetos sagrados en casas privadas en un pasaje de otra forma crítico sobre el saqueo romano de artefactos culturales. Acerca de la crítica de Polibio al pillaje romano de manera más general, cf. Miles (2008: 82-85); Williams (2012: 281-283).

26 Churchill (1999: 114-115) y Rosillo-López (2010: 19-20) sobre la aplicabilidad del término “área gris”, usado en estudios sobre corrupción moderna, a algunas prácticas en la república romana.

Emiliano siguió los precedentes avanzados por su padre natural, evitando así la controversia. En efecto, su manejo de los expolios igualó la auto-construcción de su imagen en general. De acuerdo con Polibio, Emiliano buscó obtener una reputación de auto-control (σωφροσύνη), en particular en comparación con otros jóvenes, y procuró distinguirse a través de su magnanimidad (μεγαλοψυχία) y pureza (καθαρότης) en asuntos financieros (Polibio, 31.25.2-3, 9-10). Los actos individuales de generosidad formaron la base para su reputación y podrían actuar como evidencia del carácter de Emiliano tal como lo describió Polibio. Aunque estos términos griegos no se corresponden precisamente con las palabras latinas *frugalitas* y *liberalitas*, la descripción de Polibio sugiere que Emiliano estaba exponiendo concientemente esas virtudes. Para Polibio (31.28.1-6), el regalo que Emiliano le dio a su hermano Fabio Máximo Emiliano de la mitad de la herencia que recibió de Emilio Paulo fue una de esas muestras de virtud, a la luz del relativo empobrecimiento de Fabio.

La devolución de los artefactos culturales sicilianos forma parte de este discurso y comunicaba a sus compañeros senadores y al *populus romanus* que él había actuado con moderación y generosidad en Cartago, previniendo posibles críticas a su conducta. Yo sostengo que este gesto fue particularmente efectivo porque Emiliano devolvió objetos que eran famosos y reconocibles. Las *Verrinas* de Cicerón testifican el efecto que estas devoluciones singulares tuvieron en las comunidades sicilianas y en las audiencias romanas. Las donaciones a Termas son un ejemplo interesante. En el segundo discurso no publicado de la *actio secunda* en el juicio contra Verres por extorsión, Cicerón se centra en el caso de Estenio de Termas (*Verrinas*, 2.2.82-118). Según Cicerón, Verres había procesado a Estenio de Termas con una acusación capital ficticia porque Estenio se había opuesto al saqueo de Verres de las estatuas erigidas en espacios públicos de la ciudad. Estas eran estatuas que Emiliano había devuelto al pueblo de Termas, que era descendiente de los ciudadanos de Hímera, una ciudad siciliana que los cartagineses habían saqueado en el 408 (Cicerón, *Verrinas*, 2.2.85-88). Los artefactos incluían estatuas de bronce del poeta himerense Estesícoro, de una cabra y de una mujer representando a Hímera. De acuerdo con Cicerón, el efecto de este presente para Termas fue una renovación de la identidad de la comunidad himerense. Él coloca a Emiliano y a Roma como cofundadores de Hímera después de su destrucción por los cartagineses, quienes juegan el papel de enemigos bárbaros de los griegos.

La retórica de Cicerón, indudablemente exagerada, es parte de su intento de implicar a Verres en una variedad de delitos. Los presentes de Emiliano son particularmente útiles para Cicerón, porque no son solo objetos que pertenecen a extranjeros, sino también *monumenta* del pueblo romano y de los Cornelios Escipiones[27]. Esta retórica, sin embargo, tiene su fundamento en el significado del gesto de Emiliano en el siglo II. Hímera y Termas, por ejemplo, tienen importancia simbólica en el más amplio mundo griego. Hímera era famosa como el sitio de la batalla entre los cartagineses y los griegos sicilianos en el 480, supuestamente al mismo tiempo de la derrota de la flota persa por los atenienses en Salamina, y algunos antiguos lo representaban como un símbolo del triunfo griego sobre los bárbaros en el oeste y en el este.[28] Dado que dos de los objetos devueltos eran una estatua que representaba a la misma Hímera y otra de un famoso poeta himerense, este simbolismo era particularmente poderoso. Una dedicatoria en una inscripción de Termas muestra que el mismo Emiliano, y no solo Cicerón, sacó ventaja de estas conexiones: "Publio Cornelio Escipión Africano, hijo de Paulo, cónsul, devuelve las estatuas de Cartago capturadas en Hímera a los termitanos himerenses" (*IG* XIV.315)[29]. El mismo

27 Este punto se hace explícito en Cicerón, *Verrinas*, 2.4.88, donde usa el caso del Mercurio de Tíndaris, otra devolución de Emiliano presuntamente robada por Verres, para acusar a Verres de extorsión (*repetundae*), robo de la propiedad pública (*peculatus*), y traición (*maiestas*).

28 Cf. Purcell (1995: 139) sobre el simbolismo de Hímera en el 146; de manera similar, Miles (2008: 98-99). Heródoto, 7.165-166, y Aristóteles, *Poética*, 1495a 24-27, sobre la tradición siciliana de que ambas batallas ocurrieron el mismo día, reflejando una derrota simultánea de los bárbaros tanto en el mundo griego del Este como del Oeste, como es explícitamente subrayado por Píndaro, *Pítica*, 1.73-80. Ver Feeney (2007: 43-47), sobre el significado del sincronismo, y Harrel (2006: 132-133), sobre el uso de esta tradición por parte de los tiranos sicilianos para afirmar su posición panhelénica.

29 Πόπλιος] Κορνήλι[ος Ποπλίου υἱὸς Σκιπίων Ἀφρι/καν]ὸς ὕπατος ἐ[πανακομισάμενος ἐκ Καρχηδό/ν]ος τοὺς ἐξ Ἱμέρ[ας συλθέντας ἀνδριάντας]/ Ἱμεραί[οις Θερμιτανοῖς]. Aunque la reconstrucción es especulativa, es bastante claro que esta es una inscripción del siglo II a.C. que conmemora una dedicatoria de Escipión a los himerenses. Sobre esta inscripción ver Astin (1967: 76); Ferrary (1988: 579); Gruen (1992: 117); Miles (2008: 96-97). Cf. también *CIL* 1^2.625, una inscripción de la ciudad central italiana Marruvio de los marsos (*Marruvium Marsorum*) conmemorando la donación de Es-

Emiliano asoció entonces a los termitanos con los himerenses a través de la donación de un objeto individual.

Mientras tanto, en Roma, Cicerón sostiene que estos favores ligaban esas estatuas con la memoria de Emiliano para siempre. Existe cierta verosimilitud en tal afirmación, en la medida en que cada devolución estaba acompañada por una inscripción y habría sido atestiguado por los agradecidos sicilianos. Se habría esperado de sus descendientes que mantuviesen estas estatuas y su memoria[30]. Emiliano también publicitó sus regalos a los sicilianos en Roma, incluso cuando la ciudad recibió su propia parte de riqueza y objetos extranjeros, algunos enviados antes de su retorno, otros exhibidos por primera vez durante su triunfo[31]. Este triunfo habría formado un espacio de promoción, ya que él indudablemente había anunciado los tesoros que había capturado en los *tituli*. La estatua de Estesícoro, la Diana de Segesta, el toro de Acragas, el Mercurio de Tíndaro no deben de haber sido mostradas en el triunfo, pero Escipión podría desautorizar las críticas como las que Catón le había hecho a Glabrio: que él había visto ciertos vasos de oro y plata en el campo de Antíoco III que no habían aparecido en el triunfo de Glabrio (Livio, 37.57.13-14). Habrían circulado historias sobre la generosidad de Emiliano y los objetos que había devuelto. Una centuria más tarde, Diodoro Sículo vio la famosa estatua del toro de Acragas, que, según se decía, había sido usada por el tirano Falaris como un instrumento de tortura en el siglo sexto. Diodoro está sorprendido por la devolución del toro, al ligar este acto con la misma fortuna (τύχη), en particular desde que previamente se creía que la famosa estatua se había perdido[32]. Para cada observador del toro, como Diodoro,

---

cipión de los despojos de Cartago, y Cicerón, *Verrinas*, 2.4.74, que cita la inscripción de la base de la estatua de Diana en Segesta devuelta por Emiliano.

30 Esta es la relación entre la Diana de Segesta, la inscripción de Emiliano, los sicilianos, y la memoria de Emiliano y su familia en Roma que sugiere Cicerón, *Verrinas*, 2.4.77-83. Respecto de su estrategia retórica, cf. Wallace-Hadrill (1990: 158-159); Miles (2008: 182); Frazel (2009: 86-87).

31 Cf. Hölkeskamp (2018: 451-452), sobre los despojos de Escipión en Roma, junto con Plinio, *Historia Natural*, 33.141; Apiano, *Guerras púnicas*, 133-135; Polibio, 18.35.9-11.

32 Diodoro Siculo, 13.90.5; 9.18-19; 32.25; Píndaro, *Pitia*, 1.95; Cicerón, *Verrinas*, 2.4.73-74.

aquel comunicaba continuamente la defensa del mundo griego de Emiliano y su extrema generosidad.

Emiliano manipuló la historia de estos objetos extranjeros y las normas culturales concernientes al manejo y la exhibición del saqueo para comunicar su moderación y generosidad. Vale la pena señalar que no era el único senador romano de la época que usaba el saqueo de artefactos culturales de manera innovadora para la construcción de su imagen. Lucio Mumio, que saqueó Corinto pocos meses después que Emiliano tomara Cartago, exhibió y desplegó objetos aqueos famosos que había capturado a través de Grecia e Italia con gran efecto político y fue recordado por su cuidado con ciertos artefactos culturales[33]. Como Emiliano, era alabado por su moderación, aunque también se pensaba que era inculto por su excesiva *liberalitas*. En la misma época, Quinto Cecilio Metelo Macedónico, el conquistador de Macedonia en la cuarta guerra macedónica, usó los expolios para construir y decorar el innovador Pórtico de Metelo en el Campo de Marte. La atracción principal era el monumento de Gránico, un grupo de veintiseis estatuas ecuestres que representaban a Alejandro Magno y sus compañeros, esculpidas por Lisipo[34]. La elección de Emiliano de la devolución a los sicilianos fue entonces solo un método de comunicación utilizando objetos saqueados.

Otros pocos episodios de la vida de Emiliano testimonian su uso de objetos individuales y artefactos culturales como herramientas de comunicación y construcción de su propia imagen. Una anécdota proviene de la digresión de Polibio sobre cómo Emiliano intencionalmente obtuvo una reputación de generosidad. Inmediatamente después de la muerte de su abuela por adopción, Emilia, heredó una fortuna de su parte, después de todo ella era la viuda de Escipión Africano. En la herencia estaban incluidas joyas de oro y plata de Emilia, cestas, copas, decoraciones de carruajes,

33 Gruen (1992: 123-129); Yarrow (2006: 58-59); Miles (2008: 73-74); Cadario (2014: 93-97). Cf. Hölkeskamp (2018: 453-454), sobre la competición entre Emiliano y contemporáneos como Mumio.

34 Calcani (1989: 43-48); Russell (2016: 145-146). Testimonios sobre el monumento de Gránico: Flavio Arriano, *Anábasis*, 1.16.4; Plutarco, *Alejandro*, 16.15-16 (una versión ligeramente diferente a la de Arriano); Aristóbulo, *FGrH* 2.139, fr. 5; Plinio, *Historia Natural*, 34.64.

ropas, utensilios sacrificiales y esclavos[35]. Emiliano le dio entonces todos esos objetos a su madre por nacimiento, Papiria, sobre quien Polibio dice que no tenía los suficientes medios como para mantener su estatus de aristócrata. Aunque Papiria previamente había permanecido en su casa durante los sacrificios públicos, entonces

> ... cuando ella salió vestida con la ropa y el esplendor de Emilia, y junto con tales cosas tenía la posesión de los *mismos* muleros, mulas y carruajes de Emilia, ocurrió que todas las mujeres que la vieron quedaron sorprendidas por la bondad y generosidad de Escipión... Esta fue, por lo tanto, la primera base para su reputación de nobleza, la que avanzó rápidamente (Polibio, 31.26.7-8, 10).

Cuando Papiria murió Emiliano repitió el gesto, garantizando estos objetos para sus hermanas, a pesar de que ellas carecían de capacidad legal alguna para reclamarlos. La posesión de los ornamentos procesionales de Emilia (y ahora de Papiria) renovaron su reputación (Polibio, 31.28.8-9).

Estos pasajes proveen una interesante evidencia de la cultura del lujo del siglo II, mostrando a la vez cómo las mujeres aristocráticas usaban vestimentas para mantener el estatus y cómo los senadores exhibían su generosidad con bienes de lujo para obtener una reputación para logros políticos[36]. Los investigadores, sin embargo, frecuentemente ignoraron la razón del efecto preciso que crearon Papiria y Emiliano. Las mujeres que miraban estaban sorprendidas no solo porque esos objetos eran lujosos, sino porque reconocían las ropas específicas, los ornamentos, esclavos, animales y el carruaje de Emilia[37]. Polibio insinúa que los romanos eran capaces de distinguir los vestidos, adornos, y (menos sorprendentemente) los esclavos que pertenecían a individuos romanos de la élite. Los senadores y sus familias podían utilizar el efecto visual causado por tal reconocimiento en su provecho. Y, así como los artefactos culturales de Cartago, Emiliano usó

---

35 Como Annie Truetzel me ha señalado (*com. pers.*), estos objetos podrían haber pertenecido al saqueo de Africano en la segunda guerra púnica.

36 Acerca de este pasaje en el contexto de la legislación suntuaria y el poder político, ver Astin (1967: 32); Walbank (1979: 499, 503-504); Eckstein (1995: 80-81). Sobre el contexto económico y social detrás de la herencia de Emilia, ver Dixon (1985: 151-156). Cf. Olson (2008: 96-104), sobre los ornamentos y el estatus de la élite femenina más en general.

37 Ver Korortbojian (2008: 71-73), sobre la interacción entre la identidad individualizada, la vestimenta y la gala.

objetos individuales para hacer una declaración sobre cómo él había restaurado el mundo en la forma en que debía haber sido: los sicilianos recuperaron sus dioses y tesoros, mientras Papiria y sus hermanas obtuvieron su estatus propio como damas de élite apropiándose de los ornamentos de los Cornelios Escipiones.

De forma similar, un episodio final de la vida de Emiliano muestra que él también era capaz de reconocer el efecto simbólico potencialmente negativo de ciertos objetos. El epitomista de Livio (*Periocas*, 57) registra que, en medio del sitio de Numancia en el 134, Emiliano recibió magníficos regalos del rey seléucida Antíoco VII:

> Aunque era costumbre que otros comandantes escondiesen los regalos de los reyes, Emiliano dijo que los aceptaría frente a un tribunal, y ordenó a su cuestor que diera entrada a todos esos objetos en las cuentas públicas (*publicae tabulae*). De allí serían otorgados los regalos para sus bravos soldados[38].

¿Por qué Emiliano dispuso de los regalos reales de esta forma? Probablemente estaba subvirtiendo el tipo de histeria que podría envolver a los senadores, de quienes se rumoreaba que poseían objetos reales.

Por ejemplo, un año después, enemigos del tribuno Tiberio Sempronio Graco lo acusarían de haberse apoderado de la diadema real y la toga púrpura de Átalo III de Pérgamo, y usaron esos objetos como prueba de que el objetivo de Graco era obtener el dominio sobre Roma[39]. Emiliano evitó una controversia potencial de ese tipo canalizando los regalos de Antíoco dentro de un modo de comportamiento considerado aceptable unánimemente para un general romano: dar a los soldados bajo sus órdenes regalos por su bravura, mostrando su *liberalitas.* Pero el uso de los libros de contabilidad públicos para el registro de los regalos privados era también una poderosa afirmación sobre la integridad personal y la

38 *Cum celerare aliis imperatoribus regum munera mos esset, pro tribunal accepturum se esse dixit omniaque ea quaestorem referre in publicas tabulas iussit: ex his se viris fortibus dona esse daturum.* Cf. Rajak (2002: 91-93) para una reconstrucción del contexto seléucida para este regalo. Antíoco VII debe de haber estado buscando el apoyo de Escipión de manera que los romanos reconocieran su reinado en medio de su guerra contra el reino judío asmoneo.

39 Plutarco, *Tiberio Graco*, 14.2. Cf. Salustio, *Guerra de Yugurta*, 31.7, y Cicerón, *Sobre la amistad*, 41, para otras acusaciones de que Tiberio estaba buscando el poder real.

frugalitas de Emiliano[40]. Él depositaría más tarde esos libros ya sea en el *tabularium* en la colina del Capitolio, o más probablemente en el tesoro del templo de Saturno en el foro. Estos funcionaban como un registro documental público de que él había tratado adecuadamente los objetos reales, comunicando al pueblo romano su moderación y generosidad[41].

En este texto, he argumentado que, para entender plenamente la singular decisión de Emiliano de devolver los artefactos saqueados por Cartago a los sicilianos, debemos considerar cómo él utilizó los objetos individuales como herramientas retóricas para comunicar sus virtudes públicas a diferentes audiencias: sicilianos, griegos, el pueblo romano y otros senadores. Los episodios de la vida de Emiliano ofrecen un estudio de caso sobre el poder de los objetos extranjeros y de lujo para la comunicación de la élite romana republicana del siglo II a.C. A partir de ciertas formas de tratamiento de estatuas, pinturas, joyas, ropas y regalos reales, los senadores podían ganar y mantener sus reputaciones personales de moderación, generosidad, piedad y otras virtudes. La exposición de tales virtudes los ayudaba a evitar posibles reacciones legales y políticas por saqueos inapropiados mientras estaban en el exterior. He discutido gestos y modos de comportamiento registrados por las fuentes literarias, con alguna evidencia epigráfica. Pero quisiera terminar volviendo a la idea del efecto visual, del tipo que creó Papiria cuando apareció con los bienes de lujo de Emilia. El así llamado "Gobernante de las Termas", una famosa estatua de bronce encontrada en Roma en el siglo XIX, provee un ejemplo similar. Aunque la mayor parte de los investigadores está de acuerdo en que fue creada en el siglo II y que la base de la estatua era del desnudo de bronce de Alejandro Magno de Lisipo, hay poco consenso sobre quién es el sujeto de la estatua. Más importante para nuestros propósitos, hay desacuerdo sobre si es una estatua de un gobernante helenístico o un senador romano representado en un estilo real helenístico, y

40 El tratamiento más extenso del frecuentemente impreciso vocabulario de los "libros de contabilidad", registros y documentos durante la República romana es Thilo (1980: 170-181).

41 El *tabularium* tradicionalmente ha sido visto como el lugar en el cual las *tabulae publicae* se depositaban, pero se entregaban registros en particular en el *aerarium*, al menos durante la república tardía. Véanse, sin embargo, los argumentos de Culham (1989: 104-105), quien correctamente indica que los senadores dejaban muchas tablillas públicas en sus propias casas.

por lo tanto si la estatua fue hecha en Italia o en Grecia[42]. Muchos de los argumentos en contra de que la estatua sea griega, como su lugar de hallazgo italiano y la carencia de una diadema en ella, son poco convincentes[43]. Incluso así su identificación precisa es imposible. Me gustaría, sin embargo, llamar la atención sobre un aspecto de la estatua que ha recibido poca atención: su inscripción en el estómago, localizada justo encima del ombligo.

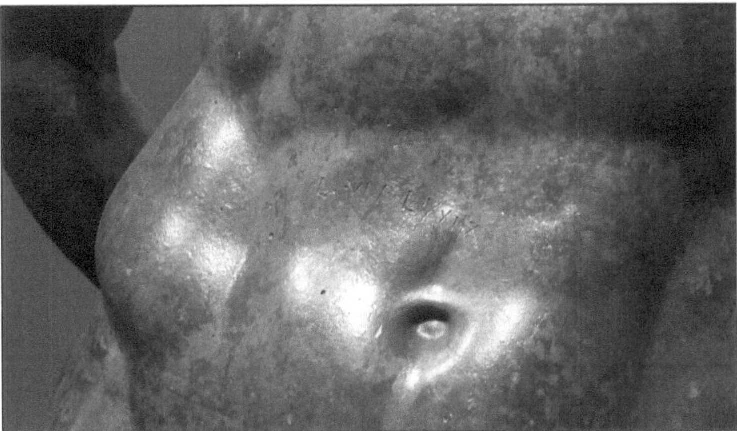

El "Gobernante de las Termas" en el Palazzo Massimo alle Terme en Roma. Foto por Carolyn Tobin.

La inscripción se lee *L. VI. P. L. XXIIX*. Las abreviaciones son en general indescifrables, particularmente "P" y la segunda "L". Sin embargo, las primeras dos palabras son probablemente *loco sexto*,

42 La bibliografía sobre la estatua es extensa, y el debate sobre su identidad se remonta hasta el siglo XIX. Las contribuciones importantes incluyen a Carpenter (1927: 160-168), quien argumenta que la estatua representa a un senador romano del siglo I a.C.; Smith (1988: 84-85), se inclina por un origen helenístico oriental para la estatua; Lehmann (1997: 107-130), cuya identificación de la estatua con Átalo II como príncipe es la más comúnmente aceptada, incluso si su afirmación de que Metelo Macedónico capturó la estatua es especulativa; Papini (2004: 439-442), el más reciente en afirmar una identificación romana, en este caso Gneo Manlio Vulso; Hallet (2005: 145-148), quien desarticula los argumentos en favor de que la estatua sea romana y está de acuerdo con que se trata de una estatua real helenística. Correctamente permanece cauto respecto de que se pueda probar su identidad de alguna forma.

43 Como para Hallett (2005: 145-148), quien apunta a las estatuas reales helenísticas sin diademas, incluyendo las de príncipes. De allí la identificación popular de la estatua como Átalo II de Pérgamo como príncipe. El descubrimiento de la estatua en Roma en el contexto del siglo IV d.C. no nos dice nada sobre si fue hecha en Italia o en Grecia, dada la importación en masa de artefactos culturales griegos desde el siglo II en adelante.

que significa que la inscripción completa es un número de inventario para la estatua (Himmelmann, 1989: 205-207; Ridgway, 1997: 308). Aunque el restaurador de la estatua ha datado la inscripción en el siglo II o comienzos del I a causa de su estilo de letra, no hay garantías de que haya sido realizada al mismo tiempo que la estatua fue hecha o importada. El hecho de que se trate de un número de inventario, sin embargo, sugiere que fue importada de algún lugar y no encargada en Italia por un senador romano (Davies, 2017: 118-119). Si la estatua es de un gobernante helenístico y si un ejército romano la hubiera saqueado en el oriente helenístico, y si la inscripción es incluso algo contemporánea, entonces provee un excelente testimonio para la cultura de la contabilidad en medio del siglo II, y de las formas en que los generales romanos, su personal y su hogar organizaban los objetos que daban al "público".

En efecto, la inscripción es sorprendentemente visible en el frente de la estatua, especialmente si se la compara con otros objetos del período republicano encontrados con números de inventario sobre ellos[44]. El emplazamiento de la inscripción en ese lugar visible probablemente haya sido intencional, ya que hay una inscripción menos visible del mismo estilo en el muslo derecho del "Gobernante de las Termas", que dice *MAR*. El significado de estas letras es desconocido, pero es sorprendente que el grabador eligiera hacer una inscripción más evidente que la otra. El observador romano de la estatua, viendo el número de inventario, habría tenido así la prueba visual del uso de un adecuado registro por parte del dedicante. Este número, junto con la estatua y una base con una inscripción registrando al dedicante, habría sido una poderosa afirmación sobre la *frugalitas* y la *liberalitas* de un senador. El "Gobernante de las Termas" entonces presenta una auto-construcción de imagen del mismo tipo que utilizó Escipión Emiliano en su muestra del registro de los regalos reales en los informes públicos, pero a través del medio de la misma estatua. Saquear objetos culturales y objetos de lujo formaba un importante método de comunicación para la élite romana en el siglo II.

---

44 Cf. el número de inventario en la base de la estatua dedicada por el *magister equitum* Marco Minucio en *ca.* 217 a Hércules: la inscripción en el frente de la base registra la dedicatoria (*CIL* 6.284 = *ILS* 11 = *ILLRP* 118), y en el costado de la base está inscripto el número de inventario (*L. I. XXVI*). También hay un número de inventario (*L. I. XXIIX*) en la pata posterior izquierda de un caballo de bronce del período republicano, encontrado en el Trastevere y ahora en el Museo Capitolino.

Bibliografía

Astin, A.E. (1967). *Scipio Aemilianus*, Oxford.

Beard, M. (2007). *The Roman Triumph*, Cambridge, MA.

Betts, I.M. & Marshall, B.A. (2013). "The *lex Calpurnia* of 149 BC", *Antichthon*, 47, 39-60.

Brennan, T.C. (2000). *The Praetorship in the Roman Republic*, Oxford.

Broughton, T.R.S. (1951; 1952; 1986). *The Magistrates of the Roman Republic*, Atlanta, 3 vols.

Cadario, M. (2014). "Preparing for Triumph: *Graecae Artes* as Roman Booty in L. Mummius' Campaign (146 BC)", en C.H. Lange & F.J. Vervaet (eds.), *The Roman Republican Triumph beyond the Spectacle*, Rome, 83-97.

Calcani, G. (1989). *Cavalieri di bronzo. La torma di Alessandro opera di Lisippo*, Roma.

Carpenter, R. (1927). "The 'Hellenistic Ruler' of the Terme Museum", *American Journal of Archaeology*, 31, 160-168.

Churchill, J.B. (1999). "*Ex qua quod vellent facerent*: Roman Magistrates' Authority over *Praeda* and *Manubiae*", *Transactions of the American Philological Association*, 129, 85-116.

Clark, J.H. (2014). *Triumph in Defeat: Military Loss in the Roman Republic*, Oxford.

Coffee, N. (2017). *Gift and Gain: How Money Transformed Ancient Rome*, Oxford.

Coudry, M. (2009). "Partage et gestion du butin dans la Rome républicaine: procédures et enjeux", en M. Coudry & M. Humm (eds.), Praeda. *Butin de guerre et société dans la Rome républicaine*, Stuttgart, 21-79.

Culham, P. (1989). "Archives and Alternatives in Republican Rome", *Classical Philology*, 84, 100-115.

Davies, P. (2017). *Architecture and Politics in Republican Rome*, Cambridge.

Dixon, S. (1985). "Polybius on Roman Women and Property", *American Journal of Philology*, 106, 147-170.

Eckstein, A.M. (1995). *Moral Vision in the* Histories *of Polybius*, Berkeley.

Eder, W. (1969). *Das vorsullanische Repetundenverfahren*, Berlin.

Feeney, D.C. (2007). *Caesar's Calendar: Ancient Time and the Beginnings of History*, Berkeley.

Feig Vishnia, R. (1996). *State, Society and Popular Leaders in Mid-Republican Rome 241-167 BC*, London.

Ferrary, J.-L. (1988). *Philhellénisme et impérialisme. Aspects idéologiques de la conquête romaine du monde hellénistique, de la seconde guerre de Macédoine à la guerre contre Mithridate*, Rome.

Forsythe, G. (1988). "The Political Background of the *lex Calpurnia* of 149 BC", *Ancient World*, 17, 109-119.

Frazel, T.D. (2009). *The Rhetoric of Cicero's* In Verrem, Göttingen.

Gnoli, F. (1979). *Ricerche sul crimen* peculatus, Milano.

Gruen, E.S. (1990). *Studies in Greek Culture and Roman Policy*, Berkeley.

Gruen, E.S. (1992). *Culture and National Identity in Republican Rome*, Cornell.

Hallett, C.H. (2005). *The Roman Nude: Heroic Portrait Statuary 200 BC-AD 300*, Oxford.

Harrell, S.E. (2006). "Synchronicity: The Local and the Panhellenic within Sicilian Tyranny", en S. Lewis (ed.), *Ancient Tyranny*, Edinburgh, 119-134.

Himmelmann, N. (1989). *Herrscher und Athlet. Die Bronzen vom Quirinal*, Milan.

Hölkeskamp, K.-J. (2018). "*Memoria* by Multiplication: The Cornelii Scipiones in Monumental Memory", en K. Sandberg & C. Smith (eds.), Omnium annalium monumenta*: Historical Writing and Historical Evidence in Republican Rome*, Leiden, 422-476.

Itgenshorst, T. (2005). Tota illa pompa. *Der Triumph in der römischen Republik*, Göttingen.

Koortbojian, M. (2008). "The Double Identity of Roman Portrait Statues: Costumes and their Symbolism at Rome", en J. Edmonson & A. Keith (eds.), *Roman Dress and the Fabrics of Roman Culture*, Toronto, 71-93.

Lehmann, S. (1997). "Der Thermenherrscher und die Fußspuren der Attaliden. Zur olympischen Statuenbasis des Q. Caec. Metellus Macedonicus", *Nürnberger Blätter zur Archäologie*, 13, 107-130.

Lintott, A. (1981). "The *leges de repetundis* and Associative Measures under the Republic", *Zeitschrift der Savigny-Stiftung für Rechtsgeschichte*, 98, 162-212.

Miles, M.M. (2008). *Art as Plunder: The Ancient Origins of Debate about Cultural Property*, Cambridge.

Olson, K. (2008). *Dress and the Roman Woman: Self-Presentation and Society*, London.

Papini, M. (2004). *Antichi volti della Repubblica. La ritrattistica in Italia centrale tra IV e II secolo a.C.*, Roma.

Pittenger, M.R.P. (2008). *Contested Triumphs: Politics, Pageantry and Performance in Livy's Republican Rome*, Berkeley.

Purcell, N. (1995). "On the Sacking of Carthage and Corinth", en D. Inees, H. Hines & C. Pelling (eds.), *Ethics and Rhetoric: Classical Essays for Donald Russell on his Seventy-Fifth Birthday*, Oxford, 133-148.

Rawson, E. (1991). *Roman Culture and Society: Collected Papers*, Oxford.

Richardson, J.S. (1986). Hispaniae*: Spain and the Development of Roman Imperialism, 218-82 BC*, Cambridge.

Richardson, J.S. (1987). "The Purpose of the *lex Calpurnia de repetundis*", *Journal of Roman Studies*, 77, 1-12.

Ridgway, B.S. (1997). *Fourth-Century Styles in Greek Sculpture*, Madison.

Riggsby, A.M. (1999). *Crime and Community in Ciceronian Rome*, Austin.

Rosenstein, N. (2011). "War, Wealth and Consuls", en H. Beck, A. Duplá, M. Jehne & F. Pina Polo (eds.), *Consuls and* res publica*: Holding High Office in the Roman Republic*, Cambridge, 133-158.

Rosillo-López, C. (2010). *La corruption à la fin de la République romaine (IIe-Ier s. av. J.-C.). Aspects politiques et financiers*, Stuttgart.

Russell, A. (2016). *The Politics of Public Space in Republican Rome*, Cambridge.

Rutledge, S. (2012). *Ancient Rome as a Museum: Power, Identity and the Culture of Collecting*, Oxford.

Shatzman, I. (1972). "The Roman General's Authority over Booty", *Historia*, 21, 177-205.

Smith, R.R.R. (1988). *Hellenistic Royal Portraits*, Oxford.

Thilo, R.M. (1980). *Der Codex* accepti et expensi *im römischen Recht. Ein Beitrag zur Lehre von der Litteralobligation*, Göttingen.

Walbank, F.W. (1979). *A Historical Commentary on Polybius, III*, Oxford.

Wallace-Hadrill, A. (1990). "Roman Arches and Greek Honours: The Language of Power at Rome", *Proceedings of the Cambridge Philological Society*, 36, 143-181.

Welch, K.E. (2006). "*Domi militiaeque*: Roman Domestic Aesthetics and War Booty in the Republic", en S. Dillon & K. Welch (eds.), *Representations of War in Ancient Rome*, Cambridge, 91-161.

Williams, J. (2012). "From Polybius to the Parthenon: Religion, Art and Plunder", en C. Smith & L.M. Yarrow (eds.), *Imperialism, Cultural Politics, and Polybius*, Oxford, 278-297.

Yarrow, L.M. (2006). "Lucius Mummius and the Spoils of Corinth", *Scripta Classica Israelica*, 25, 57-70.

Gobernar hablando: política y conversaciones de la élite en la República romana tardía[1]

Cristina Rosillo-López
(Universidad Pablo de Olavide, Sevilla)

¿Cómo llegan los políticos a un acuerdo entre ellos sobre un tema concreto? La respuesta habitual es: a través de procedimientos legales, justos, imparciales y claros (por ejemplo, una ley debatida en el Parlamento).

Sin embargo, esta visión ideal deja de lado dos procesos que ocurren con anterioridad: en primer lugar, la circulación de información a través de conversaciones y reuniones cara a cara; en segundo lugar, las negociaciones.

Imaginemos la posibilidad de acceder a los pasillos y trastiendas de cualquier Parlamento o Senado del mundo, con la posibilidad de que los principales políticos describan sus conversaciones y reuniones informales. Hoy en día, o en muchos períodos históricos, resulta altamente improbable que esto sucediera, ya que tales conversaciones, acuerdos y pactos informales no suelen estar al alcance del público en general o de los académicos.

Este estudio ofrece la posibilidad de analizar ese tipo de información y, así, comprender cómo la política cotidiana funcionó a través del estudio de la comunicación política informal e interpersonal entre los gobernantes, específicamente en la República romana del siglo I a.C.

Una conversación, podría definirse simplemente como un discurso que ocurre entre al menos dos personas con el propósito de establecer o mantener vínculos sociales o de intercambiar información. Las conversaciones nos definen como seres humanos: la

---

1 Este capítulo retoma parcialmente el texto publicado como "Informal Conversations between Senators in the Late Roman Republic", en C. Rosillo-López (ed.), *Political Communication in the Roman World*, Leiden, Brill, 2017, 34-51.

prueba de Turing, diseñada por primera vez en 1950 para probar si las máquinas pueden pensar, se basa en la capacidad de la máquina para participar en conversaciones humanas sin poder ser diferenciada de un ser humano. En el texto que sigue a continuación me centraré exclusivamente en las conversaciones políticas.

Para tal análisis, la República romana representa un caso ideal. El entorno geográfico resulta lo suficientemente reducido; al mismo tiempo, las comunicaciones orales constituían el principal método de obtener información dentro de la ciudad. Además, las fuentes son especialmente locuaces sobre este tema: las cartas de Cicerón y sus discursos nos permiten tener una visión sin igual de las relaciones políticas dentro de la élite romana. Cicerón describió a menudo sus intentos de conseguir información, ya sea por sí mismo o a través de su amigo Ático, y sus intentos de negociación política usando dicha información.

Además, la política romana de aquella época no estaba constituida ni controlada por partidos o familias; se establecían alianzas políticas durante un determinado período de tiempo entre individuos que compartían un interés por un tema concreto (cf. Meier, 1980; Pina Polo, 1997). Estas alianzas duraban hasta que se resolvía el problema, lo cual implicaba que los senadores debían estar siempre buscando nuevos aliados y forjando nuevas alianzas. En ese escenario, la política es un terreno siempre cambiante donde la información y las conexiones eran cruciales, de manera a conocer lo que otros políticos pretendían hacer o calcular el apoyo y la oposición en el Senado o en una asamblea. En un mundo de información imperfecta, un senador solo podía obtener de sus iguales suficiente conocimiento político para prosperar a través del esfuerzo personal, la socialización y las conversaciones informales.

Presentemos un ejemplo habitual de este tipo de mecanismos políticos. En 55, Cicerón decidió encargarse del asunto de la dedicatoria de una estatua y varias inscripciones en honor de su hermano Quinto en el templo de Tellus, ya que existía cierta oposición política a ese plan[2]. El paso más importante era sondear a los cónsules y conocer sus opiniones al respecto; Cicerón se entrevistó en privado con Pompeyo, acompañado por uno de los aliados de este último, Vibulio. Pompeyo le dio esperanzas, pero puntualizó

2 Cf. Wiseman (1966); McDermott (1971), sobre la carrera política de Quinto.

que quería debatirlo primero con su colega, el cónsul Craso, al respecto y que Cicerón debería hacer lo mismo. Aprovechando una ceremonia pública, Cicerón se encontró con Craso y su hijo para abordar el tema en una conversación privada. A través de Craso, Cicerón se enteró de cuáles eran las intenciones políticas del principal opositor al asunto, Clodio, y cómo podía evitar molestarlo para que no se negara a la dedicatoria de la estatua. Tras estas negociaciones y conversaciones, Cicerón dijo en privado a su hermano que se consideraba satisfecho con las gestiones y con la información que había reunido de manera informal a través de los cónsules, y especialmente con haber logrado que Pompeyo hablara con Craso sobre el asunto[3].

La estrategia de Cicerón para encontrar una solución a su problema se basó en conversaciones: sondeó informalmente a ambos cónsules en busca de sus opiniones, y así se tuvo conocimiento sobre las intenciones de su enemigo e intentó encontrar una solución al problema de Quinto. En este contexto, el conocimiento y la información sobre las intenciones de otros senadores constituía algo que todos buscaban. ¿Cómo podrían los políticos conseguirla? Los senadores tenían que depender de la socialización con otros políticos, las conversaciones y los lazos con otros senadores para obtener información.

Este capítulo intenta analizar las estrategias y procedimientos de comunicación personal entre la élite política a través de las siguientes cuestiones: 1) ¿por qué los romanos preferían tratar temas políticos cara a cara?; 2) ¿cómo y dónde podían los senadores tener acceso a otras personas?

¿Por qué cara a cara?

La existencia de aproximadamente novecientas cartas escritas por Cicerón o dirigidas a él representa una evidencia tan abrumadora que podría llevar a considerar que la escritura era el medio de comunicación preferido de la élite romana. Sin embargo, debe tenerse en cuenta que tales cartas constituían un medio de comunicación empleado en general solo cuando las personas no

3 Sobre la relación de Cicerón y Pompeyo, cf. Holliday (1969); Rawson (1978); Williams (2013).

podían reunirse. Si era posible, los políticos romanos prefirieron verse y discutir asuntos políticos en persona. Sin embargo, esto no es exclusivo del sistema político romano, del mundo antiguo o incluso de las sociedades preindustriales. Incluso hoy en día, cuando las distancias son mayores y existen medios que permiten la comunicación instantánea, los políticos se encuentran cara a cara cada cierto tiempo en conferencias informales. Los políticos romanos se esforzaron por encontrarse a pesar de los obstáculos geográficos o políticos o en circunstancias desfavorables.

Los intercambios orales fueron de hecho el método preferido para la política informal, debido a su flexibilidad, el tema delicado de muchas de estas conversaciones, y la posibilidad tantear al interlocutor, entre otras razones. Estas reuniones cara a cara cimentaban las relaciones y los vínculos políticos. Sin embargo, no tendríamos datos sobre estas reuniones directas si algunas de ellas no hubieran sido mencionadas a otra persona a través de una carta.

Las cartas, que no reflejan la comunicación no verbal, podían conducir a graves malentendidos. Al comienzo de la guerra civil del 49 a.C., los combatientes pusieron en marcha una intensa actividad para persuadir a aquellos senadores que todavía dudaban a unirse a ellos. Amigos y aliados escribieron cartas y viajaron, tratando de convencer a los demás de las virtudes y ventajas de su bando. En el caso de Cicerón, César finalmente se reunió con él a finales de marzo 49, aunque el orador había recibido una carta de él semanas antes, lo que le desconcertó. En su carta, César pidió ser capaz de "utilizar mi consejo (*consilium*), influencia (*gratia),* posición (*dignitas*) y ayuda (*ops)* en todos los sentidos" (Cicerón, *Cartas a Ático*, 9.11.2: *consilio meo se uti velle, gratia, dignitate, ope rerum omnium*). Cicerón dudaba de las implicaciones de esta frase, y probablemente estaba preocupado por el significado de que César había atribuido a estos términos muy políticamente cargados de significado: *consilium, gratia, dignitas* y *ops*. Era un momento crucial, en el que las malas interpretaciones podrían conllevar importantes, e incluso indeseables, consecuencias. Como era imposible preguntarle a César en persona, Cicerón acudió a Matio, un cesariano, y le interrogó en el curso de una larga conversación sobre su opinión respecto a dicha frase. Matio interpretó que César estaba pidiendo ayuda a Cicerón y su asistencia para conseguir la paz (*Cartas a Ático*, 9.11.2). El orador todavía albergaba dudas y finalmente decidió escribir al mismo César y preguntarle directamente lo que quería decir específicamente con *gratia* y *ops,* declarando que su propia interpretación iba en las líneas de lo que había sugerido Matio (*Cartas a Ático,* 9.11a). Este episodio ilustra los peligros de las cartas: en ellas, la mayor parte de la comunicación es no verbal y está principalmente compuesta por el lenguaje corporal y los tonos de la voz. En un mensaje escrito, las sutilezas, el sarcasmo y muchos matices se pierden. Además, la comunicación cara a cara facilita la petición de información, incluso tantear al interlocutor. Cicerón no albergó ninguna duda sobre las intenciones de César después de encontrarse con él y debatir sus respectivas posturas.

Los senadores romanos preferían reuniones cara a cara para hacer circular noticias, negociar acuerdos políticos o tantear en búsqueda de información. En mayo de 44, en la delicada situación después del asesinato de César, Casio y Bruto presionaron a Cicerón para que hablara con Aulo Hircio, el cónsul del año siguiente, e intentara atraerlo hacia sí. Cicerón consideraba que la lealtad de Hircio no cambiaría tan fácilmente, pero hizo caso a sus peticiones: "Mañana estoy pensando en cenar con Hircio. Esa es mi manera de llevarlo hacia los *Optimates*. Cuánta charla inútil" (*Cartas a Ático,* 14. 21. 4: *postridie apud Hirtium cogitabam et quidem penteloipon. Sic hominem traducere ad optimatis paro. lêros polus*). A pesar de todo, Cicerón cumplió de todas maneras con la tarea que le habían encargado, ya que así era cómo se llevaba a cabo la política romana.

De hecho, estas reuniones cara a cara con sus iguales se convirtieron en una parte tan relevante de la vida política de un senador que el no hacerlo era considerado como un insulto, al menos un importante paso en falso social y político, que podía acarrear importantes consecuencias. En diciembre de 50, Pompeyo se sintió profundamente ofendido porque Hircio había estado en la zona y no lo había visitado. Se quejó muy enfadado a Cicerón al respecto, considerando que era una prueba de que César se había alejado de él y que no había posibilidad ninguna de evitar la guerra (*Cartas a Ático,* 7.4.2)[4]. En mayo del 44, Cicerón confesaba

4 Shackleton Bailey (1968, III: 300) propuso que el encuentro entre Metelo Escipión, el yerno de Pompeyo, y Balbo, también mencionado en la carta, podría haber constituido un preliminar a la conversación entre Hircio y Pompeyo. Celio en Cicerón,

que prefería quedarse en Túsculo y no viajar a Roma para evitar expresar públicamente su descontento con Antonio. En caso de ir a la urbe, tendría que encontrarse con él, lo que prefería evitar (*Cartas a Ático*, 15.5.2). Era inimaginable estar en la ciudad y no visitarlo; como hemos visto en el caso de Hircio, la sociabilidad entre miembros de la élite no era algo que podía tomarse a la ligera, sino que constituía una importante obligación social.

Los ejemplos anteriores muestran que la circulación de información en Roma era un asunto complejo, lo cual refuerza otra cuestión importante: la ciudad de Roma constituía *el* lugar principal para el intercambio de información, y la élite era bien consciente de la necesidad de estar lo más presente posible. En una anécdota conocidísima, Cicerón relató su regreso de lo que él pensó que había sido una gloriosa y muy comentada cuestura en Sicilia. A su llegada a Puteoli, se encontró con algunas personas que echaron una jarra de agua fría sobre las grandes esperanzas políticas de Cicerón: sus interlocutores no solo ignoraban en qué provincia había sido cuestor, sino que incluso no se habían percatado de que había salido de Roma (Cicerón, *Pro Plancio*, 65; Plutarco, *Cicerón*, 6.3-4). Esta conversación impresionó a Cicerón, como atestigua que evitara durante toda su vida abandonar la ciudad de Roma: no fue a una provincia después de su consulado y luchó con todas sus fuerzas, sin éxito, en contra de ser enviado como procónsul en el 51. Su caso no constituía una excepción: una cuarta parte o más de los cónsules de 80-53, y probablemente alrededor del 15% de los pretores, prefirieron no tomar a su cargo una provincia (Blösel, 2016). A pesar de las grandes ventajas que un cargo provincial proporcionaba (enriquecimiento ilegal a costa de los habitantes de la provincia, dinero que podía ser reinvertido en las siguientes elecciones), muchos políticos se habían dado cuenta de que, para avanzar en sus carreras políticas, tenían que permanecer en Roma y profundizar en los contactos informales con otros políticos (Rosillo-López, 2010a; 2010b).

En 11 de enero del 49 César cruzó el Rubicón, un pequeño río que marcaba el límite entre la provincia de César y Italia, violando así la ley. Había comenzado la guerra civil. En este punto, los

---

Cartas a familiares, 8.9.5 menciona una conversación entre Metelo y Balbo sobre cuestiones políticas. Sobre las cartas de Celio, cf. Cavarzere (1983).

senadores tenían que elegir el lado que les gustaría apoyar. Este contexto explica, como hemos visto, por qué hubo reuniones en los meses posteriores al inicio de la guerra. Las circunstancias eran contrarias: Italia estaba en guerra, se estaban produciendo levas, los ejércitos de César avanzaban hacia el sur y las fuerzas de Pompeyo se retiraban, cruzando finalmente a Grecia con sus aliados para preparar el bloqueo marítimo de la península italiana. Independientemente de estas circunstancias adversas, los senadores indecisos viajaron para reunirse con otros senadores y hablar con ellos en persona; mensajeros de Pompeyo y César fueron enviados para cortejar a esos indecisos.

En tiempos tan difíciles, la información era un activo en alza. La gente quería consultar a los otros, necesitaban tantear para saber qué iban a hacer y, en esos tiempos inciertos, esas relaciones personales resultaban un importante activo. Todos esos asuntos eran demasiado delicados para una carta y debían llevarse a cabo en persona. Los estudiosos consideran la interacción cara a cara resulta la forma más efectiva de comunicación cuando uno de los oradores quiere persuadir al otro o cuando hay conflictos que tienen que ser resueltos. Las negociaciones requieren una alta presencia social. Servio Sulpicio Rufo, por ejemplo, viajó casi doscientos cincuenta kilómetros a pesar de su mala salud para hablar con Cicerón y C. Claudio Marcelo el joven. No fue una decisión repentina, sino una meditada larga, que movilizó a otras tres personas (su hijo, su esposa y Trebacio) para hacer el trabajo inicial de contacto entre él y Cicerón[5]. Entre enero y abril 49 las fuentes mencionan cuarenta y cuatro reuniones cara a cara en toda Italia (Rosillo-López, 2020). En tiempos de crisis, era esencial saber lo que otras personas estaban haciendo y negociar su propia posición.

Cómo acceder a otras personas

En el caso de conversaciones senatoriales informales, ¿cómo se comunicaban los senadores? Había dos opciones: directa o indirectamente, a través de otros.

---

5 Sulpicio Rufo: Cicerón, *Cartas a familiares*, 4.1. Claudio Marcelo: Cicerón, *Cartas a Ático*, 10.12.3; 10.15.

Las conversaciones directas podían tener lugar en privado (en las casas o durante las cenas), pero también en lugares públicos, y los senadores podían así enterarse de rumores y cotilleos, o sobre los puntos de vista de sus colegas políticos[6]. Ocasionalmente, estas conversaciones podrían tener un carácter casual, como los comentarios aparte durante eventos formales. Por ejemplo, El 13 de febrero de 61, el Senado debatió el juicio contra Clodio por su sacrilegio durante los ritos de la Bona Dea. El cónsul pidió a Pompeyo su opinión, que se pronunció en apoyo de la decisión del Senado. Cuando terminó su intervención, Pompeyo se sentó y le dijo a Cicerón, que estaba sentado a su lado, que consideraba que su respuesta y su posición al respecto habían quedado lo suficientemente claras (*Cartas a Ático*, 1.14). Cicerón, cuyo testimonio desempeñaría un papel importante en el caso, consideró este comentario, que aclaró para él el punto de vista de Pompeyo, lo suficientemente importante como para informar a Ático sobre ello en una carta.

Estos contactos se basaban en la socialización, que proporcionaba la posibilidad de encontrarse y debatir cuestiones políticas: por ejemplo, mientras escoltaban a un candidato, durante reuniones casuales en el camino o en el Foro, durante la cena, en casa o como apartes durante las sesiones del Senado.[7] El verbo latino *expiscor*, que se refiere a la "pesca de información", está ligado a todo eso.

Incluso los enemigos hablaban entre ellos. De hecho, las conversaciones eran situaciones suficientemente informales como para que enemigos políticos conversaran entre ellos. Lúculo y Pompeyo fueron feroces rivales: pelearon, se insultaron con saña en público y una vez estuvieron a punto de llegar a las manos. Sin embargo, conversaron informalmente en el Foro, y Pompeyo visitó a Lúculo, que estaba más o menos retirado de la política, en su villa en Túsculo (Plutarco, *Lúculo*, 39.4; 41.3-4; *Pompeyo*, 4-6). Favonio sostuvo una conversación con Clodio sobre Milón (Cicerón, *Pro Milone*, 26, 44; Asconio, 54C). Estas situaciones hacen más radical de hecho la decisión de Bruto: considerando que Pompeyo era responsable del asesinato de su padre, según Plutarco, se negaba a hablarle o saludarle (Plutarco, *Pompeyo*, 64.3). Aun así, se unió a

---

6 Sobre los rumores, cf. Lawrence (1994); Rosillo-López (2007); Pina Polo (2010a).

7 Cf. O'Neill (2001; 2003); Courrier (2014); Rosillo-López (2017b).

las filas de Pompeyo durante la guerra civil contra César, aunque no sabemos a ciencia cierta si hablaron entonces.

¿Qué hay de Cicerón y su peor enemigo? La relación entre Cicerón y Clodio se tensó después de que Cicerón declarara en el juicio de la Bona Dea en contra de Clodio. Tomó un camino mucho más peligroso cuando, durante su tribunado, Clodio decidió castigar a Cicerón por el asesinato extrajudicial de los partidarios de Catilina, y logró exiliarlo (Tatum, 1999).

Esta situación dificultó que Cicerón y Clodio hablaran entre ellos, aunque lo hicieron al menos en un par de ocasiones. Por ejemplo, mantuvieron un intercambio informal mientras ambos escoltaban a un candidato a magistrado; durante ese paseo, Clodio se burló de Cicerón y le informó acerca de sus proyectos con respecto a los sicilianos que habían visitado Roma, lo que enfureció a Cicerón, ya que estos también eran sus clientes (*Cartas a Ático*, 2.1.5; cf. Rosillo-López, 2015). La estrecha sociabilidad de los senadores, que compartían el mismo espacio público y, ocasionalmente, el mismo espacio privado, hacía que fuera difícil no verse. De hecho, Cicerón fue una de las últimas personas que Clodio vio antes de salir de Roma y de ser asesinado a su vuelta: ese día ambos estuvieron presentes en el lecho de muerte de Vetio Ciro, el arquitecto que había trabajado tanto Clodio como para Cicerón, como testigos del testamento de Ciro, en el cual figuraban como herederos[8]. Desgraciadamente, Cicerón no creyó necesario especificar si hablaron entre sí en ese momento.

Incluso cuando no hablaban directamente, podían estar ocasionalmente al tanto de las intenciones del otro. Los senadores también podían recurrir a terceras personas. Esta decisión dependía de muchos factores: de la ausencia de Roma (por ejemplo, Cicerón dependía de Ático muchas veces cuando estaba lejos de la ciudad) o de tener amigos con fuertes vínculos con otras personas. Los intermediarios permitían la negociación, los intentos de llegar a un acuerdo y la circulación de la información sin malentendidos.

Por ejemplo, Ático tanteó varias veces a Demetrio de Gadara, el liberto de Pompeyo, mientras Cicerón, por ejemplo, hablaba

8 Cicerón, *Defensa de Milón*, 48; *Cartas a Ático*, 2.3.2; *Cartas a Quinto*, 2.2.2; cf. Tatum (1999: 98); Mohler (1932: 77-79).

frecuentemente con Balbo[9]. Cicerón se quejaba de no tener ni idea sobre las intenciones de Pompeyo y Craso, porque Ático estaba lejos de la ciudad y era por lo tanto incapaz de averiguar información sobre sus planes políticos a través de Clodia. Cicerón, que no tenía buenas relaciones con ella, no podía acceder a esa fuente de información, mientras que Ático, que cenó varias veces con ella para tener conversaciones políticas, sí (*Cartas a Ático*, 2.22). Poco después de llegar a Cilicia como gobernador, Cicerón le comunicó a Apio Claudio, su predecesor, que había sabido del descontento de Apio hacia él a través uno de los empleados de la provincia (*Cartas a familiares*, 3.7). Un copista (*librarius*) visitó a Cicerón para debatir de las opciones políticas de Publio Sestio, cuando este era procuestor en Macedonia (*Cartas a familiares*, 5.6.1). Cicerón le pidió al liberto de Vatinio noticias sobre la salud de su este (Quintiliano, *Institutio oratoria*, 6.3.84).

En cuanto a las instituciones formales y la política, muchos de estos intermediarios (como las mujeres, los extranjeros o los libertos) no tenían un papel político relevante. Sin embargo, si consideramos su participación en las conversaciones políticas, se nos aparecen como participantes de pleno derecho en la vida política romana.

Conclusiones

En la República tardía, las conversaciones informales constituían la manera en que se tejían acuerdos políticos, se tanteaban opiniones, circulaban noticias y los senadores romanos buscaban información. Eran una parte constituyente de la política romana.

El conocimiento político era importante no solo para actuar en la política, sino también para estar informado y poder evitar errores políticos. En este contexto, este tipo de conversaciones informales entre los miembros de élite (definidas a menudo como *sermo* por las fuentes) eran herramientas esenciales para la negociación política. La información no solo era algo útil, sino que era un valor en alza y muy cotizado, que se podía negociar, especular o intercambiar. Su demanda estaba sujeta a altibajos, dependiendo

9 Ático y Demetrio de Gadara: Cicerón, *Cartas a Ático*, 4.11.1. Cicerón y Balbo: *e.g.* *Cartas a familiares*, 7.5.2; 7.16.3; 9.19.1; *Cartas a Ático*, 9.5.3; 14.9.3.

del tema. El intercambio de información hace que la confianza crezca y conecta a las personas. Teniendo en cuenta cómo funcionaba la política romana, también hay tenerse en cuenta el coste de no mantener tales relaciones o de estar aislado de los flujos de información más importantes, como Cicerón experimentó varias veces a lo largo de su vida.

Las conversaciones informales de la élite eran una presencia cotidiana en la política. Por ejemplo, Cicerón criticó fuertemente a otro senador por haber presentado una propuesta al Senado sin haber hablado previamente con otros senadores y sin haber reunido apoyo previo a través de conversaciones (*Filípicas*, 10.6). Esa no era la manera, en su opinión, de llevar a cabo la política en Roma.

En resumen, más allá del análisis de casos aislados y anecdóticos, este trabajo pretende presentar un análisis exhaustivo de los mecanismos de trabajo de las conversaciones políticas y los intercambios políticos orales en la Roma ciceroniana, proporcionando una nueva perspectiva de cómo los senadores gobernaban y se relacionaban entre ellos.

Bibliografía

Blösel, W. (2016). "Provincial Commands and Money in the Late Roman Republic", en H. Beck, M. Jehne & J. Serrati (eds.), *Money and Power in the Roman Republic*, Brussels, 68-81.

Cavarzere, A. (1983). *Marco Celio Rufo, Lettere (Cic. Fam. 1.VIII)*, Brescia.

Courrier, C. (2014). *La plèbe de Rome et sa culture (fin du IIe siècle av. JC-fin du Ier siècle ap. J.-C.)*, Rome.

Holliday, V. L. (1969). *Pompey in Cicero's Correspondence and Lucan's Civil War*, The Hague.

Laurence, R. (1994). "Rumour and Communication in Roman Politics", *Greece & Rome*, 41, 62-74.

McDermott, W.C. (1971). "Q. Cicero", *Historia*, 5-6, 702-717.

Meier, C.C. (1980). Res publica amissa. *Eine Studie zu Verfassung und Geschichte der späten römischen Republik*, Frankfurt.

Mohler, S.L. (1932). "Cicero's Legacies", *Transactions of the American Philological Association*, 63, 77-79.

O'Neill, P. (2001). *A Culture of Sociability: Popular Speech in Ancient Rome*, PhD Diss., University of Southern California.

O'Neill, P. (2003). "Going Round in Circles: Popular Speech in Ancient Rome", *Classical Antiquity*, 22, 135-176.

Pina Polo, F. (1997). Contra arma verbis. *El orador ante el pueblo en la Roma tardorrepublicana*, Zaragoza.

Pina Polo, F. (2010a). "*Frigidus rumor*: The Creation of a (Negative) Public Image in Rome", en A. Turner, J. Kim On Chong-Gossard & F. Vervaet (eds.), *Private and Public Lies: The Discourse of Despotism and Deceit in the Graeco-Roman World*, Leiden, 73-90.

Pina Polo, F. (2010b). *The Consul at Rome: The Civil Functions of the Consuls in the Roman Republic*, Cambridge.

Rawson, B. (1978). *The Politics of Friendship: Pompey and Cicero*, Sydney.

Rosillo-López, C. (2007). "'Temo a los Troyanos'. Rumores y habladurías en la Roma tardorrepublicana", *Polis*, 19, 113-134.

Rosillo-López, C. (2010a). *La corruption à la fin de la République romaine (IIe-Ier s. av. J.-C.). Aspects politiques et financiers*, Stuttgart.

Rosillo-López, C. (2010b). "La gestion des profits illégaux par les magistrats pendant la République romaine (IIe-Ier siècles av. J.-C.)", *Latomus*, 69, 981-999.

Rosillo-López, C. (2015). "Reconsidering Foreign *clientelae* as a Source of Status in the City of Rome during the Late Roman Republic", en M. Jehne & F. Pina-Polo (eds.), *Foreign Clientelae in the Roman Empire: A Reconsideration*, Stuttgart, 263-281.

Rosillo-López, C. (2017a). "Informal Conversations between Senators in the Late Roman Republic", en C. Rosillo-López (ed.), *Political Communication in the Roman World*, Leiden, 34-51.

Rosillo-López, C. (2017b). *Public Opinion and Politics in the Late Roman Republic*, Cambridge.

Rosillo-López, C. (2020). "Informal Political Communication and Network Theory in the Late Roman Republic", *Journal of Historical Network Research*, 4, 90-113.

Shackleton Bailey, D.R. (1968). *Cicero's Letters to Atticus*, Cambridge, vol. III.

Tatum, W.J. (1999). *The Patrician Tribune: Publius Clodius Pulcher*, Chapel Hill.

Turing, A.M. (1950). "Computing Machinery and Intelligence", *Mind*, 59 (236), 433-460.

Williams, C.E. (2013). *Pompey and Cicero: An Alliance of Convenience*, PhD Diss., Texas State University-San Marcos.

Wiseman, T.P. (1966). "The Ambitions of Quintus Cicero", *Journal of Roman Studies*, 56, 108-115.

El consulado sufecto durante la época triunviral[1]

Francisco Pina Polo
(Universidad de Zaragoza/Grupo Hiberus)

El consulado sufecto a lo largo de la República

Hubo *consules suffecti* a lo largo de toda la República romana. De hecho, dos cónsules sufectos fueron supuestamente elegidos en el mismo año 509 para reemplazar a L. Junio Bruto, que había muerto en el campo de batalla contra los Etruscos, y a L. Tarquinio Colatino, que había renunciado a su cargo. Obviamente debemos cuestionar la veracidad de esta información, como sucede en general con las fuentes relativas a la Roma arcaica, pero el hecho es que, según la tradición, existió desde el mismo inicio de la República la práctica de reemplazar a un cónsul cuando era necesario.

Entre 509 y 45 conocemos veintinueve *consules suffecti*[2]:

509: P. Valerius Publicola
Sp. Lucretius Tricipitinus
478: (Opet. Verginius – f. – n.) Esquilinus
460: L. Quinctius Cincinnatus
458: L. Minucius Esquilinus Augurinus
453: Sp. Furius

---

1 Proyecto: *El periodo triunviral y la disolución de la República romana (43-31 a.C.): cambios institucionales, sociales y económicos* (HAR2017-82383), financiado por el Ministerio de Economía y Empresa, España. Sobre el mismo tema ver una versión más amplia en inglés: F. Pina Polo, "Magistrates without Pedigree: The *Consules Suffecti* on the Triumviral Age", *Journal of Roman Studies*, 108, 2018, 99-114. (Todas las fechas son a.C. salvo mención expresa.)

2 La información procede de Broughton (1951; 1952; 1986). En este apartado pretendo aportar solo una visión general de la institución a lo largo de la República, sin analizar los detalles relativos al nombre y a la cronología precisa de cada cónsul sufecto.

444: L. Papirius Mugillanus
L. Sempronius Atratinus[3]
437: M. Valerius Lactuca Maximus
393: L. Lucretius Tricipitinus Flavus
Ser. Sulpicius Camerinus
305: M. Fulvius Curvus Paetinus
299: M. Valerius Maximus Corvus
265: ? Decius Mus
256: M. Atilius Regulus
221?: M. Aemilius Lepidus
217: M. Atilius Regulus
215: M. Claudius Marcellus
Q. Fabius Maximus (Verrucosus)
180: Q. Fulvius Flaccus
176: C. Valerius (Laevinus)
162: P. Cornelius Lentulus
Cn. Domitius Ahenobarbus
154: M. Acilius Glabrio
130: Ap. Claudius Pulcher
108: M. Aurelius Scaurus?
87: L. Cornelius Merula
86: L. Valerius Flaccus
68: (Servilius – f. – n.) Vatia

En cuanto a la razón por la cual un cónsul sufecto reemplazaba a un cónsul ordinario, en la gran mayoría de los casos la sustitución se debió a la muerte de un cónsul mientras estaba en el cargo, ya sea por causas naturales o, más frecuentemente, en el campo de batalla. En otras ocasiones, los cónsules en ejercicio renunciaron o se vieron obligados a hacerlo por irregularidades legales. En todo caso, ya fuese la causa la muerte, la renuncia o incluso la expulsión, la elección de un cónsul sufecto siempre tuvo lugar solo si un cónsul ordinario dejaba una vacante. Por lo tanto, el consulado sufecto era una respuesta de emergencia a una necesidad repentina para mantener el número habitual de dos cónsules en la magistratura superior a la cabeza de la administración romana.

3 Frier (1975): L. Papirio Mugilano y L. Sempronio Atratino no fueron *consules suffecti* en 444, y constituyeron otro colegio consular entre 444 y 443. Cf. Broughton (1986: 155).

Con respecto a la trayectoria política de los cónsules sufectos antes de su elección, son evidentes algunas características recurrentes. Dejando a un lado la República inicial, cuando la información es incierta y un *cursus honorum* estable aún no existía, en el siglo III los siete cónsules sufectos que se conocen habían desempeñado anteriormente el consulado, incluso más de una vez en algunos casos. La conclusión es que todos los cónsules sufectos del siglo III eran políticos prestigiosos, experimentados y bien conocidos dentro de la sociedad romana. Los otros cónsules sufectos conocidos desempeñaron la magistratura después de la guerra anibálica, específicamente después del año 180, cuando se promulgó la *lex Villia annalis* y, por consiguiente, el *cursus honorum* fue finalmente regulado. En contraste con el siglo III, en los siglos II y I ningún *consul suffectus* había sido previamente cónsul ordinario. Sin embargo, en la medida en que tenemos evidencia sobre sus carreras políticas, debemos concluir que todos ellos habían seguido probablemente el habitual *cursus honorum*. Por lo tanto, el consulado sufecto supuso la culminación de sus carreras políticas y, de hecho, nadie desempeñó el consulado por segunda vez con posterioridad.

La recuperación por César del consulado sufecto

El consulado sufecto habría de cambiar totalmente durante el período triunviral, por un lado, con respecto a las razones por las que se nombraron cónsules sufectos y el procedimiento según el cual fueron designados, y, por otro lado, en relación con quiénes eran esos *suffecti* y cuáles habían sido sus carreras políticas hasta ese momento. Sin embargo, el uso del consulado sufecto comenzó a modificarse de manera decisiva ya con César, cuando determinados acontecimientos prefiguraron lo que sucedería después de su muerte. De hecho, el consulado sufecto volvió a ser una realidad en el año 45 después de algunas décadas en las cuales ningún cónsul sufecto había sido designado[4]. Ese año César

4 En el año 47 César fue dictador, razón por la cual al comienzo del año no fueron elegidos cónsules. Cuando César regresó a Roma en septiembre, Q. Fufio Caleno y P. Vatinio fueron elegidos cónsules, pero no como *consules suffecti* sino como *consules ordinarii*, puesto que no reemplazaron a otros cónsules. Cf. Frei-Stolba (1967: 46-47); Bruhns (1978: 144).

actuó como *consul sine collega,* siendo simultáneamente dictador, hasta que abdicó el 1 de octubre[5]. Entonces Fabio Máximo y C. Trebonio fueron designados cónsules sufectos como sustitutos de César (Casio Dión, 43.46.2). Es decir, dos *suffecti* sustituyeron a un único cónsul ordinario. Ambos habían seguido el habitual *cursus honorum,* pero habían destacado especialmente por su lealtad hacia César. Trebonio y Fabio Máximo no fueron los únicos cónsules sufectos del 45, porque Fabio Máximo murió repentinamente el último día del año. En esas circunstancias, César decidió nombrar a C. Caninio Rebilo *consul suffectus* solo durante las pocas horas del año que quedaban[6].

Los consulados sufectos de Fabio Máximo y Trebonio, así como el breve consulado de Caninio Rebilo, prefiguraron el uso político dado posteriormente al consulado sufecto por los triunviros. En los tres casos el consulado fue ciertamente la culminación de su *cursus honorum* y fue respaldado por su pericia en el ámbito militar, pero debe ser visto específicamente como una recompensa por su lealtad hacia César: ése era su principal mérito, como lo fue más tarde en el caso de las designaciones hechas por los triunviros.

En particular los consulados de Fabio Máximo y Trebonio dieron comienzo a una nueva utilización del consulado sufecto, puesto que sustituyeron a un cónsul que no había muerto ni estaba incapacitado, sino que acababa de renunciar voluntariamente, sin fuerza mayor ni razón legal que le obligara a hacerlo. Casio Dión (43.46.3) señaló acertadamente esta violación flagrante de la tradición:

> Esta en este tiempo fue la primera violación de la tradición, es decir, que uno y el mismo hombre no mantuviera el cargo durante un año o ni siquiera durante el resto del mismo año, sino que, aun estando vivo, se retirara de él sin ser obligado a ello por costumbres ancestrales o por una acusación, y que otro ocupara su lugar.

Cuando en el año 52 Pompeyo fue también cónsul único durante algunos meses en el contexto de la crisis política y social susci-

---

5 Hurlet (2017: 287): César siguió el ejemplo de Pompeyo como cónsul único en el año 52.

6 Suetonio, *Divino Julio*, 76.2; Casio Dión, 43.46.3; Plinio, *Historia Natural*, 7.181; Plutarco, *César*, 58.1; Cicerón, *Cartas a familiares*, 7.30.1. El consulado de Caninio Rebilo debe ser visto, de nuevo, como recompensa por su fidelidad hacia César durante la guerra civil. Cf. Tácito, *Historias*, 3.37. Broughton (1952: 297, 311).

tada por el asesinato de Clodio, permaneció como cónsul durante todo el año, y un segundo cónsul fue elegido en algún momento del año para completar la doble magistratura. Por primera vez, el procedimiento había cambiado, y César creó un precedente con gran significado para el futuro (Hurlet, 2017: 287).

En el año 43 hubo cuatro cónsules sufectos que fueron elegidos en diferentes circunstancias. C. Vibio Pansa y A. Hircio, los dos cónsules ordinarios, murieron en abril como resultado de las batallas en Forum Gallorum y Mutina. De acuerdo con la tradición, dos cónsules sufectos hubieran debido ser elegidos inmediatamente, pero esta elección se retrasó hasta agosto, cuando Octaviano y Q. Pedio se convirtieron en cónsules (Broughton, 1952: 336-337). La situación cambió nuevamente tres meses más tarde, cuando el tribuno de la plebe P. Ticio promulgó la ley que estableció el triunvirato el 27 de noviembre. Octaviano renunció entonces al consulado y se convirtió en uno de los triunviros. P. Ventidio Baso, que en ese momento era pretor, dimitió de ese cargo para ser elegido cónsul en el lugar de Octaviano durante solo unas pocas semanas[7]. En cuanto a Pedio, murió poco antes de la llegada de los triunviros a Roma, y fue sustituido por C. Carrinas para la parte final del año[8]. El número de cónsules sufectos en el 43 fue inusual, pero estaba justificado por las circunstancias: siguiendo el procedimiento habitual, en todos los casos los *suffecti* sustituyeron a cónsules que habían muerto o habían renunciado por razones legales.

Los triunviros y el consulado sufecto

La creación del triunvirato en noviembre del año 43 significó un punto de inflexión. Desde este momento hasta el año 31 los triunviros gobernaron legalmente Roma por encima de los cónsules, que se convirtieron en magistrados subsidiarios en la práctica, a pesar de que Apiano afirma que los triunviros disponían solo de poder consular[9]. Además, se estableció la práctica, que

7 Apiano, *Guerras Civiles*, 4.2; Veleyo Patérculo, 2.65.3. Cf. Rohr Vio (2009: 76-78).

8 El consulado de Carrinas fue tan irrelevante que Casio Dión (47.15.2), cuando se refiere a los sustitutos de Octaviano y Pedio, menciona a Ventidio "y otro hombre", sin ni siquiera dar el nombre de Carrinas.

9 Apiano, *Guerras Civiles*, 4.2. Cf. Fadinger (1969: 45); Bleicken (1990: 37-39).

posteriormente fue institucionalizada en el 39, de que cada año se nombraran varios cónsules, dos de ellos ordinarios, los otros sufectos. Por otra parte, los cónsules sufectos fueron designados con antelación al mismo tiempo que los cónsules regulares, meramente por razones políticas y no porque fueran necesarios. De esta manera, el consulado sufecto definitivamente quedó distorsionado con respecto a su significado original. Simultáneamente, a pesar de que el consulado siguió siendo una magistratura dual y colegiada, como siempre había sido a lo largo de toda la República, en la práctica perdió su carácter anual, puesto que se hizo habitual durante el período triunviral que un cónsul no permaneciera en el cargo durante todo el año.

Cónsules ordinarios y sufectos entre los años 45 y 31[10]:

45:	C. Iulius Caesar (ord.)	
	Q. Fabius Maximus (suff.)	C. Trebonius (suff.)
	C. Caninius Rebilus (suff.)	
44:	C. Iulius Caesar (ord.)	M. Antonius (ord.)
	P. Cornelius Dolabella (suff.)	
43:	C. Vibius Pansa (ord.)	A. Hirtius (ord.)
	C. Iulius Caesar (Octavianus) (suff.)	Q. Pedius (suff.)
	P. Ventidius Bassus (suff.)	C. Carrinas (suff.)
42:	M. Aemilius Lepidus (ord.)	L. Munatius Plancus (ord.)
41:	L. Antonius (Pietas) (ord.)	P. Servilius (Vatia) Isauricus (ord.)
40:	Cn. Domitius Calvinus (ord.)	Cn. Asinius Pollio (ord.)
	L. Cornelius Balbus (suff.)	P. Canidius Crassus (suff.)
39:	L. Marcius Censorinus (ord.)	C. Calvisius Sabinus (ord.)
	C. Cocceius Balbus (suff.)	P. Alfenus Varus (suff.)
38:	Ap. Claudius Pulcher (ord.)	C. Norbanus Flaccus (ord.)
	L. Cornelius Lentulus (suff.)	L. Marcius Philippus (suff.)
37:	M. Vipsanius Agrippa (ord.)	L. Caninius Gallus (ord.)
		T. Statilius Taurus (suff.)
36:	L. Gellius Publicola (ord.)	M. Cocceius Nerva (ord.)
	L. Nonius Asprenas (suff.)	Q. Marcius (suff.)
35:	Sex. Pompeius (ord.)	L. Cornificius (ord.)
	P. Cornelius Dolabella (suff.)	T. Peducaeus (suff.)
34:	M. Antonius (ord.)	L. Scribonius Libo (ord.)
	L. Sempronius Atratinus (suff.)	C. Memmius (suff.)
	Paullus Aemilius Lepidus (suff.)	M. Herennius (suff.)
33:	C. Iulius Caesar (Octavianus) (ord.)	L. Volcatius Tullus (ord.)
	L. Autronius Paetus (suff.)	
	L. Flavius (suff.)	C. Fonteius Capito (suff.

10 Broughton (1952; 1986); Salomies (1991); Bodel (1995).

M. Acilius Glabrio (suff.)
L. Vinicius (suff.)
Q. Laronius (suff.)

32:	Cn. Domitius Ahenobarbus (ord.)	C. Sosius (ord.)
	L. Cornelius (Cinna?) (suff.)	M. Valerius Messalla (suff.)
31:	M. Antonius (ord.)	C. Iulius Caesar (Octavianus) (ord.)
	M. Valerius Messalla Corvinus (suff.)	
	M. Titius (suff.)	
	Cn. Pompeius (suff.)	

Como se puede observar, desde el año 40 en adelante encontramos cónsules sufectos nombrados en número creciente cada año hasta el final del período triunviral. La mayoría de los cónsules sufectos que fueron designados en los primeros años eran hombres de prestigio y tenían un peso político innegable en Roma. L. Cornelio Balbo, uno de los dos cónsules sufectos del año 40, es un buen ejemplo. Balbo, originario de Gades en Hispania, fue el primer extranjero que llegó a la máxima magistratura de Roma (Plinio, *Historia Natural*, 7.136). A lo largo de su vida se había destacado por haber servido fielmente a César y por ser su hombre de confianza en Roma. Después de que César fuera asesinado, Balbo prestó servicios significativos a Octaviano. Sin embargo, Balbo no siguió el *cursus honorum* normal. De hecho, el consulado es su única magistratura conocida, y muy probablemente solo obtuvo acceso al senado una vez que había desempeñado el consulado (Syme, 1939: 81). Por lo tanto, su consulado no fue la culminación de una carrera política previa, sino una recompensa por los servicios que había prestado a César y Octaviano, en última instancia por su lealtad, pero sin duda también por su prestigio e influencia dentro de la sociedad[11]. La falta de un *cursus honorum* previo fue en el caso de Balbo no la consecuencia de su irrelevancia, como veremos que sucedió probablemente con otros *suffecti* posteriormente, sino el resultado de una decisión personal consciente. El otro cónsul sufecto del año 40 fue P. Canidio Craso. Al igual que Balbo, Canidio no parece haber desarrollado una carrera política antes de su consulado, que fue principalmente una consecuencia de su servicio en los años 41-40 bajo el mando de Marco Antonio,

11 No hay que olvidar que era uno de los personajes más ricos en Roma: Casio Dión, 48.32.2. Cf. Syme (1939: 220).

a quien siempre permaneció fiel (Apiano, *Guerras Civiles*, 5.50; Ferriès, 2007: 359-362).

Los consulados sufectos de Balbo y Canidio fueron el resultado de la reconciliación entre Antonio y Octaviano en Brundisium, una de cuyas consecuencias fue la sustitución de los hasta entonces cónsules ordinarios. Canidio era sobre todo un militar experimentado, mientras que Balbo era ante todo un ciudadano relevante. En cualquier caso, Canidio y Balbo prefiguraron el tipo de hombres que los triunviros deseaban como cónsules, así como las características que priorizaban: la lealtad hacia ellos por encima de todo. Su designación por un breve período en el 40 también mostró que los triunviros preveían aprovechar el consulado en su propio beneficio mediante la promoción de hombres fieles a ellos.

La creación en el 39, por lo tanto, apenas unos meses después, de un sistema permanente de cónsules sufectos cada año, lo que implicó la designación anticipada de cónsules ordinarios y cónsules sufectos para varios años, fue una consecuencia comprensible: los triunviros querían tener la magistratura superior republicana bajo su control y, al mismo tiempo, tenían un buen número de leales seguidores a los que había que recompensar (Casio Dión, 48.35.1). Según Casio Dión (48.35.2), los triunviros designaron a los cónsules para los siguientes ocho años, y no nombraron dos cónsules anuales sino varios. Casio Dión afirma que esto ocurrió por primera vez, y por lo tanto que significó una quiebra de la tradición, dado que estos cónsules no fueron elegidos para estar en el cargo durante todo el año, sino solo para una parte de él[12]. Como consecuencia, cónsules sufectos fueron nombrados cada año por los triunviros, y no elegidos por el pueblo en *comitia*, entre los años 39 y 31.

En el 39 los *suffecti* fueron C. Cocceio Balbo y P. Alfeno Varo (Broughton, 1952: 386; Bodel, 1995: 285). Según el modelo ya establecido en el año 40, ambos eran *homines novi* y pertenecían a familias sin presencia en la vida pública romana hasta ese momento. Ni de Cocceio Balbo ni de Alfeno Varo es conocido que hubieran desarrollado una carrera política antes de su consulado,

---

12 La información proporcionada por Casio Dión es sustancialmente correcta, pero que los cónsules fueran nombrados ya para un período tan extenso como los siguientes ocho años plantea dudas, dada la inestabilidad de la situación política. Ver Welch (2012: 243-244). Cf. Apiano, *Guerras Civiles*, 5.73.

y ambos alcanzaron el consulado como *viri militares* al servicio de los triunviros: Cocceio era el hombre de Antonio, Alfeno, quien también fue un jurista de renombre en su época (Aulo Gelio, *Noches Áticas*, 7.5.1), era el hombre de Octaviano. Los *suffecti* del 38 fueron L. Cornelio Lentulo y L. Marcio Filipo, quienes presentan algunas diferencias respecto a los del año anterior. Por un lado, teniendo en cuenta el período tan turbulento en el que vivieron, tenían un *cursus honorum* que se puede considerar bastante tradicional (Broughton, 1952: 390; Bodel, 1995: 285). Por otro lado, ambos pertenecían a familias destacadas (Filipo se había convertido en hermanastro de Octaviano tras su matrimonio con Atia). La fidelidad y las alianzas en el 38 siguieron siendo por lo tanto de gran importancia para que Lentulo y Filipo obtuvieran el consulado, pero en su caso su linaje parece haber desempeñado un papel importante también.

T. Estatilio Tauro fue el único cónsul sufecto en el año 37, reemplazando el 1 de julio al cónsul ordinario L. Caninio Galo, mientras que el otro ordinario, Agripa, permaneció en el cargo durante todo el año (Broughton, 1952: 395-396). Este hecho demuestra que, entre los cónsules del año, Agripa tenía el mayor poder e influencia. Por el contrario, en este caso no hay diferencia sustancial entre el cónsul ordinario Caninio y el sufecto Estatilio. Ambos son, para nosotros, individuos oscuros que, en ese momento, según los datos que tenemos, parecen apenas haber desarrollado un *cursus honorum* regular, pero que habían contraído suficientes méritos militares como para alcanzar la máxima magistratura. Del mismo modo, ambos eran *homines novi* cuyas familias no habían tenido anteriormente presencia política en Roma. Hubo, sin embargo, una divergencia esencial en sus carreras después de su consulado. Mientras Caninio, ante la ausencia de otros datos en las fuentes, parece haber desaparecido de la escena política, Estatilio ganó una creciente importancia como procónsul en África –celebró de hecho un triunfo *ex Africa* en el 34– y luchando en los años siguientes en el lado de Octaviano. Como resultado, Estatilio desempeñó un segundo consulado en el 26, pero esta vez como cónsul ordinario, lo que indica claramente su promoción política, teniendo a Augusto como su colega en el cargo. El caso de Estatilio es de gran interés para mostrar el surgimiento de un cierto tipo de individuo en el período triunviral. Sus habilidades militares hicieron de él un cónsul sufecto en el 37, y sus éxitos militares subsecuentes le permitieron convertirse en cónsul ordinario en 26, así como *praefectus urbi* en el 16, y ser uno de los individuos más influyentes dentro del círculo más cercano de consejeros de Augusto. Por lo tanto, su consulado sufecto no fue el cénit de su carrera, sino más bien un punto de partida para obtener fama, reconocimiento y poder.

A partir del año 36 el número de cónsules sufectos aumentó al mismo tiempo que la prominencia social y política de muchos de ellos, incluso de la mayoría de ellos, disminuyó progresivamente durante los últimos años del período triunviral. L. Nonio Asprenas y Q. Marcio fueron los dos cónsules sufectos en el 36 (Salomies, 1991: 187; Bodel, 1995: 279-280). Nonio pertenecía a una familia con una participación secundaria en la política romana hasta ese momento. Debe de haber sido pretor en algún momento de los años 40, pero desapareció de la escena durante los primeros años del triunvirato hasta que volvió a emerger en el 36 como cónsul.

Dada la falta de información que tenemos sobre ellos, es apropiado afirmar que algunos cónsules sufectos que fueron nombrados en los años siguientes son para nosotros poco más que fantasmas, y Q. Marcio es ciertamente uno de ellos. De él solo sabemos que reemplazó al cónsul ordinario M. Cocceio Nerva durante el resto del año 36. Marcio fue simplemente el primero de una serie en los años siguientes de cónsules oscuros y poco conocidos para los cuales no tenemos ninguna información. En el 35 un tal P. Cornelio fue uno de los dos cónsules sufectos. Durante mucho tiempo se pensó que era un Cornelio Escipión, pero estamos seguros ahora de que fue un tal P. Cornelio Dolabela[13]. No se sabe nada más de él. El otro cónsul sufecto en el 35 fue T. Peduceo (Salomies, 1991: 189 n. 10; Bodel, 1995: 285-286). Como en otros casos, Peduceo fue un *suffectus* sin historia que vino de la nada y desapareció sin dejar rastro.

Esta descripción de la "carrera" política de Peduceo, o más bien de su carencia de carrera política, puede aplicarse adecuadamente a otros cónsules sufectos en esos años. Hubo cuatro en el año 34 (Salomies, 1991: 191-192; Bodel, 1995: 287). C. Memio y M. Herenio fueron dos de ellos, y ambos son perfectos extraños para nosotros, pues no se sabe nada de ellos antes o después de

13 Syme (1939: 229 n. 7); Salomies (1991: 190-191); Bodel (1995: 285-286).

sus consulados, y ningún otro cargo está atestiguado. De hecho, el único vestigio de su existencia es la presencia de sus nombres en los *fasti consulares*, ya que tampoco sabemos nada sobre su comportamiento o acciones como cónsules. Es interesante anotar que parece haber habido una progresión negativa a lo largo del año con respecto al prestigio de los cónsules, que aparentemente disminuyó a medida que avanzaba el año. Los cónsules ordinarios en el 34 eran el triunviro M. Antonio y L. Escribonio Libón, cuya importancia, obviamente en una escala diferente, está fuera de duda. El irrelevante Memio sustituyó a Libón el 1 de julio, y posteriormente fue sustituido por el no menos irrelevante Herenio durante las últimas semanas del año. Por su parte, el triunviro Antonio renunció al consulado el primer día del año y fue reemplazado inmediatamente por L. Sempronio Atratino, que oficialmente era por lo tanto un *suffectus*, pero en la práctica podría ser visto como un *ordinarius* por haber tomado posesión del cargo en el mismo inicio del año[14]. Atratino fue designado cónsul sufecto en tanto que hombre de confianza de Antonio, al que más tarde abandonó, y ocupó el cargo hasta el 1 de julio. Durante el resto del año fue reemplazado por Paulo Emilio Lépido, miembro de una de las familias más distinguidas de la República romana. Con todo, él en particular no parece haber desarrollado una carrera notable hasta ese momento, pero ciertamente lo hizo después de su consulado, e incluso se convirtió en censor en el 22, ya durante el Principado de Augusto.

Lejos de cambiar el origen y trayectoria de muchos cónsules sufectos a medida que avanzaba el período triunviral, la oscuridad y presumiblemente la falta de relevancia siguieron siendo la regla o incluso se ampliaron. El año 33, en el que nada menos que seis cónsules sufectos fueron nombrados, es un buen ejemplo. L. Autronio Petón sustituyó al cónsul ordinario Octaviano el primer día del año[15]. Su consulado es la primera evidencia que tenemos de este individuo. Sin embargo, fue procónsul más tarde en África y celebró un triunfo en el año 28 (Syme, 1939: 292, 303; Broughton, 1986: 33). L. Flavio y C. Fonteyo Cápito asumieron el consulado

14 Casio Dión, 49.39.1, explica que esa es la razón por la que algunos historiadores omiten a Antonio y mencionan a Atratino como cónsul en el año 34.

15 Casio Dión, 49.43.6; Suetonio, *Divino Augusto*, 26.3. Ver Salomies (1991: 188); Bodel (1995: 287).

el 1 de mayo. Flavio era un seguidor de Antonio, pero, de nuevo, su consulado es prácticamente el único testimonio que poseemos de su vida (Ferriès, 2007: 400). Fonteyo, también un seguidor de Antonio, fue tribuno de la plebe en el 39 y miembro de un colegio sacerdotal, quizás los augures[16]. M. Acilio Glabrión entró en el cargo el 1 de julio y dimitió el 1 de septiembre (Bodel, 1995: 287). Excepto su consulado, nada más se sabe de él. L. Vinicio se convirtió en cónsul el 1 de septiembre (Salomies, 1991: 188; Bodel, 1995: 287-288). Es el único Vinicio del que se sabe que tuvo algún cargo durante la República. Por último, Q. Laronio asumió el consulado el 1 de octubre. Como en el caso de Vinicio, es el primer Laronio mencionado como magistrado.

El año 32 muestra claramente el contraste entre los destacados currículos políticos y militares de los cónsules ordinarios, Cn. Domicio Enobarbo y C. Sosio, y las aparentemente irrelevantes trayectorias de los *suffecti* L. Cornelio (¿Cina?) y M. Valerio Mesala. Tanto Domicio como Sosio habían sido respetados comandantes en los años previos a sus consulados[17]. En cambio, los cónsules sufectos parecen haber alcanzado la magistratura superior sin haber dejado ninguna huella de sus actividades políticas o militares, al menos en las fuentes que se nos han conservado.

Finalmente, los sucesivos nombramientos de cónsules para el 31 nos permiten ver de nuevo claramente cómo el peso político de los magistrados disminuyó gradualmente a lo largo del año. Los cónsules ordinarios designados para ese año eran nada menos que los triunviros Antonio y Octaviano. Este último permaneció en el cargo durante todo el año. Por el contrario, Antonio fue privado del consulado y Valerio Mesala Corvino, pretor en el 40 y comandante de la flota en ausencia de Agripa en el 36, fue nombrado en su lugar (Broughton, 1952: 403; 1986: 213-214; Ferriès, 2007: 481-483). Cuando Valerio Mesala dimitió el 1 de mayo, se convirtió en promagistrado y tuvo el mando en el centro de la flota de Octaviano en la batalla de Accio (Apiano, *Guerras Civiles*, 4.38; Broughton, 1952: 422). M. Ticio sustituyó a Valerio Mesala el 1 de mayo y permaneció en el cargo durante cinco meses. Ticio tenía una larga trayectoria militar en los años anteriores, primero

16 Broughton (1986: 93); Ferriès (2007: 401-403); Rüpke (2008: 695 nº 1734).

17 Ferriès (2007: 392-397, 470-472). Sobre Sosio, Casio Dión, 49.41.4; 50.1.2.

con Antonio y luego bajo el mando de Octaviano. Como cónsul sufecto, Ticio participó en Accio derrotando, junto con Estatilio Tauro, la caballería de Antonio, y tuvo más tarde un papel político destacado en época augústea (Ferriès, 2007: 475-477). Finalmente, Cn. Pompeyo fue el último cónsul sufecto del año 31. Como era característico de un cónsul sufecto que ocupaba el cargo en los últimos meses, en su caso solo en noviembre y diciembre, Pompeyo es uno más de los poco distinguidos cónsules de la época, y su consulado es de hecho su único cargo conocido.

Conclusiones

Hasta aquí el análisis prosopográfico. A partir de él se pueden extraer algunas conclusiones. Durante todo el período triunviral, el consulado siguió siendo oficialmente la más alta magistratura republicana, pero ahora bajo la supervisión y el control de los triunviros, quienes tenían el poder de manera efectiva (Pina Polo, 2020a; 2020b). La magistratura continuó siendo dual y colegiada, puesto que nunca hubo más de dos cónsules simultáneamente, pero se convirtió en habitual que varias parejas de cónsules desempeñaran la magistratura durante el año, la pareja que comenzaba el año consular siendo denominada *consules ordinarii*, mientras que los que les sucedían a lo largo del año eran llamados *consules suffecti*. Augusto puso fin a esta práctica en el año 28, cuando de nuevo solo una pareja de cónsules fueron elegidos para todo el año (Casio Dión, 53.1.1-2; cf. Hurlet, 2009: 78). Consciente de la situación excepcional del consulado durante el triunvirato, Augusto quiso con esta medida volver a la antigua tradición republicana y dar una sensación de restauración de la legalidad republicana después de años de continuas guerras civiles (Millar, 1973: 52; Roddaz, 1992: 202). Sin embargo, el consulado sufecto volvió a ser una magistratura regular desde el año 5 en adelante, en una situación política totalmente diferente, cuando Augusto había afirmado su posición de dominio y todavía tenía muchos individuos leales a los que deseaba recompensar[18].

---

18 Sobre el consulado y los *consules suffecti* en época augústea, Dalla Rosa (2015: 581-582); Hurlet (2011; 2018).

Muchos de los cónsules sufectos de época triunviral fueron personajes oscuros. Esta generalización es sustancialmente correcta, en particular si se realiza una comparación con cónsules de períodos anteriores, pero no hay que olvidar que esta falta de notoriedad puede estar mediatizada por los datos proporcionados por nuestras fuentes, mucho más preocupadas por las guerras del período y por las acciones de los propios triunviros. En cualquier caso, una gran diferencia con respecto al consulado tradicional fue que muchos de los cónsules sufectos entre los años 43 y 31 no tenían previamente ninguna carrera política reconocida: de hecho, buena parte de ellos no cumplían los requisitos legales para la obtención del consulado. La mayoría habían destacado como militares bajo el mando de Octaviano o Antonio, y fue su lealtad lo que los catapultó a la gloria momentánea, en muchos casos aparentemente sin un posterior gran éxito político. Buena parte de esos cónsules sufectos eran *homines novi* sin pedigrí previo que pertenecían a familias romanas o itálicas hasta entonces desconocidas e irrelevantes –no conocidas en Roma, pero eso no quiere decir en absoluto que no fueran ricas o importantes en sus lugares de origen–, que en muchos casos volvieron a la irrelevancia una vez que la importancia de su efímero héroe familiar se esfumó[19]. Como hemos visto, en algunos casos el consulado es su única magistratura conocida (lo que no quiere decir que necesariamente fuera la única que desempeñaron), y tras él desaparecen de las fuentes tan silenciosamente como hacen su aparición[20].

---

19 Wiseman (1971: 166): en diez años del período triunviral hubo diecinueve cónsules que eran *homines novi*. Esto significa un número muy superior a los que encontramos en fases anteriores. Sobre *novitas* y consulado en la época triunviral, van der Blom (2019): en los años cuarenta, prácticamente cada año hubo un cónsul *homo novus*, bien *ordinarius*, bien *suffectus*. En cualquier caso, era obligada la renovación del grupo de consulares tras la guerra civil entre cesarianos y pompeyanos, puesto que casi todos los consulares habían muerto durante el conflicto. Al respecto, ver Pina Polo (2019a).

20 Syme (1939: 235, 243-244), un tanto despectivamente, definió como "*undistinguished crew*" el grupo de consulares que en teoría ocupaba en el senado el lugar de liderazgo tradicional en Roma. De acuerdo con Syme, algunas familias de gran peso político hasta entonces, como los Metelos, los Marcelos o los Calpurnios, desaparecieron de la escena política reemplazadas por otras hasta entonces desconocidas, muchas de ellas procedentes de diversas regiones italianas: "*... the consulate falls in the main to the newest of the new, senators nominated by the Dictator or introduced after his death, most of them absent from historical record before 44 BC. Ventidius and Carrinas lead the pack and inaugurate an epoch... strange names of alien root or termination now invade and disfigure the Fasti of the Roman people*" (199).

El consulado, y en particular el consulado sufecto, ya no significaba necesariamente la culminación del *cursus honorum* de un individuo, tal y como se había entendido la carrera política en los dos siglos anteriores, es decir, como una sucesión de magistraturas de menor a mayor importancia que se desempeñaban observando una edad mínima para el cargo, de acuerdo con las leyes que regulaban esa carrera. De hecho, al menos para algunos de estos cónsules sufectos el consulado parece haber sido la primera magistratura regular de sus vidas, y por lo tanto significó la puerta de acceso al senado. En suma, para muchos de ellos, el consulado sufecto, a veces desempeñado solo durante dos o tres meses, puede haber sido ciertamente el cénit de sus carreras, dado que no se sabe nada más sobre ellos. Para otros, por ejemplo Estatilio Tauro y Sempronio Atratino, por el contrario, el consulado sufecto fue un punto de llegada gratificante con respecto a los logros del pasado y, al mismo tiempo, un trampolín para una futura carrera política.

En todos los casos, los méritos principales o incluso únicos que los *suffecti* podían presentar eran de naturaleza militar más que civil, y los habían logrado sirviendo bajo el mando de uno u otro triunviro. Esto es, no obstante, bastante comprensible si tenemos en cuenta que entre 43 y 31 hubo una concatenación de guerras en la que participaron la mayoría de los *suffecti* antes y después de sus consulados, bien permaneciendo leales a un *imperator*, bien cambiando de bando de acuerdo con nuevas circunstancias. En este contexto, la lealtad era una virtud muy apreciada, por lo que no es extraño que esta fuera la razón por la que la mayoría de los cónsules sufectos de la época fueron nombrados. El consulado fue, por lo tanto, un premio en manos de los triunviros, un instrumento para recompensar y ganar lealtades. Durante la época triunviral, el consulado, y en particular el consulado sufecto, siguió siendo un *honos*, pero en la práctica se convirtió en un regalo dado por los triunviros a quien fuera considerado digno de él (del mismo modo que los triunviros designaron senadores, pretores, ediles y sacerdotes entre sus seguidores[21]), y así se convirtió en una herramienta para generar una nueva élite. Los triunviros reclamaron el derecho de nombrar a los magistrados sobre la base de los méritos

21 Casio Dión, 47.15.1-3; 47.19.4; 48.32.3; 48.34.4; 49.16.1; 49.43.7; cf. Pina Polo (2019b).

que ellos decidieron que eran relevantes, por lo que simultánea e implícitamente reclamaron el derecho a crear una nueva aristocracia más allá de la *nobilitas* tradicional. El hecho de que ciudades de Italia fueran el origen de algunos de estos advenedizos hizo que el mensaje fuera incluso más evidente: la élite en Roma se abrió a nuevas personas, pero el acceso estaba en manos de los gobernantes, siendo el factor decisivo la devoción hacia el líder. La institucionalización del consulado sufecto en el período triunviral fue, por lo tanto, un síntoma de la nueva realidad política y, al mismo tiempo, un paso decisivo hacia la alteración o incluso la disolución de las antiguas instituciones republicanas, junto con la vieja aristocracia. Cuando en el año 39 los triunviros nombraron cónsules ordinarios y sufectos para varios años, dejaron claro su control tanto de la que había sido la magistratura más alta, ahora convertida en subsidiaria, como de la selección de sus titulares.

En este proceso el pueblo tenía muy poco que decir: dado que los nombramientos eran hechos anticipadamente por los triunviros de acuerdo con sus intereses personales, las elecciones consulares perdieron todo significado. ¿Cómo afectó este procedimiento de designación consular a la legitimidad de los cónsules durante el período triunviral? No es fácil decirlo, porque tenemos muy escasa información sobre lo que hicieron los cónsules mientras estuvieron en el cargo (Millar, 1973: 53). Pero cuando Casio Dión (48.35.3) habla de la institucionalización permanente del consulado sufecto en el año 39, deja claro que, aunque todos los cónsules de un año tenían el mismo título, los *suffecti* eran unos desconocidos para muchos ciudadanos del imperio, y por ello fueron llamados "cónsules inferiores". Casio Dión parece referirse a los ciudadanos que vivían fuera de Roma, quienes difícilmente podían llegar a conocer el nombre de los cónsules que se sucedían incesantemente en el cargo a lo largo de un año, pero también la ciudadanía romana que habitaba en la *Urbs* debía tener claramente la impresión de que esos *suffecti* eran, de hecho, cónsules secundarios de cuya visibilidad social podemos dudar.

Tradicionalmente el pueblo había elegido a los cónsules como resultado de lo que habían sido sus carreras anteriormente. Cuando un político alcanzaba el consulado, ya gozaba de una cierta *auctoritas* que había obtenido en el campo cívico y/o militar cuando desempeñaba otras magistraturas. Estaba obligado a obtener popularidad, y debía ser bien conocido y reconocido por sus conciudadanos, quienes en última instancia eran los votantes que lo elegirían. Dado que en el siglo I la cuestura proporcionaba automáticamente acceso al senado, un futuro candidato al consulado estaba igualmente obligado a participar en los debates senatoriales, demostrar su capacidad para hacer propuestas y ser capaz de persuadir a los demás senadores. En resumen, un político con aspiraciones de alcanzar el consulado tenía que demostrar liderazgo y tenía que demostrar una presencia en Roma: la visibilidad social fue de hecho, a lo largo del primer siglo, muy conveniente para un político ambicioso. Durante el período triunviral, en muchos casos estos cónsules sufectos apenas habían permanecido en Roma durante los años anteriores, ya que estaban casi permanentemente combatiendo en una guerra u otra. En última instancia, su legitimidad no provenía del pueblo, sino de los *imperatores* bajo cuyo mando habían luchado, y que los habían promocionado generosamente.

Durante todo el período, a pesar de que no existía diferencia entre las funciones de los *consules ordinarii* y los *consules suffecti*, hubo implícitamente una diferencia de prestigio social y político entre las dos categorías de la misma magistratura. Obviamente no es por casualidad que los propios triunviros desempeñaran el consulado regular algunos años, pero que, en cambio, nunca fueran cónsules sufectos. En cualquier caso, al principio del período los cónsules ordinarios tenían una carrera previa detrás de ellos. A lo largo del período, sin embargo, la situación fue cambiando. Progresivamente muchos cónsules ordinarios, con la excepción de los grandes líderes (los mismos triunviros, Agripa y Sexto Pompeyo, que hubiera debido ser cónsul en el 35, el año de su muerte), fueron individuos virtualmente desconocidos, igualando así el poco importante origen social y político que caracterizó a muchos cónsules sufectos de la época. Esta convergencia de los cónsules ordinarios y sufectos hacia la insignificancia social y política de sus titulares implícitamente dejó claro el carácter secundario del consulado con respecto al triunvirato, la magistratura que realmente importaba. En particular el consulado sufecto, a pesar de tener una potestad idéntica al consulado ordinario, fue visto como una especie de cargo secundario, un premio de consolación para individuos emergentes que merecían una recompensa por sus méritos, con respecto no a la comunidad, sino a los triunviros en el poder. Todo esto contribuyó a desacreditar el consulado como institución, y como consecuencia también la figura del consular. Tradicionalmente, los ex cónsules habían gozado de gran prestigio dentro del senado, y eran presumiblemente una referencia para la sociedad romana. Pero ahora, la proliferación de tantos consulares en tan corto espacio de tiempo hacía difícil considerarlos como individuos dotados de *auctoritas*, como había sido habitual en toda la República. Dada la situación de guerra permanente, muchos de estos ex cónsules desempeñaban otros cargos militares después de su consulado que los mantenían lejos de Roma, por lo que su ausencia no les ayudó a cumplir el papel social y político que podría esperarse de un consular.

En síntesis, los triunviros abiertamente hicieron uso del consulado sufecto para recompensar lealtades y consolidar sus apoyos. La consecuencia implícita fue la gradual depreciación del consulado, que se convirtió en una magistratura de segunda categoría con respecto al triunvirato. Los triunviros tenían el poder real, no solo el extraordinario poder legal proporcionado por la *lex Titia* en el año 43, sino el poder *de facto*. Hacer depender el nombramiento de cónsules de la voluntad de los triunviros subrayaba la inferioridad del consulado. Multiplicar el número de cónsules cada año trivializaba la magistratura y reducía su autoridad. El consulado sufecto fue por consiguiente un poderoso instrumento en manos de los triunviros para fortalecer su posición política y social, debilitando a la vieja aristocracia y colaborando en la creación de una nueva élite sobre la base de relaciones personales leales. El consulado sufecto constituyó por lo tanto un paso significativo en el camino que llevaría al Principado de Augusto.

Bibliografía

Bleicken, J. (1990). *Zwischen Republik und Prinzipat. Zum Charakter des Zweiten Triumvirats*, Göttingen.

Bodel, J. (1995). "Chronology and Succession, 2: Notes on Some Consular Lists on Stone", *Zeitschrift für Papyrologie und Epigraphik*, 105, 279-296.

Broughton, T.R.S. (1951; 1952; 1986). *The Magistrates of the Roman Republic*, Atlanta, 3 vols.

Bruhns, H. (1978). *Caesar und die römische Oberschicht in den Jahren 49-44 v.Chr. Untersuchungen zu Herrschaftetablierung im Bürgerkrieg*, Göttingen.

Dalla Rosa, A. (2015). "L'autocrate e il magistrato. Le attività di Augusto negli ambiti di competenza consolare", en J.-L. Ferrary & J. Scheid (eds.), *Il princeps romano: autocrate o magistrato? Fattori giuridici e fattori sociali del potere imperiale da Augusto a Commodo*, Pavia, 555-585.

Fadinger, V. (1969). *Die Begründung des Prinzipats. Quellenkritische und staatsrechtliche Untersuchungen zu Cassius Dio und der Parallelüberlieferung*, Berlin.

Ferriès, M.-C. (2007). *Les partisans d'Antoine (des orphelins de César aux complices de Cléopâtre)*, Bordeaux.

Frei-Stolba, R. (1967). *Untersuchungen zu den Wahlen in der römischen Kaiserzeit*, Zürich.

Frier, B. (1975). "Licinius Macer and the Consules Suffecti of 444 BC", *Transactions of the American Philological Association*, 105, 79-97.

Hurlet, F. (2009) "La *res publica restituta* et l'aristocratie augustéenne", en F. Hurlet & B. Mineo (eds.), *Le principat d'Auguste. Réalités et représentations du pouvoir. Autour de la* res publica restituta, Rennes, 73-99.

Hurlet, F. (2011). "Consulship and Consuls under Augustus", en H. Beck, A. Duplá, M. Jehne & F. Pina Polo (eds.), *Consuls and* res publica*: Holding High Office in the Roman Republic*, Cambridge, 319-335.

Hurlet, F. (2017). "La dualité du consulat à l'épreuve de la longue durée. À propos de la transgression et du contournement de la norme", en T. Itgenshorst & P. Le Doze (eds.) *La norme sous la République et le Haut-Empire romains. Élaboration, diffusion et contournements*, Bordeaux, 283-299.

Hurlet, F. (2018). "Le consulat suffect sous Auguste et Tibère. Réalités institutionnelles d'une nouvelle pratique politique", *Revue d'Histoire du Droit Français et Étranger*, 96, 371-397.

Millar, F. (1973). "Triumvirate and Principate", *Journal of Roman Studies*, 63, 50-67.

Pina Polo, F. (2019a). "Losers in the Civil War between Caesarians and Pompeians: Punishment and Survival", en K.-J. Hölkeskamp & H. Beck (eds.), *Verlierer und Aussteiger in der "Konkurrenz unter Anwesenden". Agonalität in der politischen Kultur des antiken Rom*, Stuttgart, 147-167.

Pina Polo, F. (2019b). "Los colegios sacerdotales durante la época triunviral (43-31 a.C.) como instrumento para premiar lealtades", en S. Alfayé Villa & F. Pina Polo (eds.), *Dioses, sacerdotes y magos en el mundo antiguo. Homenaje a Francisco Marco Simón*, Madrid, 177-192.

Pina Polo, F. (2020a). "The Functioning of the Republican Institutions under the Triumvirs", en F. Pina Polo (ed.), *The Triumviral Period: Civil War, Political Crisis and Socioeconomic Transformations*, Sevilla-Zaragoza, 49-70.

Pina Polo, F. (2020b). "The Consulship under the Triumvirs: A Phantom Office?", en C. Balmaceda (ed.), Libertas *and* res publica *in the Roman Republic: Ideas of Freedom and Roman Politics*, Leiden, 138-152.

Roddaz, J.-M. (1992). "*Imperium*: nature et compétences à la fin de la République et au début de l'Empire",

Cahiers du Centre Gustave Glotz, 3, 189-211.

Rohr Vio, F. (2009). *Publio Ventidio Basso.* Fautor Caesaris, *tra storia e memoria*, Roma.

Rüpke, J. (2008). Fasti Sacerdotum*: A Prosopography of Pagan, Jewish, and Christian Religious Officials in the City of Rome, 300 BC to AD 499*, Oxford.

Salomies, O. (1991). "Zu den Fasti Consulares von Tauromenium", *Zeitschrift für Papyrologie und Epigraphik*, 86, 187-192.

Syme, R. (1939). *The Roman Revolution*, Oxford.

van der Blom, H. (2019). "*Novitas* between Republic and Empire", en M. Nebelin & C. Tiersch (eds.), *Semantische Kämpfe zwischen Republik und Prinzipat? Studien zu Kontinuität und Transformation der politischen und sozialen Sprache in Rom*, Berlin, 453-474.

Welch, K. (2012). *Magnus Pius: Sextus Pompeius and the Transformation of the Roman Republic*, Swansea.

Wiseman, T.P. (1971). *New Men in the Roman Senate 139 BC-AD 14*, Oxford.

Reflexiones sobre la élite campesina romana a partir de *Eneida* de Virgilio[1]

Cecilia Ames - Guillermo De Santis
(Universidad Nacional de Córdoba-CONICET)

Eneida de Virgilio es un texto memorioso y sensible a los procesos históricos de Italia y especialmente a los problemas recurrentes y estructurales de la historia de Roma (Marincola, 2010). Entre ellos, la cuestión agraria con todas sus implicancias ocupa un lugar preferencial, por un lado, dada la centralidad que tenía el campo para la actividad económica y, por otro, dada la especial evolución cívico-militar romana que trajo aparejada una transformación del campo y la élite campesina, de las formas de producción y de tenencia de tierra, modificando la estructura general y la dinámica de la propiedad agrícola en el suelo italiano. Sin duda la conquista de la península itálica y la fundación de colonias latinas primero, y la expansión del imperio extrapeninsular después, afectó al campo italiano en varios aspectos, pues las campañas militares obligaron a miles de campesinos a prestar un prolongado servicio militar, lo que tuvo como consecuencia el empobrecimiento de muchos pequeños colonos romanos e italianos libres, que terminaron perdiendo sus tierras. El próximo paso fue el reemplazo de grandes cantidades de campesinos por esclavos, lo que contribuyó a transformar la economía agrícola de Italia y abonó los conflictos políticos de la República tardía. Como ha manifestado Keith Hopkins (1981: 16): "Una historia fáctica del último siglo de la República estaría jalonada de conflictos sobre la tierra, de leyes sobre la tierra y de distribuciones de tierra, tratándose más de meras propuestas que de realizaciones efectivas".

---

1 El presente artículo constituye la continuación de un proyecto financiado por la Universidad Nacional de Córdoba y el CONICET, cuyos primeros resultados aparecieron en Ames & De Santis (2008; 2011a; 2013a; 2013b).

La tierra fue siempre el móvil de la guerra y también la que, junto con los campesinos, sufrió sus consecuencias.

De un modo sutil, Virgilio toma este tópico y trae a la memoria de sus contemporáneos una de las consecuencias de la guerra, la leva indiscriminada de campesinos que deja los campos desolados, situación que más de una ocasión tuvo lugar en la historia de las guerras romanas. A su vez, su acto de memoria es una advertencia sobre los políticos inescrupulosos que llevan a su pueblo a la guerra, obligando a los campesinos a convertirse en soldados. De este modo el relato épico rescata al campesino como protagonista anónimo de la historia romana. Como ciudadano de una Roma en la cima de su esplendor, bajo el impero de Augusto, y como poeta proveniente de una comarca italiana, Virgilio es un autor sensible a las heridas que provocaron las distintas guerras en el cuerpo social y ha vertido en la obra épica su recuerdo y su versión de la historia como un acto de memoria y homenaje, no solo a los héroes que pelearon por Roma, sino a la totalidad de soldados y campesinos anónimos, que a su regreso encontraron desoladas las tierras de cultivo[2]. En este marco, el objetivo de este trabajo es centrarnos en las menciones del despoblamiento de los campos y analizarlas como acto de memoria, es decir como formador de un horizonte de lectura para los contemporáneos de Virgilio, que sin duda hacen presente el pasado de las guerras a través de una de sus consecuencias más influyentes, la transformación del campo italiano y de la élite campesina.

El libro VIII de *Eneida* ofrece un motivo muy interesante para focalizarnos en este tema de la guerra y sus consecuencias para todos los sectores de la sociedad. En este libro, a la par de los etruscos que apoyan a Eneas, se halla Mezencio, paradigma de la tiranía política en el poema (Eden, 1975; Gransden, 1976). A la descripción de este personaje a partir de una serie de imaginarios en los que domina la *violentia* y la *superbia* (cf. Lewis, 2006; Seaford, 2003), se añade una nota poco comentada: Mezencio, junto a Mesapo y Ufente, deja los campos sin cultivadores: *latos vastant cultoribus agros*[3].

---

2 Para un actualizado estado de la cuestión sobre la *Eneida*, cf. Ames & De Santis (2011b).

3 *Eneida* VIII, 5-8: *coniurat trepido Latium saeuitque iuuentus / effera. ductores primi Messapus et Vfens / contemptorque deum Mezentius undique cogunt / auxilia et latos uastant cultoribus agros.*

La imagen de "dejar despoblado el campo a causa de la guerra" implica una reminiscencia para el lector romano contemporáneo de Virgilio de una situación reiterada que sufrieron los campos de cultivo en contexto de las diferentes guerras itálicas, y de un modo especial, lleva a una asociación y referencia concreta a Aníbal, pues fue durante la segunda guerra púnica cuando el campo italiano estuvo ocupado y fue literalmente el campo de batalla. En este caso, dentro de las acciones de Mezencio, el despoblamiento de los campos se presenta como un efecto político indeseado de las acciones del tirano.

En *Eneida* el inicio efectivo de las acciones bélicas entre itálicos y troyanos se da en el libro VII y está signado por la presencia de la furia Alecto, quien juega un papel central, incitando a los campesinos –*agricolae*- a abandonar los campos de labranza, dejar sus herramientas de trabajo y tomar las armas para ir a la guerra (Horsfall, 2000). A partir de allí, el primer enfrentamiento entre Troyanos y Ausonios es narrado en los versos 582 y siguientes y tiene lugar como consecuencia de la anteriormente narrada cacería de Ascanio, en la que Alecto aprovecha el reclamo de Silvia y siembra la guerra a pedido de Juno. En el verso 520 leemos cómo los campesinos indómitos concurren de todas partes ante la señal emitida por la furia Alecto: *raptis concurrunt undique telis / indomiti agricolae*[4]. Pero estos agricultores no pelean con palos y arados, ahora tienen espadas, como leemos en el verso 526: *horrescit strictis seges ensibus*; "sembrado de espadas enhiestas se eriza y brillan". Nuevamente Alecto, así como ha hecho con Turno, y luego hará con Amata y Camila, es la fuerza que incita a los hombres a enfrentarse en la batalla. Esto no es algo especial, pues nada tiene de extraño que una Erinis incite a la guerra en el marco de la épica, dado que ese es su rol fundamental, pero en este caso es llamativo porque el inicio de las acciones bélicas se da a través de campesinos, no a través de los líderes guerreros o soldados. El marco del género épico excluye a los campesinos como protagonistas de la acción, pues los personajes de la épica son héroes, los labradores

---

4 *Eneida* VII, 519-527: *tum uero ad uocem celeres, qua bucina signum / dira dedit, raptis concurrunt undique telis / indomiti agricolae, nec non et Troia pubes / Ascanio auxilium castris effundit apertis. / derexere acies. non iam certamine agresti / stipitibus duris agitur sudibusue praeustis, / sed ferro ancipiti decernunt atraque late / horrescit strictis seges / ensibus, aeraque fulgent / sole lacessita et lucem sub nubila iactant.*

de la tierra no tienen ni alcanzarán jamás el prestigio para la lucha que este género poético requiere.

Con esta intervención, sin embargo, los campesinos incitados a pelear contra los troyanos, hacen su aparición en *Eneida* como cuerpo social, como sujetos protagonistas de la historia y actores de la trama narrativa, al menos por un breve segmento. Ya no es el jefe el que los comanda, cada campesino, afectado por Alecto, toma las armas y participa, lo que implica que el peligro de dejarse llevar por la furia es un riesgo tanto para los líderes, los héroes y jefes en la épica, como para cada uno de los soldados y campesinos anónimos. En este contexto, cobra un valor especial la presencia de un campesino individualizado, Galeso: un personaje menor en el que generalmente, y como se observa en los comentarios al pasaje, no se ha reparado. Galeso es un campesino riquísimo, *ditissimus arvis*, que no quiere la guerra, *dum paci medium se offert*. Precisamente por esto, es caracterizado como *iustissimus unus*[5], y, en lugar de mostrarlo levantando las armas, Virgilio le dedica dos versos a su trabajo cotidiano en el campo (VII, 538-539). Otro elemento importante no considerado por los comentarios es que Galeso, junto a Almo, un *senior* y un *puer*, son los primeros itálicos del Lacio caídos por las armas troyanas[6]. Una nota oscura que pone de manifiesto que, si bien la épica se concentrará en la muerte de los héroes, los campesinos convocados a la guerra caerán también y, a diferencia de aquellos, serán un cuerpo anónimo y cuya memoria dependerá de la fortuna histórica de sus líderes. La mención de Galeso en nombre propio, sin embargo, salva del anonimato y distingue a este campesino y al grupo de campesinos compuesto por individualidades que podrían destacarse por su virtud y responder al llamado de la tierra; Galeso es el campesino virgiliano de *Geórgicas*. El marco de la poesía épica excluye estos campesinos como protagonistas de la acción; Virgilio, sin embargo, no quiere dejar de notar su presencia, destacando a su vez, su ausencia, como efecto de la guerra que deja los campos despoblados.

---

5 *Eneida* VII, 535-537: *corpora multa uirum circa seniorque Galaesus, / dum paci medium se offert, iustissimus unus / qui fuit Ausoniisque olim ditissimus aruis.*

6 *Eneida* VII, 572-576: *Nec minus interea extremam Saturnia bello / imponit regina manum. ruit omnis in urbem / pastorum ex acie numerus, caesosque reportant Almonem puerum foedatique ora Galaesi, / implorantque deos obtestanturque Latinum.*

Estos campesinos se presentan ante Latino reclamando la guerra. Es el momento de los héroes cuya presentación en el catálogo de las fuerzas itálicas, contrasta con este grupo de campesinos reunido por un *pastorale signum* (v. 513). donde *pastorale* significa que es la *bucina* usada por los pastores, los hombres de campo que son a su vez soldados que llegan de todas partes ante el pedido de auxilio (cf. Horsfall, 2000: *ad loc.*). Es un ejército de pastores que acude sin necesidad de leva ni de recompensas, solo basta el llamado de un vecino para que concurran y se alcen en su defensa. La furia Alecto, incluso, promete a Juno dispersar la guerra más allá si Juno se lo ordena (*Eneida* VII, 549-551):

finitimas in bella feram rumoribus urbes,
accendamque animos insani Martis amore
undique ut auxilio ueniant; spargam arma per agros.

A las ciudades vecinas llevaré la guerra con mis rumores
y encenderé sus ánimos con el deseo de un Marte insano,
para que de todas partes acudan en auxilio; sembraré de armas los campos.

Alecto podría reunir *auxilia* de todas partes (*undique*) y, con una metáfora exacta para la ocasión, podría sembrar de armas los campos. Este es un punto interesante en cuanto los campesinos son la fuerza de este ejército.

Esto contrasta con el catálogo de héroes y pueblos que, de acuerdo al género épico, restringe la idea de "participación general" de campesinos en el ejército. Por el contrario, cada jefe llega con un número establecido de hombres, los mejores de cada pueblo para luchar, no con una horda que ocasionalmente respondió a un llamado. No se reemplaza la presencia de campesinos por soldados adiestrados, sino que se los reemplaza por un "grupo de campesinos mejor preparados para la guerra". Tampoco se trata de racionalizar cifras concretas de hombres que acompañan a los líderes de cada etnia. El código épico que regula el catálogo, influye decisivamente en la caracterización de las fuerzas itálicas tanto en lo que se refiere a la organización del ejército cuanto a las nociones etnográficas que el poeta dispone para construir la imagen de cada pueblo incluido en el ejército itálico. Este catálogo de las fuerzas itálicas del Libro VII, se abre con Mezencio. No mencionaremos aquí los estudios en torno a la estructura, organización y función de este catálogo. Sin embargo, es preciso notar que el principio de todo catálogo es enfático y en él aparece Mezencio, la primera mención de quien en principio es un líder itálico (*Eneida* VII, 647-655):

Primus init bellum Tyrrhenis asper ab oris
contemptor diuum Mezentius agminaque armat.
filius huic iuxta Lausus, quo pulchrior alter
non fuit excepto Laurentis corpore Turni;
Lausus, equum domitor debellatorque ferarum,
ducit Agyllina nequiquam ex urbe secutos
mille uiros, dignus patriis qui laetior esset
imperiis et cui pater haud Mezentius esset.

Primero da inicio a la guerra procedente de las costas tirrenas el áspero
despreciador de los dioses, Mezencio, y arma sus tropas.
A su lado Lauso, su hijo, más bello que el cual
no hubo otro si no contamos al laurente Turno;
Lauso, domador de caballos y vencedor de fieras,
manda a mil hombres, que en vano lo siguen
de la ciudad de Agila, digno de ejercer un mando
más feliz que el paterno, y de un padre que no fuera Mezencio.

La siguiente aparición de Mezencio es ya en el comienzo del libro VIII, 6-8:

... ductores primi Messapus et Vfens
Contemptorque deum Mezentius undique cogunt
auxilia et latos uastant cultoribus agros.

Primero los caudillos Mesapo y Ufente
y Mezencio despreciador de los dioses, de todas partes reúnen
auxilios y dejan los dilatados campos sin campesinos.

Es notable que inmediatamente después del Catálogo en el cual cada jefe-rey-líder aparece con un número de hombres que lo acompañan, aparezcan de repente estos tres *ductores* reuniendo más tropas. Esto les aleja de la presentación épica del jefe con su séquito de hombres, con la que se cerró el libro VII, y nos lleva a una situación de leva generalizada de campesinos. La expresión *cogere auxilia* pertenece al léxico militar. Virgilio nos dice que, además de los hombres que acompañan a cada jefe, estos tres se encargan de reclutar más soldados que son los campesinos de centro de Italia, *undique*, sin discriminación de origen étnico y el punto que nos interesa remarcar es que como conclusión el poeta subraya el vaciamiento de los campos: *latos uastant cultoribus agros*.

Es cierto que la guerra que enfrentan es grande y precisan de todas las fuerzas posibles pero dos cuestiones deben ser consideradas: por una parte, la norma épica, como ya señalamos, no incluye en las huestes a "todos", sino a los capaces de pelear junto a sus jefes, por lo que esta forma de reclutar *auxilia* es un anacronismo que remite a los tiempos de las guerras púnicas y las guerras social y civil. Por otra parte, la visión del campo vaciado de agricultores pone de manifiesto la suerte de las regiones itálicas implicadas en la guerra: la eventual derrota significa dejar vacías extensiones de campos que, nuevamente en términos anacrónicos, serán redistribuidas entre los jefes y veteranos de guerra vencedores.

La elección de los tres jefes encargados de esta leva indiscriminada, puede deberse al alcance geográfico que su mando connota. Sin embargo, Mezencio es el único de los tres que no puede imponer la leva a ningún campesino de territorios bajo su poder, ya que él ha sido expulsado por sus conciudadanos de Agila y, literalmente, no es *rex* de ningún pueblo.

En la economía de la segunda parte de *Eneida*, como hemos visto, Alecto juega un papel central en la génesis de los enfrentamientos entre troyanos e itálicos. La Furia indujo a los campesinos a convertirse en soldados mediante la ira y cambió sus herramientas de trabajo por espadas. Mencionamos antes la intención de Alecto de expandir la guerra pero Juno se lo prohíbe. Ahora, Mezencio, ocupa su lugar y realiza exactamente lo que la Furia había prometido hacer: reunir *auxilia undique*.

Es necesario tener presente esta recurrencia léxica que hace de Mezencio un doble de Alecto y, por lo tanto, la consecuencia de ambas intervenciones es necesariamente la misma. En el libro VII, 635-636, los campesinos, transformados en soldados preparan escudos y espadas:

Uomeris huc et falcis honos, huc omnis aratri
cessit amor; recoquunt patrios fornacibus ensis.

De aquí el honor a la reja y a la hoz, de aquí todo amor
al arado se apartó; funden de nuevo en los hornos las patrias espadas.

Los campesinos dejan de lado *honos* y *amor* por el campo y sus herramientas de trabajo y lo cambian por honor y amor a la guerra. La imagen de "cambiar arado y hoz por armas" es una de las más tradicionales a la hora de hablar de la guerra social y, en el caso de *Geórgicas* en el final del Libro II, el campesino dedicado al trabajo de campo contrasta con el que forja espadas, imagen que resume la contraposición entre los reinos de Saturno y Júpiter. Pero, además, este campesino dedicado exclusivamente al trabajo del campo es el que dio grandeza a Roma, Etruria y Sabinia[7].

Precisamente, la idea de una leva general que despuebla los campos es la imagen contraria, la de la decadencia que Mezencio no alcanza a prever. No hay duda de que este mensaje virgiliano debió ser bien notado por su público contemporáneo. Y el hecho de que Mezencio sea un jefe que saca a todo el campesinado del campo no puede separarse de las connotaciones tiránicas que configuran este personaje virgiliano. La historia de Mezencio es narrada por Evandro en el libro VIII donde lo describe como soberbio, que ejerce un imperio cruel, con actos viles propios de un tirano, autor de crímenes irreproducibles y de actos sacrílegos[8].

La figura de Mezencio vira hacia un concepto romano de tiranía, asociado al rey cruel y soberbio que se repetirá en la figura de otro Etrusco, Metabo, caracterizado en el libro XI como violento y soberbio[9]. Mezencio, además, debe ser relacionado con la figura de Porsena y su intento de restauración de los Tarquinos en Roma en la descripción del Escudo de Eneas. Por otra parte, Evandro también se refiere a los *facta* de carácter político de Mezencio en los

---

7 *Geórgicas* II, 532-535: *Hanc olim ueteres uitam coluere Sabini, / hanc Remus et frater; sic fortis Etruria creuit / scilicet et rerum facta est pulcherrima Roma, / septemque una sibi muro circumdedit arces.*

8 *Eneida* VIII, 483-495: *hanc multos florentem annos rex deinde superbo / imperio et saeuis tenuit Mezentius armis. / quid memorem infandas caedes, quid facta tyranni / effera? di capiti ipsius generique reseruent! / mortua quin etiam iungebat corpora uiuis / componens manibusque manus atque oribus ora, / tormenti genus, et sanie taboque fluentis / complexu in misero longa sic morte necabat. / at fessi tandem ciues infanda furentem / armati circumsistunt ipsumque domumque, / obtruncant socios, ignem ad fastigia iactant. / ille inter caedem Rutulorum elapsus in agros / confugere et Turni defendier hospitis armis. / Ergo omnis furiis surrexit Etruria iustis, / regem ad supplicium praesenti Marte reposcunt.*

9 *Eneida* XI, 539: *Pulsus obinuidiam regno uirisque superbas*, "expulsado del reino por el rechazo a su violencia y soberbia". La misma dicción aparece en X, 851-852, cuando Mezencio habla a su hijo Lauso: *idem ego, nate, tuum maculaui crimine nomen, / pulsus obinuidiam solio sceptrisque paternis.*

que se puede observar una doble dimensión: hacia el interior de Agila y hacia el exterior de la ciudad, influyendo en las relaciones interétnicas e interciudadanas de la Italia central.

Hacia el interior de la ciudad podemos observar que el procedimiento en boca de Evandro es referir el *imperium superbum* (v. 481-482), las *saeva arma*, las "armas crueles" (v. 482) y los *facta... effera*, los "actos salvajes", y, entre estos, uno en particular (*quin etiam*), que es monstruoso y que la tradición la reconoce como típicamente etrusco: unir los cadáveres en descomposición a hombres vivos, juntando manos con manos y boca con boca, lo cual era una espantosa tortura que culminaba en una muerte horrorosa[10]. Hacia el exterior de la ciudad, las acciones del tirano Mezencio también tienen un efecto, pues el *furor* (489) del pueblo de Agila, deriva en discordia civil (vv. 489-491) y sus conciudadanos expulsan a Mezencio, que será asilado por Turno (cf. Ames & De Santis, 2011a).

Se origina, entonces, otra discordia pues los etruscos con "justo furor" (v. 494) desatan una guerra contra Turno y sus aliados latinos. Esta guerra es de carácter interétnico y nos lleva a considerar que la memoria del *Bellum Italicum* está presente en *Eneida*, pues Evandro se refiere al rompimiento de convenios antiguos entre diferentes pueblos que habitan la Italia central. Ante esta nueva situación de cambio de alianzas políticas interétnicas, Evandro insta a Eneas a buscar apoyo en aquellos etruscos que se hallan ahora enfrentados con Turno y los latinos, anticipando los acontecimientos del libro X.

La caracterización del tirano que encarna Mezencio puede resumirse en las nociones de *violentia* y *superbia* que dominan la literatura latina del siglo I a.C. y que en *Eneida* se asocian incluso al monstruo Caco (Galinsky, 1966). El despliegue de la narración virgiliana impone que el lector reúna lo dicho acerca de Mezencio en los libros VII y VIII en torno a estas palabras de Evandro. De este modo, el despoblamiento de los campos que realiza Mezencio no puede separarse de su posición de tirano, de su impiedad, de

10 Cf. Servius, refiriendo a *Hortensius* de Cicerón, acerca de esta práctica por parte de los piratas etruscos; San Agustín, *Réplica a Juliano*, 4.78. Muy probablemente, esta práctica etrusca sirva para afianzar la etnicidad etrusca de Mezencio desde esta perspectiva de lo execrable y horrendo.

su violencia y soberbia ni, finalmente, de sus similitudes con la Furia Alecto.

En el libro XI, el rey Latino propone pactar la paz con los troyanos en vistas de las derrotas que los itálicos están padeciendo. Turno, es obvio, se opone. En este contexto Drances, realiza un duro parlamento en contra de líder rútulo. Más allá de los dobleces de su discurso, Drances intenta minar el liderazgo de Turno con una serie de argumentos entre los cuales se halla el despoblamiento de los campos, *Eneida* (XI, 364-367):

> *primus ego, inuisum quem tu tibi fingis (et esse*
> *nil moror). en supplex uenio. miserere tuorum,*
> *pone animos et pulsus abi. Sat funera fusi*
> *uidimus ingentis et desolauimus agros.*

> Yo el primero, a quien te imaginas tu enemigo (y nada
> me preocupa si lo soy). aquí vengo a suplicarte. Ten piedad
> de los tuyos, depón tu actitud y, derrotado, vete. Dispersados
> hemos visto ya bastantes muertes y hemos despoblado grandes campos.

El argumento de Drances insiste en el tema planteado acerca de la leva de Mezencio pero desde la perspectiva de lo ya ocurrido, del presente *vastant* al perfecto *desolauimus*, hay una variación de tiempo que pone en evidencia un resultado, el producto de un proceso: la leva indiscriminada y la imprevisión de sus consecuencias ante una derrota militar. Es notable que Virgilio haya dispuesto un arco narrativo entre el inicio de la guerra y su cierre en términos de "vaciamiento de campos de agricultores". Este es un modo de escribir historia que pone énfasis en un tema recurrente en el devenir de Roma y que en su contexto de escritura sigue siendo tan candente como en época de Sila o de la guerra social. En efecto, las muertes de los soldados campesinos han dejado grandes extensiones de campos desolados y, más allá del resultado final de la guerra el problema está instalado con fuertes resonancias anacrónicas e impactantes para el lector de *Eneida*: la élite campesina y el campesinado italiano sufrirán una profunda transformación, el repoblamiento de los campos implicará nuevas relaciones entre generales y soldados, la instalación de colonias creará un nuevo mapa socio-económico en Italia y, en consecuencia, la agricultura, como actividad económica, precisará redefinirse. Los campesinos italianos y sus élites serán las víctimas de este proceso.

Como vemos, entonces, *Eneida* es un texto por demás sensible a los procesos históricos de Italia y especialmente a los problemas recurrentes en la historia de Roma. El problema del despoblamiento de los campos en *Eneida* no se restringe, como en *Geórgicas* a la actividad concreta del campesino y su apego a la tierra y a la agricultura. Aquí se asocia, como esperamos haber presentado para ulteriores discusiones, a temas como la tiranía, la imposición de la leva desmedida y a una serie de disensos y oposiciones políticas personales que apenas dejan asomar al campesino soldado y a la élite campesina como un sujeto importante en la historia de Roma. Las primeras víctimas de la guerra, encabezadas por el cuerpo ensangrentado de Galaeso, rememoran esta élite campesina, que caerá en el campo de batalla, perderá sus tierras y su esfuerzo no será reconocido por Roma. La epopeya romana también los excluye como protagonistas, Virgilio, sin embargo, no quiere dejar de notar su presencia, destacando a su vez, su ausencia como efecto de la guerra que deja los campos despoblados.

Bibliografía citada

Ames, C. & De Santis, G. (2008). "Relaciones entre descripción geográfica y descripción histórica en el libro VIII de *Eneida*", *Circe*, 13, 29-50.

Ames, C. & De Santis, G. (2011a). "Die Konstruktion ethnischer Identitäten in Augusteischer Zeit. Vergils *Aeneis*", *Gymnasium*, 118, 1-22.

Ames, C. & De Santis, G. (2011b). "El lugar de las etnias en la construcción del Estado augusteo", en M. Campagno, J. Gallego y C. García Mac Gaw (eds.), *El Estado en el Mediterráneo Antiguo*, Buenos Aires, 391-408.

Ames, C. & De Santis, G. (2013a). "Sabinos y *Sabelli* en *Eneida* de Virgilio. Criterios etnográficos y relaciones entre Roma y los pueblos itálicos", *Revista de Estudios Clásicos*, 40, 51-74.

Ames, C. & De Santis, G. (2013b). "The Ekphrastic History of Rome: Complementarity of Geographical Description and Aeneas' Shield in Book 8 of the *Aeneid*", *Ephemeris Dacoromana*, 15, 79-102.

Eden, P.T. (1975). *A Commentary on Virgil:* Aeneid *VIII*, Leiden.

Galinsky, K. (1966). "The Hercules-Cacus Episode in *Aeneid* VII", *American Journal of Philology*, 87, 18-51.

Gransden, K.W. (1976). *Virgil:* Aeneid, *Book VIII*, Cambridge.

Hopkins, K. (1981). *Conquistadores y esclavos* [1978], tr. M.-A. Galmarini, Barcelona.

Horsfall, N. (2000). *Virgil:* Aeneid *7. A Commentary*, Leiden.

Lewis, S. (2006). *Ancient Tyranny*, Edinburgh.

Marincola, J. (2010). "*Eros* and Empire: Virgil and the Historians on the Civil War", en Ch. Kraus, J. Marincola & Ch. Pelling (eds.), *Ancient Historiography and its Contexts: Studies in Honour of A.J. Woodman*, Oxford, 183-204.

Seaford, R. (2003). "Tragic Tyranny", en K.A. Morgan (ed.), *Popular Tyranny: Sovereignty and its Discontents in Ancient Greece*, Austin, 95-116.

Bibliografía utilizada

Ampolo, C. (1988). "Rutuli", en *Enciclopedia Virgiliana*, Roma, vol. IV, 619-620.

Anderson, B. (1983). *Imagined Communities: Reflections on the Origin and Spread of Nationalism*, London.

Ando, C. (2002). "Vergil's Italy: Ethnography and Politics in First-Century Rome", en D.S. Levene (ed.), *Clio and the Poets: Augustan Poetry and the Traditions of Ancient Historiography*, Leiden, 123-142.

Austin, R.G. (1980). *P. Vergili Maronis* Aeneidos. *Liber Secundus* [1964], Oxford.

Badian, E. (1969). *Lucius Sulla: The Deadly Reformer*, Cambridge.

Barchiesi, M. (1981). *I moderni alla ricerca di Enea*, Roma.

Bickerman, E.J. (1952). "*Origenes gentium*", *Classical Philology*, 47, 65-81.

Cancellieri, M. (1984). "Aurunci-Ausoni", en *Enciclopedia Virgiliana*, Roma, vol. I, 420-421.

Cancik, H. (2004). "Ein Volk gründen. Ein myth-historisches Modell in Vergils *Aeneis*", en A. Bierl, A. Schmitt & A. Willi (eds.), *Antike Literatur in neuer Deutung. Festschrift für Joachim Latacz anlässlich seines 70. Geburtstages*, München-Leipzig, 307-333.

Giardina, A. (1997). *L'Italia romana. Storie di un'identità incompiuta*, Roma.

Hardie, Ph. (1994). *Virgil* Aeneid*: Book XI*, Cambridge.

Harris, W. (1989). *Guerra e imperialismo en la Roma republicana (327-70 a.C.)* [1979], tr. C. Santos Fontenla, Madrid.

Harrison, S.J. (1997). "The Survival and Supremacy of Rome: The Unity of the Shield of Aeneas", *Journal of Roman Studies*, 87, 70-76.

Heinze, R. (1915). *Vergils epische Technik*, Leipzig-Berlin.

James, S.L. (1995). "Establishing Rome with the Sword: *Condere* in the *Aeneid*", *American Journal of Philology*, 116, 623-637.

Martínez-Pinna, J. (2002). *La prehistoria mítica de Roma. Introducción a la etnogénesis latina*. Anejo de *Gerión*, VI.

Millar, F. (2002). *Rome, the Greek World, and the East, 1: The Roman Republic and the Augustan Revolution*, ed. H.M. Cotton & G.M. Rogers, Chapel Hill.

Momigliano, A. (1992). "Cómo reconciliar a griegos y troyanos", en *De paganos, judíos y cristianos* [1982], tr. S. Mastrangelo, México, 426-465.

Norden, E. (1901). *Vergils* Aeneis *im Lichte ihrer Zeit*, Teubner (= *Kleine Schriften zum Klassischen Altertum*, Berlin, 1966, 358-421).

Parry, A. (1963). "The Two Voices of Virgil's *Aeneid*", *Arion*, 2/4, 66-80.

Russi, A. (1984a), "Dauno", en *Enciclopedia Virgiliana*, Roma, vol. I, 1001-1005.

Russi, A. (1984b). "Osci-Oschi", en *Enciclopedia Virgiliana*, Roma, vol. III, 899-900.

Santangelo, F. (2007). *Sulla, the Elites and the Empire: A Study of Roman Policies in Italy and the Greek East*, Leiden-Boston.

Suerbaum, W. (1967). "Aeneas zwischen Troia und Roma", *Poetica*, 1, 176-204.

Suerbaum, W. (1993). "Der Aeneas Vergils. Mann zwischen Vergangenheit und Zukunft", *Gymnasium*, 100, 419-447.

Schmidt, E.A. (2001). "The Meaning of Vergil's *Aeneid*: American and German Approaches", *Classical World*, 94, 145-171.

Toll, K. (1997). "Making Roman-ness and the *Aeneid*", *Classical Antiquity*, 16, 34-56.

Torelli, M. (1995). *Studies in the Romanization of Italy* (ed. y tr. E. Fracchi, M. Gualtieri), Alberta.

Torelli, M. (1999). Tota Italia*: Essays in the Cultural Formation of Roman Italy*, Oxford.

El líder político a inicios de la República romana: en nombre de la *libertas* y la *res publica*

Catalina Balmaceda
(Pontificia Universidad Católica de Chile, Santiago)

Más que ningún otro autor en Roma, quizá, el historiador Tito Livio fue capaz de dar una descripción de lo que significaba ser romano de manera tan convincente que llegó a ser canónica para la posteridad. Con su registro de los hechos del pasado Livio construye y, de alguna manera, también fija la memoria de Roma para proteger y guardar su verdadera identidad en una época de cambios. La intención del autor era –como él mismo señala explícitamente en su prefacio– "captar las lecciones de toda clase de ejemplos que aparecen a la luz de la obra y a partir de estas lecciones elegir lo que se ha de imitar y lo que hay que evitar"[1]. El peso y la autoridad que tienen los ejemplos de los ancestros o *maiores* en Roma sobre sus descendientes son difícilmente comprendidos en todo su significado en la actualidad. Al dar lecciones a través de ejemplos, Livio intenta que su lector se identifique con los romanos de los tiempos pasados. Los *exempla* solo pueden ser percibidos o entendidos como tales si se encuentra algo en común, si –hasta cierto punto– la situación, la circunstancia o los actores parecen familiares[2]. Los romanos del tiempo de Livio podrían dibujar una línea continua que los uniera con sus antepasados solo si eran capaces de reconocerse en ellos.

---

1 Livio, *praefatio* 10: *omnis te exempli documenta in inlustri posita monumento intueri; inde tibi tuaeque rei publicae quod imitere capias, inde foedum inceptu foedum exitu quod vites.*

2 Para el tema de la ejemplaridad, Chaplin (2000; 2015). Para abordajes más generales a los *exempla*, ver Hölkeskamp (2004); Roller (2004: esp. 1-10; 2009); Walter (2004: 42-83); Bell (2008); van der Blom (2010: 12-17); Langlands (2011: esp. 100-103).

A continuación, intentaré mostrar cómo Livio presentando ejemplos de líderes políticos de un pasado muy lejano –en concreto de los primeros años de la formación de la República– logra que aparezcan relevantes a la vista de sus propios contemporáneos extrayendo similitudes con el contexto político de fines del siglo I a.C. y proyectando así un modelo de líder político para su propio tiempo. El fin de las guerras civiles y el surgimiento de Augusto como restructurador del orden republicano hacen que "formación" y "restauración" de la República se puedan presentar como situaciones miméticas y esta es una de las interpretaciones que puede tener el análisis político de la primera péntada de Livio[3].

Desde el inicio de su obra, Livio presenta la identidad romana como íntimamente conectada con el concepto de libertad: *libertas*. En su conjunto, *Ab Urbe Condita* es la historia de la adquisición gradual de la *libertas* para el pueblo romano principalmente a través de actos de *virtus*[4]. Primero con el consulado, se adquiere una *libertas* patricia –libertad del *regnum*– seguida de una larga y fatigosa lucha por la *libertas* plebeya que, estableciendo el tribunado de la plebe y más tarde el derecho a ser elegido para las otras magistraturas, implicó la liberación de los plebeyos del peso de los privilegios del patriciado. En tercer lugar, existirá también la lucha por la libertad de una amenaza externa, es decir, la de mantenerse como un pueblo libre y no estar sometido a un amo extranjero. Todas estas libertades: de la tiranía, de los privilegios aristocráticos, y de un dominio externo resultaron, como dice Livio, en la creación de la *libera res publica* o la *res liberi populi Romani*, unos de los más grandes logros romanos. Veamos cómo lo trata el autor.

Al inicio del Libro 2, Livio deja claro que el fin de la monarquía significó una "liberación", e inmediatamente se identificó el nuevo régimen político con *libertas* o libertad[5]. Livio declara explícitamente que su tema a partir del segundo libro en adelante serían

---

3 No entraremos aquí al nutrido debate de si Livio fue un autor augústeo o no, para esto; ver, por ejemplo, Syme (1959); Mette (1961); Peterson (1961); Deininger (1985); Luce (1990); Burck (1991); Badian (1993); Oakley (1997: I, 379); Vasaly (1997); Feldherr (1998); Burton (2000); Cataudella (2006); Gaertner (2008); Mineo (2015).

4 Para el concepto de *virtus*, su significado y papel en la historiografía liviana, Balmaceda (2017: 83-126).

5 Entenderemos aquí el concepto de *libertas* en su acepción más política y dejaremos de lado otras como la social, jurídica, etc. Para este complejo concepto, Arena (2012). Muy iluminadores siguen siendo también Wirszubski (1950) y Brunt (1988).

los "hechos de guerra y paz del pueblo romano libre" (2.1.1: *res pace belloque gestas liberi Populi Romani*), y solo en los dos primeros capítulos del Libro 2, Livio usa la palabra *libertas* doce veces (Cap. 1: 2, 3, 4, 6, 7, 8, 9; Cap. 2: 2, 4, 5, 6, 7). También es interesante notar que esta libertad –según Livio (2.1.7)– no tiene nada que ver con la disminución de los poderes de los cónsules si se comparaban con los que habían tenido los reyes, sino que se refería principalmente a la colegialidad y a la limitación de su autoridad a un año. El resto de las magistraturas de la República fueron fijadas de acuerdo a las necesidades y teniendo siempre la libertad como primer objetivo (cf. Livio, 2.2.2: *prima cura*). La consecuencia lógica para los patricios, después de haber puesto tantos esfuerzos y energía en adquirir y establecer la libertad, fue que "monarquía" pronto se convertiría en sinónimo de "esclavitud" y lo opuesto de libertad: *non in regno populum Romanum sed in libertate esse* (Livio, 2.15.3).

A lo largo de toda su obra, Livio mostrará que la lucha por librar a Roma de una posible opresión o sumisión a un enemigo externo había producido los más ilustres hombres de su patria. Camilo, Fabio Máximo, los Escipiones y otros tantos habían obtenido la gloria por derecho propio: habían luchado valientemente (con *virtus*) y habían enfrentado a los enemigos defendiendo la libertad (*libertas*) de su pueblo del yugo externo. Pero Livio no solo está empeñado en ilustrar las grandes guerras y batallas libradas por el pueblo romano para defenderse del extranjero, sino que también se propone identificar y dar realce a los romanos que lucharían por consolidar o recuperar aquella libertad civil o interna que fue el ideal de la ciudad de Roma a partir de la caída de su último rey, Tarquinio el Soberbio. Estos líderes políticos pertenecían –al igual que los líderes militares– a la misma élite o grupo privilegiado y lograrían mover –no solo soldados como los generales– sino a todo el pueblo romano para luchar por la libertad entendida como derechos civiles.

En la narrativa de Livio se pueden observar ciertas características específicas que el historiador le otorga a estos líderes civiles del nuevo régimen republicano. En primer lugar, se encuentra una profunda y arraigada preocupación por la *res publica*. Aunque el interés por la "cosa pública" no pertenece solo a un grupo ni nace de un interés particular, sino que compete realmente a todo el pueblo romano[6], en los primeros años después de acabada la monarquía, la defensa de la *res publica* corresponderá especialmente a ciertos individuos. Ellos, casi todos pertenecientes a la élite social, serán los paladines de la preservación del nuevo orden, aunque a veces esta defensa lleve consigo una objetiva pérdida o desventaja personal.

De esta preocupación o cuidado por la *res publica* (*cura rei publicae*) se desprende también, casi obligatoriamente, un deseo efectivo de defender y mantener públicamente la libertad de todos, patricios y plebeyos. En la obra de Livio, esta defensa tiene que estar necesariamente acompañada de la virtud y el coraje (*virtus*) si aspira a ser ejemplar y convertirse en modelo. Esta asociación que Livio hace de la lucha por la libertad civil con la virtud y el valor no es tan obvia o sencilla como aparece a primera vista. Precisamente por la naturaleza del conflicto mismo y de los intereses que están en juego; la lucha por una *libertas* individual o personal era, en general, vista como considerablemente menos heroica que las luchas del pueblo romano contra sus enemigos para mantener su libertad. La pelea que está en juego en la primera parece tener un toque de interés mezquino o de ventaja propia que no estaba presente cuando la guerra tenía como principal objetivo la libertad y el bienestar de toda la *res publica* de una amenaza externa común. Para Livio, este toque individualista teñía y manchaba la lucha por la libertad del pueblo y hacía mucho más difícil la presencia de la verdadera *virtus* en ella. Él mismo se quejará expresamente sobre este punto (3.65.11):

> ¡Tan difícil resulta la moderación en la defensa de la libertad! Mientras se simula pretender la igualdad, cada uno se encumbra a sí mismo a costa de rebajar al otro, y mientras se busca evitar el temor, uno se convierte a sí mismo en temible, y la injusticia que rechazamos de nosotros mismos se la infligimos a otros, como si no hubiera más alternativa que cometerla o padecerla[7].

---

6 Hacemos referencia aquí a Cicerón, *Sobre la República*, 1.39: *est igitur res publica res populi*. Para una excelente discusión sobre esta definición, Schofield (1995) y el comentario *ad loc.* en Zetzel (ed. 1999).

7 *Adeo moderatio tuendae libertatis, dum aequari velle simulando ita se quisque extollit ut deprimat alium, in difficili est, cavendoque ne metuant, homines metuendos ultro se efficiunt, et iniuriam ab nobis repulsam, tamquam aut facere aut pati necesse sit, iniungimus aliis.* Ver también 4.6.11-12; 4.54.6.

A lo largo de *Ab Urbe Condita* –y en especial en los primeros libros– el historiador muestra que constantemente los dos bandos principales que se enfrentan carecían de virtudes, como la moderación, la justicia o la magnanimidad, y menos todavía se ejercitaba la verdadera valentía (*virtus*) que se había visto en las guerras con extranjeros. Livio, por ejemplo, acusa a los nobles especialmente de avaricia y arrogancia (especialmente el caso de Apio Claudio; 9.33-4), les reprocha la celosa y cerrada defensa de sus privilegios y su incapacidad para buscar el bien común de toda la *res publica*. Para el historiador, la nobleza actuaba como si cualquier medida para proteger la libertad de los plebeyos significara la reducción de su propio poder (4.54.6): "los patricios se quejaban como si hubiesen perdido sus magistraturas, en vez de haberlas compartido solamente con los plebeyos"[8]. A la plebe y sus tribunos, por otro lado, los muestra Livio como rebeldes y obstinados, y constantemente le recuerda al lector lo poco confiables que son. La deliberada manipulación para conseguir sus metas es patente (5.10.6): "estas cargas, pesadas ya de por sí, los tribunos de la plebe las hacían parecer más indignantes con argumentos sediciosos"[9].

El panorama descrito por Livio, necesariamente hace muy difícil que aparezca un verdadero liderazgo que mueva a la élite y al pueblo. Estas luchas internas, mejor conocidas como el "conflicto entre los órdenes", le dio a la historia de la República romana un tono particular de discordia civil y los líderes que veremos a continuación son precisamente constructores de la ansiada armonía o concordia[10].

El primer líder político que defiende la *libertas* ciudadana es, por supuesto, Lucio Junio Bruto, primer cónsul de Roma en el año 509 a.C. Este Bruto ya había aparecido en la narración y Livio lo había presentado como un joven algo misterioso, "con un carácter muy distinto al que aparentaba" y que "resolvió no dar al rey motivo de temor por su manera de ser", pero un joven en

---

8 *Patres contra non pro communicatis sed pro amissis honoribus fremere*. Ver también 3.37.8; 3.55.2; 10.8.5.

9 *Haec per se gravia indigniora ut viderentur tribuni plebis seditiosis contionibus faciebant.*

10 Para la lucha de los órdenes, ver en general los textos reunidos en Raaflaub (ed. 2005) y esp. Raaflaub (2005); cf. también Mitchell (1990); Cornell (1995: 242-271); Smith (2006a: 275-280). Para la "tradición" de Roma en guerras civiles, Breed, Damon & Rossi (eds. 2010).

el que a pesar de su "apodo de 'Bruto' brillaba ya el espíritu que estaba destinado a liberar un día a Roma" (1.56.7)[11]. Introducido en el relato de la Roma monárquica como el futuro *liberator populi Romani* (1.56.8)[12], Lucio Bruto espera la ocasión para actuar y Livio asienta las bases de lo que más tarde el autor definirá como un aspecto fundamental de la identidad de la *res publica Romana*: la libertad de su pueblo.

Los acontecimientos que llevan a Bruto a ser el protagonista del fin de la monarquía son conocidos por todos. Livio muestra a Bruto como enérgico, que no se detiene ante las dificultades y capaz de asumir el liderazgo en un momento complejo. Cuando quita el cuchillo del pecho de Lucrecia, todavía goteando sangre, no solo decide vengar el pudor ultrajado de la mujer, sino que al mismo tiempo promete la liberación de todo el pueblo romano de la tiranía de los reyes (1.59.1)[13]. El juramento de Bruto delante de Colatino, Valerio y Lucrecio –testigos también de la muerte de Lucrecia– de no tolerar que nadie reine sobre Roma jamás, envalentona también a sus compañeros y los mueve a la acción, acción que en este caso significará guerra. Ciertamente es esta guerra contra la familia del rey la que producirá, según Livio, la mayor consecuencia de la hazaña de Bruto: el profundo y revolucionario cambio político. Después de la fundación misma de la ciudad, el cambio de un gobierno monárquico a otro con magistrados electos por el pueblo es, sin duda, el mayor logro de Roma según el historiador.

Pero la *libertas* que nace de la liberación de la *res publica* del rey tirano –Livio llama a Bruto *liberator populi Romani* y *liberator urbis* (1.56.8; 1.60.2)– aunque incoada por Bruto, necesitará ser consolidada frente los constantes desafíos que se le presentan. Serán necesarios otros golpes certeros para asegurar esta primera libertad, la *libertas regni* en Roma. Y Bruto continuará luchando valientemente por la salvaguarda de la *libertas* adquirida en be-

---

11 Para el cognomen "Brutus", Ogilvie (1965: 216-217)

12 No concordamos totalmente con la posición de Miles (1995: 133).

13 La violación de Lucrecia representa aquí la violación de los derechos de todo el pueblo romano, como han puesto de relieve numerosos autores, por ejemplo, Bruno (1966); Joplin (1990); Joshel (1992); Arieti (1997); Feldherr (1997); Hammer (2014: 242-249). Para el rol de la mujer en Livio, ver, en general, Haberman (1980); Hallet (1989); Moore (1993); Claassen (1998).

neficio de su patria. Lo que hace de Bruto un modelo o *exemplum* para Livio es, en primer lugar, que no actúa en beneficio personal, sino que la ventaja que se obtiene engrandece y favorece a toda la *res publica* y, en segundo lugar, que logra la unidad o concordia de todos aun cuando en lo personal a él le reporta una pérdida como se verá a continuación. Bruto logra que todo el pueblo jure nunca más volver a permitir que otro hombre reine en Roma y que no se dejará persuadir por súplicas o sobornos de reyes (2.2.5)[14]. Además, demostrará ser todavía más celoso en conservar esta nueva libertad (2.1.9: *nova libertas*) de lo que había sido en obtenerla y lo manifiesta con dos extraordinarias decisiones. En primer lugar, no duda en pedirle a su compañero de armas y colega en el consulado, Colatino, que se aleje de la ciudad porque el pueblo ve en él una amenaza y peligro para la libertad (2.2.7)[15]. Más tarde, llegará incluso al extremo de presenciar la ejecución de la pena capital a sus propios hijos que habían traicionado a su patria al ayudar a Tarquinio en el intento de restaurar la monarquía (2.5.5-7: cf. también Plutarco, *Bruto,* 1.2). La inmensa popularidad del liderazgo de Bruto se puede ver no solo en los honores de un magnífico funeral de estado, sino también –y quizá todavía de mayor significación– en el tributo que le rinden las matronas romanas que llevarán luto durante un año completo, tal como se hacía con los padres (2.7.4). El que Bruto hubiera establecido un nuevo régimen que se identificara con libertad no lo dice tan solo Livio. Tácito en el inicio de sus *Annales* (1.1.1) señala exactamente lo mismo: "Lucio Bruto instituyó la libertad y el consulado (*libertatem et consulatum L. Brutus instituit*)", homologando así, la libertad con el regimen consular.

El colega de Lucio Bruto en el consulado del año 509 a.C. y también liberador de la *res publica* de la tiranía de los reyes fue Publio Valerio, que quedó como cónsul único una vez que Bruto muere en batalla luchando contra el hijo del rey, Aruncio Tarquinio (Livio, 2.6.6-7; Plutarco, *Publícola,* 9). Pero tanto la tardanza en llamar a elecciones para un nuevo cónsul, como la construcción de su casa en un lugar demasiado prominente de la ciudad –en

14 *Omnium primum avidum novae libertatis populum, ne postmodum flecti precibus aut donis regiis posset, iure iurando adegit neminem Romae passuros regnare.*

15 Collatino pertenecía a la familia de los Tarquinios; su nombre completo era Lucio Tarquinio Collatino.

la cima de la colina Velia[16], visible incluso desde el edificio del Senado– pusieron en el pueblo la sospecha de que Valerio quería hacerse rey: *regnum eum adfectare fama ferebat* (Livio, 2.7.6). La *adfectatio regni* era una acusación gravísima que implicaba la aspiración a la monarquía y, por extensión, al poder absoluto o tiranía. Significaba, sin más, un atropello a la libertad que había sido conquistada a tan alto precio. En el derecho romano, la *adfectatio regni* representaba un atentado al orden establecido por un usurpador y la legislación penal de las Ley de las XII Tablas castigaba este crimen como el de una traición al estado con la pena capital[17]. El cónsul, al mismo tiempo furioso y dolido por la acusación, da un discurso de fuego en defensa de la *libertas* que él mismo había ayudado a establecer en la *res publica*. Livio (2.7.5) hace notar la inconstancia de la plebe en sus propias palabras –*ut sunt mutabiles volgi animi*– y además pone en boca de Valerio la misma queja en *oratio recta* (cf. 2.7.9-10). Luego, como manifestación de su aprecio y respeto por la libertad del pueblo romano, el cónsul no solo desiste de su proyecto de construcción, sino que incluso mueve su casa a lo más bajo de la colina para que la *libertas* de los romanos no se sintiera vulnerada (2.7.11). Más tarde, Valerio pasará unas leyes que lo limpiarían de manera definitiva de toda sospecha y le aseguraron una reputación de defensor de la libertad del pueblo, recibiendo incluso el cognomen de Publícola o "amigo del pueblo" (2.8.1)[18]. La *lex de provocatione*, la más importante de las leyes pasadas por Valerio, proponía el derecho de apelación al pueblo romano de las decisiones o sentencias tomadas por un magistrado. Es decir, el derecho a apelar al pueblo (*provocatio ad populum*) si un ciudadano romano era condenado a muerte o un castigo corporal. Esto implicaba borrar uno de los vestigios de poder absoluto más aborrecidos de la monarquía ya que los cónsules no tendrían derecho a imponer la pena capital o la tortura sin el consentimiento del *populus Romanus* compuesto por

16 Para más detalles sobre el significado y posterior edificación de la colina Velia, Rebert (1925); Platner & Ashby (1929).

17 Para más datos sobre la *adfectatio regni*, Lintott (1999); Pina Polo (2006); Smith (2006b); Neel (2015).

18 *Latae deinde leges, non solum quae regni suspicione consulem absoluerent, sed quae adeo in contrarium verterent ut popularem etiam facerent; inde cognomen factum Publicolae est.* Cf. Plutarco, *Publicola*, 10.6.

senadores, patricios y plebeyos. La segunda ley promulgada por el cónsul Valerio aseguraba también la pérdida de todos derechos para aquel que fuera culpable de intentar restaurar la monarquía o *adfectatio regni,* es decir, establecía firmemente la anualidad y colegialidad de los cónsules El derecho de apelación y más tarde el tribunado de la plebe, establecido en el 494 a.C., fueron las dos fortalezas de la libertad (*duas arces libertatis*) del pueblo romano por largo tiempo (3.45.8). El cónsul Valerio, al igual que Bruto, es presentado por Livio como teniendo un genuino interés por la *res publica,* un líder que con rapidez rinde sus legítimas aspiraciones personales a los pies de la supuestamente ultrajada *libertas* del pueblo. Los romanos eligieron a Valerio como cónsul en otras tres oportunidades, el 508, 507 y 504 a.C., y le hicieron un funeral financiado con gastos públicos y pusieron su sepultura justamente en la ladera de la colina Velia, un honor jamás dado a un ciudadano romano (Dionisio de Halicarnaso, *Antigüedades romanas,* 5.48).

Así como el tema central del Libro 2 de *Ab Urbe Condita* en cuanto a la política interna en Roma había sido el establecimiento de los primeros cimientos de un gobierno que diera garantía de libertad a sus miembros después del derrocamiento de la monarquía, el Libro 3 presenta como centro una gravísima instancia en que esta libertad es puesta en jaque y casi totalmente destruida por la arbitrariedad de los decenviros[19]. Livio pone de manifiesto una vez más que "la libertad es una posesión compleja" (Ogilvie, 1965: 233), y que necesita ser constantemente protegida y resguardada ya sea por líderes con cargos políticos o por los representantes y defensores del pueblo ya que las instituciones y las leyes por sí solas no bastan para salvaguardarla. Y esta será una constante lección ejemplar a lo largo de la narración de la primera péntada de Livio: son los hombres, sus vidas y sus costumbres (*quae vitae qui mores*) los únicos que garantizan la justicia y la libertad del pueblo. En los primeros libros de su obra monumental, Livio va conformando una pequeña élite de líderes que arriesgan sus ventajas personales por los derechos de todos.

El período del decenvirato trajo para los plebeyos un considerable retroceso en sus libertades civiles sobre todo al abolir la magistratura de los tribunos de la plebe. El año 450 a.C., una vez

19 Para el período del decenvirato, Cornell (1995); Forsythe (2005); Raaflaub (2005).

terminado el primer año del decenvirato, los *Decemviri Legibus Scribundis Consulari Imperio* dejan su cargo en la fecha establecida y son sucedidos por otros diez hombres para terminar la legislación pediente. Pero este nuevo decenvirato ejerció el poder de manera tiránica y Livio (3.38.2) da cuenta de este tiempo señalando inequívocos signos de opresión en la ciudad y muestra que el sentir general del pueblo era triste y desesperanzado: "la libertad se daba por perdida para siempre: ni hay libertador alguno, ni parece que vaya a haberlo (*deploratur in perpetuum libertas, nec vindex quisquam exsistit aut futurus videtur*)". Una característica de esta falta de libertad fue la pérdida del sentido de la *res publica* –la cosa de todos– como queda ilustrado cuando Livio (3.38.11) señala que incluso los senadores se habían retirado a sus campos fuera de la ciudad y se habían concentrado en sus negocios personales, descuidando los de la comunidad (*suarumque rerum erant amissa publica*).

El abuso de poder de los decenviros se manifestó en un primer momento principalmente en prolongar ilegalmente su magistratura, no llamando a elecciones consulares en el tiempo debido y en que cada uno tenía doce lictores, todos ellos portando un hacha con los fasces lo que intimidaba a los ciudadanos[20]. Estos hechos coartaban la libertad entendida como derechos civiles al amparo de la ley de todos los ciudadanos, tanto patricios como plebeyos. Dos patricios destacan en el debate con los decenviros por su discurso abierto y denunciador: Lucio Valerio Potitus y Marco Horacio Barbatus. Livio nos entrega su arenga en una poderosa *oratio obliqua* donde Horacio se refiere a los decenviros como los "diez Tarquinios" y ambos presionan para poder tratar los asuntos de la República en el Senado (*postulando ut de re publica liceret dicere*) consiguiendo, sin embargo, que su alegato no quedara más que en palabras.

Es en este contexto, alrededor del 449 a.C., cuando el abuso de los decenviros se vio aumentado y endurecido por un acto de injusta violencia a los derechos individuales. Lucio Icilio, un líder plebeyo esta vez, defiende no solo a su prometida, Virginia, de la lujuria del patricio Appio Claudio, sino también a todo el pueblo

---

20 Los lictores solo podían portar hachas fuera del *pomerium* de la ciudad como signo de que no tenían el poder de ejecutar a un ciudadano romano.

romano de la injusta tiranía de los decenviros[21]. Icilio había sido tribuno de la plebe en el 456 a.C. y Livio (3.44.3) tiene grandes alabanzas para él: "hombre vigoroso y de probada valentía en la defensa de la causa de la plebe (*viro acri et pro causa plebis expertae virtutis*)". La plebe ve en el valor –*experta virtus*– y determinación de Icilio de combatir a Appio Claudio una esperanza para sacudirse los abusos de los decenviros y recobrar su libertad perdida (3.49.1: *multitudo... spe per occasionem repetendae libertatis*). De esta manera, tal como había ocurrido con Lucrecia, lo que parecía la defensa de un asunto personal, la muerte de Virginia ante la inminente ofensa, se transforma en un asunto de estado. Es la ciudadanía como un todo la que acude al foro expectante (cf. 3.47.1; *civitas in foro in exspectatione erecta staret*), y es toda la plebe la que una vez más se retira del Aventino al monte Sacro en secesión (cf. 3.52.3; *plebs contentionibus adsiduis nihil transigi, in Sacrum montem ex Aventino transit*). Los plebeyos finalmente recuperan la magistratura del tribunado y con ella su libertad (3.56.1): "se asentaron el poder tribunicio y la libertad del pueblo (*fundata deinde et potestate tribunicia et plebis libertate*)". Habían obtenido un bien para todos a través de la lucha con valentía (*virtus*) de Icilio y sus compañeros enfrentando decididamente la arrogancia de unos pocos. Así como consulado y libertad patricia habían constituido el binomio principal en el libro segundo, tribunado de la plebe y libertad plebeya lo harían en el tercero.

Durante todo el episodio de los decenviros, Livio utiliza constantemente la palabra *res publica* como para mostrar todo lo que está en juego en el conflicto; a veces para referirse al deseo de llevar a consideración en el Senado la triste situación en que se encontraba la *res publica* (cf. 3.39.2; *postulando ut de re publica liceret dicere*), otras para señalar que se ha perdido (cf. 3.38.11; *deploratur in perpetuum libertas, nec vindex quisquam exsistit aut futurus videtur*), otras para resaltar la necesidad de recobrar su tranquilidad (cf. 3.40.11; *re publica in tranquillum redacta*). Y lo mismo va a ocurrir con la palabra *libertas*: la libertad es siempre algo que hay que defender (cf. 3.50.10; *plebem ad repetendam libertatem*), el pueblo habla de recuperarla (cf. 3.49.1; *spe per occasionem repetendae libertatis*), y cuando finalmente la consiguen, se alegran de haberla

21 Para una interpretación de la conducta de Apio, Vasaly (2015: 65-73).

reconquistado (cf. 3.54.7; *congratulantur libertatem concordiamque civitati restitutam*). Se establece, entonces, una interesante relación: la valentía (*virtus*) permite recuperar la libertad (*libertas*): "con su valor habían recobrado la libertad (*virtute libertatem reciperatam ese*)" y, una vez que esta se ha conseguido, perdonando las ofensas de ambos lados podrá recuperarse finalmente la concordia entre los patricios y plebeyos (*clementia concordiam ordinum stabiliri posse*) y así, la *res* vuelve a ser *publica* una vez más (3.58.4).

El período de los decenviros terminó con un cambio político que significó el restablecimiento de los tribunos de la plebe y el consulado anual nuevamente como la más alta magistratura. Los cónsules elegidos para ese año fueron Lucio Valerio Potitus y Marco Horacio Barbatus, los mismos patricios en quienes los plebeyos habían confiado como sus negociadores en contra de los excesos de los decenviros. Su consulado fue ciertamente popular y ambos ejemplifican en Livio un liderazgo positivo de patricios en la lucha por la libertad en la causa plebeya. Actuaron con moderación y consiguieron éxitos importantes para la recuperación de la *libertas* perdida de la plebe, pero sin perjudicar a los patricios, algo bastante difícil, dice Livio (3.55.2), porque para estos últimos "cualquier medida que se tomase para salvaguardar la libertad de la plebe les parecía que menoscababa su poder (*quidquid enim libertati plebis caveretur, id suis decedere opibus credebant*)". Durante su consulado se aprobaron las leyes Valerio-Horacias que, aunque hoy en día algunos disputan su historicidad[22], hay acuerdo en que esta legislación logró restaurar el derecho de apelación al pueblo (*lex de provocatione*), estableció definitivamente la *sacrosanctitas* del tribuno de la plebe y le dio a la plebe la facultad de que las decisiones y resoluciones de los *Concilia plebis* fueran vinculantes para todo el pueblo, incluyendo a los patricios (*lex de plebiscitiis*) (cf. Livio, 3.55)[23].

Un aspecto interesante para resaltar dentro de la narrativa que nos entrega Tito Livio sobre el consulado de Valerio y de Horacio es que, debido a su previa lucha en defensa de la libertad plebe-

---

22 Cf. Staveley (1955); Ogilvie (1965). *Sed contra*, Cornell (1995: 273-277).

23 Se puede poner en duda que la *lex de plebiscitis* haya tenido efectivamente valor y se haya llevado a la práctica tal cual como lo establecía la ley en este período. Más tarde, en el año 287 a.C. volverá a aparecer con renovada fuerza y novedad en la llamada *lex Hortensia de plebiscitiis* que pondría fin al conflicto entre los órdenes patricio y plebeyo. Ver Cornell (1995); Forsythe (2005); Raaflaub (2005).

ya, los cónsules adquieren una cierta fama con los extranjeros, un prestigio especial que les otorga *auctoritas* para emprender la guerra contra enemigos externos. Este será un rasgo distintivo de los cónsules Valerio y Horacio, algo que no necesariamente tenía por qué estar relacionado. Además, Livio, pone en boca de los mismos cónsules esta particular relación entre ser defensor de la libertad del pueblo y tener una especial aptitud para la guerra. En su discurso previo a la batalla contra los ecuos y los volscos, Livio (3.61.2) señala que:

> ... el cónsul hizo recordar a los romanos que aquel día combatían por vez primera como hombres libres y en nombre de una Roma libre. Conquistaban para ellos mismos y los frutos de su victoria no serían para los decenviros. La batalla no se libraba a las órdenes de un Apio, sino bajo su cónsul Valerio, descendiente de los libertadores del pueblo romano y un liberador él mismo[24].

La lucha por defender la libertad ciudadana había sido ciertamente un fuerte estímulo para asumir grandes riesgos, pero ahora justamente esta libertad adquirida los hacía más fuertes para enfrentarse contra sus enemigos externos.

A lo largo de esta exposición se han presentado distintos líderes políticos de los primeros años de la República romana según como iban apareciendo en la obra de Tito Livio. Todos ellos muestran su deseo de conseguir y consolidar la ansiada libertad de no tener un dueño, de responder con igualdad ante la ley, de contar con defensores de los derechos políticos y civiles. Bruto, por ejemplo, muestra una indiscutible preocupación por la *res publica* que es probada hasta el extremo de enviar a sus propios hijos a la muerte por su bien: *rei publicae causa*. Su defensa de la libertad se encuentra en el primer más básico estadio: *libertas regni*. Esta primera *libertas* confirma al pueblo romano como libre y poseedor de una *res publica* de la que no solo los reyes son responsables sino todos los ciudadanos. El cónsul Publio Valerio, por otro lado, también defiende públicamente la *libertas* hasta el punto de subordinar sus legítimos intereses, y promueve además activamente una ley –*lex de provocatione*– que asegura la *libertas* de los ciudadanos ante una

24 *Consul ex altera parte Romanos meminisse iubebat illo die primum liberos pro libera urbe Romana pugnare, sibimet ipsis victuros, non ut decemvirorum victores praemium essent. Non Appio duce rem geri, sed consule Valerio, ab liberatoribus populi Romani orto, liberatore ipso.*

posible arbitrariedad de los magistrados. La valentía de Icilio, primero como tribuno de la plebe y luego en su lucha por la liberación de los plebeyos del yugo de los decenviros, es presentada por Livio como ejemplar y excepcional: con su *experta virtus* se convertía en la esperanza de la plebe (cf. 3.65.9). Y, finalmente, la capacidad y la inusitada moderación con que los cónsules Lucio Valerio y Marco Horacio conducen tanto a patricios como plebeyos a un acuerdo armonioso que restablece no solo la concordia, sino también la *libera res publica*. Casi todos estos personajes tienen el nombre explícito de "libertadores" asociados a ellos, ya sea porque Livio los describe explícitamente de esta manera[25], o porque sus contemporáneos los perciben como tales[26]. En todo caso es siempre Livio historiador quien desea expresamente que sean recordados por esta razón.

Dentro de la narrativa de los asuntos internos en Roma, la lucha por la libertad o la *libertas* aparece para Livio como un tema principal. Sería imposible no reconocer un cierto grado de *inventio* en estos pasajes –la precisa magnitud de esta dependerá de nuestro criterio[27]– pero incluso si hubiera mucha, lo que reflejan estos pasajes es la probable intención del autor de señalar el valor que los romanos debían otorgar a la libertad, y cómo la *res publica* ponía en riesgo su propia existencia cuando la libertad desaparecía. Los líderes que he destacado aquí no solo lograron recuperar la *libertas*, sino que también consiguieron la armonía entre los órdenes: *concordia ordinum* haciendo que la *res* volviera a ser verdaderamente *publica*. Ellos no habrían sido verdaderos líderes –*duces* los llama Livio (cf. 1.59; 2.6; 3.49)– si hubieran representado solo a un grupo o a una parte de la élite luchando contra otro grupo parecido para conseguir más poder. Para ser un verdadero líder era necesario luchar por el bienestar del estado en su conjunto, era la *tota res publica* la que había sido salvada del peligro de los reyes y la tiranía en primer lugar, había evitado la *adfectatio regni* y se había recuperado de la arbitrariedad de unos pocos.

---

25 Livio, de Bruto: 1.56: *liberator populi Romani*; 1.60: *liberatorem urbis*; 2.5: *patrem liberatorem*.

26 Livio, de Publio Valerio: 2.7: *liberatore patriae*; de Valerio y Horacio: 2.53: *liberatores*; de Lucio Valerio: 3.61: *liberatore ipso*.

27 Para Livio como autor, MacDonald (1957); Walsh (1961; 1982); Moles (1993); Luce (1997).

¿Qué podemos sacar como conclusión de estos ejemplos? Los casos analizados aquí, y otros muchos por el estilo diseminados en la obra de Livio, por una parte, arrojan más luz para entender dos conceptos claves del pensamiento político romano. La defensa de la *libertas* y la conservación de la *res publica* están en los fundamentos de la teoría política republicana desde los inicios. Por otro lado, nos muestran que estos conceptos también son sensibles al contexto histórico en el que se encuentra el historiador. Así, su estudio nos puede decir algo no solo de los líderes políticos del período que el historiador describe – en este caso los primeros años de la República –, sino también sobre el líder político ideal que Livio presenta de manera velada como una respuesta para su propio tiempo, el último cuarto del siglo I a.C., es decir, como respuesta al modelo alterado de la República en que vivía el historiador, donde las libertades personales corrían el riesgo de ser obliteradas por el deseo de obtener la seguridad y la tranquilidad después de las guerras civiles.

No es equivocado suponer que Livio hubiera tenido en mente casos contemporáneos de liberación de la República de posibles usurpadores o de ciertas facciones, por ejemplo, recordando a Bruto y a Casio con el asesinato de Julio César –conmemorado con el famoso denario de los Idus de Marzo con la imagen del *pileus* como símbolo de libertad–, o ese otro caso, más cercano a Livio en el tiempo todavía, cuando Octaviano derrotó a Marco Antonio, enemigo de Roma y amenaza para la *res publica*. Tanto a César como a Antonio se los podría haber acusado de haber dado muestras de *adfectatio regni*, o al menos de haber sobrepasado su libertad vulnerando los derechos de otros, al igual que a estos personajes de Livio de la republica temprana. Tanto en el nacimiento de la República como en su ocaso, estos intentos que eran percibidos como intentos de vuelta a la monarquía o a un tipo de gobierno que ponía en jaque los derechos civiles, habían sido aplastados por líderes que habían puesto la *libertas* del pueblo y la protección de la *res publica* por sobre intereses personales. Como cualquier historiador romano con su obra, Livio da ejemplos para seguir –como él mismo lo señala en su prefacio– y, por lo tanto, entregar lecciones políticas claras era ciertamente uno de sus objetivos inmediatos. Al narrar las primeras luchas que enfrenta Roma por adquirir la libertad política para preservar la *res publica*, Livio no solo enseña los ideales por lo que vale la pena luchar y dar la vida, sino también de alguna manera fija el canon del líder político romano en cualquier sistema político. *Libertas* y *res publica* serán las consignas de la élite política y fueron muy importantes en la primera conformación de la República, pero serán igualmente importantes en tiempos de Livio y Augusto, hecho que queda clarísimo ya en el primer capítulo de la *Res Gestae Divi Augusti* (1.1): "devolví la libertad a la república oprimida por la dominación de las facciones (*rem publican a dominatione factionis oppressam in libertatem vindicavi*)".

La persona que ejerce sus derechos civiles y respeta los de los demás está cooperando con el cuidado de la *res publica* (cf. Cicerón, *Sobre la República, passim*). La libertad política se presenta casi como un atributo moral de los romanos. Es deber de todos velar por la libertad. Todas las referencias de Livio a "Bruto liberador" y a los demás libertadores no son inocentes y llevan un mensaje. Livio fija la memoria del pasado romano, pero en los primeros libros de *Ab Urbe Condita* también hay un mensaje de prevención, un llamado de atención a los lectores del siglo I. Es demasiado reiterativo el tema de la libertad y los peligros que se derivan de su exceso o su ausencia como para ser totalmente neutros, y se presentan diferentes modelos y tipos que saben cómo recuperarla.

Los ejemplos de Livio nos hablan de la importancia de la agencia humana personal en el desarrollo político de los pueblos, en este caso de Roma. La constitución romana, tan alabada por Polibio en su libro VI, no es para el historiador el centro de atención de la grandeza de Roma, sino que este se encuentra en su gente, sus hombres, sus *vitae* y sus *mores*. Con sus ejemplos, Livio propone y presenta paradigmas de hombres que conformarán una élite, no simplemente social, sino política y también moral, porque serán las *mores* de estos hombres las que faciliten y permitan el ejercicio de esta libertad civil.

Bibliografía

Arena, V. (2012). Libertas *and the Practice of Politics in the Late Roman Republic*, Cambridge.

Arieti, J.A. (1997). "Rape and Livy's View of Roman History", en S. Deacy & K.F. Pierce (eds.), *Rape in Antiquity*, London, 209-229.

Badian, E. (1993). "Livy and Augustus", en W. Schuller (ed.), *Livius. Aspekte seines Werkes*, Konstanz, 9-38.

Balmaceda, C. (2017). Virtus Romana: *Politics and Morality in the Roman Historians*, Chapel Hill.

Bell, S. (2008). "Introduction: Role Models in the Roman World", en S. Bell & I.L. Hansen (eds.), *Role Models in the Roman World: Identity and Assimilation, Memoirs of the American Academy in Rome*, Suppl. 7, 1-39.

Breed, B.C., Damon, C. & Rossi, A. (eds. 2010). *Citizens of Discord: Rome and its Civil Wars*, Oxford.

Bruno, L. (1966). "Crimen, regni e superbia in Tito Livio", *Giornale Italiano di Filologia*, 19, 236-259.

Brunt, P. (1988). "*Libertas* in the Republic", en *The Fall of the Roman Republic and other Related Essays*, Oxford, 281-351.

Burck, E. (1991). "Livius und Augustus", *Bulletin of the Institute of Classical Studies*, 16, 269-281.

Burton, P. (2000). "The Last Republican Historian", *Historia*, 49, 429-446.

Cataudella, M.R. (2006). "Livio storico augusteo?", en R. Uglione (ed.), *Scrivere la storia nel mondo antico*, Alessandria, 175-195.

Chaplin, J. (2000). *Livy's Exemplary History*, Oxford.

Chaplin, J. (2015). "Livy's Use of Exempla", en Mineo (ed. 2015), 102-112.

Claassen, J.M. (1998). "Familiar Other: The Pivotal Role of Women in Livy's Narrative of Political Development in Early Rome", *Acta Classica*, 41, 71-103.

Cornell, T. (1995). *The Beginnings of Rome: Italy and Rome from the Bronze Age to the Punic Wars*, London.

Deininger, J. (1985). "Livius und der Prinzipat", *Klio*, 67, 265-272.

Feldherr, A. (1997). "Livy's Revolution: Civic Identity and the Creation of the *res publica*" en T. Habinek & A. Schiesaro (eds.), *The Roman Cultural Revolution*, Cambridge, 6-57.

Feldherr, A. (1998). *Spectacle and Society in Livy's History*, Berkeley.

Forsythe, G. (2005). *A Critical History of Early Rome: From Prehistory to the First Punic War*, Berkeley.

Gaertner, J.F. (2008). "Livy's Camillus and the Political Discourse of the Late Republic", *Journal of Roman Studies*, 98, 27-52.

Haberman, L. (1980). "*Nefas an libidine ortum:* Sexual Morality and Politics in the Early Books of Livy", *Classical Bulletin*, 57, 8-11.

Hallet, J. (1989). "Women as 'Same' and 'Other' in the Classical Roman Elite", *Helios*, 19, 59-78.

Hammer, D. (2014). *Roman Political Thought: From Cicero to Augustine*, Cambridge.

Hölkeskamp, K.J. (2004). "*Exempla* und *mos maiorum*", en *Senatus Populusque Romanus. Die politische Kultur der Republik — Dimensionen und Deutungen*, Stuttgart, 168-198.

Joplin, P.K. (1990). "Ritual Work on Human Flesh: Livy's Lucretia and the Rape of the Body Politic", *Helios*, 17, 51-70.

Joshel, S.R. (1992). "Body Female and the Body Politic: Livy's Lucretia and Virginia", en A. Richlin (ed.), *Pornography and Representation in Greece and Rome*, New York, 112-130.

Langlands, R. (2011). "Roman *exempla* and Situation Ethics: Valerius Maximus and Cicero *de Officiis*", *Journal of Roman Studies*, 101, 100-122.

Lintott, A. (1999). *The Constitution of the Roman Republic*, Oxford.

Luce, T.J. (1990). "Livy, Augustus and the Forum Augustum", en K.A. Raaflaub & M. Toher (eds.), *Between Republic and Empire: Interpretations of Augustus and his Principate*, Berkeley, 123-138.

Luce, T.J. (1997). *Livy: The Composition of his History*, Princeton.

MacDonald, A.H. (1957). "The Style of Livy", *Journal of Roman Studies*, 47, 155-172.

Mette, H.J. (1961). "Livius und Augustus", *Gymnasium* 68, 269-285.

Miles, G. (1995). *Livy: Reconstructing Early Rome*, Ithaca.

Mineo, B. (2015). "Livy's Historical Philosophy", en Mineo (ed. 2015), 165-182.

Mineo, B. (ed. 2015). *A Companion to Livy*, Malden.

Mitchell, R.E. (1990). *Patricians and Plebeians: The Origin of the Roman State*, Ithaca.

Moles, J. (1993). "Livy's Preface", *Proceedings of the Cambridge Philological Studies*, 39, 141-168.

Moore, T.J. (1993). "Morality, History and Livy's Wronged Women", *Eranos*, 91, 38-73.

Neel, J. (2015). "Reconsidering *affectatores regni*", *Classical Quarterly*, 65, 224-241.

Oakley, S. (1997-2005). *A Commentary on Livy: Books VI-X*, Oxford, 4 vols.

Ogilvie, R.M. (1965). *A Commentary on Livy: Books 1-5*, Oxford.

Peterson, H. (1961). "Livy and Augustus", *Transactions of the American Philological Association*, 92, 440-452.

Pina Polo, F. (2006). "The Tyrany Must Die: Preventive Tyrannicide in Roman Political Thought", en M. Simón, F. Pina Polo & F. Remesal (eds.), *Repúblicas y ciudadanos. Modelos de participación cívica en el mundo antiguo*, Barcelona, 71-101.

Platner, S.B. & Ashby, T. (1929). *A Topographical Dictionary of Ancient Rome*, Oxford.

Raaflaub, K.A. (2005). "From Protection and Defense to Offense and Participation: Stages in the Conflict of the Orders", en Raaflaub (ed. 2005), 185-222.

Raaflaub, K.A. (ed. 2005). *Social Struggles in Archaic Rome: New Perspectives on the Conflict of the Orders* [1986], Berkeley.

Rebert, H.F. (1925). "The Velia: A Study in Historical Topography", *Transactions of the American Philological Association*, 56, 54-69.

Roller, M. (2004). "Exemplarity in Roman Culture: The Cases of Horatius Cocles and Cloelia", *Classical Philology*, 99, 1-56.

Roller, M. (2009). "The Exemplary Past in Roman Historiography and Culture", en A. Feldherr (ed.), *Cambridge Companion to Roman Historians*, Cambridge, 214-230.

Schofield, M. (1995). "Cicero's Definition of the *res publica*", en J. Powell (ed.), *Cicero the Philosopher*, Oxford, 63-83.

Smith, C. (2006a). *The Roman Clan*, Cambridge.

Smith, C. (2006b). "*Adfectatio regni* in the Roman Republic", en S. Lewis (ed.), *Ancient Tyranny*, Edinburgh, 49-64.

Staveley, E.S. (1955). "*Provocatio* during the Fifth and Fourth Centuries BC", *Historia*, 3, 412-428.

Syme, R. (1959). "Livy and Augustus", *Harvard Studies in Classical Philology*, 64, 27-87.

van der Blom, H. (2010). *Cicero's Role Models: The Political Strategy of a Newcomer*, Oxford.

Vasaly, A. (2002). "The Structure of Livy's First Pentad and the Augustan Poetry Books", D.S. Levene & D.P. Nelis (eds.), *Clio and the Poets: Augustan Poetry and the Traditions of Ancient Historiography*, Leiden, 275-290.

Vasaly, A. (2015). *Livy's Political Philosophy: Power and Personality in Early Rome*, Cambridge.

Walsh, P.G. (1961). *Livy: His Historical Aims and Methods*, Cambridge.

Walsh, P.G. (1982). "Livy", en E.J. Kenney & W.V. Clausen (eds.), *The Cambridge History of Classical Literature*, Cambridge, vol. II, parte 3, 162-170.

Walter, U. (2004). *Memoria und* res publica. *Zur Geschichtskultur im Republikanischen Zeit*, Augsburg.

Wirszubski, Ch. (1950). Libertas *as a Political Idea at Rome during the Late Republic and Early Principate*, Cambridge.

Zetzel, J.E.G. (ed. 1999). *Cicero:* On the Commonwealth *and* On the Laws, Cambridge.

LA *RECITATIO FUNEBRIS* DE M. AQUILIO REGULO. AUTOPROMOCIÓN Y COMUNICACIÓN DE LAS ÉLITES EN LA ROMA DEL ALTO IMPERIO[1]

Clément Bady[2]
(Université Paris Nanterre)

En su obra *Rome à l'apogée de l'Empire*, Jérôme Carcopino (2011: 228) describe la *recitatio*, la lectura delante de un público, como la "calamidad de la literatura" de la que "los cálculos de la política y el amor propio de los letrados... habían lanzado la moda"[3]. La idea de una literatura en decadencia y corrupta por las ambiciones políticas y literarias en gran medida es heredera de las críticas transmitidas por los mismos autores antiguos. Estos le reprochaban a las *recitationes* haber fijado los géneros literarios, haber esfumado la frontera entre el escritor y el público, y haber hecho de la literatura una actividad comercial. Por consiguiente, son numerosos los estudios históricos –y esto es particularmente cierto para el caso francés– que retomaron esta concepción negativa de la *recitatio* contentándose con reformularla o atenuarla[4].

A partir de los últimos veinte años, las renovaciones historiográficas sobre la *recitatio* vinieron principalmente de la historia de la lectura y del libro. Por un lado, los ejemplos de *recitatio* constituyen una de las raras fuentes que permiten distinguir

1 Traducción de Carlos García Mac Gaw.

2 Quisiera agradecer especialmente al laboratorio ArScAn (UMR 7041), al equipo de ESPRI y a la Université Paris Nanterre (ED 395) la ayuda brindada en la presentación de esta comunicación.

3 En un contexto literario, la traducción de *recitatio* por "lectura pública" plantea problemas, en la medida en que la *recitatio* no era accesible ni abierta a todos. Sería más justo hablar de "lectura delante de un público"; Dupont (1997: 45-48).

4 Por ejemplo, Martin (1988: 82) liga el "modo" de las *recitationes* bajo los últimos Julio-Claudios y los Flavios con una decadencia del rol de los oradores en la ciudad. Sobre este punto, Valette-Cagnac (1997: 167). Para un balance sobre la historiografía negativa en relación con las *recitationes*, Markus (2000: 138-139).

ciertos mecanismos de la lectura (lectura oral, lectura silenciosa) y evaluar, incluso aproximadamente, el nivel de alfabetización de la sociedad romana. Por otro lado, en una perspectiva de la antropología de los saberes, las *recitationes* permiten comprender las diferentes etapas de la fabricación intelectual y material de los textos literarios (composición, corrección, circulación)[5]. No obstante, estos estudios han tenido tendencia a no percibir las *recitationes* más que en el prisma de la producción textual, a riesgo de subestimar la dimensión social y política de estas formas de sociabilidad literaria, a pesar de que ellas forman parte plenamente de la competencia aristocrática de Roma (Roller, 1998; Johnson, 2010).

En su artículo sobre la actividad poética de Plinio el Joven, Matthew Roller (1998: 289-298) ha puesto en evidencia el lazo entre la práctica literaria y la competencia aristocrática. De hecho, los encabalgamientos entre los elementos que se relacionan con el *negotium* y los que se relacionan con el *otium* muestran que el par conceptual "público/privado" ya no es más pertinente para pensar la actividad literaria de los aristócratas. Al igual que la performance oratoria delante de las asambleas o del tribunal constituye para los aristócratas un ejercicio de autorrepresentación, y por lo tanto de legitimación, también la presentación de un texto delante de un público le permite a quien se somete a él promover su estatuto de élite social e intelectual en la *Vrbs*[6]. Más allá de sus aspectos puramente literarios, la *recitatio* es entonces un hecho social que está en relación tanto con la historia social como cultural de las élites y es de esta forma que yo considero estudiar esta práctica.

La correspondencia de Plinio el Joven es una de las principales fuentes sobre las *recitationes* de la época imperial. Presente en la epístola (4.7), la *recitatio* de M. Aquilio Régulo aparece, bajo la pluma de Plinio, como un contramodelo del género y un espectáculo ridículo. Esta lectura está organizada en el contexto que sigue a la desaparición del hijo de Régulo alrededor del 104 d.C.[7]. Después de haber evocado los gastos excesivos en estatuas y retratos que

---

5 Valette-Cagnac (1997); Dupont (1997); Johnson (2000; 2010).

6 Hölkeskamp (2004); David (2011; 2014); Tempest (2017).

7 Sobre la fecha probable de la *recitatio* de Régulo, Sherwin-White (1966: 266, 270). La carta (4.7) se sitúa poco tiempo después de la carta (4.2) sobre los funerales del hijo de Régulo hacia el 104 y antes de la carta (6.2) sobre la muerte de Régulo en 105 o 106. Sobre Marco Aquilio Régulo (*PIR*[2] A 1002), ver la noticia "Aquilius II.5" de W. Eck, en *Der Neue Pauly*; Syme (1958: 100-102); Hoffer (1999: 55-91).

Régulo hizo en honor de su hijo (§1), Plinio se aboca a la *recitatio* propiamente dicha (§2). El tamaño del auditorio, el tema del texto leído (la *vita* del hijo difunto) y su difusión provincial a gran escala llaman la atención de Plinio. Sigue una crítica virulenta de la persona y del estilo oratorio de Régulo (§3-5). Finalmente, Plinio le solicita a Cacio Lépido, su correspondiente, informaciones sobre la difusión y las repercusiones locales de la lectura de Régulo (§6-7).

Creo que esta *recitatio* se distingue, por su tema y por su amplitud, de las otras lecturas descriptas por Plinio. En efecto, ella toma distancia de un "modelo pliniano" de la *recitatio,* vuelto rígido en gran parte por los historiadores. Estos han considerado frecuentemente como reglas generales los gustos y prácticas literarias contenidas en las *Epístolas,* sin ver que ellas proceden en principio de la idealización de un testimonio fiel[8]. También, tomando como caso de estudio la *recitatio* de Régulo, entiendo que se pone en evidencia que las *recitationes* funcionan como operaciones de comunicación para hacer conocer y reconocer una autoridad social e intelectual. Para lograr esto, las lecturas se apoyan sobre la autopromoción asegurada por la performance del aristócrata y sobre una promoción indirecta que sobrepasa el cuadro temporal y geográfico de la misma performance. En estas condiciones, la demostración que sigue se centrará sobre todo en las estrategias sociales y familiares de comunicación de la aristocracia romana. Se tratará de mostrar que la *recitatio* no es una práctica literaria inmutable o cerrada sobre sí misma, sino evolutiva por causa de la competencia interna entre las élites de la capital.

La naturaleza del evento organizado por Régulo: ¿una *recitatio funebris*?

La lectura de Régulo en general no está citada en los trabajos sobre la *recitatio* y la *laudatio funebris,* salvo de manera excepcional y anecdótica[9]. Los comentadores son aquí completamente

8 Los debates historiográficos sobre la autenticidad y el estatuto de las *Epístolas* de Plinio han producido una literatura abundante, por no decir insoluble. Para un acercamiento sintético sobre estas cuestiones, Henderson (2002; 2003); Tempest (2017).

9 Valette-Cagnac (1997: 111-169) no evoca el caso de la *recitatio* de Régulo en su Cap. III: "La *recitatio*, une écriture orale". Johnson (2010: 47-48) habla de una "*seeming exception*" a propósito de la desproporción de la lectura de Régulo. Finalmente, Roller (1998: 292 n. 49) señala con razón que "*Pliny's unique antagonism toward Regulus*

tributarios del juicio de Plinio el Joven, único testimonio de esta *recitatio*. En efecto, si se la compara con las otras lecturas evocadas por Plinio, es necesario constatar que la performance de Régulo no está dirigida a producir y corregir un texto literario en una lógica de colaboración intelectual de pequeño comité, a la inversa de lo que es la concepción defendida por Plinio el Joven (cf. *Epístolas*, 5.12.1; Starr, 1987: 214). El error consiste en considerar que existe un modelo único de *recitatio* desde fines del siglo I a comienzos del II d.C. y *a fortiori* bajo el Principado. Por una parte, el mismo Plinio lo reconoce: *sua cuique ratio recitandi* ("cada uno tiene su razón para dar una lectura pública"), al señalar allí que los fines propuestos para una *recitatio* varían según los autores[10]. Por otra parte, como lo subraya justamente Emmanuelle Valette-Cagnac (1997: 115), la *recitatio* frecuentemente ha sido descrita por "el relato de sus disfunciones" en las fuentes antiguas, incluso en las *Epístolas* de Plinio. Ahora bien, todas estas irregularidades son otros tantos signos que atestiguan la diversidad y la mutabilidad de la práctica literaria y social que es la *recitatio*. También conviene matizar el paradigma pliniano de la *recitatio* preguntándose si la lectura de Régulo es o no una *recitatio* desde el punto de vista de su forma y su contenido y, caso contrario, cuáles son las circunstancias e implicaciones sociales de esta.

En primer lugar, la localización y la talla del evento organizado por Régulo parecen compatibles con lo necesario para una lectura pública. Este evento habría tenido lugar en la *domus* de Régulo en Roma. El inicio de la carta (4.7.1) aporta un indicio sobre ello. Esta menciona las estatuas y los retratos con la efigie del hijo difunto de Régulo. La diversidad y la riqueza de estos soportes iconográficos, realizados en todos los materiales posibles, invitan a pensar que Régulo tenía claramente la intención de exponerlos en el mayor número posible. Luego, sobre la muerte del hijo de Régulo, la epístola (4.2.4-5) precisa que numerosas personas habían acudido a su *domus* y sus jardines situados "al otro lado

---

perhaps makes any situation involving Regulus an exceptional case". Con respecto a los trabajos sobre la *laudatio funebris*, si Durry (1992: XXV-XXVI) cita rápidamente la lectura de Régulo, en cambio, Kierdorf (1980) no hace ninguna mención.

10 Plinio el Joven, *Epístolas*, 7.17.1. Salvo precisiones en contrario, se citan los textos y las traducciones de la *Collection des Universités de France*, Paris, Les Belles Lettres. (*N. del tr.*: la traducción al español se basa en el texto francés, cotejado con el original en latín).

del Tíber" (*trans Tiberim*) en el momento de los funerales. Se dice que su casa ocupaba "un enorme espacio" (*latissimum solum*) y cobijaba "inmensos pórticos" (*immensis porticibus*). Sin duda es el mismo lugar que habría recibido al "inmenso auditorio" (*ingenti auditorio*) de la lectura evocada en la carta (4.7.2)[11]. Es difícil considerar que Régulo, un aristócrata tan rico, haya podido alquilar o pedir prestada una sala de lectura, cuando una parte de su propia *domus* fácilmente podía ser transformada en un *auditorium*[12]. Esta práctica es más propia de los escritores que no poseen una *domus* capaz de recibir público (Tácito, *Diálogo de los oradores*, 9.3). En efecto, una *recitatio* puede desarrollarse en diferentes espacios, ya sean residenciales o públicos, siempre y cuando su configuración o disposición recuerden al espacio teatral (Valette-Cagnac, 1997: 113-114; Dupont, 1997: 46). La diferencia en relación con el modelo pliniano de *recitatio* no está en el lugar reservado por Régulo, sino en el tamaño de la audiencia invitada para la ocasión. Es un hecho establecido que Plinio el Joven (2.18.9) privilegia las lecturas delante de un público restringido y elegido según los criterios de la amistad y la experticia literaria (Johnson, 2010: 46). Dicho esto, las *recitationes* que reunieran un gran número de personas eran posibles.

Un segundo punto a discutir es la naturaleza y el contenido de la performance a la cual Régulo se vuelca. Plinio utiliza el verbo *recitare*, indicando claramente que se trata de un texto leído y no declamado. Las observaciones de Plinio sobre la voz y la alocución de Régulo confirman que es este último quien habría leído el texto y no otro lector, como podía hacerse en las *recitationes*.[13] En el final de la carta, el verbo *scribere* aporta la precisión de que Régulo ha leído un texto que él mismo compuso, si nos atenemos al testimonio de Plinio (4.7.7). En término de rol, Régulo sería a la vez el *auctor* y el *lector*. La naturaleza del texto, una *vita*, parece interpelar a Plinio el Joven (4.7.2), como lo confirman la repetición

11 En ese sentido, dice Johnson (2010: 48): "*Regulus had a supersized residence in Rome, so even this large event may have taken place in Regulus's house*".

12 Según la epístola (2.20.13) la fortuna de Régulo alcanzaba un mínimo de sesenta millones de sestercios.

13 El texto podía ser leído por otra persona diferente al autor. En la carta (9.34) Plinio evoca la posibilidad de utilizar a uno de sus libertos para leer sus versos. Sobre esta cuestión, Valette-Cagnac (1997: 116-119).

del verbo *recitare* y el empleo del adverbio *tamen*: *Ipse* [*Regulus*] *vero... de vita ejus recitavit; de vita pueri, recitavit tamen* ("Él [Régulo]... dio lectura a un texto sobre su vida, sobre la vida de un niño: a pesar de todo, le ha dado lectura"). ¿Qué causa la sorpresa, si no la reprobación, de Plinio? Es una de estas dos cosas: o bien Plinio estima que la vida de un hijo muerto no puede constituir el tema de un texto leído en una *recitatio*, o bien no entiende que el mismo Régulo haya sido quien leyó el texto, puesto que no se trata, hablando con propiedad, de una *laudatio funebris*. La epístola (3.10) da un primer elemento de respuesta. Esta indica que Plinio compuso una obra en memoria de Vestricio Cotio, después hizo la lectura en ocasión de una *recitatio* incluso sin prevenir a los padres del joven aristócrata desaparecido.[14] De acuerdo al ejemplo del *Agricola* de Tácito, las biografías sobre las figuras públicas recientemente fallecidas estaban de moda bajo los Flavios y los primeros Antoninos (Durry, 1992: XXV-XXVI; Sherwin-White, 1966: 239). Por otra parte, la *recitatio* no está ligada a un género y a una forma de un texto preciso, porque obras poéticas, históricas o científicas podían ser objeto de lectura (*Ep.* 3.7; 7.17; 5.17; Markus, 2000: 139). En estas condiciones, la *vita* del hijo de Régulo, sin duda una biografía encomiástica, tenía toda su justificación en una lectura pública. Según creo, la razón de la sorpresa de Plinio es que haya sido Régulo en persona quien había leído el texto, cuando, según Plinio, sus competencias de lector no eran apropiadas y podría haber solicitado a un pariente cercano o a un amigo que lo hiciera. El rol esperado de un *paterfamilias*, que sobrevive a su hijo, era pronunciar una *laudatio funebris* en la tribuna de las Rostra durante el *funus*, como lo hicieron con fuerza y brillo Q. Fabio Máximo o Augusto. Es muy probable que esta *recitatio* sea vista por Régulo como el medio de inscribirse en la tradición de estos modelos retóricos ilustres de *paterfamilias*. Haciendo una lectura pública sobre la vida de su hijo, Régulo crea una etapa intermedia entre la versión oral y la versión publicada de la *laudatio funebris*[15]. También, sin duda infringe más los usos de la *laudatio funebris* que el marco y el contenido de la *recitatio*.

---

14 Según la epístola (2.7.3-5) Vestricio Cotio, hijo de Vestricio Spurina y de Cotia, habría muerto en el 97, cuando era todavía *iuvenis* y *adulescens*, es decir, a una edad cercana a la del hijo de Régulo.

15 Sobre la *laudatio funebris*, Kierdorf (1980); Flower (1999: 128-158).

¿Cómo explicar entonces su elección de organizar una *recitatio*? En principio, los funerales de su hijo tuvieron lugar *insaluberrimo tempore* ("en la peor estación del año"), es decir probablemente durante el verano que es también una estación propicia para la organización de lecturas[16]. Por consiguiente, organizar una *recitatio* le permite a Régulo crear una segunda ocasión para celebrar la memoria de su hijo utilizando ya no los mecanismos de convocatoria social propios de los funerales, sino aquellos de la *recitatio*. Por un lado, todas las personas ligadas a Régulo por las obligaciones interpersonales deben asistir a la lectura en el nombre de esos mismos *officia*. Por el otro, una lectura es un excelente pretexto literario para reunir a las élites intelectuales y letradas de Roma. Si la *recitatio* se desarrolla bien en su *domus*, ella ofrece a Régulo la posibilidad de abrir a todos sus invitados las puertas de su casa y así hacerles descubrir todo el programa, escultural y pictórico, que ha realizado para celebrar la memoria de su hijo y de su propia persona[17]. Plinio relata con ironía el detalle artístico y el lujo de esta propaganda iconográfica, cuando esta era típica de las prácticas ostentatorias de la aristocracia romana. Además, es muy probable que Régulo haya aprovechado esta ocasión para exponer, sino utilizar como decoración, las *imagines* de su hijo y de sus ancestros, como cuando es el caso de los funerales propiamente dichos (Flower, 1999). Los pormenores de la operación de comunicación montada por Régulo entonces se perfilan: al organizar lo que yo llamo una *recitatio funebris*, un evento híbrido que combina elementos de la *recitatio* y de la *laudatio funebris*, Régulo dispone de un marco (el espacio residencial) y una circunstancia (el duelo de su hijo) para mostrar ostensiblemente a las élites de la *Vrbs* la dimensión de sus riquezas, de su poder y, seguramente, de sus competencias intelectuales[18].

---

16 Plinio el Joven, *Epístolas*, 4.2.6. Los meses de abril y agosto eran convenientes para las *recitationes*. La epístola (8.21.2) indica que Plinio organiza una lectura *iulio mense, quo maxime lites interquiescunt* ("en el mes de julio, cuando los tribunales están más calmos"). Valette-Cagnac (1997: 114).

17 Régulo había emancipado a su hijo de la *patria potestas* para que pudiera heredar bienes de su madre fallecida. Con la muerte de su hijo, Régulo recuperó la totalidad por *captatio*. Sobre las técnicas de caza a los herederos de Régulo, Hoffer (1999: 56-57).

18 Johnson (2010: 48) habla de una "*semi-public nature of the event*", mostrando bien la ambigüedad de esta lectura.

La performance de Régulo como un ejercicio de autopromoción

Gracias a esta lectura, Régulo no persigue tanto celebrar la memoria de su hijo sino ponerse en valor a sí mismo. El formato de la *recitatio* busca que el autor se exponga al juicio de sus pares presentándoles un texto de su propia composición. Es por eso que la *recitatio* es una performance intelectual que funciona como un ejercicio de autopromoción valorizando tanto las cualidades intelectuales como el estatuto social (Valette-Cagnac, 1997: 119-130). A su manera, la lectura de Régulo aporta una confirmación sobre eso. En efecto, la comparación entre las competencias oratorias y literarias que Plinio otorga a Régulo y aquellas de los jóvenes litigantes Fusco Salinator y Umidio Cuadrato, o del sofista griego Iseo, revela en qué medida Régulo no tiene absolutamente nada de un hombre de letras o de un gran orador[19]. Ya se trate de la memoria (*memoria nulla*), de las ideas (*inventio tardissima*), de la elocución (*os confusum, haesitans lingua*) o de los efectos producidos por el discurso, Régulo fracasa en todas las categorías del arte oratorio (*Ep.* 4.7.5). La sentencia final de Plinio es lapidaria (4.7.7): *credas non de puero scriptum, sed a puero* ("se creería que el texto de Régulo no está escrito sobre un niño, sino por un niño"). Este juicio sin apelación y parcial invita entonces a ser matizado, sino contextualizado, por diferentes razones.

El comentario más evidente para hacer es que Plinio no parece haber estado presente en la lectura de Régulo (Roller, 1998: 289 n. 49). Se sabe de manera cierta que Plinio no había sido invitado a una *recitatio* organizada por Régulo en el 97 d.C., es decir después del asesinato de Domiciano y en el contexto del retorno de los exiliados[20]. Es muy probable que lo mismo haya ocurrido para la *recitatio* de la epístola (4.7). Hay que recordar en relación con esto que Plinio fue el adversario político de Régulo durante los primeros

---

19 Tempest (2017: 181-183) pone en paralelo a Régulo y los jóvenes litigantes Fusco Salinator y Umidio Cuadrado para mostrar que Régulo funciona como figura de "*negative exemplum*" de la elocuencia de su tiempo, en relación a Plinio que encarnaría un "*positive exemplum*". Análisis ya realizado por Hoffer (1999: 55-91), y luego por Gibson & Morello (2012: 70).

20 Plinio el Joven, *Epístolas*, 1.5.4: *Haec me Regulus dolentur tulisse credebat, ideoque etiam cum recitaret librum non adhibuerat* ("He aquí por qué Régulo creía que yo estaba enojado; tampoco me había invitado a la lectura de su libro"). Johnson (2010: 56 n. 56).

años del reino de Domiciano. Esta intimidad entre los dos hombres interviene en varias repeticiones y de manera estructurante en las *Epístolas* de Plinio al punto de hacer de Régulo "*the antithesis of the ideal orator*", según las palabras de Stanley Hoffer (1999: 55). En consecuencia, todos los juicios negativos contenidos en la epístola (4.7) son o de segunda mano, o de observaciones pasadas, cuando Plinio pudo frecuentar a Régulo en el Senado o en los tribunales[21]. Si se deja de lado el testimonio de las *Epístolas*, otras fuentes literarias aseveran las calidades literarias y oratorias de Régulo. Incluso si es conocido principalmente como *delator* bajo Nerón y Domiciano, no hay que ocultar su larga carrera de litigante, en particular en el tribunal de los centunviros[22]. En sus *Epigramas* (5.28; 6.38; 6.64), Marcial elogia la elocuencia de la *gens* de Régulo, así como los aplausos y la gloria obtenidos en los tribunales. El mismo Plinio (4.7.4) lo reconoce: *et tamen eo impudentia ipsoque illo furore pervenit ut orator habeatur* ("y, a pesar de eso, con su cinismo y su mismo frenesí, logró pasar por un orador")[23]. Incluso, el *Diálogo de los oradores* de Tácito (15.1), a través de las palabras de Aper, coloca en un mismo plano la elocuencia de Vipstano Mesala y la de su medio hermano materno que no es otro que Régulo[24]. En su análisis del *Diálogo*, Ronald Syme (1958: 109) formula el siguiente juicio sobre la cuestión, que es paradójico: "*Tacitus thought that Regulus was a bad man; but Tacitus knew that he was a genius in his way*". Lo mismo ocurre probablemente con Plinio. Sus críticas no

---

21 Sobre las actividades de Plinio y de Régulo en la corte, Gibson & Morello (2012: 68-73).

22 Según Tácito, *Historias*, 4.42.1, Régulo, muy joven y por voluntad propia, aceptó llevar adelante las acusaciones contra la *gens* de los Crasos y la de los Orfitos. Se sabe que fue cuestor en el 67, obtuvo un sacerdocio bajo Nerón y litigó delante del tribunal de los centunviros bajo Domiciano. Syme (1991: 556) califica a Régulo de "*acknowledged master of the Roman bar*". Además, Régulo fue el principal acusador contra Herenio Senecio y Aruleno Rústico en el momento de la expulsión de los filósofos en 93 d.C.

23 Después de la muerte de Régulo (en 105 o 106). En la carta (6.2.2) Plinio le concede que *habebat studiis honorem, timebat, pallebat, scribebat, quamvis non posset ediscere* ("tenía consideración por [mis] trabajos; se inquietaba, palidecía, escribía, todo siendo incapaz de aprender de memoria").

24 La madre de Régulo se había casado en segundas nupcias con L. Vipstano Publicola (cónsul ordenado en el 48 d.C.). En las *Historias*, 4.42.1, Tácito recuerda que Mesala, incluso antes de alcanzar la edad senatorial, intervino en el Senado en favor de su medio hermano a quien se le reprochaba de haber impulsado acusaciones criminales bajo Nerón. Hoffer (1999: 56); Johnson (2010: 67-68).

se dirigen tanto a la elocuencia y las cualidades intelectuales de Régulo como al uso inmoral que hizo de ellas (Hoffer, 1999: 64-76; Tempest, 2017: 177-178).

Figurando como un *topos* en las *Epístolas*, el *Diálogo de los oradores* o incluso en las *Sátiras* de Juvenal, la búsqueda de la celebridad, del poder o del beneficio es denunciado por los autores como la causa del extravío de la elocuencia (Johnson, 2010: 68-72). Esta crítica no deja de tener un interés para mis propósitos, en la medida en que pone claramente en evidencia el vínculo entre performance (intelectual, oratoria o literaria) y la competición aristocrática (Roller, 1998: 289-298). En estas condiciones, el aristócrata mismo debe hacer sus pruebas y enfrentarse con un público colocando sobre la escena y poniendo en juego su estatuto social. Como lo he dicho antes, Régulo tiene los roles de *auctor* y, al menos, de *lector*, lo que hace de él la figura central del evento. La lectura exigía, además, al lector una preparación y un compromiso físicos, que en parte provenía de la *actio* teatral[25]. Plinio (6.2.2) detalla todo el juego de escena y de actor que Régulo podía desplegar en este proceso:

> *illud ipsum, quod occulum modo dextrum, modo sinistrum circumlinebat, dextrum si a petitore, alterum si a possessore esset acturus, quod candidum splenium in hoc aut in illud supercilum transferabat.*
>
> Su misma manía de dibujar el contorno del ojo, a veces el derecho, a veces el izquierdo (el derecho si debía sostener la causa del demandante, el otro si era la del defensor), de colocarse un parche blanco sobre una u otra ceja.

El trabajo de composición de su rostro es tan importante en el tribunal como durante una *recitatio*, porque condiciona la expresividad del texto declamado o leído. Sin duda Régulo no estaba desprovisto de este talento para dar a su lectura relieve o emoción, no importa lo que pensara Plinio.

La elocuencia de Régulo con su vivacidad y agresividad es emblemática de aquella del *delator* (Syme, 1991: 556; Hoffer, 1999: 58). Ahora bien, si esta elocuencia podía tener una razón de ser bajo Nerón o Domiciano, ella no está más permitida en el contexto político e intelectual del Principado de Trajano, lo cual confirma el

---

25 Dupont (1997: 57); Valette-Cagnac (1997: 117-118). Para un acercamiento más general sobre el vínculo entre performance y justicia, Papaioannou, Serafin & da Vala (2017).

Panegírico de Plinio el Joven (34-35). No hay que excluir que Régulo haya debido cambiar, o por lo menos suavizar, su estilo oratorio para ajustarse a los nuevos gustos retóricos y literarios del poder[26]. Esto podría explicar el tono particularmente sarcástico de Plinio, quien pertenece al medio intelectual promovido por la llegada al poder de Nerva y Trajano. Además, la Roma de los primeros Antoninos ve igualmente el retorno de numerosas élites letradas helenófonas, en primer lugar, la de los filósofos. Si al final del reino de Domiciano estas élites no fueron expulsadas de Roma, es porque la nueva dinastía en el poder se muestra particularmente benevolente hacia estas, que se distinguen de las otras por sus competencias intelectuales, oratorias y literarias (Hoffer, 1999: 71). En este contexto, Régulo, envejeciendo y a partir de entonces sin hijo, debe continuar realizando sus pruebas sobre la escena intelectual de la *Vrbs*, por su prestigio oratorio, por su estatuto y su superioridad de aristócrata (David, 2014).

Si es imposible obtener otras informaciones sobre la performance de Régulo, esta aparece como un ejercicio aristocrático de autopromoción, que no se limita al campo solo de la actividad y la competición literarias, sino que apunta también a un reconocimiento social. Como la performance sofística y retórica, la *recitatio* es una representación de sí y para sí. Esta supone a pesar de todo una audiencia y un público, que condicionan la performatividad, así como la validez social e intelectual (Valette-Cagnac, 1997: 130-139). La operación de comunicación orquestada por Régulo no se limita solo a la duración, ni al lugar de la misma performance, sino que se prolonga más allá por los mecanismos de una publicidad difusa.

Una publicidad a escalas diferentes de tiempo y de espacio

La *recitatio* es un fenómeno social y literario propiamente "urbano", en el sentido en que se desarrolla en la gran mayoría de los casos en la *Vrbs* (Dupont, 1998: 46). La proeza de Régulo es haber dado a su lectura una visibilidad que sobrepasa los límites de su residencia y sobre todo los de Roma. Es en este sentido que yo utilizo la noción de "publicidad" para pensar la estrategia de

26 Sobre la adaptación de los estilos oratorios a los contextos de enunciación, David (2014).

comunicación de Régulo y las diferentes escalas que ella implica[27]. Si el término de publicidad conviene igualmente a la performance de Régulo, es todavía más pertinente para comprender la difusión urbana y provincial de su *recitatio.* Para ilustrar mis palabras tomaré dos puntos de observación –en el interior y exterior de Roma–, cada uno haciendo intervenir diferentes agentes y canales de difusión de la *recitatio* de Régulo.

La organización de una *recitatio* en el interior de la ciudad de Roma se anuncia en principio por las invitaciones y, a veces, por la publicación de un programa. Esto corresponde a una primera etapa en la publicidad del evento. Según la carta (3.18.4), hay al menos dos maneras de ser invitado, ya sea por escrito, ya sea oralmente. El uso pliniano es que las lecturas en grupos pequeños sean anunciadas más bien por invitaciones orales o informales. La epístola (1.13.4) precisa que las invitaciones se realizan *multo ante* ("mucho antes") e *identidem* ("repetidamente"). En el caso de la lectura de Régulo (4.7.2), la presencia de un inmenso auditorio *nuper adhibito* ("convocado recientemente") permite sospechar que hubo poco tiempo entre las invitaciones y la lectura misma. A partir de allí, el trabajo de publicidad anterior a la *recitatio* debió combinar todos los tipos de invitación posibles, y esto con la misma energía que Régulo había mostrado para que las personas asistieran numerosamente a los funerales de su hijo (Plinio el Joven, *Epístolas*, 4.2.6).

Después de la *recitatio,* se observa otra etapa de publicidad, asegurada esta vez por las personas que conforman el auditorio y que releen el contenido de la lectura. El *Diálogo de los oradores* de Tácito (2.1) pone claramente en evidencia que una lectura pública es objeto de discusiones y comentarios después de su desarrollo:

> *Nam postero die quam Curiatius Maternus Catonem recitaverat, cum offendisse potentium animos diceretur…, eaque de re per urbem frequens sermo haberetur.*

> El día posterior al que Curacio Materno había hecho una lectura pública de su *Catón,* quien se decía, sentía un gran desagradado…, evento que, en toda la ciudad, era el tema principal de las conversaciones.

---

27 Sobre la noción de publicidad en historia antigua y sus vínculos con la Öffentlichkeit de Habermas, Hurlet (2019).

Esto reenvía a un modo de circulación de la información que es cercano al de la opinión pública y el rumor y que se corresponde con lo que se podría calificar de "boca a boca"[28]. En lo que concierne a la *recitatio* de Régulo, Plinio no da ningún detalle sobre la repercusión generada en Roma. Dicho esto, la existencia misma de la carta (4.7) atestigua que Plinio recibió informaciones indirectas, sino ecos, sobre esta *recitatio* incluso sin haber asistido. Plinio provee al destinatario de su epístola (4.7.6), Cacio Lépido, elementos sobre la lectura al mismo tiempo que solicita una devolución: *habesne quo tali epistulae parem gratiam referas?* ("¿que si puedes retribuirme de alguna forma para agradecerme esta carta?"). La correspondencia aristocrática funciona en Roma como una caja de resonancia para las *recitationes* ofreciéndoles una segunda publicidad. El mismo Plinio utiliza sus propias cartas para transmitir sus sucesos oratorios y literarios y, así, asegurarles una posteridad, controlando la recepción sobre ellos (Gibson, 2003; Mayer, 2003). De esta forma, las noticias de la ciudad y los intercambios epistolares sacan a la luz una cadena de actores que contribuyen a la difusión y a la publicidad de las *recitationes* ante las élites cultivadas de la capital y hasta sus ramificaciones municipales y provinciales[29].

Sin embargo, Régulo no se contenta con esta publicidad que se despliega de manera casi espontánea después de la *recitatio*, sino que él trata de controlarla, de la misma forma en que Plinio está atento a la buena recepción de sus obras. En su operación de comunicación, planifica y sistematiza la difusión municipal y provincial de su lectura (4.7.2):

> *Eundem in exemplaria mille transcriptum per totam Italiam provinciasque dimisit. Scripsit publice, ut a decurionibus eligeretur vocalissimus aliquis ex ipsis, qui legeret eum populo: factum est.*

Ha hecho copiar el texto en un millar de ejemplares para enviarlos por doquier en Italia y las provincias. Ha pedido oficialmente por

---

28 Sobre la diseminación de rumores en le vida política del fin de la república, Rosillo-López (2017: 75-97).

29 Si los orígenes de Cacio Lépido y su ciudad son desconocidos, eso no impide que se debe tratar de una persona perteneciente a la élite municipal, Sherwin-White (1966: 270). Muchas cartas de Plinio confirman que las *recitationes* son un objeto recurrente de la correspondencia aristocrática.

escrito a los decuriones que elijan, entre ellos, aquel que tuviera la voz más bella para leerla delante del pueblo; se lo ha hecho[30].

Este pasaje de la carta de Plinio requiere varios comentarios. En primer lugar, la amplitud geográfica y el número de ejemplares enviados muestran una difusión del texto en proporciones bastante excepcionales para un particular como Régulo. Que el texto sea enviado *per totam Italiam provinciasque* no plantea verdaderamente dificultades de interpretación, en la medida en que los textos podían circular con una tirada relativamente grande y a largas distancias[31]. En relación con la cuestión del número de copias, Sherwin-White (1966: 271), apoyándose sobre la expresión *scripsit publice*, formula la hipótesis que Régulo no habría escrito más que a los municipios y ciudades de los cuales era el *patronus*[32]. En todos los casos, es altamente probable que Régulo haya enviado su texto a los municipios y ciudades con los cuales debía de estar ligado de una u otra manera. Según las únicas informaciones provistas por Plinio, resulta que la transmisión provincial y municipal decidida por Régulo no corresponde a una circulación de textos que habitualmente se hace en círculos concéntricos (Starr, 1987; Valette-Cagnac, 1997), sino que seguiría más bien un modelo vertical o, si se lo prefiere, desde arriba hacia abajo.

Para acompañar el texto de la *recitatio*, Régulo indica en una carta la manera en la que la lectura debía organizarse localmente. Aquí, no se trata de recurrir a un heraldo (*praeco*), sino a un lector (*lector*). En efecto, el decurión con una bellísima voz (*vocalissimus*), que es necesario elegir, no parece un "simple agente de transmisión" como un heraldo, sino que debe leer e interpretar el texto como un *lector*, es decir con emoción e intensidad (Valette-Cagnac,

30 *N. del tr.*: el autor indica que el texto de la traducción al francés ha sido modificado en este fragmento.

31 Parker (2009: 215 n. 121) da el ejemplo de las *Catilinarias* que Cicerón habría hecho copiar y distribuir *in orbe terrarum* (Cicerón, *Defensa de P. Sila*, 42-43) y los retratos de Varrón enviados *in omnes terras* (Plinio el Anciano, *Historia natural*, 35.11). Sobre el número de un millar de ejemplares, Kleberg (1967: 62) estima que esto no debía de ser raro. Starr (1987: 220-221) sugiere que Régulo probablemente habría hecho copiar el texto por esclavos, algo permitido por su fortuna.

32 Sherwin-White traza un paralelo con la epístola (5.7.5) que trata sobre un legado de Saturnino. Plinio renuncia a "escribir oficialmente" (*scribere publice*) a la ciudad de Como, de la cual él es *patronus*, para dejar hablar a Calvisio Rufo delante de los decuriones.

1997: 117). Esta diferencia es fundamental, porque garantiza a la distancia la buena reproducción de la *recitatio*. Plinio (4.7.6) emplea el término *circulator* para designar al decurión encargado del leer el texto: ἔπαρας… τὴν φωνὴν καὶ γεγηθὼς καὶ λαρυγγίζων ("vociferando… en un tono feliz y atronador")[33]. Más allá de la burla, el término *circulator* reenvía a la idea de performance y de espectáculo y revela claramente que el proyecto de Régulo no es hacer una simple lectura de su texto, sino de recrear la *recitatio* desarrollada inicialmente en Roma. En la época republicana como bajo el Alto Imperio, los *circulatores* son agentes de la propagación y la circulación de la información a través de la red de ciudades[34]. Finalmente, el texto de Régulo debe ser leído por el decurión "delante del pueblo" (*populo*), mientras que la multitud y las masas son excluidas de las *recitationes* que tienen lugar en Roma (Dupont, 1997: 48). Procediendo así, Régulo se dirige a un público de un espectro social mucho más amplio que aquel de las élites cultivadas de la *Vrbs*.

La operación de comunicación establecida por Régulo reenvía más generalmente al fenómeno aristocrático e imperial de "la estrategia del duelo"[35]. En efecto, esta reproducción a escala local de un acontecimiento ligado a un duelo familiar y habiendo tenido lugar en Roma recuerda los *Decreta Pisana*. En efecto, estos dos decretos a la memoria de Cayo y Lucio César confirman, por una parte, la difusión de una actualidad dinástica hacia Italia y las provincias, por otra parte, el hecho de que las ciudades retomen localmente los honores póstumos atribuidos a los miembros de la familia imperial en Roma (Hurlet, 2009: 76-77). La multiplicación local y provincial de la *recitatio* de Régulo proviene, según

33 La expresión griega es tomada de Demóstenes, *Sobre la corona*, 291, con la que designa al orador Esquines. Según Holleran (2012: 198), el *circulator*, contrariamente al *ambulator*, sería más bien un mercader callejero ligado a un lugar fijo y alrededor del cual se formaría un círculo de individuos, de allí su nombre. Por extensión, el término *circulator* designa igualmente a los malabaristas, los lanzallamas e incluso los filósofos. Como recuerda Salles (1992: 216-218), los *circulatores*, cercanos a los narradores callejeros, pertenecen al mundo de la llamada literatura popular, relativamente poco considerada, si no despreciada, por las élites sociales e intelectuales.

34 Sobre el rol de los *circulatores* como vectores de la circulación de la opinión pública, Rosillo-López (2017: 180-181).

35 Sobre la "estrategia del duelo", Fraschetti (1994); Flower (1999); Hurlet (2014: 63 y n. 3). Sobre el apogeo de la comunicación imperial bajo el Alto Imperio, Moatti (2007).

creo, de una imitación y una adaptación aristocráticas de la propaganda familiar imperial. La comunicación familiar de Régulo no puede organizarse sino es a través de recursos materiales y políticos inferiores a los de los emperadores, pero superiores a los de otros aristócratas, por causa de su gran riqueza. Las consignas escritas por Régulo sobre la designación de un decurión y sobre el desarrollo local de la *recitatio* no dejan de recordar los edictos de los emperadores para regular, en las ciudades del imperio, la celebración de los funerales de sus predecesores o de los miembros de la familia imperial[36]. Si Régulo no puede lograr que las ciudades erijan un monumento en memoria de su hijo, no obstante, consigue recrear allí la *recitatio* organizada en Roma. Alargando la escala de una práctica literaria tradicionalmente microlocalizada en Roma, en esta estrategia de comunicación está la idea de otorgar una significación pública a un duelo familiar aristocrático. En este sentido, la multiplicación de la *recitatio* de Régulo retoma una de los objetivos simbólicos que Tácito y Plinio atribuyen a la publicación: por su difusión, el texto publicado permite al autor acceder a la posteridad, de igual forma que el célebre epitafio, así llamado, de Turia tenía la vocación de fijar en el tiempo el elogio que contiene[37].

Conclusión

En los inicios de la epístola (4.7.1), Plinio escribe a su correspondiente: *Placuit ei [Regulo] lugere filium: luget ut nemo* ("Régulo ha decidido llorar a su hijo: lo llora como nadie"). A pesar de la broma, el análisis de Plinio es bastante justo porque subraya la capacidad y el talento de Régulo para distinguirse de otros aristócratas, por explotar un drama familiar de manera original y para subvertir los códigos y usos de una práctica social e intelectual como es la *recitatio.* En el fin del siglo II d.C., la *recitatio* funciona en Roma como un tribunal social e intelectual de las reputaciones. Como lo he mostrado, la particularidad de este tribunal es que el aristócrata elige libremente someterse a él, reunir su propio

36 El edicto de Tiberio reglamentando los funerales de Augusto, por ejemplo; ver Hurlet (2014: 66).

37 *CIL* 6.1527, 31670, 37053; *ILS* 8393. Valette-Cagnac (1997: 146).

jurado invitando su auditorio y presentar un texto de su propia composición. Los compromisos de las lecturas públicas no son entonces solo literarias y simbólicas, sino también políticas y sociales, en la medida en que estas prácticas elitistas provienen de la competencia aristocrática, cuyos terrenos se encuentran tanto en Roma como en las ciudades del imperio, lo que prueba la distribución geográfica de la *recitatio* de Régulo. Ya sea que esto ocurra en el dominio judicial o en el marco de lo que yo llamo *recitatio funebris*, Régulo se manifiesta particularmente hábil para utilizar los mecanismos sociales de la elocuencia y de la literatura con el fin de promover su estatuto de aristócrata.

Desde los funerales de su hijo a la difusión provincial de su *vita* pasando por la misma *recitatio*, Régulo satura el espacio de comunicación social y literario de las élites. A pesar de sus distancias con el modelo pliniano, la *recitatio* de Régulo confirma que esta práctica literaria es una operación de comunicación a la vez individual (la performance del aristócrata) y colectiva (los miembros del auditorio). Si en Plinio la *recitatio* es un instrumento de comunicación interna de las élites, Régulo, por su parte, elige ampliar el público dirigiéndose directamente a las ciudades de Italia y del imperio y a sus representantes. Este público, por más amplio que lo sea, subraya que la estrategia de promoción de Régulo combina estrechamente dos escalas: local (la ciudad de Roma) y global (la red de ciudades).

Mi intención no era rehabilitar al personaje que fue M. Aquilio Régulo, sino más bien resituar la energía e invención, de las que hace prueba con su *recitatio*, en el contexto socio-cultural de una competencia aristocrática renovada por los modelos imperiales en términos de comunicación. Como lo remarca Ronald Syme (1958: 101), la juventud de Régulo fue dirigida a una "*struggle for his* dignitas *and for that of his family*" en razón de la condena al exilio de su padre. La continuación de su carrera lo confirma en el sentido en que un estatuto y una fortuna aristocráticos nunca están garantizados, sino que siempre se deben defender. También, hay que comprender que esta *recitatio*, por así decir *urbi et orbi*, asegura a Régulo una legitimación social e intelectual de gran amplitud a una edad de su vida en la que él debe, más que nunca, consolidar todo el capital económico y simbólico acumulado hasta allí.

Bibliografía

Carcopino, J. (2011). *Rome à l'apogée de l'Empire* [1939], Paris.

David, J.-M. (2011). "L'éloquence judiciaire entre compétence aristocratique et spécialisation carriériste", en W. Blösel & K.-J. Hölkeskamp (eds.), *Von der* militia equestris *zur* militia urbana. *Prominenzrollen und Karrierefelder im antiken Rom*, Stuttgart, 157-173.

David, J.-M. (2014). "Formes du prestige oratoire à Rome, sous la République et le Haut-Empire", en F. Hurlet, I. Rivola & I. Sidéra (eds.), *Le prestige. Autour des formes de la différenciation sociale*, Paris, 35-45.

Dupont, F. (1997). "*Recitatio* and the Reorganization of the Space of Public Discourse", en T.N. Habinek & A. Schiesaro (eds.), *The Roman Cultural Revolution*, Cambridge, 44-59.

Durry, M. (1992). *Éloge funèbre d'une matrone romaine* [1950], Paris.

Flower, H.I. (1999). *Ancestor Masks and Aristocratic Power in Roman Culture*, Oxford.

Fraschetti, A. (1994). *Rome et le prince* [1990], tr. V. Jolivet, Paris.

Gibson, R.K. (2003). "Pliny and the Art of (In)Offensive Self-Praise", *Arethusa*, 36, 235-254.

Gibson, R.K. & Morello, R. (2012). *Reading the* Letters *of Pliny the Younger: An Introduction*, Cambridge.

Henderson, J. (2002). *Pliny's Statue: The* Letters, *Self-Portraiture and Classical Art*, Exeter.

Henderson, J. (2003). "Portrait of the Artist as a Figure of Style: P. L. I. N. Y's Letters", *Arethusa*, 36, 115-125.

Hölkeskamp, K.-J. (2004). "*Oratoris maxima scaena*. Reden vor dem Volk in der politischen Kultur der Republik" [1995], en K.-J. Hölkeskamp, Senatus Populusque Romanus. *Die politische Kultur des Republik - Dimensionen und Deutungen*, Stuttgart, 219-256.

Holleran, C. (2012). *Shopping in Ancient Rome: The Retail Trade in the Late Republic and the Principate*, Oxford.

Hoffer, S.E. (1999). *The Anxieties of Pliny the Younger*, Atlanta.

Hurlet, F. (2009). "Le statut posthume de Caius et de Lucius César", en M. Christol & D. Darde (eds.), *L'expression du pouvoir au début de l'Empire. Autour de la Maison Carrée à Nîmes*, Paris, 75-82.

Hurlet, F. (2014). "Devenir un dieu. La mort d'Auguste et la naissance de la monarchie impériale", *Studia Historica. Historia Antigua*, 32, 61-75.

Hurlet, F. (2019). "L'*'öffentliche Meinung*' de Habermas et l'opinion publique dans la Rome antique. De la raison à l'*auctoritas*", en C. Rosillo-López (ed.), *Communicating Public Opinion in the Roman Republic*, Stuttgart, 23-40.

Johnson, W.A. (2000). "Toward a Sociology of Reading in Classical Antiquity", *American Journal of Philology*, 121, 593-627.

Johnson, W.A. (2010). *Readers and Reading Culture in the High Roman Empire: A Study of Elite Communities*, Oxford.

Kierdorf, W. (1980). Laudatio funebris. *Interpretationen und Untersuchungen zur Entwicklung der römischen Leichenrede*, Meisenheim am Glan.

Kleberg, T. (1967). *Buchhandel und Verlagswesen in der Antike* [1962], tr. E. Zunker, Darmstadt.

Markus, D.D. (2000). "Performing the Book: The Recital of Epic in First-Century C.E. Rome", *Classical Antiquity*, 19, 138-179.

Martin, H.-J. (1988). *Histoire et pouvoirs de l'écrit*, Paris.

Mayer, R. (2003). "Pliny and *Gloria Dicendi*", *Arethusa*, 36, 227-234.

Moatti, C. (2007). "La communication publique écrite à Rome sous la République et le Haut Empire", en J.-Ph. Genet (ed.), *Rome et l'État moderne*, Rome, 217-250.

Papaioannou, S., Serafim, A. & da Vala, B. (eds. 2017). *The Theater of Justice: Aspects of Performance in Greco-Roman Oratory and Rhetoric*, Leiden.

Parker, H.N. (2009). "Books and Reading Latin Poetry", en W.A. Johnson & H.N. Parker (eds.), *Ancient Literacies: The Culture of Reading in Greece and Rome*, Oxford, 186-229.

Roller, M. (1998). "Pliny's Catullus: The Politics of Literary Appropriation", *Transactions of the American Philological Association*, 128, 265-304.

Rosillo-López, C. (2017). *Public Opinion and Politics in the Late Roman Republic*, Cambridge.

Salles, C. (1992). *Lire à Rome*, Paris.

Sherwin-White, A.N. (1966). *The* Letters *of Pliny: A Historical and Social Commentary*, Oxford.

Starr, R.J. (1987). "The Circulation of Literary Texts in the Roman World", *Classical Quarterly*, 37, 213-223.

Syme, R. (1958). *Tacitus*, Oxford.

Syme, R. (1991). *Roman Papers, VII*, ed. A.R. Birley, Oxford.

Tempest, K. (2017). "Oratorical Performance in Pliny's *Letters*", en Papaioannou, Serafim & da Vala (eds. 2017), 173-197.

Valette-Cagnac, E. (1997). *La lecture à Rome. Rites et pratiques*, Paris.

Élites femeninas y masculinas en la economía de Pompeya romana[1]

Jonathan Scott Perry
(University of South Florida)

Este capítulo investiga los encuentros con las élites evidenciados principalmente en un contexto económico, pero combina dos formas inusuales de aproximarse a la evidencia existente. En su desarrollo, el foco principal estará puesto en aquellos líderes que se encuentran debajo del normal "*frozen waste*" identificado por John North (1990: 278), particularmente aquellos que trabajan para vivir y aquellos que lo hacen y *al mismo tiempo son mujeres*. En los Estados Unidos de América, en la actualidad, la cuestión del "igual pago por igual trabajo" ha tomado relevancia con la nueva administración presidencial, no obstante, este esfuerzo también posee una larga historia. El 10 de junio de 1963, el Presidente John F. Kennedy firmó la Ley de Pago Igualitario (*Equal Pay Act*), enmendando la ley federal (*Fair Labor Standards Act* de 1938), de esta forma particular y a través de esta subsección:

> (d) (1) Ningún empleador que tenga empleados sujetos a cualquier provisión de la presente sección discriminará, dentro de cualquier establecimiento en el cual dichos empleados trabajen, entre empleados, en base a su sexo pagando salarios a empleados de dichos establecimientos en proporción menor al salario que paga a empleados del sexo opuesto en el mismo establecimiento y por el mismo trabajo en actividades que implican igual habilidad, esfuerzo y responsabilidad, y que son efectuadas bajo similares condiciones de trabajo, excepto donde dicho pago sea hecho siguiendo: i) un sistema de antigüedad; ii) un sistema de

1 Traducción de Marianela Spicoli.

mérito; iii) un sistema que mide ingresos por calidad o cantidad de producción; o iv) algún diferencial basado en cualquier otro factor aparte del sexo. Provisto que un empleador esté pagando un salario en diferente proporción en violación de esta subsección no deberá, con el objeto de cumplir con las provisiones de esta subsección, reducir el salario de cualquier empleado.

Comenzando en 1996, el Comité Nacional por la Paga Igualitaria estableció un día llamado "el día del pago igual". La fecha es determinada calculando la diferencia entre el salario de hombres y mujeres, y formalmente consiste en la cantidad de tiempo, proyectada en el calendario del año siguiente, que una mujer debe trabajar de manera de cerrar la "brecha" entre su salario y el de un hombre por un trabajo similar. La fecha resultante varía año a año y, en 2018, ha sido fijada el 10 de abril (representando el desfase entre el salario promedio de las mujeres, desde la fecha correspondiente de 2017, que fue el 4 de abril).

Obviamente, la ley de 1963 no ha logrado su objetivo, pero me gustaría dirigir la atención a las excepciones que figuran en la ley, especialmente en referencia al "sistema de antigüedad". Uno podría justificadamente dudar que las mujeres hayan sido compensadas alguna vez por su trabajo, cuando han sido, casi invariablemente, contratadas *después* que sus compañeros varones. ¿Puede ser aplicado el mismo criterio a las consideraciones de "mérito"? Si no han sido contratadas en primer lugar, ¿puede un grupo de mujeres alcanzar la paga igualitaria, incluso en los 55 años en que esto ha sido, aparentemente, una prioridad de gobierno, o al menos un remedio? En resumen, me gustaría volver a la pregunta que Suzanne Dixon (reconocida por sus estimulantes títulos) ha provocativamente formulado: "¿Cómo puedes contarlas, si no están allí?" (Dixon, 2000-1). Sugeriré que hay formas de aproximarse a este problema, si se lee creativamente la evidencia arqueológica y las inscripciones –y especialmente focalizándose en las pautas de patronazgo, las interacciones entre la élite y los trabajadores y la acción colectiva en el Mediterráneo antiguo–. Enmarcando nuestra investigación en términos tanto de género como de clase, comenzaremos con la figura singular de Eumaquia para luego movernos en torno a las asociaciones profesionales que parecen, por sus títulos e inscripciones, estar conectadas con la industria de la ropa (varias formas de *lanarii*).

Por supuesto, Eumaquia es un personaje famoso de la Pompeya romana. En sus video-conferencias *Grandes cursos* sobre "Pompeya: vida cotidiana en una antigua ciudad romana", Steven Tuck dedica un episodio de 29 minutos a "Eumaquia: sacerdotisa pública". El "Edificio de Eumaquia" –cuyo plano junto a una imagen de la estatua (marcada con la H) se encuentra en las figuras 3 y 4– ha tomado como modelo probablemente el Pórtico de Livia, y las conexiones que Eumaquia y su familia intentaban establecer con Livia, en particular, han sido bien estudiadas. La misma estatua ha sido analizada, pero también hay una inscripción debajo de ella: *Eumachiae l.f. sacerd(oti) / publ(icae) fullones* (*CIL* 10.813). Los *fullones* han captado la atención en los últimos años, particularmente en los trabajos de Miko Flohr[2]. En sus trabajos Flohr se ha preocupado particularmente por estudiar, tal como él lo ha expresado, "la historia económica romana en el nivel micro". Más aún, el autor ha sido especialmente cuidadoso en incorporar toda la evidencia arqueológica disponible de manera de generar una contribución sustantiva al debate sobre la economía romana, es decir modernistas versus primitivistas en la caracterización esencial de la "economía romana". A la vez que explora en detalle el funcionamiento de la *fullonica,* también tiene en cuenta las conexiones entre los intercambios de los *fullones* y la manufactura textil más en general. En su estudio Flohr (2013: 262) ha puntualizado significativamente que "ni el registro epigráfico ni el corpus judicial atestigua a los *fullones* trabajando junto a otros artesanos textiles como los *lanarii* (trabajadores de la lana) o *textores* (tejedores)". En este sentido, se refiere a lo que llama evidencia arqueológica "excepcional" de dos *fullonicae* en Pompeya –pero las interpreta como parte de un servicio extra que un establecimiento podía ofrecer, mientras limpiaba las prendas–. (¿Podríamos comparar esto con las reparaciones de costura rápida que se realizan en las tintorerías?).

Sin embargo, me gustaría profundizar sobre este concepto de "trabajo en conjunto" con mayor detalle. Considerando los lazos tradicionales entre las mujeres y los textiles en un amplio ran-

2 Entre los que se incluyen *The World of the Fullo: Work, Economy, and Society in Roman Italy* (Flohr, 2013), un volumen coeditado con Andrew Wilson titulado *Urban Craftsmen and Traders in the Roman World* (Wilson & Flohr, eds. 2016), y otro coeditado también con Wilson intitulado *The Economy of Pompeii* (Flohr & Wilson, eds. 2017).

go de culturas antiguas ¿qué se puede decir sobre el género con respecto a esto? ¿El foco en el costado productivo de la industria oscurece las ventajas financieras para las mujeres al asociarse con grupos de esta clase? ¿Qué pasa cuando cambiamos el foco de nuestra atención hacia las dedicatorias y los enterramientos que involucran a mujeres y a grupos de personas que producían o arreglaban prendas textiles?

Flohr (2013: 265 ss.) alude a la "esposa del *fullo*" en Apuleyo quien mantiene relaciones sexuales con un hombre mientras su esposo está en el depósito (podríamos pensar en la adaptación de esta historia por parte de Boccaccio), y menciona que existen referencias epigráficas de mujeres en el contexto de los *fullones*, a quienes identifica con sus esposas, especialmente en las *fullonicae* domésticas de pequeña escala. No obstante, Flohr (2013: 283) sugiere que la evidencia arqueológica, especialmente la evidencia visual, nos otorga pruebas más firmes de mujeres envueltas "en ventas o trabajo físico ligero", para luego comentar sobre la jerarquía social reflejada en los varios niveles de la industria.

Aunque Flohr, particularmente –lo que es entendible–, se ocupa de la "identidad ocupacional" entre los *fullones* y los detalles de su trabajo, solo se detiene brevemente en las conexiones con la sociedad romana en la que se enmarca –y, especialmente, en el supuesto "estigma social", resultado de un trabajo sucio y pesado–. Resulta significativo que el autor llega a la dedicatoria por parte de los *fullones* a Eumaquia a través de una discusión sobre los *collegia* y otras instancias de comportamiento asociativo. Flohr (2013: 334) observa que los *fullones* en su dedicatoria "parecen" haber sido un *collegium*, pero también podría no haber existido una organización detrás del grupo y sus motivaciones para la colaboración en la dedicatoria podrían haber sido "espontáneas e incidentales". Flohr incluso señala la ausencia de evidencia de *collegia* respecto de otras profesiones por lo demás bien documentadas, tales como las de arquitectos, taberneros, carniceros, pintores, sastres y vendedores de prendas de vestir (aquí el autor se equivoca, pues existen *vestiarii* y otros vendedores de vestimenta atestiguados en las inscripciones, particularmente en las provincias de la Galia, aunque el punto general resulta relevante: estos *vestiarii* no se encuentran explícitamente organizados en un *collegium*). El autor entra en cierto detalle sobre los *fullones* y los grafitis electorales en Pompeya, y sugiere que el tejido social de

Pompeya estaba forzado considerablemente por las ambiciones sociales de los *fullones*.

Por otra parte, considero importante señalar los problemas metodológicos expuestos por esta evidencia en dos aspectos, y la forma en que ambos son afectados por las consideraciones de género. El primero refiere a la cuestión general de las mujeres y el trabajo textil. Existe una extensa bibliografía sobre este tema[3]. A continuación, presentaremos un breve resumen de estos trabajos previos.

Jones (1960: 190) observó que las mujeres solo hilaban de una "manera completamente desorganizada" y "en su tiempo libre", y Walter Moeller, además de su abarcativo libro *The Wool Trade of Ancient Pompeii*, relacionó el bajo estatus de estas trabajadoras con el género y su falta de comportamiento asociativo. En referencia a los "hombres tejedores de Pompeya", Moeller (1969: 566) recalcó la ausencia explícita de trabajadoras mujeres, como también la ausencia explícita de organizaciones asociativas, de esta manera: "Fue su condición completamente servil y la naturaleza femenina de sus tareas lo que influyó probablemente en su falta de identidad corporativa".

Estas caracterizaciones persistieron bastante más allá de la década de 1970. La historiadora sueca de Göteborg, Lena Larsson Lovén (1998: 74), reforzó la idea de que el *lanarius* "parece haber sido una profesión exclusivamente masculina, puesto que no se han hallado equivalentes femeninos aún". Dixon desafió exitosamente estas conclusiones, señalando que el plural masculino *lanarii vel sim* puede fácilmente incluir a mujeres entre sus filas (2000-1: 8-9). Lovén parece haber encontrado las objeciones de Dixon "convincentes", puesto que en publicaciones posteriores ha ampliado la discusión sobre mujeres y producción textil considerablemente. En estos trabajos, la autora pone particular atención en el rol de las mujeres en la venta y distribución de los textiles, como también repara en las complejidades de llevar adelante un "negocio familiar" (Lovén, 2013: 123).

Como indica esta investigación, tal vez sea necesario barrer el suelo de la tienda con la escoba más grande a nuestro alcance, y un lector anglófono podría, en este contexto, pensar en la "tienda de

---

3 En la que se incluye Jones (1960); Moeller (1969; 1976); Dixon (2000-1); Lovén (1998; 2013; 2016).

mamá y papá"[4]. Extrañamente, tal vez, este apelativo invariablemente *comienza* señalando al familiar femenino… Pero sería muy apresurado, o incluso muy definitivo, especular a partir de ello sobre el rol económico y de liderazgo de las mujeres en estas circunstancias. Nos referiremos, en este punto, a un conjunto de inscripciones, situadas fuera de Pompeya, con la idea de que pueden resultar esclarecedoras para nuestro propósito. Un relevamiento de la enorme colección de aproximadamente 1.500 inscripciones de *collegia* compiladas por J.-P. Waltzing (1895-1900) –ahora completadas por Mennella & Apicella (2000) para Italia– arroja un total de siete inscripciones sobre asociaciones de *lanarii* o "trabajadores de la lana". Estos textos se encuentran distribuidos entre cuatro ciudades de las regiones augústeas VIII y X, específicamente en Altinum y Brixia (en la región de Veneto de época romana) y Brixellum y Regium Lepidum en Regio Emilia. En su *Index Collegiorum* (vol. 4), Waltzing señaló que "las ciudades del Norte de Italia, eran reconocidas por su lana"; y Joan Frayn (1984: 25), basándose en evidencia científica y literaria, ha acordado en que "las amplias planicies de la cuenca del Po y las llanuras del Véneto ofrecían las bases para una crianza de ovejas altamente productiva y para el desarrollo de una compleja industria textil". No obstante, Waltzing (1895-1900: III, 47, 60; IV, 95) encontró también *lanarii* en Galia y África del Norte, junto a dos ejemplos notables recuperados en Asia Menor. En Éfeso y Tiatira, existen dedicatorias honorarias por parte de συνεργασία τῶν λαναρίων ("asociación de trabajadores de la lana"), y simplemente λανάριοι ("trabajadores de la lana"). Donde esperaríamos encontrar el equivalente griego ἐριουργοί, hallamos, en cambio, una transliteración del latín *lanarius*. Tal vez, esto pueda indicar una transferencia de personal italiano, junto con su terminología profesional correspondiente, a la provincia de Asia. Esto, al menos, parecía probable para Carl Curtius, en la publicación original de las inscripciones efesias. Aunque la palabra es conocida en griego en escrituras escoliásticas y bizantinas, "es el *lanarius* latino", y a Curtius (1873: 34) le pareció adecuado identificarla como "[una] asociación de trabajadores de la lana".

Una de las inscripciones de los *lanarii* de Brixellum reza: *D(is) M(anibus). Haec loca sunt lanariorum carminator(um) sodalici(i) quae*

4 *N. de la tr.*: este término sirve para hacer referencia a un pequeño negocio familiar, usualmente atendido por los miembros de la familia, donde la mujer desarrolla tareas centrales de mantenimiento y administración.

faciunt in agro p(edes) C ad viam p(edes) LV ("A los dioses de los muertos. Estas son las parcelas que son utilizadas por el *sodalicium* de los *lanarii carminatores*...") (*CIL* 11.1031). El texto ha sido usualmente interpretado como un marcador de una tumba común o un "cementerio"[5] para los *lanarii carminatores*, específicamente descriptos como un *sodalicium*, demarcado dentro de ciertas dimensiones y luego subdividido (?) entre parcelas funerarias individuales. Su identificación explícita como *sodales* –que puede ser replicada en otra inscripción de los *lanarii* descubierta en Brixia (ver más abajo)– puede sugerir que eran "miembros de una agrupación de tipo religioso" (Garzetti, 1973: 57).

No obstante, el aparentemente marcador profesional *carminatores* presente en el texto ha suscitado la mayoría de los comentarios. Se conocen las numerosas instancias del proceso de la producción de lana en la Italia Romana a través de una amplia variedad de fuentes literarias, principalmente Varrón y Plinio, que han sido útilmente detalladas por Frayn y por Moeller en el ya mencionado estudio sobre la producción de lana en Pompeya. Luego de su lavado inicial y antes de poder ser hilada la lana cruda, sus "nudos, enredos e impurezas residuales, asi como las rebabas deben haber sido removidas y debe ser llevada hacia un estado mullido separando las fibras" (Moeller, 1976: 14-15). En tiempos modernos esto se realiza con un instrumento de cardado, que no existía en la antigüedad. Por lo tanto, es quizá inapropiado llamar a los *carminatores* como "cardadores", siendo más adecuado "peinadores de lana" (Frayn, 1984: 159, nn. 10 y 11). En el mismo sentido se asocia al término *pectinarii*, que es mencionado también en las inscripciones y en ocasiones junto a *lanarii*. Varios peines de lana romanos, realizados en hierro y llamados *pectines*, han sido recuperados, y una pintura en un negocio de fieltro pompeyano parece mostrar tres *pectinarii* ubicados detrás de los bancos de trabajo (Moeller, 1976: 15).

Cuatro de las siete inscripciones de *lanarii* originadas en Brixia también contienen marcadores de trabajo especializado, por ejemplo, *lanarii carminatores*, *lanarii coatores* (*sic*, probablemente *coactores*) y *lanarii pectinarii*. Publicado inicialmente en *Notizie degli scavi* en 1925, un texto fragmentario recuperado en las afueras de

---

5 Waltzing (1895-1900: I, 285-286); Patterson (2006: 254).

Brixia reza: *M. Domitio Fi[rm]o lana[r(ii) carmi]nator(es) so[dal]es*[6]. No obstante, puesto que el centro del texto ha sido dañado por un hueco circular y *carminatores* es una restauración, se han establecido inmediatamente comparaciones con el documento de Brixellum que también refería a un *sodalicium*.

Los *lanarii coatores* de Brixia realizaron al menos dos dedicaciones, y aquí nuevamente los detalles son lamentablemente inadecuados. En *CIL* 5.4504 se registra un ofrecimiento, *d(e) p(ecunia) s(ua)* ("a sus expensas"), de los *lanari(i) coatores* en honor de C. Cominius Successor, y el siguiente texto publicado, *CIL* 5.4505, da cuenta del sitio de enterramiento de L. Cornelius Januarius, quien viviera diecisiete años, y de su padre, L. Cornelius Primio (cuya edad de fallecimiento no está especificada), con un registro de que la acción fue llevada a cabo por parte de los *lanari(i) coator(es)*. En ambos casos, el grupo parecería haber tomado una decisión colectiva y haber gastado recursos para realizar una o más dedicatorias. Por supuesto, no sabemos la razón de las dedicatorias, o qué influencia habrán tenido Cominius o los Cornelii sobre los recursos de los *coatores*. No podemos asumir que alguno de ellos fuera miembro, o incluso patrón, de la organización, como tampoco hay indicaciones de que el grupo se volviera más "móvil socialmente" como resultado de sus acciones.

Los *lanarii coactores* presumiblemente habrían usado lana y otras fibras animales en una empresa de "fieltros" (¿o simplemente la habrían supervisado?). Moeller explica que "hacer fieltro es '*cogere*'[7] por el hecho de que el fieltrista –*coactor* o *coactiliarius*– forzaba la lana reunida con sus manos" (Moeller, 1976: 27). La masa de fibras resultante, unida por un agente pegajoso o grasoso, resultaría en un fuerte material que era, al igual que hoy en día, útil para la confección de sombreros, botas, sobretodos, *vel sim*. Los *coactiliarii* jugaron un rol prominente en el escenario político pompeyano, y Moeller dedica una sustancial atención a sus actividades (1976: 27, 80-81 y 100; cf. figuras 1 y 2). Aunque el proceso físico de hacer el fieltro puede *parecer* que corresponde a aquellos en los estratos más bajos de la escala social, no podemos discernir a partir de las inscripciones si este es el caso. Más funda-

6 Patroni (1925); Mennella-Apicella (2000: 35, #18).

7 *N. de la tr.*: cf. *Oxford Latin Dictionary*, *s.v.* "*cogo*. 7", "*To bind, compress, etc., into a mass*", es decir "comprimir, compactar en una masa".

mentalmente, no podemos discernir con seguridad si los *coactores* eran los mismos trabajadores o los empresarios, los propietarios o los beneficiarios del trabajo de otros. Si fuera el último caso, y el individuo mencionado fuera el propietario del establecimiento, puede ser incluso más importante recordar que la esposa del propietario habría tenido un rol sustancial en llevar adelante el negocio, especialmente supervisando y gestionando las etapas más especializadas del mismo.

La última inscripción de los *lanarii* de Brixia es una dedicatoria funeraria a cargo de los *lanari(i) pectinar(ii) sodales* en honor de Acceptus, "el esclavo de Chia" (*CIL* 5.4501). Una vez más, la designación *sodales* puede otorgar una resonancia religiosa a esta organización colegial, al menos en el contexto de los servicios funerarios, y *pectinarii* parecería, como se mencionó antes, asociar la membresía con el intercambio especializado de "lana peinada". Frayn (1984: 150) observa que "el *lanarius pectinarius* [*sic* –¿la autora parece asumir que Acceptus era miembro de los *sodales*?] de *CIL* 5.4501 seguramente fuera un trabajador de la lana que usaba un peine", y lo compara con un *faber pectinarius* en Pola (*CIL* 5.98), cuya inscripción monumental parece contener imágenes de peines de lana. Incluso, existe otra mención de un autoproclamado *pectinarius* en Brixia, en una tumba descubierta en 1970. En este texto, L. Cornelius Labeo, quien se presenta como liberto, establece provisiones en vida para él mismo, su esposa Antistia Tertia, quien también era liberta, y quizás para otros individuos (la piedra parece haberse roto luego de mencionar otro nombre femenino). En la publicación original del texto, Albertini (1971: 133-138) asocia esta inscripción con otras referencias a los *lanarii* de Brixia.

Reforzando la noción de que esta región se encontraba fuertemente identificada con la producción y acabado de lana, el marcador ocupacional del *pectinarius* aparece en varias tumbas solo, incluyendo un *pectinator* y un *pectinarius* en Ateste (*CIL* 5.2538 y 5.2543) y un *refector pectinar(ius)* en Hasta (*CIL* 5.7569). Este último parece preservar una imagen del difunto trabajando, tal como refiere en el *CIL* el comentario a una imagen, ubicada sobre el texto, de un hombre sentado a una mesa "sosteniendo un mazo o un item similar en su mano derecha" y otro objeto no identificado (¿quizás un *pecten*?) en su mano izquierda. El hecho de que sea liberto puede indicar también un estatus de este oficio superior a lo que se ha supuesto. A.H.M. Jones (1960: 190) simplemente se equivocaba al afirmar que: "Nadie se reconoce como cardador o hilandero en su tumba, o se registra como tal en el censo, y no se conocen asociaciones de cardadores o hilanderos". El autor notó dos "aparentes excepciones" a esta regla, los *lanarii carminatores* de Brixellum y los *lanarii pectinarii* de Brixia, pero sospechaba que "estos no cardaban lana cruda, sino que cardaban tejidos". Como se ha dicho más arriba, Jones se propuso demostrar que el hilado era realizado "tal como en el Oriente Próximo en la actualidad", principalmente por mujeres en sus hogares "en su tiempo libre". Sin embargo, ignoraba una ingente evidencia que muestra un oficio más organizado, dominado por hombres y potencialmente de un status superior del que se ha asumido.

Para dar un ejemplo sobre esta clase de asunción, al describir un documento recientemente encontrado en el cual un *pectinarius* presenta sin reparos su profesión, Albertini sugiere que los *lanarii* en el área parecen haber sido "gente de condición modesta y pobre", ya fueran técnicamente libres, libertos o esclavizados; a su juicio, los *pectinarii* deben haber sido solo "un poco más prósperos" que otros artesanos en general (1971: 138-140). Sin embargo, si los *pectinarii* de Brixia no eran ellos mismos esclavos, y quizás tampoco *liberti* ¿por qué habrían facilitado el entierro de un esclavo? Frayn pareciera estar en lo correcto al asumir que Acceptus era un miembro de los *sodales*, pero una explicación alternativa podría ser que las organizaciones de esta clase solo "sepultaran" la escala social. En otras palabras, si bien dedicaban inscripciones para elogiar individuos de un estatus *más alto* que ellos mismos, al mismo tiempo habrían optado de forma característica por financiar solo el entierro de individuos de estatus más bajo, quizás como una forma de expresión de la dependencia del fallecido. De acuerdo con esta interpretación, Acceptus *habría sido alquilado por su ama* para realizar un servicio especializado a los *pectinarii*. En algún momento posterior, luego de su muerte, el grupo podría haberse sentido obligado a reconocer esa conexión –al mismo tiempo que respetuosamente se nombraba a la verdadera dueña del esclavo en el exvoto–.

Algunas de estas sutiles graduaciones del estatus aparecen en otra inscripción que menciona a *lanari(i) pect(inarii) et carmin(atores)*, un texto del siglo I d.C. descubierto en Regium Lepidum y publicado en 1940 (y más recientemente en Mennella-Apicella, 2000: 62, #73). La piedra registra la gratitud de este grupo para con C. Pomponius Felix, un liberto y *sevir Augustalis Claudialis*, según los términos de su testamento, por "proveer telas y gastos funerarios como regalo a aquellos que carecían de los medios suficientes". Se conoce otro Pomponius a través de la evidencia en las inscripciones de Regium Lepidum, aunque este hombre era un ingenuo, un tribuno militar de la X Legión que había servido como edil local y duumviro, entre otros cargos (*CIL* 11.969). Por consiguiente, parece que un miembro de la élite cívica estableció provisiones para los miembros más empobrecidos de este orden, en ciertos aspectos específicos, incluyendo ropas y entierro. En la publicación original del texto, Aurigemma (1940: 269) afirma que Pomponius tenía como objetivo "beneficiar con su testamento a los miembros de la corporación de la cual él evidentemente formaba parte".

Al comparar la inscripción de los *lanarii purgatores* de Altinum, me gustaría sugerir que aquí existe una dinámica de trabajo muy distinta. Pomponius parece demostrar, con su generosidad, su estatus más elevado frente a los peinadores de lana. Se esperaba que los *lanarii* reconocieran el regalo, pero esto podría no ser más que el reconocimiento de su dependencia de un aristócrata local, incluso cuando él mismo hubiera sido liberado en algún momento anterior de su vida. Siguiendo la lógica de que se establecen provisiones para entierro solo para aquellos que se encuentran en una posición de dependencia, el testamento debe de haber aparecido como un refuerzo del orden jerárquico que había en el pueblo cuando el *sevir* y los *lanarii* estaban vivos. Si bien solo podemos estar seguros de la presencia de una mujer en estos escenarios, he investigado, en numerosos estudios, la presencia de mujeres en los *collegia*, especialmente las *matres* que allí se encontraban, y en este sentido las investigaciones más relevantes son las de Hemelrijk (2008; 2015: esp. 227-269). Resulta difícil ubicarlas en los contextos adecuados, pero existen muchas listas de miembros de asociaciones que contienen nombres femeninos.

De todas formas, las dimensiones de género y clase se pueden intersectar. Es posible identificar el esfuerzo y las ambiciones sociales entre, especialmente, libertas (aunque debemos señalar que al menos una de las mujeres mencionadas en las tumbas dedicadas era ingenua). Por otra parte, puede haber también esfuerzos realizados en busca de beneficio, no necesariamente en la forma en que Emanuel Mayer (2012) presentaba una "clase media" –ni tampoco como una inversión proto-capitalista– sino como un vestigio de una toma de decisiones económicas que las conecta con la élite. Desde esta perspectiva, es altamente probable que las mujeres en un establecimiento doméstico, hubieran sido líderes del negocio, especialmente por el hecho de ser la cara pública y de estar dedicadas al servicio al cliente. Como practicantes de intercambio "doméstico" que ha estado tradicionalmente asociado al hogar, los miembros femeninos de la familia deben haber tenido una amplia oportunidad de demostrar sus cualidades de liderazgo de negocios de "élite".

Para concluir, creo que redirigiendo nuestra atención desde los aspectos productivos de los negocios hacia los aspectos de su financiamiento, provisión de mano de obra, gestión y distribución, ampliamos el alcance sobre la acción, liderazgo y lucha femeninos por el estatus económico y social. Un tema central de Wilson y Flohr (eds. 2016) es el rol de las condiciones locales en la toma de decisiones económicas, y la evidencia arqueológica incorporada en varios estudios, de múltiples industrias, refleja el deseo de sobrepasar los límites ambientales con el objetivo de maximizar las ganancias. La dedicación de los *fullones* a una mujer local prominente parece ser un factor significativo, especialmente en una industria profundamente enraizada en el hogar y relacionada con los textiles, y debemos recordar que estos concisos documentos han sido creados con objetivos muy disímiles a los nuestros. De esta manera, Eumaquia parece haber representado, al menos para los *fullones*, un tipo de empresaria, como también una prominente integrante femenina de la élite política y religiosa.

Para retomar la discusión sobre el mundo contemporáneo planteada anteriormente, en 2009 el presidente Obama firmó la Ley Lilly Ledbetter, extendiendo el estatuto de limitaciones que resultaron en el Caso Ledbetter, denegado por la Corte Suprema. Ledbetter había iniciado una demanda luego de su retiro después de trabajar 19 años para Goodyear Rubber and Tire en Alabama (y quizás significativamente, había trabajado anteriormente en un consultorio ginecológico). En disidencia, Ruth Bader Ginsburg de la Suprema Corte de Estados Unidos escribió:

> Lilly Ledbetter era supervisora en la planta de Goodyear Tire and Rubber en Gadsden, Alabama, desde 1979 hasta su retiro en 1998. Durante la mayor parte de esos años, trabajó como gerente de área, una posición tradicionalmente ocupada por hombres.

Inicialmente, el salario de Ledbetter guardaba relación con los salarios de los hombres cumpliendo un trabajo similar. Con el tiempo, no obstante, su salario fue en descenso en relación con la paga de los gerentes de área hombres, con la misma o menor antigüedad. Para 1997, Ledbetter era la única mujer trabajando como gerente de área y la diferencia de paga entre ella y sus 15 compañeros varones era contundente: Ledbetter percibía un sueldo de $3.727 por mes: el gerente de área peor pago recibía $4.286 y el mejor pago $5.236.

Se debería notar, en esta descripción, la posición gerencial y de supervisión de Ledbetter. Ledbetter se dirigió a la Convención Democrática Nacional en 2008 y en 2012, y su lucha continuaba aún en la era del "*Grabber-in-Chief*"[8], que, según declara "ha hecho tremendas obras por las mujeres", o al menos eso es lo que dice....

Bibliografía

Albertini, A. (1971). "Iscrizioni romane rinvenute a Brescia (1970)", *Epigraphica*, 33, 105-146.

Aurigemma, S. (1940). "Reggio Emilia", *Notizie degli Scavi*, n.s. 1, 255-301.

Curtius, C. (1873). "Inschriften aus Kleinasien", *Hermes*, 7, 28-46.

De Ruggiero, E. & Mazzarino, S. (1946). "Lanarius", *Dizionario Epigrafico*, vol. 4, fasc. 12, 361-363.

Dixon, S. (2000-1). "How Do You Count them if They're Not there? New Perspectives on Roman Cloth Production", *Opuscula Romana*, 25-26, 1-7.

Flohr, M. (2013). *The World of the Fullo: Work, Economy, and Society in Roman Italy*, Oxford.

Flohr, M. & Wilson, A. (eds. 2017). *The Economy of Pompeii*, Oxford.

Frayn, J.M. (1984). *Sheep-Rearing and the Wool Trade in Italy during the Roman Period*, Liverpool.

Garnsey, P. (1998). "Non-Slave Labour in the Roman world" [1980], en Id., *Cities, Peasants and Food in Classical Antiquity: Essays in Social and Economic History*, ed. W. Scheidel, Cambridge, 134-150.

Garzetti, A. (1973). "Epigrafia e storia di Brescia romana", en *Atti del Convegno internazionale per il XIX centenario della dedicazione del "Capitolium" e per il 150° anniversario della sua scoperta*, Brescia, vol. 1, 53-61.

Hemelrijk, E. (2008). "Patronesses and 'Mothers' of Roman *collegia*", *Classical Antiquity*, 27, 115-162.

Hemelrijk, E. (2015). *Hidden Lives, Public Personae: Women and Civic Life in the Roman West*, Oxford.

8 *N. de la tr.*: la expresión se puede traducir como "agarrador en jefe", y hace referencia al ex presidente estadounidense Donald Trump y a unas declaraciones filtradas en las que se jacta de sus relaciones con mujeres con expresiones degradantes y ofensivas.

Jones, A.H.M. (1960). "The Cloth Industry under the Roman Empire", *Economic History Review*, 13, 183-192.

Kehoe, D.P. (2007). "The Early Roman Empire: Production", en W. Scheidel, I. Morris & R. Saller (eds.), *The Cambridge Economic History of the Greco-Roman World*, Cambridge, 543-569.

Liu, J. (2009). Collegia centonariorum*: The Guilds of Textile Dealers in the Roman West*, Leiden.

Lovén, L.L. (1998). "Male and Female Professions in the Textile Production of Roman Italy", en L.B. Jørgensen & C. Rinaldo (eds.), *Textiles in European Archaeology*, Göteborg, 73-78.

Lovén, L.L. (2013). "Female Work and Identity in Roman Textile Production and Trade: A Methodological Discussion", en M. Gleba & J. Pásztókai-Szeöke (eds.), *Making Textiles in Pre-Roman and Roman Times: People, Places, Identities*, Oxford, 109-125.

Lovén, L.L. (2016). "Women, Trade, and Production in Urban Centres of Roman Italy", en Wilson & Flohr (eds. 2016), 200-221.

Mayer, E. (2012). *The Ancient Middle Classes: Urban Life and Aesthetics in the Roman Empire, 100 BCE-250 CE*, Cambridge, MA.

Mennella, G. & Apicella, G. (2000). *Le corporazioni professionali nell'Italia romana. Un aggiornamento al Waltzing*, Napoli.

Moeller, W.O. (1969). "The Male Weavers at Pompeii", *Technology and Culture*, 10, 561-566.

Moeller, W.O. (1976). *The Wool Trade of Ancient Pompeii*, Leiden.

Mouritsen, H. (1988). *Elections, Magistrates and Municipal Élite: Studies in Pompeian Epigraphy*, Rome.

Mouritsen, H. (1997). "Mobility and Social Change in Italian Towns during the Principate", en H.M. Parkins (ed.), *Roman Urbanism: Beyond the Consumer City*, London, 59-82.

North, J. (1990). "Politics and Aristocracy in the Roman Republic", *Classical Philology*, 85, 277-287.

Patroni, G. (1925). "Bagnolo Mellia", *Notizie degli Scavi di Antichità*, fasc. 10-11-12, 341-343.

Patterson, J.R. (2006). *Landscapes and Cities: Rural Settlement and Civic Transformation in Early Imperial Italy*, Oxford.

Perry, J.S. (2011). "Organized Societies: *collegia*", en M. Peachin (ed.), *The Oxford Handbook of Social Relations in the Roman World*, Oxford, 499-515.

Petrikovits, H. von. (1981). "Die Spezialisierung des römischen Handwerks", en H. Jankuhn, W. Janssen, R. Schmidt-Wiegand & H. Tiefenbach (eds.), *Das Handwerk in vor- und frühgeschichtlicher Zeit*, Göttingen, I, 63-131.

Tran, N. (2006). *Les membres des associations romaines. Le rang social des* collegiati *en Italie et en Gaules, sous le Haut-Empire*, Rome.

Waltzing, J.-P. (1895-1900). *Étude historique sur les corporations professionnelles chez les romains, depuis les origines jusqu'à la chute de l'empire d'occident*, Louvain, 4 vols.

Wilson, A. & Flohr, M. (eds. 2016). *Urban Craftsmen and Traders in the Roman World*, Oxford.

Figura 1. Mercurio saliendo de un templo. (Casa de M. Vecilius Verecundus, identificada como IX, 7, 7, Pompeya; fresco de la fachada).

Figura 2. Una tienda romana, con el comerciante y un cliente. (Casa de M. Vecilius Verecundus, identificada como IX, 7, 7, Pompeya; fresco de la fachada).

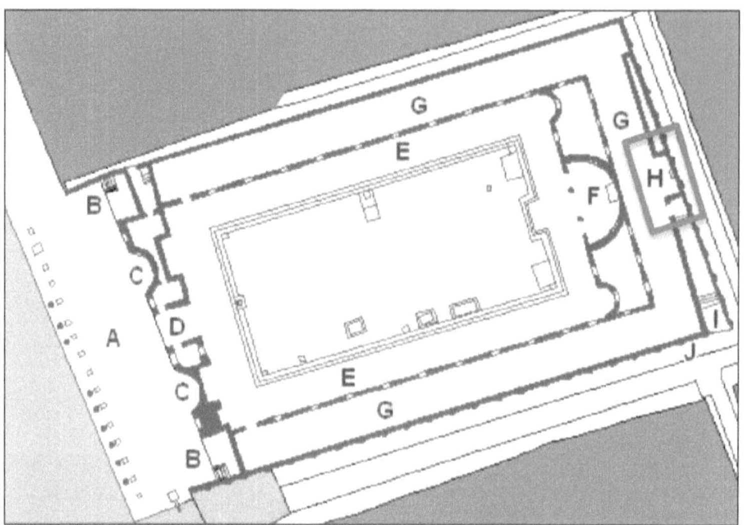

Figura 3. Plano del edificio de la sacerdotisa Eumaquia con la ubicación de la estatua (H).

Figura 4. Estatua de Eumaquia.

Liderazgo, legitimidad y obras públicas en la montañosa Cilicia romana[1]

Timothy Howe
(St. Olaf College)

Tomando como referencia estudios como los recopilados en Pitts y Versluys (2015), este documento busca llevar la discusión sobre gobernante/gobernado más allá del actual "binario de romanización" de aculturación o resistencia (ver también Wolf, 2014). Al analizar los edificios públicos en Antioquía *ad Cragum* en la Cilicia montañosa, y las inscripciones honoríficas asociadas con ellos, exploraré las formas en que el edificio público, patrocinado localmente y por el imperio, y los decretos honoríficos desarrollaron y fomentaron prácticas y valores compartidos entre las élites locales e internacionales de tal forma que articulaba tanto la lealtad al imperio como el liderazgo local y los estilos de vida.

Antioquía tiene una larga historia, tanto como *polis* independiente, así como capital romana de la Provincia de *Cilicia Tracheia* ("Cilicia montañosa"). Después de la retirada del reino seléucida de Asia Menor y la contracción de la poderosa marina seléucida alrededor del año 100 a.C., Antioquía, como muchas de las ciudades costeras a lo largo del perímetro sur de Asia, se convirtió en un refugio para la piratería (De Souza, 2013; Rauh, Dillon & Rothaus, 2013). Los antioquenos fueron tan exitosos como piratas que organizaron la famosa captura de Julio César en 75 a.C. y lo retuvieron en su base naval secreta (Plutarco, *César*, 2; De Souza, 2013). Después de la guerra contra los piratas de Pompeyo en 66 (Plutarco, *Pompeyo*, 24.7-8), Antioquía cambió la piratería por el comercio, convirtiéndose en el principal productor tanto de vinos Passum, un vino dulce rico y muy demandado en todo el Medite-

1 Traducción de Mariano Spléndido.

rráneo oriental, como de las ánforas con la marca ANT (Rauh & Will, 2002; Rauh, Autret & Lund, 2013). No se sabe mucho sobre este período en la historia de la ciudad, ya que poco de la ciudad helenística ha sido ubicada y excavada aparte de la necrópolis, pero lo que queda muestra un localismo persistente (Rauh *et al.*, 2010). En la necrópolis, vemos varias tumbas al estilo de la Casa Licia que, aunque se encuentran en un estado muy ruinoso y carecen de sus inscripciones dedicatorias, sugieren una estrecha relación entre los antioquenos y sus parientes luvitas en el Oeste (Hoff *et al.*, 2005). De hecho, las tumbas mejor conservadas de las ciudades vecinas luvitas como Syedra, Lamos y Kestros muestran que los nombres, la arquitectura y los dispositivos artísticos luvitas (como el águila) fueron características significativas de la región (Rauh *et al.*, 2010). Dadas las tumbas de estilo casa en Antioquía, no veo ninguna razón para sugerir nada diferente allí.

A principios del siglo I d.C., Antioquía se convirtió en la capital del reino expandido de Comagene (Borgia, 2013; Hoff *et al.*, 2015a). En 37, el emperador Calígula tomó el área y se la dio a su amigo Antíoco IV de Comagene. Dos años más tarde, el siempre inconstante Calígula expulsó a Antíoco y devolvió la ciudad al gobierno local. Luego, en 41, el nuevo emperador Claudio restauró a Antíoco. Y nada parece haber cambiado en el terreno a nivel arquitectónico, epigráfico o económico. El vino Passum y las ánforas todavía circulaban por el mundo mediterráneo en números altos (Rauh & Will, 2002).

Comenzando en el reinado de Vespasiano, después de la muerte de Antíoco, Antioquía se convirtió en la capital de la provincia romana de Cilicia Traquea (Rauh *et al.*, 2010). Así, en el lapso de cien años, los antioquenos habían sido invadidos por Pompeyo y obligados a abandonar la piratería, entregados a un rey cliente de Roma, liberados del mismo rey cliente y luego devueltos rápidamente a él, solo para finalmente convertirse en una parte oficial del Imperio Romano y su ciudad elevada a la condición de capital provincial. Nuevamente, a lo largo de estos cambios, el vino Passum y las ánforas aún se movían en gran número alrededor del mundo mediterráneo y los antioquenos continuaron enterrando a sus élites en tumbas de estilo casa. Claramente la élite antioquena era una sobreviviente. Y con la misma claridad, fue lo suficientemente inteligente como para encontrar la manera de colaborar con las élites globales, ya fueran romanos republicanos, comagenos o romanos imperiales, al menos en la medida en que los líderes locales y sus familias no fueron erradicados, reubicados o eliminados. De hecho, la economía de exportación de Passum de Antioquía y las redes de estatus locales parecen no haber sido afectadas por los cambios en las élites externas.

Parece justo decir que, aunque tengamos pocos testimonios literarios o epigráficos, las élites antioquenas habían navegado con éxito los caprichos de Roma durante cien años y, como lo atestiguan sus tumbas, conservaron su identidad luvita. Ahora, como una capital imperial, podemos ver que ellas comienzan a asignar nuevos roles al espacio físico existente de Antioquía. En este esfuerzo, los antioquenos no tuvieron una tarea fácil: la región y la ciudad en sí tenían una larga tradición de símbolos de prestigio localmente valiosos que ayudaron a señalar y definir el rango y el poder, como el águila y la monumental tumba estilo casa (Hoff *et al.*, 2008a; 2008b; Hoff *et al.*, 2015a). Por otra parte, las tradiciones de evergetismo de orientación local distinguieron a la élite de la Cilicia montañosa y apoyaron las negociaciones locales de estatus y posiciones de liderazgo, ya que las élites compitieron para dar y, por lo tanto, ser reconocidas como donantes, a través de estatuas e inscripciones honorarias en tumbas y otros edificios públicos (Wandsnider, 2013). Pero como espero mostrar en lo que sigue, los antioquenos adaptaron estos símbolos locales para servir a su nueva realidad como capital imperial romana y destacaron las nuevas relaciones de Antioquía con personas poderosas más allá de los límites de la ciudad. Al igual que muchas ciudades del imperio (Argyriou-Casmeridis, 2019), los antioquenos integraron a los emperadores romanos y sus familias en las jerarquías y sistemas locales de honor, don y exhibición. Y la familia imperial parece haber alentado ansiosamente tales prácticas.

Desafortunadamente, gran parte de las etapas iniciales de estas negociaciones de liderazgo en Antioquía se pierden del registro epigráfico y arquitectónico hasta el reinado de Trajano, aunque están documentadas en sitios vecinos. Luego, a principios del siglo II d.C., podemos comenzar a ver las formas en que las tradiciones y sistemas de Antioquía incluyen a la Roma imperial. Donde antes la *boulé* y el *dêmos* de Antioquía establecieron inscripciones honoríficas para las élites locales que cimentaron (y destacaron) su liderazgo, ahora también agradecen a Trajano por su generosidad, cuya naturaleza actualmente es poco entendible[2]. Pero esto no es unidireccional. Al igual que las élites locales, la familia imperial está "ganando" su papel de liderazgo al retribuir a la comunidad. Al menos así parece ser como los antioquenos están contextualizando la relación. Aquí en la Cilicia montañosa, los líderes deben hacer algo en nombre de la ciudad a cambio del reconocimiento y el elogio de la *boulé* y el *dêmos*.

Bajo Adriano podemos ver esta dinámica más claramente. Sabina, la esposa del emperador, dedicó una estructura pública de fino mármol blanco, que sobrevive solo como expolios en un edificio bizantino, aunque la piedra restante sugiere que probablemente fue una de las casas con fuentes cerca del Ágora (Hoff & Howe, en prensa). A cambio de su generosidad, el demos de Antioquía honra a Sabina con una estatua pública, consagrándola entre los líderes de la ciudad (y el predecesor de Adriano, Trajano) como un miembro benefactor. Estoy seguro de que esta dedicación no fue un acto especial ni de Sabina ni de Adriano, sino uno de los muchos a lo largo de las provincias. Y sin embargo, seguramente fue recibido por los lugareños como especial y significativo. Comprendieron (y honraron) la dedicación como lo harían con sus propios líderes: escribieron una inscripción y colocaron una estatua. Es importante tener en cuenta que los antioquenos no están disminuyendo la dedicación de Sabina de ninguna manera. Ella y Adriano simplemente entraron en la élite local y, como líderes, tienen sus estatuas en el Ágora junto con las de los benefactores de Antioquía. El emperador y su esposa han sido legitimados como gobernantes de una manera tradicional. Sabina y Adriano han dado a la ciudad, como el demos esperaba que las élites lo hicieran, y fueron honrados en consecuencia.

Podemos ver esta dinámica en juego a través de dos homenajeados contemporáneos, Toubon Komdios, hijo de Nana y Toubon

---

2 Hoff and Howe, en prensa:
Αὐτοκράτορα Καίσαρ[α, θεοῦ]
[Τραι]α[νοῦ Παρθικοῦ υἱόν,]
[θεοῦ Νέρουα υἱωνόν],
Τ[ραιανὸν Ἀδριανὸν]
[Σεβαστόν, τὸν κύριον]
[καὶ εὐεργέτην τῆς οἰκουμένης,]
[ὁ δῆμος.] Cf. Bean & Mitford (1970: 159, 163).

Komdios, y su padre, Toubon Komdios, quienes recibieron una estatua y agradecimientos por su generosidad de parte de la *boulé* y el *dêmos* (Bean & Mitford, 1970: 35, 38). Aunque la inscripción honorífica de Toubon el Joven está dañada, podemos ver que es recompensado con una estatua por su evergetismo, al igual que su padre Toubon había sido honrado en la generación anterior. La inscripción de Toubon el Viejo nos da más detalles (Bean & Mitford 1970: 185, 204):

> [ἡ βουλὴ] καὶ ὁ δῆμος ἐτίμησ[αν]
> Τουβων Κομδιος, τὸν φιλόπατ[ριν],
> νεανίαν εὐσχήμονα καὶ ε[ὐγενῆ].

Toubon el Viejo fue alabado por la ciudad por su amor a la patria (*philopatría*), por su nueva respetabilidad (νεανίαν εὐσχήμονα) y su buen nacimiento (εὐγενῆ). Claramente, este Toubon el Viejo era noble y un miembro de la élite gobernante local, su εὐγενῆ, que figura aquí, muestra eso, pero sus conciudadanos parecen estar reconociendo un cambio en el estatus de Toubon el Viejo; la inscripción indica que se ha vuelto respetable recientemente. Pero esta respetabilidad no proviene de ninguna dedicación local, porque Toubon ya había realizado otras donaciones en nombre de la patria, como lo demuestran otras inscripciones y estatuas. En consecuencia, su nueva respetabilidad no puede provenir de un aumento en las obras públicas, o estar relacionada con su noble cuna o su gran riqueza, todas cosas que ya tenía. La νεανίαν εὐσχήμονα de Toubon debe provenir de una nueva posición de liderazgo o de una relación global que aporte una respetabilidad que no tenga nada que ver con las cosas locales que hizo antes (de lo contrario sería muy merecedor de un comentario local). La frase νεανίαν εὐσχήμονα es extraña y única en los corpora de inscripciones de esta región. Por lo tanto, diría que esta respetabilidad derivada del exterior debe tener algo que ver con la Roma imperial, probablemente con Trajano, en cuyo distrito se ubicaron originalmente las bases de las estatuas de Toubon y su hijo –ahora se piensa que este edificio en el centro del Ágora era un templo dedicado al culto imperial, originariamente para Trajano, ya que allí había una inscripción que honraba a Adriano por haber construido el templo a Trajano, su divino padre, encontrada en el mismo contexto (Hoff & Howe, en prensa)–. Sin embargo, es importante tener en cuenta que Toubon no se ha romanizado en un grado auténtico. Él está haciendo lo que siempre había hecho, usando su riqueza en nombre de la *polis*. A cambio, la *polis* está haciendo lo que siempre había hecho, legitimando y honrando sus dones y liderazgo. En este caso, sin embargo, la *polis* está honrando su nuevo papel de liderazgo (de qué se trata, no se puede saber) que se reconoce de manera tradicional, con otra estatua pública –quizás el nuevo estatus de Toubon fue de tal importancia que la ciudad sintió que se justificaba erigirle una segunda estatua en el ágora–. En cualquier caso, con Toubon el Viejo vemos que el sistema local reconoce una nueva variable en las negociaciones de estatus: las conexiones externas.

Pero a pesar de que Toubon ha hecho conexiones externas, él y su hijo siguen siendo cilicios montañeses luvitas de corazón. De hecho, la inscripción de Toubon el Joven enumera tanto a su madre Nana como a su padre Toubon. Existe un corpus importante de inscripciones de las ciudades luvias que usan matronímicos, a diferencia de sus vecinos griegos o panfilios (Hoff & Howe, en prensa). Además, las ciudades de Luvia tienden a inscribir las dedicatorias a las mujeres homenajeadas y benefactoras, que, aunque no son desconocidas en las provincias del este de habla griega, parecen ser un rasgo cultural local luvita (Wandsnider, 2013). Creo que es posible que el regalo de Sabina y sus honores hayan sido interpretados localmente desde esta perspectiva: una mujer miembro de la familia también exhibe un liderazgo en nombre de la *polis*, aunque la familia Imperial probablemente no sepa ni se preocupe por tal tradición. Pero tal vez Sabina hizo estas dedicatorias en todas las ciudades luvitas de Cilicia para comprometerse deliberadamente con la tradición de Luvia y, por lo tanto, legitimar para una audiencia local los vínculos locales e imperiales. Es ciertamente posible que estemos viendo un diálogo en el cual la familia imperial está reconociendo las tradiciones locales y haciendo un esfuerzo para participar en ellas.

Esta conversación bidireccional ciertamente parece ser el caso con la acuñación de moneda local, que involucra tanto el simbolismo imperial como el local. No por casualidad, bajo Adriano vemos las primeras monedas de la ceca de Antioquía (Hoff *et al.*, 2015a). El uso de una moneda única en todo el imperio proporcionó un sentido de cohesión a sus habitantes y contribuyó en gran medida a su concepción de lo que significaba ser parte del Imperio Romano global. Aunque la acuñación no era exclusividad suya entre las ciudades de Asia Menor, el hecho de que Antioquía gozara del derecho de ceca por Adriano legitimaba la posición de la ciudad como capital provincial y su conexión con el Emperador. También proporcionó a los antioquenos un cierto nivel de autonomía y liderazgo que sus vecinos locales luvitas no compartían. En la producción de monedas con anversos imperiales, es decir, con el rostro del emperador (Museo Alanya, inv. n° AC 001), la ciudad de Antioquía *ad Cragum* marcó su posición y su compromiso con el sistema imperial romano. Y, al permitir que Antioquía acuñara, el Emperador reforzó para esta ciudad la naturaleza de su posición. Sin embargo, las imágenes del reverso en las monedas de Antioquía, con su águila, legitimaron la identidad local y la autoridad tradicional de la ciudad. En otras palabras, al producir monedas con anversos imperiales y reversos locales, la élite de Antioquía se posicionaba dentro de la jerarquía del imperio al tiempo que afirmaba la importancia y la continuidad de la cultura y el liderazgo locales.

Quizás el período más significativo para la ciudad comenzó en 194 d.C., cuando Antioquía se alió con Septimio Severo en lugar de su rival imperial Pescenio Níger (Herodiano, 3.3.1-2, 6-8; Birley, 1999). Antioquía aprovisionó y guio a Severo a lo largo del salvaje camino costero, para que pudiera desviarse y rodear a las fuerzas de Níger que habían bloqueado la carretera principal en las Puertas Cilicias. A cambio de este apoyo, y probablemente también por razones prácticas que no tienen nada que ver con esto, Severo se involucró en un proyecto masivo de construcción de caminos, durante el año siguiente, 195, cuando hizo una campaña contra los partos y anexó a Osroene, y nuevamente en 197, cuando fue lo suficientemente audaz y exitoso como para saquear a Ctesifonte y fijar la frontera romana en el río Tigris (Gradoni, 2013). Al igual que Vespasiano y Trajano antes que él, Severo conocía la importancia del camino costero de Cilicia para trasladar tropas a la frontera oriental; también sabía cuán significativa a nivel estratégico podía ser Antioquía: si los antioquenos hubiesen bloqueado el camino en 194, Severo no se habría convertido en emperador.

El camino recientemente expandido trajo nuevas riquezas y oportunidades para Antioquía, y no sorprende que la ciudad construyera sus edificios públicos más ambiciosos durante este período (Hoff *et al.*, 2015a). El más significativo de estos fue un templo monumental patrocinado localmente para Severo, que se terminó después de su muerte (Hoff *et al.*, 2008a; 2008b; 2009a; 2009b; 2010; Hoff *et al.*, 2012). Construido en mármol local de gran calidad, a gran escala, el templo de culto a Severo señaló el apoyo de Antioquía a la familia Severa. Y sin embargo, también destacó la identidad antioquena. Se colocaron águilas antioquenas en el frontón e internamente (Hoff *et al.*, 2008a; 2008b; 2009a; 2009b). Al financiar un templo para el culto de Severo, pero luego decorarlo con símbolos de la élite local como el águila agazapada antioquena, los antioquenos se comprometieron con la cultura romana de una manera que no solo reconoció la legitimidad y el prestigio de la familia imperial, a la que los antioquenos habían ayudado a colocar en el trono, sino que también subrayó (al menos para una audiencia local) el rol de liderazgo asumido por los antioquenos para mantener la legitimidad y el poder severano. La *boulé* y el *dêmos* de Antioquía *eligieron* cómo honrar a Severo, no tenían que construir un templo monumental –en el pasado habían erigido estatuas–, pero *eligieron* hacerlo. Los antioquenos erigieron un gran edificio para su benefactor más importante, Septimio Severo, para subrayar su liderazgo en la creación de un nuevo camino costero, que trajo aún más riqueza para Antioquía.

Dicha riqueza permitió a un tal Sourbis ayudar a financiar un nuevo y enorme complejo de baños en el que dedicó una estatua de Asclepio (Hoff *et al.*, 2015b; Hoff & Howe, en prensa). La comparación nos permite restaurar el nombre: M. Aurelio Sourbis. Aunque todas las provincias estaban bajo el poder de Caracalla, el hijo de Severo, es posible que Sourbis, o su padre Sourbis, obtuvieran su ciudadanía directamente de Severo o Caracalla. Lo interesante es que la *boulé* y el *dêmos* (que controlaba las dedicaciones públicas) permitieron que Sourbis incluyera su nuevo nombre, Marco Aurelio, junto con su nombre luvita, Sourbis. Quizás al igual que con Toubon el Viejo, los antioquenos están nuevamente reconociendo y legitimando públicamente sus nuevas relaciones con el Emperador. La hija de Sourbis también hizo una dedicación y fue honrada con una estatua pública, continuando con la práctica de las mujeres luvitas de élite que desempeñaban cargos de liderazgo (*SEG* 20.97).

También vemos la continuidad de la práctica luvita en las tumbas de Antioquía. Durante su condición como capital de provincia, y después, su élite continuó construyendo tumbas de estilo casa.

Incluso luego de la conversión de la ciudad al cristianismo, la tumba de estilo casa persiste.

Conclusión

La élite antioquena pudo reconocer el nuevo estilo de vida global del mundo romano y participar en él. Modificaron su ciudad de manera que les permitiera navegar por las delicadas diferencias culturales que encontraron al tratar con los gobernantes romanos y al mismo tiempo preservar su integridad cultural local y su poder. La mayoría de las veces esto se hizo a través de decretos y dedicaciones honoríficas. Los antioquenos simplemente agregaron al emperador, su familia y otros poderosos romanos, según fuera necesario, en los marcos evergéticos locales. Al hacerlo, también señalaron al emperador y su séquito que el evergetismo en Antioquía era bienvenido y sería honrado. Como se destacó más claramente en los últimos años por el trabajo de John Ma (2013), las dedicaciones inscritas subrayan fundamentalmente la relación entre las dos partes y sirvieron tanto para honrar al donante como para hacer valer el derecho del cuerpo honrado a determinar el liderazgo y el honor dentro de un contexto político dado. El acto de realizar una inscripción, entonces, es un momento cargado de retórica en el que el acto comunicativo de la escritura es fundamental para establecer la dedicación en su contexto recíproco adecuado. Al registrar el nombre del destinatario (y las conexiones familiares), así como el nombre del organismo otorgante y el contexto de la relación, la inscripción afirma públicamente la conexión entre las partes y establece que ambas son significativas dentro del panorama político más amplio. En este contexto, las inscripciones dedicatorias pueden servir como ventanas a las relaciones socio-políticas. Y debido al contexto local, ya que las inscripciones se colocaron en los dones que conmemoraban, o cerca de ellos, el énfasis se coloca en la dirección de abajo hacia arriba de tales honores, con entidades locales que honran a sus benefactores, tanto locales como globales, como agradecimiento por su asistencia y como medio de monumentalizar la relación entre las organizaciones locales y sus líderes.

Como hemos visto, en lugar de mostrar un cambio marcado en la naturaleza del paisaje epigráfico cilicio en el siglo I d.C., cuando la ciudad de Antioquía se convirtió en una posesión romana, los monumentos públicos enfatizan la continuación del espacio político y sagrado dentro de la nueva presencia romana imperial. No hay romanización o resistencia, sino más bien una continuación de la práctica que simplemente incluye a las élites romanas. Anteriormente, Antioquía había honrado a los antioquenos; después de 70 d.C. honró a los antioquenos y a la familia imperial. Y así, el sistema imperial romano parece haber funcionado junto con las formas locales de liderazgo y su negociación, y por sobre ellas, en Antioquía. Me parece significativo que el material antioqueno y la cultura epigráfica se mantuvieran sin cambios durante los quinientos años de gobierno romano y espero que este estudio de las inscripciones y del espacio público de una capital provincial romana menor dé una noción sobre el rico vocabulario de las élites provinciales y cómo encontraron formas de legitimar su estatus de élite tanto a nivel global como local.

Bibliografía

Argyriou-Casmeridis, A. (2019). "*Aretē* in a Religious Context: *Eusebeia* and other Virtues in Hellenistic Honorific Decrees", en E. Koulakiotis & C. Dunn (eds.), *Political Religions: Discourses, Practices, and Images in the Graeco-Roman World,* Newcastle upon Tyne, 272-305.

Bean, G.E. & Mitford, T. (1970). *Journeys in Rough Cilicia 1964-68,* Wien.

Birley, A.R. (1999). *Septimius Severus: The African Emperor*, London-New York.

Borgia, E. (2013). "The Rule of Antiochus IV of Commagene in Cilicia: A Reassessment", en Hoff & Townsend (eds. 2013), 87-94.

De Souza, P. (2013). "Who Are You Calling Pirates?", en Hoff & Townsend (eds. 2013), 43-54.

Gradoni, M.K. (2013). "The Parthian Campaigns of Septimius Severus: Causes, and Roles in Dynastic Legitimation", *American Journal of Ancient History*, 6-8, 3-24.

Hoff, M. & Howe, T. (en prensa). "The Inscriptions of Antiochia ad Cragum, Part I", *Arastirma Sonuçlari Toplantisi.*

Hoff, M., Howe, T., Can, B., Erdomus, E. & Townsend, R. (2015a). "Antiochia ad Cragum: Excavations at a Roman-Era City in Western Rough Cilicia", en S. Steadman & G. McMahon, (eds.), *The Archaeology of Anatolia,* Newcastle upon Tyne, 201-227.

Hoff, M., Howe, T., Can, B., Erdomus, E. & Townsend, R. (2015b). "The Antiochia ad Cragum Archaeological Research Project: The 2014 Season", *Anadolu Akdenizi Arkeoloji Haberleri,* 13, 1-7.

Hoff, M. & Townsend, R. (eds. 2013), *Rough Cilicia: New Historical and Archaeological Approaches*, Oxford-Philadelphia.

Hoff, M., Townsend, R. & Erdomus, E. (2006). "The Rough Cilicia Archaeological Project: 2005 Season", *Anadolu Akdenizi Arkeoloji Haberleri*, 4, 99-104.

Hoff, M., Townsend, R. & Erdomus, E. (2008a). "The Antiochia ad Cragum Archaeological Research Project: Northeast Temple 2007 Season", *Arastirma Sonuçlari Toplantisi*, 25, 95-102.

Hoff, M., Townsend, R. & Erdomus. E. (2008b). "The Antiochia ad Cragum Archaeological Research Project: Northeast Temple 2007 Season", *Anadolu Akdenizi Arkeoloji Haberleri*, 6, 95-99.

Hoff, M., Townsend, R. & Erdomus, E. (2009a). "The Antiochia ad Cragum Archaeological Research Project: Northeast Temple 2008 Season", *Arastirma Sonuçlari Toplantisi*, 27, 461-470.

Hoff, M., Townsend, R. & Erdomus, E. (2009b). "The Antiochia ad Cragum Archaeological Research Project: Northeast Temple 2008 Season", *Anadolu Akdenizi Arkeoloji Haberleri*, 7, 6-11.

Hoff, M., Townsend, R. & Erdomus, E. (2010). "The Antiochia ad Cragum Archaeological Research Project: Northeast Temple 2009 Season", *Anadolu Akdenizi Arkeoloji Haberleri*, 8, 9-13.

Hoff, M., Townsend, R., Erdomus, E. & Can, B. (2012). "Antiochia ad Cragum Archaeological Research Project: Northeast Temple 2011 Season", *Anadolu Akdenizi Arkeoloji Haberleri*, 10, 9-14.

Ma, J. (2013). *Statues and Cities: Honorific Portraits and Civic Identity in the Hellenistic World*, Oxford.

Pitts, M. & Versluys, M.J. (eds. 2015). *Globalisation and the Roman World: World History, Connectivity and Material Culture*, Cambridge.

Rauh, N., Autret, C. & Lund, J. (2013). "Amphora Design and Marketing in Antiquity", en M. Frass (ed.), *Kauf, Konsum und Märkte. Wirtschaftswelten im Fokus – Von der römischen Antike bis zur Gegenwart, Philippika: Marburger altertumskundliche Abhandlungen* 59, Wiesbaden, 145-182.

Rauh, N., Dillon, M. & Rothaus, R. (2013) "Anchors, Amphoras, and Ashlar Masonry: New Evidence for the Cilician Pirates", en Hoff & Townsend (eds. 2013), 59-86.

Rauh, N., Hoff, M., Townsend, R., Dillon, M., Doyle, M., Ward, C., Rothaus, R., Caner, H., Akkemik, U., Wandsnider, L., Ozaner, S. & Dore, C. (2010). "Life in the Truck Lane: Urban Development in Western Rough Cilicia", *Jahreshefte des Österreichischen Archäologischen Institutes in Wien*, 78, 253-312.

Rauh, N. & Will, E.L. (2002). "'My Blood of the Covenant': What Did the Apostles Drink at the Last Supper?", *Archaeology Odyssey*, 5/5, 46-51, 62-63.

Wandsnider, L. (2013). "Public Buildings and Civic Benefactions in Western Rough Cilicia: Insights from Signaling Theory", en Hoff & Townsend (eds. 2013), 176-188.

Woolf, G. (2014). "Romanization 2.0 and its Alternatives", *Archaeological Dialogues*, 21, 45-50.

Las transformaciones de las élites urbanas en la Antigüedad tardía: ¿Una crisis de hegemonía aristocrática?[1]

Julio Cesar Magalhães de Oliveira
(Universidade de São Paulo)

Las élites dominantes del Imperio Romano tardío continuaron siendo, en todos sus niveles, una aristocracia política y civil de residencia urbana. Senadores, funcionarios imperiales y aristocracias provinciales de las ciudades se definían todos por su posición en las estructuras políticas del estado y por su posesión de capital cultural (Brown, 2000: 331). Fue solo con posterioridad al año 500 en occidente y al año 650 en oriente que las aristocracias, tanto en el centro como en las provincias, se volvieron marcadamente más militarizadas, tuvieron una menor radicación urbana y sus indicadores culturales tradicionales finalmente desaparecieron (Wickham, 2005: 153-258). Sin embargo, a pesar de todos estos elementos de continuidad, los siglos IV, V y VI fueron testigos de importantes cambios en la vida urbana que pusieron en entredicho las formas tradicionales de legitimación aristocrática y los medios con los que la élite controlaba a la población urbana. El objetivo de este trabajo es rastrear las características generales de estos cambios.

El dominio de las élites urbanas en el Imperio Romano había descansado siempre en el apoyo del emperador y en el poder de su ejército (Zuiderhoek, 2007: 204). De hecho, desde el comienzo mismo del Principado los ricos reunidos en asamblea en los consejos de las ciudades (*curiae* en latín, *boulaí* en griego) fueron respaldados en el poder por Roma a cambio de su colaboración en la recaudación fiscal, el mantenimiento de la ley y el orden y la

1 Traducción de Pablo Sarachu.

administración de la ciudad y su territorio. Pero esto no equivale a decir que la subordinación de las clases bajas era mantenida únicamente por la fuerza. Como E. P. Thompson (1974: 389) sostuvo para un contexto similar:

> Una vez que un sistema social se ha convertido en 'conjunto', no es necesario que sea respaldado diariamente por exhibiciones de poder (aunque se muestren signos ocasionales de fuerza para definir los límites de la tolerancia del sistema); lo que más importa es un estilo teatral continuo.

Lo cual implica la afirmación constante de una "hegemonía cultural". Para el siglo II a.C., el "estilo teatral" de autoridad promovido por la aristocracia en Roma y por las élites locales en las ciudades del Mediterráneo ya hacía tiempo que estaba fundado en un cuidadoso uso del dinero y del tiempo propios para beneficio del cuerpo político y en su derecho exclusivo a hablar con autoridad en público. Estas estrategias tuvieron dos funciones importantes como medio de naturalización de la dominación de la élite en el mundo cívico cada vez más jerarquizado y oligárquico del período imperial. Por un lado, se negaron los aspectos políticos de la cultura de los sectores no pertenecientes a la élite y la *plebs* fue representada como subpolítica (O'Neill, 2003). Del mismo modo que el ocio popular fue constantemente criticado como una pérdida de tiempo en los discursos moralizantes de la élite, las reuniones informales del pueblo llegaron a ser despreciadas y vistas como indignas de atención seria por aquellos en el poder (Purcell, 1995; Toner, 1995: 65-88). Por otro lado, las desigualdades en riqueza y funciones entre los consejeros de la ciudad y la *plebs* se legitimaron a través de beneficios que únicamente los ricos podían proveer a la comunidad. Así como la generosidad popular de Augusto y sus sucesores hacia la *plebs* de Roma había transformado la abrumadora autoridad del emperador en un dominio moderado, "socialmente aceptado", la transmutación de sus desproporcionados medios económicos en un vínculo gracioso y paternalista permitió a las clases altas "eufemizar" su dominación social y política sobre la sociedad. Por lo tanto, para los notables locales que aspiraban a prevalecer sobre sus pares el ejercicio de la generosidad cívica, a través del ofrecimiento de espectáculos, las dádivas o el financiamiento de la edificación pública fue *la única forma* de obtener una popularidad sólida y la conformidad de sus conciudadanos. Por medio de estos aparentes actos de generosidad voluntaria, los notables civiles se garantizaban ser merecedores de su rango y estar calificados para gobernar sus comunidades[2].

Ahora bien, los notables civiles eran rehenes de su propio discurso. Precisamente porque presentaban sus acciones como hechas para beneficio de todos, podían en ocasiones ser forzados a realizar actos en interés de la mayoría de la población (Kleijwegt, 1994; Zuiderhoek, 2007). En tiempos de escasez, la muchedumbre exigía en ocasiones –bajo amenaza de iniciar un disturbio– medidas directas por parte de la élite local para mejorar su situación en el mercado (Erdkamp, 2002). Por ejemplo, como resultado de un incremento en el precio de los granos a fines del siglo I d.C. en Prusa (Bitinia, actualmente parte del noroeste de Turquía), el rico terrateniente y orador Dión Crisóstomo y un vecino anónimo estuvieron cerca de ser "apedreados o quemados hasta la muerte", no solo porque se sospechaba que habían manipulado el mercado de cereales, sino también porque se pretendía que debían facilitar dinero a sus conciudadanos para que pudieran aliviar su situación (Dión Crisóstomo, *Orationes*, 46). En otras ocasiones, incluso el ofrecimiento de espectáculos y juegos podía obtenerse bajo amenaza de disturbios. Para citar solo un ejemplo, Suetonio nos dice que bajo Tiberio el pueblo urbano de Pollentia, en Liguria, "no dejó salir del Foro la pompa fúnebre de un primipilo hasta que obtuvo por fuerza de los herederos dinero para un espectáculo de gladiadores" (Suetonio, *Tiberio*, 37)[3]. Como podemos observar a través de estos pocos ejemplos, la "eufemización" del poder aristocrático no evitó que se produjesen expresiones de desafección y disturbios populares. Más bien se convirtió en el foco mismo de la lucha y el antagonismo (cf. Scott, 1987: 309).

Este era un campo de fuerzas del que la élite civil no podía escapar. Un líder atribulado podía llegar a estar tentado de pedir una intervención militar o, al menos de amenazar con ella, para calmar la furia del pueblo llano. Pero no siempre las tropas estaban disponibles, y cuando finalmente los soldados eran enviados podían fácilmente cometer excesos o descontrolarse (Rivière, 2004). Esto

---

2 Cf. Veyne (1976), junto a Andreau, Schmidt & Schnapp (1978) y Zuiderhoek (2009); sobre el proceso de "eufemización", ver Bourdieu (1977: 192).

3 *N. del tr.*: se utiliza la traducción al español de Suetonio, *Vida de los Césares*, Madrid, 2008, por V. Picón.

no era todo: un notable de una ciudad que solicitaba una intervención imperial podía llegar a socavar su propia reputación y perder el respeto de sus conciudadanos. De allí las recomendaciones de Plutarco a sus contemporáneos en sus *Consejos políticos* (815a-b):

> El hombre de estado debe apaciguar a los simples ciudadanos con un trato igualitario y a los poderosos con concesiones mutuas, y así mantener y solucionar los problemas dentro de las instituciones de la ciudad, ejerciendo una especie de medicina política de los mismos, como si fueran enfermedades secretas[4].

A la larga, la clase dominante de los ricos terratenientes se percató de que la autonomía relativa de sus ciudades dependía casi tanto de su habilidad para limitar su propia competencia interna como de los frágiles recursos de autoridad que podían movilizar para tratar con la muchedumbre.

Por lo tanto, la novedad del siglo IV d.C. no fue la introducción del conflicto en la vida de la ciudad. Lo que era nuevo era la erosión de ese campo de fuerzas recíproco entre la élite y la *plebs* y la desaparición de los obstáculos que anteriormente habían limitado la participación popular. Es cierto que la drástica afirmación del poder estatal luego de las crisis política y militar del siglo III d.C. no puso fin a la autonomía relativa de las ciudades. Pero la centralización sin precedentes del poder dentro de una burocracia imperial significativamente ampliada agravó fracturas que ya existían en el interior de las clases altas urbanas como consecuencia de una desigual distribución de los impuestos, las cargas y el acceso a las dignidades imperiales (Brown, 1992: 18-20; Carrié, 2005). El resultado fue que la élite ya no podía presentar un frente unificado al tratar con la *plebs*.

Dentro de los consejos de las ciudades un círculo reducido de ciudadanos encumbrados –llamados en nuestras fuentes *principales* o *proteuontes*– se separó de sus pares menos afortunados gracias a su habilidad para monopolizar la distribución de las obligaciones municipales (Lepelley, 1983; Laniado, 2002). Antiguos funcionarios de rango senatorial que regresaban a sus ciudades de origen como *honorati*, esto es, como portadores de exenciones y privilegios, también llevaban consigo poder e influencia adquiridos en el servicio imperial (Millar, 1983; Brown, 2012: 21-30).

4 *N. del tr.*: se utiliza la traducción al español de Plutarco, *Obras Morales y de Costumbres (Moralia)*, vol. X, Madrid, 2003, por C. Alcalde Martín.

El ascenso de los obispos cristianos como figuras de autoridad añadió aún un nuevo protagonista con quien los aristócratas tradicionales tenían que lidiar (Brown, 1992: 71-158; Liebeschuetz, 2001: 137-168). Al mismo tiempo, el incremento en los impuestos y los elevados costos que suponía emprender una carrera en la administración central tuvieron como resultado –incluso en las regiones más prósperas del imperio– que unos pocos entre los ricos locales estuvieran ahora en condiciones de reinvertir sus ingresos en la munifencia cívica para legitimar su dominación política. La principal forma de ostentación aristocrática pasó de los monumentos públicos a las mansiones privadas, las cuales de hecho se volvieron más espléndidas que sus antecesoras (Ellis, 1988; Machado, 2012). Buena parte del mantenimiento de los edificios y servicios urbanos comenzó a depender de la iniciativa y el control de los gobernadores provinciales, quienes a menudo eran elogiados por asumir esas responsabilidades (Cecconi, 1994: 141-156; Slootjes, 2006: 77-97). A largo plazo, estas tendencias tendrían como consecuencia la caída de la importancia política y económica de las *curiae* municipales y el ascenso de una élite más informal y reducida de terratenientes, clérigos y *honorati* (Wickham, 2005: 591-674; Haarer, 2015). Sin embargo, como Giovanni Cecconi (2006: 311) ha acertadamente señalado, hasta el final de nuestro período no se llega a apreciar una hegemonía incontestada o un reemplazo total de un grupo dominante por otro.

Ciertamente, estos desarrollos podrían describirse como "una simple reorganización institucional", puesto que las nuevas élites, que ahora incluían al clero, tenían los mismos orígenes sociales que sus antecesoras y en ocasiones incluso provenían de las mismas familias (Whittow, 1990; Skinner, 2013). Sin embargo, en mi opinión la proliferación de figuras locales con autoridad basadas en distintos discursos legitimadores no solo permitió a las clases bajas explotar las divisiones, sino que también forzó a los dirigentes urbanos a competir como nunca antes por la lealtad y la obediencia de la población. Del mismo modo que los jefes eclesiásticos fueron obligados a movilizar repetidamente a sus congregaciones para afirmar su liderazgo en las disputas entre cristianos (Galvão-Sobrinho, 2013), los miembros de las élites civiles y senatoriales que deseaban conservar una vinculación con el pasado también debieron confiar en su capacidad para movilizar multitudes en encuentros públicos como procesiones, espectáculos y juegos, con el fin de validar su poder social y, de forma implícita, su propia ideología (Lim, 1999; Machado, 2010). Además, la búsqueda de consenso y la preocupación por la unidad llevaron tanto a las autoridades seculares como a las eclesiásticas a promover las aclamaciones como una expresión de unanimidad y de inspiración divina, y, por lo tanto, como la principal fuente de legitimidad para cualquier dirigente (Roueché, 1984; Lim, 1995). El proceso fue estimulado aún más por los propios emperadores, quienes, empezando por Constantino, impulsaron encuentros con habitantes de las provincias con el objetivo de elogiar o reprender a gobernadores a través de aclamaciones y establecieron mecanismos para el registro de estas opiniones y su transmisión a la corte imperial (*Código Teodosiano*, 1.16.6, 331 d.C., y 8.5.32, 371 d.C.).

Sin embargo, la creciente dependencia en las aclamaciones y en la movilización de apoyo popular como una fuente de legitimidad se convirtieron en una espada de doble filo. El reconocimiento de que las más altas autoridades, y sobre todo el emperador mismo, debieran prestar atención a las aclamaciones no solo supuso una subversión del antiguo modelo de contención de los reclamos dentro de los límites del gobierno local. También significó que las reuniones y actividades populares que la élite había generalmente desestimado como una pérdida de tiempo y como algo indigno de interés serio tuvieran ahora un nuevo contenido, *político*. Como indicó Charlotte Roueché (1984: 198), al menos para los siglos V y VI:

> Las autoridades que aceptaron la validez de las aclamaciones al confirmar su propio poder, se vieron obligadas por un tiempo a aceptar como significativas una gama mucho más amplia de aclamaciones y reuniones públicas.

Es por esta razón que los disturbios que involucraron a las aficiones del circo tuvieron un lugar tan preminente en nuestras fuentes y que la revuelta de Niká de 532 en Constantinopla pudiera ser convocada luego de una aclamación de los amotinados.

La movilización de apoyo popular en las disputas entre cristianos y el ascenso de un tipo de liderazgo eclesiástico nuevo y más autoritario contribuyeron en igual medida a eliminar esa separación entre el mundo "político" de la élites y las actividades "subpolíticas" de la población. No es una coincidencia que sea en los escritos de los dirigentes eclesiásticos tardoantiguos que "casi por primera vez en el mundo mediterráneo podemos ver a la élite interesándose por las actividades de la *no*-élite" (Grig, 2014). La razón está en que los eclesiásticos de la Antigüedad Tardía ya no podían contentarse con contener y desestimar la cultura popular. Ahora se les exigía además que se involucrasen activamente en ella y que la movilizasen, especialmente cuando intentaban hacer del pueblo un socio en sus disputas (Galvão-Sobrinho, 2013: 47-65). Pero precisamente porque al pueblo llano se le había otorgado mayor espacio cultural en esta relación, las formas plebeyas de comunicación y expresión amenazaban continuamente con abandonar su rol subalterno.

El uso de estas nuevas armas por parte de la población en su vínculo con los dirigentes puede apreciarse, por ejemplo, en un incidente registrado en dos sermones de Agustín que he analizado en mi libro (Magalhães de Oliveira, 2012: 227-251). En junio del año 401, mientras se encontraba reunido en Cartago un concilio de obispos católicos africanos, por acción o por presión de una concentración de cristianos se "afeitó" la barba de oro de una estatua de Hércules. La estatua había sido recientemente restaurada por algunos notables locales con la autorización del gobernador. Sin embargo, debido a las presiones recibidas, el gobernador o bien no intervino para prevenir la mutilación, o bien ordenó él mismo que se retirase la barba. Posteriormente, el domingo 16 de junio, los feligreses ocuparon la iglesia no solo para protestar contra los paganos y sus ídolos, sino también para exigir la participación activa del clero en su lucha contra la idolatría. En el transcurso de la siguiente semana, un dirigente pagano, que había sido explícitamente criticado por la muchedumbre cristiana, se unió a la iglesia católica. En respuesta, el domingo 23, la multitud denunció nuevamente en la basílica cristiana lo que parecía ser una conversión fingida e interesada.

Los sermones que predicó Agustín en esos domingos sucesivos constituyen dos piezas maestras, "cuidadosamente diseñadas para frenar la furia de la muchedumbre sin arriesgar la pérdida del frágil control del clero" (Markus, 1990: 116). Sin embargo, también revelan el poder de las aclamaciones en la vida cívica y la habilidad de la plebe cristiana para actuar de manera relativamente independientemente como grupo de presión. De hecho, dos de las aclamaciones referidas por Agustín en estos sermones revelaron cómo estas manifestaciones habían sido organizadas y qué pretendían sus participantes. Los gritos de "Como en Roma, ¡así también en Cartago!" (*Sermones*, 24.6) evidencian que fueron los debates en los círculos populares en torno a algunas medidas supuestamente anti-paganas implementadas en la capital, los que habían impulsado a los cristianos más radicalizados de Cartago a actuar en primer lugar. Por otro lado, "¡los paganos no deberían ser nuestros superiores (*maiores*)! ¡Los paganos no deberían tener autoridad sobre los cristianos!" (*Sermones*, 279.12), fue un eslogan que no solo puso en evidencia la opinión popular de que el acceso a la función pública constituía una oportunidad para la opresión, sino que también demostró que, apoyándose en argumentos religiosos, la *plebs* cristiana podía incluso desafiar el derecho "natural" de los notables locales a ejercer una autoridad política.

¿Fue esto una crisis de la hegemonía aristocrática? Un siglo más tarde, un incidente en Roma evidenció que la dominación por parte de la élite estaba cuanto menos lejos de ser segura. En el año 509, los miembros de la facción verde se congregaron en el Circo Máximo con motivo de la elección de su principal actor de pantomima (Casiodoro, *Variae*, 1.20, 1.32, 1.33; Lim, 2002). En un momento, los partidarios de uno de los candidatos comenzaron a cuestionar a sus dos nuevos patronos, pertenecientes a la importante familia noble de los Decii y que apoyaban a otro actor; como única respuesta, los dos *nobiles* enviaron a sus esclavos armados contra sus oponentes (Casiodoro, *Variae*, 1.27). El resultado fue una persona muerta y muchas otras heridas. El incidente fue lo suficientemente grave como para forzar la intervención del rey Teodorico, quien les recordó a los dos aristócratas que la *theatralis licentia*, el derecho popular a expresarse con franqueza en los espectáculos era parte de la realidad (Casiodoro, *Variae*, 1.25.5, 1.27.4). Peter Brown (2012: 461) ha descripto recientemente este acontecimiento como una prueba de la creciente dependencia que tuvo la plebe bajo las grandes familias de la Roma del siglo VI: "Los *nobiles* se vieron tentados a comportarse como si fueran dueños del *populus Romanus*". Es posible. Pero el hecho de que los Decii sintieran que tenían que recurrir a la violencia para poner fin a la insolencia de sus clientes suponía también un reconocimiento de su debilidad. El uso de la fuerza ponía en evidencia que el "amable, y por eso seguro, estilo de gobierno" (Brown, 1992: 59) sencillamente ya no corría. Los tiempos, en efecto, habían cambiado.

Bibliografía

Andreau, J., Schmidt, P. & Schnapp, A. (1978). "Paul Veyne et l'évergétisme", *Annales: ESC*, 33, 307-325.

Bourdieu, P. (1977). *Outline of a Theory of Practice* [1972], tr. R. Nice, Cambridge.

Brown, P. (1992). *Power and Persuasion in Late Antiquity: Towards a Christian Empire*, Madison, WI.

Brown, P. (2000). "The Study of Élites in Late Antiquity", *Arethusa*, 33, 321-346.

Brown, P. (2012). *Through the Eye of a Needle: Wealth, the Fall of Rome, and the Making of Christianity in the West, 350-550 AD*, Princeton.

Carrié, J.-M. (2005). "Developments in Provincial and Local Administration", en A.K. Bowman, P. Garnsey & A. Cameron (eds.), *The Cambridge Ancient History, XII: The Crisis of Empire, AD 193-337*, Cambridge, 269-312.

Cecconi, G.A. (1994). *Governo imperiale e élites dirigenti nell'Italia tardoantica. Problemi di storia politico-amministrativa (270-476 d.C.)*, Como.

Cecconi, G.A. (2006). "Crisi e trasformazioni del governo municipale in Occidente fra IV e VI secolo", en J.-U. Krause & C. Witschel (eds.), *Die Stadt in der Spätantike – Niedergang oder Wandel?*, Stuttgart, 285-318.

Ellis, S. (1988). "The End of the Roman House", *American Journal of Archaeology*, 92, 565-576.

Erdkamp, P. (2002). "A Starving Mob Has No Respect: Urban Markets and Food Riots in the Roman World, 100 BC-400 AD", en L. de Blois & J. Rich (eds.), *The Transformation of Economic Life under the Roman Empire*, Amsterdam, 93-115.

Galvão-Sobrinho, C. R. (2013). *Doctrine and Power: Theological Controversy and Christian Leadership in the Later Roman Empire*, Berkeley-Los Angeles.

Grig, L. (2014). "Popular Culture and Social Conflict in Late Antiquity", ponencia presentada en *XXIII Finnish Symposium on Late Antiquity: "Conflict in Late Antiquity"* (Tvärminne, Finland, 17-18 Oct. 2014).

Haarer, F. (2015). "Developments in the Governance of Late Antique Cities", en U. Roberto & L. Mecella (eds.), *Governare e riformare l'impero al momento della sua divisione. Oriente, occidente, Illirico*, Roma, 125-162.

Kleijwegt, M. (1994). "'Voluntarily, but under Pressure': Voluntarity and Constraint in Greek Municipal Politics", *Mnemosyne*, 47, 64-78.

Laniado, A. (2002). *Recherches sur les notables municipaux dans l'empire protobyzantin*, Paris.

Lepelley, C. (1983). "*Quot curiales, tot tyranni*: l'image du décurion oppresseur au Bas-Empire", en E. Frézouls (ed.), *Crise et redressement dans les provinces européennes de l'Empire romain (milieu du III*[e]*-milieu du IV*[e] *siècle ap. J.-C.)*, Strasbourg, 143-156.

Liebeschuetz, J.H.W.G. (2001). *The Decline and Fall of the Roman City*, Oxford.

Lim, R. (1995). *Public Disputation, Power and Social Order in Late Antiquity*, Berkeley-Los Angeles.

Lim, R. (1999). "People as Power: Games, Munificence, and Contested Topography", en W.V. Harris (ed.), *The Transformations of* Vrbs Roma *in Late Antiquity*, Portsmouth, RI, 265-281.

Lim, R. (2002). "The Pantomime Riot of AD 509", en J.-M. Carrié & R. Lizzi Testa (eds.), Humana sapit. *Études d'Antiquité tardive offertes à Lellia Cracco Ruggini*, Turnhout, 35-42.

Machado, C. (2010). "The City as Stage: Aristocratic Commemorations in Late Antique Rome", en É. Rebillard & C. Sotinel (eds.), *Les frontières du profane dans l'antiquité tardive*, Roma, 287-317.

Machado, C. (2012). "Aristocratic Houses and the Making of Late Antique Rome and Constantinople", en L. Grig & G. Kelly (eds.), *Two Romes: Rome and Constantinople in Late Antiquity*, Oxford, 136-158.

Magalhães de Oliveira, J.C. (2012). Potestas populi. *Participation populaire et action collective dans les villes de l'Afrique romaine tardive (vers 300-430 apr. J.-C.)*, Turnhout.

Markus, R.A. (1990). *The End of Ancient Christianity*, Cambridge.

Millar, F. (1983). "Empire and City, Augustus to Julian: Obligations, Excuses and Status", *Journal of Roman Studies*, 73, 76-96.

O'Neill, P. (2000). "Going Round in Circles: Popular Speech in Ancient Rome", *Classical Antiquity*, 22, 135-166.

Purcell, N. (1995). "Literate Games: Roman Urban Society and the Game of *alea*", *Past & Present*, 147, 3-37.

Rivière, Y. (2004). "Les batailles de Rome: présence militaire et guérilla urbaine à l'époque impériale", *Histoire Urbaine*, 10, 63-87.

Roueché, C. (1984). "Acclamations in the Later Roman Empire: New Evidence from Aphrodisias", *Journal of Roman Studies*, 74, 181-199.

Scott, J.C. (1987). *Weapons of the Weak: Everyday Forms of Peasant Resistance*, New Haven, CT.

Skinner, A. (2013). "Political Mobility in the Later Roman Empire", *Past & Present*, 218, 17-53.

Slootjes, D. (2006). *The Governor and his Subjects in the Later Roman Empire*, Leiden.

Thompson, E.P. (1974). "Patrician Society, Plebeian Culture", *Journal of Social History*, 7, 382-405.

Toner, J. (1995). *Leisure and Ancient Rome*, Cambridge.

Veyne, P. (1976). *Le pain et le cirque. Sociologie historique d'un pluralisme politique*, Paris.

Wickham, C. (2005). *Framing the Early Middle Ages: Europe and the Mediterranean, 400-800*, Oxford.

Whittow, M. (1990). "Ruling the Late Roman and Early Byzantine City: A Continuous History", *Past & Present*, 129, 3-29.

Zuiderhoek, A. (2007). "The Ambiguity of Munificence", *Historia*, 56, 196-213.

Zuiderhoek, A. (2009). *The Politics of Munificence in the Roman Empire: Citizens, Elites, and Benefactors in Asia Minor*, Cambridge.

Las élites donatistas: liderazgo social y conflicto religioso en el norte africano (siglos IV-V)

Carlos García Mac Gaw
(PEFSCEA/Universidad Nacional de La Plata-Universidad de Buenos Aires)

En este trabajo estudiamos qué clase de líderes se alinean en los rangos de la dirigencia donatista. Observamos en qué sentido el orden eclesiástico de la iglesia perseguida por el estado imperial puede ser considerado como una "élite". Analizamos aspectos de liderazgo basados en criterios externos a las estructuras religiosas, como la posición de sus líderes como terratenientes, magistrados y abogados. Retomamos de forma crítica a Peter Brown (1972), quien ha destacado la interacción entre los aspectos "universales" y "locales" de las jerarquías en las diferentes corrientes historiográficas que han estudiado los movimientos heréticos de fuerte tradición localista. Observamos la incidencia que tuvo la legislación represiva sobre tales tensiones, la que afectó en mayor medida a los grupos sociales altos, en una época en que las élites eran especialmente dependientes de los privilegios oficiales.

* * *

Este trabajo dirige su atención al cruce que se produce entre las élites romanas y el desarrollo del cristianismo africano disidente, el donatismo, durante los siglos IV y V. Nuestro eje de estudio no será el episcopado cismático, aunque podamos tratar el caso de algunos de sus miembros, sino que trataremos de ampliar esa mirada por fuera del marco de las autoridades eclesiásticas. En particular nos interesa analizar las formas de liderazgo establecidas por los grupos ligados a la facción donatista a través de mecanismos de construcción de poder no propiamente religiosos, aún a sabiendas de la dificultad que supone realizar la distinción entre la esfera de lo político y lo religioso en el mundo antiguo. Es necesario además tener en cuenta el proceso de incorporación de las élites paganas en el cristianismo.

Rita Lizzi (2004: 93-94) destaca que la intervención del factor religioso en la competencia entre grupos aristocráticos volvió más complejo el escenario de la Roma tardoantigua, en la medida en que muchas familias comenzaron a utilizar su propia fe para organizar alianzas y nuevos bloques en oposición. La religión comenzó a ser un elemento más para tomar en cuenta en los alineamientos políticos, aunque, de acuerdo a la naturaleza de las fuentes, a veces sea difícil observar el peso concreto de este factor. Así, a partir de fuentes cuyo enfoque es principalmente religioso resulta difícil observar si además existen factores de naturaleza política. Resulta evidente a través de testimonios literarios y de la investigación arqueológica que una buena parte del patrimonio eclesiástico tiene un origen aristocrático (Lizzi, 2004: 95), y eso no puede haber sido muy diferente en el caso de la iglesia cismática. De hecho, en los inicios del cisma aparece en un lugar preponderante la figura de Lucilla, *clarissima femina*, quien formaba parte del orden senatorial y apoyó decididamente a la faccion disidente[1]. La fractura de la iglesia africana fue prácticamente contemporánea al acceso al poder de Constantino, actor central en este suceso. Entre las primeras medidas de su gobierno se encuentra la devolución de todos los bienes de la iglesia, confiscados durante las persecuciones, y que está registrada en una carta enviada al procónsul del África[2]. Este hecho en cierta forma desencadenó un enfrentamiento latente y llevó a un inmediato alineamiento de la corte con la facción católica. Sin embargo, la implementación de medidas persecutorias contra los disidentes no resultó sencilla. El aparato estatal del imperio era una estructura enormemente compleja y la capacidad del emperador de influir en la totalidad de los resortes del poder resultaba una utopía cuya existencia solo

1 Cf. Lucilla, *PLRE* (= Jones, Martindale & Morris, 1980), 1517; Lucilla 2, *PCBE* (= Mandouze, 1982), 649. Lepelley (1990: 49) dice que el rango de esta mujer era muy alto pues corresponde al orden senatorial de los inicios del siglo IV, que aún mantenía la estructura altoimperial que precedió a la expansión realizada por Constantino, y formaba parte de un círculo estrecho de 600 senadores. Cf. De Veer (1968: 799-802); Brown (1981: 34); Lockwood (1989). Ver Optato, 1.16-19; Agustín, *Ep.* 93.6.

2 Eusebio, *Historia Eclesiástica*, 10.5.15-17, en Maier (1987: 138-139).

está plasmada en la perspectiva voluntarista de las codificaciones legales[3]. Volveremos sobre esto.

Quisiera destacar algunos aspectos que están en relación con el concepto de élite[4]: 1) las élites romanas estaban ligadas en su mayoría al ejercicio del gobierno (Mosca 1939: 50 ss.); 2) ese poder político y militar tenía diversos niveles de importancia de acuerdo a su cercanía con el emperador, la corte, el senado y los gobiernos provinciales y municipales, y, finalmente; 3) quienes pueden incluirse entre las élites, de acuerdo a nuestros criterios actuales, se despliegan sobre un rango heterogéneo de grupos sociales.

Tenemos acceso a una estratificación de estos grupos a través de una ley promulgada por el emperador Honorio el 30 de enero de 412, *CT* (16.5.52), por medio de la cual se sanciona la prohibición definitiva del donatismo. Allí se condena a los pertinaces al pago de multas dinerarias proporcionales no a la fortuna sino al rango que detentaban en la jerarquía social establecida (Lepelley, 1990: 45-46). Por lo tanto, la ley refleja el cuadro preciso de la estructura oficial de la sociedad romana de comienzos del siglo V. Se ordenaban según su rango los *illustres*, los *spectabiles* y los simples senadores, y a continuación seguían los *clarissimi*, es decir los familiares de los senadores de los tres grados precedentes. Luego les sucedían los *sacerdotales*, los *principales* de las ciudades,

---

3 Salzman (2004: xii): "*There were other sources of political power and influence than that of the emperor. The imperial court, the church, the collegia, the senate, the military, and the provincial élites all exercised power and influence*". Brown (1961a: 2 y 11) ha señalado que, a pesar de que muchos cristianos creían, desde Constantino en adelante, que la cristianización del imperio dependió de la autoridad de un emperador que militaba por la religión, en realidad la transformación de la aristocracia dependió, más bien, de la relación que se estableció entre la cultura y los vínculos matrimoniales que cimentaron la solidaridad de esta clase frente a las tensiones religiosas de la época. Agustín, *Ep.* 33.5: *Vides quanta et quam miserabili foeditate christianae domus familiaeque turpatae sint. Mariti et uxores de suo lecto sibi consentiunt, et de Christi altari dissentiunt. Per illum sibi iurant, ut inter se pacem habeant, et in illo habere non possunt. Filii cum parentibus unam domum habent suam, et domum Dei non habent unam. Succedere in eorum haereditatem cupiunt, cum quibus de Christi haereditate rixantur.* ("Ya ves cuan grande y miserable fealdad deshonra las casas y familias cristianas. Mujer y marido están de acuerdo acerca de su lecho y disienten acerca del altar de Cristo. Se hacen los juramentos por Cristo para tener paz entre sí, y no pueden tenerla en Él. Hijos y padres tienen una casa común, pero no tienen una casa de Dios común. Desean los hijos suceder a los padres en la posesión de la herencia, mientras disputan con ellos acerca de la herencia de Cristo").

4 En general sobre élites romanas cf. Alföldy (1987); Potter (2004: 66-82); Salzman (2004: 19-69).

y los decuriones[5]. Seguían luego los *negotiatores*, los plebeyos, los circunceliones, los esclavos y los colonos. Sin embargo, las condiciones para organizar algunas de estas clasificaciones variaron de acuerdo a la ciudad y la época[6]. Por ejemplo, una ley del año 342 (*CT* 12.1.33) especifica que quien poseyera 25 *iugera* (6,25 ha) de tierra en cultivo alcanzaba la condición de curial, pero en 439 una ley de Valentiniano III estableció un censo equivalente a 150 *iuguera* (38 ha)[7].

Debemos considerar también el uso del concepto de "élite" en el interior de las iglesias, es decir que podemos incluir a los obispos como miembros de la élite, puesto que ellos eran considerados *honestiores*[8]. Por un lado, la práctica retórica que estos monopolizan está en relación con su formación intelectual, que solo algunos miembros de la sociedad reciben[9]. Por el otro, hay que recordar la inmunidad sobre las cargas municipales y la capitación a los sacerdotes cristianos dictada por Constantino, aunque los cismáticos durante los períodos de persecución estuvieron excluidos de las inmunidades[10]. Finalmente, algunos obispos disidentes tienen un alto estatus como Petiliano de Constantina (*ca.* 354-422),

---

5 Los sacerdotales eran, según Lepelley (1990: 45-46), los antiguos presidentes de consejos provinciales que hubieran celebrado en el nombre de la provincia un culto imperial sin sacrificios, luego podían ser cristianos.

6 Lepelley (1979: I, 197-198).

7 *N.Val.* (*Novellae Valentinianae*) 3.4. La equivalencia es de acuerdo al valor de la tierra que calcula Jones (1964: II, 739) para los 300 sólidos que fija el censo para los decuriones.

8 Descartamos la posibilidad de incluir a los *seniores laici* de las iglesias africanas tanto de la católica como la donatista, que aparecen en varias fuentes desde el siglo III, dentro de la élite. Estos resultan, más bien, un grupo intermedio en la escala jerárquica entre la clerecía y los simples fieles. Cf. Caron (1951: 15-16). Aparece una referencia en Agustín, *Enarratio in Psalmum*, 36.2.20.

9 Cf. Verón (2013: 200-205), quien habla de un proceso de semiosis social.

10 El texto de la ordenanza está recogido también por Eusebio, *Historia Eclesiástica*, 10.7, en Maier (1987: 142-144). Según Gaddis (2005: 110), "*Christian clergy, even those judged heretical or schismatic, were almost never executed under the Christian empire. Exile was normally the worst a bishop could expect, even when his more humble lay followers suffered far worse. Macarius had already overstepped the norms of late Roman justice by subjecting the Donatist bishops to a brutal beating that effectively degraded them to the level of the* humiliores *for whom such corporal punishments were normally reserved*".

en Numidia, uno de los líderes donatistas en la Conferencia de Cartago del 411, donde aparece como *vir clarissimus*[11].

Brown (1961b: 89 = 1972: 245) destaca la interacción, señalada por ciertos académicos, entre los aspectos "universales" y "locales" en la historia cultural del fin del Imperio Romano, como en el caso de los movimientos heréticos como el monofisismo y el donatismo. Por ejemplo, W. H. C. Frend (1952), en su libro *The Donatist Church*, planteó la oposición entre el fuerte localismo de la iglesia donatista y las tendencias centralistas de la católica. Esta perspectiva abonó la idea de que, en este caso, estábamos frente a una organización que expresaba una resistencia de contenido político frente al expansionismo imperial[12]. Si bien es difícil negar tales supuestos, tampoco es sencillo confirmarlos. Brown, por ejemplo, destaca la construcción de poder a escala local de los líderes donatistas, como Optato de Timgad, quien desde la lejana Numidia utilizó los mecanismos propios de las élites romanas para realizarlo[13]. En mi caso insistiré sobre el análisis de la tensión que se produce entre el ejercicio de los poderes locales y el central (en el caso en que éste realmente fuera solo uno) a partir de la idea de que esa tensión es más bien un producto de la forma espacio-temporal en que se estructuran tales poderes, sin que ello implique necesariamente negar la posibilidad de que pudiesen existir proyectos locales y centrales en competencia.

Veamos algunos casos en que miembros de la élite donatista, a través del ejercicio de ciertos cargos o por ocupar determinadas posiciones de poder, hostigan a la facción religiosa contraria o benefician a la propia, en contra de la política imperial.

Podemos comenzar con un caso menor que puede resultar hasta simpático, referido por Agustín quien recuerda que antes

11 *Gesta conlationis Carthaginiensis*, 1.207.95: *Fortunatianus episcopus ecclesiae catholicae dixit: 'Si praecipit sublimitas tua (se dirije al comes Marcellinus), Petiliani uiri clarissimi prosecutio recitetur…'*. Cf. Petilianus, *PCBE*, 855-868. Según Agustín, Petiliano había sido un abogado bautizado y ordenado a la fuerza por los donatistas: *C. Litt. Petiliani*, 2.104.239.

12 Según Brown (1961b: 86-87 = 1972: 241), para Frend el donatismo fue la expresión de la resistencia de la iglesia númida de Donato a la cristiandad católica del emperador y de las clases gobernantes de las ciudades. He criticado esta perspectiva en García Mac Gaw (2008: 296-297).

13 Cf. Brown (1961b: 95 = 1972: 252), donde se destaca el papel central que cumplen los obispos de las grandes sedes episcopales. Cf. Optatus 2, *PCBE*, 797-801.

de su llegada a Hipona el obispo donatista de la ciudad impedía a los católicos ser abastecidos de pan por el panadero[14].

Optato, obispo católico de Milevis en Numidia, hace referencia en su obra escrita *ca.* 364-367, a la situación ocurrida luego del acceso al poder de Juliano, quien permitió el regreso de los cristianos disidentes desterrados durante el reinado de Constancio II:

> Ayudados por la complicidad y la locura de algunos funcionarios y en presencia del gobernador Athenio con sus insignias, la multitud católica echada y herida es expulsada de su sede: los hombres son lacerados, las esposas violadas, los niños matados, los fetos abortados[15].

Athenio y los funcionarios señalados no eran necesariamente donatistas, puesto que podría tratarse de paganos, pero podemos suponer que algunos de ellos eran simpatizantes de los cismáticos[16].

A través de algunas leyes del Código Teodosiano se puede ver la forma en que podían accionar estas facciones religiosas con el objetivo de cimentar su propio poder o de afectar la capacidad de los contrarios. En una ley de octubre del 313 (*CT* 16.2.1) emitida por el emperador Constantino, en la cual no figura el destinatario, se indica que, por acción de una facción herética, los clérigos de la iglesia católica han sido hostigados a través de nominaciones, probablemente a servicios públicos compulsivos, y para la recolección de impuestos, contrariamente a los privilegios garantizados para ellos. La ley ordena la elección de personas sustitutas[17]. Entre

---

14 Agustín, *C. Litt. Petiliani* 2.83.184: *Nonne apud Hipponem, ubi ego sum, non desunt qui meminerint Faustinum vestrum regni sui tempore praecepisse, quoniam Catholicorum ibi paucitas erat, ut nullus eis panem coqueret, ita ut cuiusdam diaconi nostri furnarius inquilinus domnaedii sui panem incoctum abiecerit, eique nulla exsilii lege damnato, communicationem non solum in civitate romana, sed etiam in patria sua, nec solum in patria sua, sed etiam in domo sua negaverit?* Cf. Brown (1963: 287 = 1972: 307).

15 Optatus, 2.18.5: *Nonnullorum officialium et fauore et furore iuuante et Athenio praeside praesente cum signis catholica frequentia exturbata et cruentata de sedibus suis expulsa est: lacerati sunt uiri, tractae sunt matronae, infantes necati sunt, abacti sunt partus.* Sobre la datación de la obra, cf. Labrousse (1995: 12-14).

16 Frend (1952: 187-192). Cf. Congar (1963: 733), quien señala que Juliano emitió un edicto en el año 362 aboliendo todas las medidas en contra de los donatistas, llamándolos del destierro y devolviéndoles todos sus bienes.

17 *Imp. constantinus a. haereticorum factione comperimus ecclesiae catholicae clericos ita vexari, ut nominationibus seu susceptionibus aliquibus, quas publicus mos exposcit, contra indulta sibi privilegia praegraventur. ideoque placet, si quem tua gravitas invenerit ita vexatum, eidem alium subrogari et deinceps a supra dictae*

los destinatarios deberían estar incluidas las provincias africanas puesto que en ellas existía una gran cantidad de obispados[18]. Parece que esto ocurría en diversos lugares del imperio: una ley idéntica (*CT* 16.2.2) es enviada pocos días antes al gobernador de Brucia y Lucania, aunque en este caso el hostigamiento es llevado a cabo por "la sacrílega malicia de algunos" –como dice el texto–, tal vez se trata aquí de paganos[19]. En febrero del año 330 el emperador Constantino repite estas órdenes en un escrito enviado al gobernador de Numidia (*CT* 16.2.7). Dice allí que deben ser absueltos los clérigos llamados a las curias municipales "por la injusticia de los heréticos". Aquí no cabe duda que se trata seguramente de funcionarios donatistas, o simpatizantes de la iglesia disidente[20]. Se debe tener en cuenta que el rango superior de los curiales, los *principales*, asimilados a los *decem primi curiales*, eran quienes repartían las *munera*, es decir las cargas debidas al estado romano[21].

Es más difícil saber si, a la inversa, la clerecía de la facción disidente podría haber sido beneficiada con las inmunidades reservadas a la facción católica. Como hemos visto, en los lugares donde el donatismo era dominante los magistrados que pertenecían a sus filas podían utilizar sus posiciones de poder para presionar a los católicos. Tal vez, de igual manera, las curias locales fueran capaces de extender las inmunidades a la jerarquía donatista pero el hecho no está sostenido en ninguna documentación[22].

---

religionis hominibus huiusmodi iniurias prohiberi. dat. prid. kal. nov. constantino a. iii et licinio iii c. conss.

18 Es también la opinión de Lepelley (1979: 280), aunque el autor directamente lo afirma: "*A coup sûr, ceci concernait l'Afrique, où les adversaires de Cécilien s'efforçaient, par ce moyen, d'éliminer leurs rivaux en leur déniant la qualité de clercs*".

19 *Imp. constantinus a. octaviano correctori lucaniae et brittiorum. qui divino cultui ministeria religionis impendunt, id est hi, qui clerici appellantur, ab omnibus omnino muneribus excusentur, ne sacrilego livore quorundam a divinis obsequiis avocentur. dat. xii. kal. nov. constantino a. v. et licinio c. coss.* Pharr (1952: 441, n. 7) sugiere que se trataría especialmente de heréticos y paganos.

20 *Idem a. valentino consulari numidiae. lectores divinorum apicum et hypodiaconi ceterique clerici, qui per iniuriam haereticorum ad curiam devocati sunt, absolvantur et de cetero ad similitudinem orientis minime ad curias devocentur, sed immunitate plenissima potiantur. dat. non. feb. serdica gallicano et symmacho conss.* (330 febr. 5).

21 Según la ley del *CT* (16.5.54) dirigida a los donatistas recalcitrantes, los *decemprimi* sufren una multa de 50 libras de plata en oposición al resto de los decuriones (*reliqui decuriones*) sancionados por 10 libras de plata. Lepelley (1979: I, 204-205).

22 A pesar de ello Lepelley (1979: I, 284) lo da por cierto: "*Si, dans les cités où ils dominaient, les schismatiques pouvaient exercer de telles pressions sur leurs adver-*

Una ley del 409 (*Const. Sirmondianae*, 14) amenaza a los jueces africanos y otros funcionarios por no haber reprimido adecuadamente los desmanes realizados en contra de miembros y edificios de la iglesia católica. La misma prescribe que toda acción de ese tipo debía ser reportada a los magistrados, curadores y aparitores, y un poco más adelante señala específicamente al gobernador de la provincia (*provinciae moderator*)[23]. Esto marca a las claras que existía un compromiso por parte de algunos miembros de las autoridades provinciales con la iglesia cismática, ya que no se ocupaban de poner en práctica las leyes que la reprimían[24].

También podemos seguir el caso de un tal Eusebio, *curator rei publicae* de Hipona, probablemente de rango senatorial, que parece haber sido donatista o al menos simpatizante[25]. Agustín indica en la carta 35.1 (*ca.* 396) que el magistrado tiene un especial afecto por el obispo donatista Proculeyano (*et qui eum diligis*)[26]. Esto no supone que Eusebio se hubiera convertido al donatismo, pero las cartas denotan que actuaba en favor de los intereses donatistas a partir del poder local que manejaba. Agustín dice haber realizado una denuncia formal a través de las *gesta publica*, porque él mismo había amonestado a un joven cristiano por haber golpeado a su madre y este se había pasado a la iglesia donatista donde había

---

saires, nul doute qu'ils parvenaient à faire dispenser leurs clercs fortunés des munera *curiaux*" (n. 122).

23 *Const. Sirmondianae* 14, [...] *ut, si quisquam in hoc genus sacrilegii proruperit, ut in ecclesias catholicas irruens sacerdotibus et ministris vel ipsi cultui locoque aliquid importet iniuriae, quod geretur, litteris ordinum, magistratuum et curatoris et notoriis apparitorum, quos stationarios appellant, deferatur in notitiam potestatum, ita ut vocabula eorum, qui agnosci potuerint, declarentur.* [...] *Adque ita provinciae moderator...*

24 Brown (1963: 298-299 = 1972: 322): "*The defects of the Later Roman administration in Africa are notorious. In enforcing religious legislation this administration was handicapped, at the top, by the discontinuity of its personnel –many of the provincial governors, and even the representatives of the Praetorian Prefect, were pagans– and, at the bottom, by the extent to wich the* officia, *ill-paid and locally recruited, were exposed to the influence of local opinion*". Por mi parte, creo que hay que suponer que, entre ellos, altos o bajos oficiales, podía haber también simpatizantes o fieles de la iglesia disidente.

25 Cf. Eusebius 1, *PCBE*, 374-375; Eusebius 5, *PLRE* II, 429. Agustín, *Ep*. 34.3: ...*vir honorabilis Eusebi*... Según Lepelley (1990: 50) ostentaría el estatus de *clarissimus*. Tanto Lepelley (*ibid.*) como Mandouze (1982: 374-375) indican que no se puede saber si Eusebio era donatista.

26 Cf. Proculianus, *PCBE*, 924-926.

sido rebautizado[27]. Tal denuncia había llevado a un descargo por parte del sacerdote donatista Victor. Por medio de la carta Agustín le solicita a Eusebio que, en su carácter de magistrado, le informe sobre el papel cumplido por el obispo donatista Proculeyano en la causa, ante sus dilaciones en la presentación de su declaración[28]. Es decir que Agustín espera una confesión de Proculeyano sobre su aceptación del accionar del joven en vista de la integración del

---

27 Agustín, *Ep.* 34.2: *Quid enim exsecrabilius, quaeso te, ut alia taceam, quam id quod nunc accidit? Corripitur ab episcopo suo iuvenis, crebris caedibus matris insanus, et impias manus nec illis diebus, cum etiam severitas legum sceleratissimis parcit, a visceribus unde natus est revocans. Minatur eidem matri se in partem Donati transiturum, et eam quam incredibili furore solet caedere perempturum. Minatur ei, transit ad partem Donati, rebaptizatur furens, et in maternum sanguinem fremens albis vestibus candidatur. Constituitur intra cancellos eminens atque conspicuus, et omnium gementium oculis matricidii meditator tanquam renovatus opponitur.* [...] 4. [...] *Quod enim publicis Gestis haerere volui tam sacrilegum nefas, ad hoc utique volui, ne me quisquam, maxime in aliis civitatibus ubi opportunum fuerit, ista deplorantem fingere aliquid arbitretur, quando etiam apud ipsam Hipponem iam dicitur, non hoc Proculeianum mandasse quod publicum renuntiavit officium.* ("2. Por favor, ¿hay cosa más execrable que la acaecida poco ha, por callarme otras? Es corregido por su obispo un jovenzuelo que, demente, golpea repetidamente a su madre, que no retira sus manos impías de las entrañas que le dieron la vida, ni siquiera en esos días en que la severidad de las leyes perdona aun a los mayores criminales. Le amenaza él con pasarse al partido de Donato y acabar con ella en ese increíble frenesí con que la suele golpear. Después de amenazarla, se pasa al partido donatista, es bautizado en su furor, es revestido con la vestidura blanca del neófito, mientras se ensaña en la sangre de su madre. Se le coloca en un lugar eminente y destacado dentro del recinto, se le presenta como renovado a los ojos de todos los fieles que gimen, a ese hombre que está tramando el matricidio. [...] 4. [...] Hice ya consignar en acta pública ese horrendo delito, para que, mientras lo deploro, nadie se imagine que invento. Lo hice pensando sobre todo en otras ciudades en que hubiese lugar. ¿Acaso en la misma Hipona no se dice ya que Proculeyano no mandó lo que el registro público denuncia?").

28 Agustín, *Ep.* 34.5: *Quid autem modestius agere possumus, quam ut tam gravem causam, per te tamen agam, virum et clarissima dignitate praeditum, et considerantissima voluntate tranquillum? Peto igitur, sicut iam petivi per fratres nostros bonos atque honestos viros, quos ad tuam Eximietatem misi, ut quaerere digneris utrum Proculeiani presbyter Victor non hoc ab episcopo suo mandatum acceperit, quod officio publico renuntiavit; an forte cum et ipse Victor aliud dixerit, falsum illi apud Acta prosecuti fuerint, cum sint communionis eiusdem. Aut si consentit, ut ipsam totam quaestionem dissensionis nostrae placide pertractemus, ut error qui iam manifestus est, manifestius innotescat, libenter amplector.* ("¿Cabe mayor modestia en mí que tratar este asunto tan grave contigo, pues estás dotado de una clarísima dignidad y de una cordura tan reflexiva? Te rogué, por medio de los buenos hermanos y honrados varones que envié a tu eminencia, lo que te pido ahora: dígnate informarme si Víctor, el presbítero de Proculeyano, no recibió de su obispo ese mandato que las actas públicas pregonan. Quizá Víctor dijo ambiguamente otra cosa y las actas se lo atribuyan a Proculeyano, por ser de la misma comunión").

mismo en su iglesia[29]. Eusebio, en una respuesta perdida, argumenta que se lo había obligado a juzgar entre dos obispos contra su voluntad, mientras que Agustín lo acusa de dictar sentencia a favor de una de las partes sin haber escuchado a la otra[30]. Lo que interesa ver en este caso es cómo interviene Eusebio, a partir de su probable simpatía, retardando el normal funcionamiento del proceso jurídico[31].

Otra forma de intervención es la que llevaban a cabo los terratenientes sobre los campesinos dependientes que trabajaban en sus propiedades. Agustín de Hipona alude a esta cuestión de forma general en un sermón donde el obispo dice:

> Si aquel noble se volviera cristiano, no quedaría ningún pagano. Muchos lo dicen, 'ninguno permanecería pagano si aquel fuera cristiano'. Se dice, además, 'si también aquel se hiciera cristiano, ¿qué pagano quedaría?'[32].

En el sermón, que no está datado, se recoge la voz popular que destaca la influencia de los nobles sobre sus dependientes y podemos seguir en detalle situaciones similares a través de algunas de sus cartas. En el año 401 Agustín censura a Crispino, el obispo donatista de la ciudad de Calama y arrendatario de tierras imperiales, por haber rebautizado a los ochenta colonos del fundo recientemente alquilado y lo amenaza con denunciarlo ante la justicia, ya que las leyes imperiales lo habrían obligado

---

29 En la *Ep.* 35.2, Agustín denuncia a Eusebio otros casos de ordenados sancionados por los católicos y su posterior paso a la facción donatista.

30 Agustín, *Ep.* 35.1: *Non ego recusanti voluntati tuae iudicium, sicut dicis, inter episcopos subeundum molestus exhortator aut deprecator imposui. Quod quidem etiamsi suadere voluissem, possem fortasse facile estendere quam valeas iudicare inter nos in tam manifesta atque aperta causa, et quale sit illud quod facis, ut, non auditis partibus, iam ferre non dubites pro una parte sententiam, qui iudicium reformidas; sed hoc, ut dixi, interim omitto.* ("No fui yo el molesto que, con sugerencias y ruegos te impuse contra tu voluntad el juzgar, como dices, entre dos obispos. Si hubiera querido convencerte, hubiese podido mostrar, quizá fácilmente, cómo estás capacitado para juzgar entre nosotros en causa tan clara y manifiesta y qué es lo que haces; tú que tanto temes juzgar, no dudas en dictar sentencia en favor de una de las partes sin haber oído a la otra. Sin embargo esto, como dije, por ahora lo omito").

31 Cf. Lepelley (1979: I, 219).

32 Agustín, *En. In ps.*, 54.13: *Ille nobilis si christianus esset, nemo remaneret paganus. Plerumque dicunt homines: Nemo remaneret paganus, si ille esset christianus. Plerumque dicunt homines: Et ille si fieret christianus, quis remaneret paganus?* Cf. Lepelley (1979, I: 326).

al pago de una multa[33]. Sin embargo, Agustín trataba de inducir a los terratenientes católicos a que hicieran lo mismo que él le criticaba a Crispino. Así, interviene ante el senador Pamaquio (en 401), Festo (*ca.* 405-411) y el procónsul Donato (*ca.* 408-410) en sendas cartas[34]. Al primero lo felicita por haber "amonestado

33 Agustín, *Ep.* 66.1: *Deum quidem timere debuisti; sed quia in rebaptizandis Mappaliensibus sicut homo timeri voluisti, cur non valeat iussio regalis in provincia, si tantum valuit iussio provincialis in villa?* [...] *Nam possemus agere ut decem libras auri secundum imperatoria iussa persolveres.* Cf. también Agustín, *C. Litt. Petiliani* 2.83.184: *Quid nuper, quod ipse adhuc lugeo, nonne Crispinus vester Calamensis, cum emisset possessionem, et hoc emphyteuticam, non dubitavit in fundo catholicorum imperatorum, quorum legibus nec in civitatibus esse iussi estis, uno terroris impetu octoginta ferme animas miserabili gemitu mussitantes rebaptizando submergere?* [...] 2.99.228: *Dic ista collegae tuo Crispino, qui modo iuxta Hipponem nostram comparavit fundum, ubi mergeret homines in profundum.* Cf. Crispinus 1, *PCBE*, 252-253. Sobre los colonos y las propiedades imperiales africanas arrendadas a título enfitéutico, cf. Vera (1987).

34 Agustín, *Ep.* 58.1: [...] *non tibi tam dilecta catholica unitas foret, nec colonos tuos Afros, eo terrarum unde Donatistarum furor exortus est, hoc est in media consulari Numidia constitutos, tali admoneres alloquio, tanto fervore spiritus animares, ut devotione promptissima ad sequendum eligerent.* ("Si no vivieras arraigado en el amor de la misma, no te resultaría tan amada la unidad católica, no hubieses amonestado con tales palabras ni hubieses animado con tal fervor de espíritu a tus colonos africanos, establecidos en ese país en que nació el furor donatista, es decir, en el centro de la Numidia consular. Los amonestaste con palabras, los animaste con gran fervor espiritual a que siguiesen lo que pensaban que un varón tan destacado y grande como tú solo podía aceptar después de haber reconocido la verdad").
Agustín, *Ep.* 89.8: *Quae cum ita sint, noverit Benignitas tua homines vestros qui in regione Hipponensi sunt, adhuc esse donatistas, nec apud eos quidquam valuisse tuas litteras. Cur autem non valuerint, non opus est scribere; sed mitte aliquem tuorum, vel domesticorum, vel amicorum, cuius hoc fidei possis iniungere, qui non ad ea loca, sed ad nos primitus veniat illis omnino nescientibus, et nobiscum primitus consilio pertractato, quod agendum Domino adiuvante visum fuerit, agat. Neque enim tantum pro eis agimus cum hoc agimus, sed etiam pro nostris iam factis catholicis, quibus illorum vicinitas sic infesta est, ut contemni a nobis nullo modo possit.* ("Siendo esto así, tu benignidad debe saber que los hombres que tienes en la región de Hipona son todavía donatistas, y no han tenido eficacia alguna tus cartas. No es menester decir por qué no la han tenido, pero envía alguno de tus domésticos amigos, en cuya fidelidad confíes, para encomendarle este asunto. En lugar de dirigirlo directamente a aquellos lugares, mándale venir primero a mí, sin saberlo aquellos donatistas. Después de que hayamos hablado sobre la cuestión, hará lo que deba hacerse con la ayuda de Dios. Al obrar así, no solo miro por los donatistas, sino también por los nuestros que ya son católicos, pues la proximidad de los herejes ocasiona a los nuestros tantos males, que no puedo inhibirme en modo alguno").
Agustín, *Ep.* 112.3: *Per quem te obsecro ut rescribas mihi, tuosque omnes quos in Sinitensi vel Hipponensi habes, ad catholicae Ecclesiae communionem comiter et benigne adhorteris.* ("Por quien te ruego que me contestes y que exhortes graciosa y benignamente a todos los subordinados que tienes en Sinite o Hipona a entrar en la comunión de la Iglesia católica"). Cf. Pammachius, *PCBE*, 811; Festus 1, *PCBE*, 451; Donatus 24, *PCBE*, 309-310.

con sus palabras" a sus colonos númidas para que abandonaran a los donatistas, a los otros dos les pide que actúen para lograr lo mismo. Evidentemente tanto Crispino como Agustín consideraban que esta era una forma normal de acción por parte de los terratenientes para torcer la voluntad religiosa de los colonos. En la epístola 57 Agustín se dirige a Celer, que en algunos textos aparece primero como *uir clarissimus* y luego *uir spectabilis,* ligado en algún momento al donatismo, y que había recurrido al obispo para conocer sobre los orígenes del cisma[35]. En la carta Agustín invita a Celer a que recomiende a algunos de los hombres de sus posesiones de la región de Hipona a unirse a los católicos[36]. Desde luego la perspectiva legal no era muy diferente. En ciertas leyes del *CT* (16.5.52.3 y 54.8) aparecen disposiciones para obligar el paso a la iglesia católica de esclavos y colonos de propiedades africanas[37].

También podemos observar la voluntad de evangelizar a la élite por parte de los disidentes, por lo menos en el caso de la ciudad de Cirta –aunque debemos imaginar que era una política más amplia–. Contar con este tipo de apoyos evidentemente reforzaba la capacidad de acción de la facción religiosa. Esto aparece en una carta (a. 399-401) en que Agustín y otros, le responden a un tal Generoso quien les envía una carta recibida de un presbítero donatista invitándolo a que abandonase a los católicos para incorporarlo en su grey. El encabezado de esta epístola califica a Generoso como *honorabilis,* quien luego del 409 aparece como gobernador consular (*consularis*) de Numidia[38]. En un caso inverso, en la epístola 28* (a. 418) Agustín hace referencia a la resistencia de los decuriones de la ciudad de Abessa a pasarse a las filas de la iglesia católica:

---

35 Cf. Celer 1, *PCBE*, 202.

36 Agustín, *Ep.* 57.2: *Quapropter peto unitatem catholicam regioni Hipponensi diligentius commendes hominibus tuis, maxime Paterno et Maurusio. Vigilantiam cordis tui novi, nec opus est, arbitror, plura scribere; cum si volueris, facillime possis, et quid alii curent et caveant in possessionibus tuis, et in re tua quid agatur addiscere.*

37 *CT* 16.5.52.4: *Servos etiam dominorum admonitio vel colonos verberum crebrior ictus a prava religione revocabit, ni malunt ipsi ad praedicta dispendia, etiam si sunt catholici, retineri. (412 ian. 30).* Cf. Brown (1963: 286, n. 35 = 1972: 306, n. 2).

38 *Ep.* 53: *Dilectissimo et honorabili fratri Generoso, Fortunatus, Alypius et Augustinus, in Domino salutem.* Cf. Lepelley (1990: 54). En el encabezado de la epístola 116 enviada por Agustín aparece como *Domino eximio et merito insigni, honorabiliterque carissimo filio generoso.* Agustín lo llama en esa carta *iudex* y hace mención de su *administratio.* Cf. Generosus 1, *PCBE*, 532-533.

> ... Por eso doy gracias al Señor nuestro Dios, ya que me has llenado de un gozo repentino e inesperado, al anunciarme que todas las basílicas han sido entregadas a la Iglesia católica y que la multitud entera se ha convertido a la paz y unidad de Cristo con la máxima alegría, a excepción de unos pocos varones del orden (de los decuriones). A éstos la intervención del juez, al que en detrimento de su propia salvación engañaron con cuanta astucia pudieron, los hizo más perezosos y como ajenos a los lazos de las leyes[39].

Finalmente quisiera destacar los elementos de presión con que contaba el estado, asociado a la iglesia católica, para tratar de controlar este tipo de acciones. En este caso las leyes coercitivas estaban dirigidas mayormente hacia los líderes del movimiento y a las clases altas de la sociedad provincial (Brown, 1963: 289 = 1972: 309). Ya hay una temprana referencia a medidas de esta índole registradas en la Pasión de Donato de Abiocala, durante la primera persecución desatada por Constantino en contra de los disidentes africanos[40]. En ese texto se hace referencia a las amenazas de las proscripciones a los ricos (*proscriptionum minae protenduntur diuitibus*). Brown (1963: 291 = 1972: 312) destaca que en una época en que las clases altas eran especialmente dependientes de los privilegios oficiales, títulos, y la habilidad para proteger sus riquezas a través de los litigios, una penalidad como la *infamia*, que perjudicaba justamente esas ventajas, era especialmente onerosa. La restricción del derecho a realizar donaciones, recibir legados e incluso a redactar testamentos se agravó por las repercusiones

---

39 Agustín, *Ep.* 28*.1: *Gratias itaque ago Domino Deo nostro, quia post maximam desperationem communionis et salutis illorum quam mihi fecerat textus superior litterarum quo cuncta narrasti, repentina et inopinata me laetitia perfudisti nuntians et omnes basilicas traditas Ecclesiae catholicae et universam eorum multitudinem ad pacem Christi atque unitatem summa alacritate conversam exceptis paucis ordinis viris quos interlocutio iudicis quem contra salutem suam qua potuerunt astutia fefellerunt fecerat pigriores et quasi a legum vinculis alienos; quamquam et ipsos credo posterioribus eius litteris sumptis, quarum mihi supervenientium exemplum dignatus es mittere amputata excusatione, potuisse converti.*

40 *IV Idus Martii sermo de passione sancti Donati ep‹iscopi› Abiocalensis*: 3. [...] *Sed cum his omnibus illecebrantibus tentamentis rigidus atque inflexibilis tenor iustitiae deuotius obsisteret, iubentur interuenire iudices; coguntur ut cogant saeculi potestates; circumdantur uexillationibus domus; proscriptionum minae protenduntur diuitibus; profanantur sacramenta* [...]. Probablemente la fecha de emisión del decreto es poco antes de su puesta en vigor en Cartago, hecho que se corresponde con los eventos que registra la pasión, el 12 de marzo del 317. En relación con la datación cf. Monceaux (1901-23: V, 60-62); Barnes (1981: 60); Shaw (2011: 188).

sobre la familia en una sociedad en la cual los matrimonios mixtos entre donatistas y católicos había sido común[41]. Así, Agustín indica que "existen además otras disposiciones generales que les quitan [a los donatistas] ya sea la facultad de realizar testamentos o de hacer donaciones, ya sea la de recibir donaciones o legados"[42]. En el mismo texto el autor refiere la historia de un hombre noble (*homo nobilis*) quien suplicaba a los emperadores porque su hermana, que pertenecía al partido de Donato, a su muerte había legado gran cantidad de sus bienes a miembros de su comunión, y especialmente a su obispo, un tal Agustín. Según el obispo de Hipona, en virtud de tal ley general los bienes habían sido restituídos al hermano[43].

La persistencia del donatismo pone en duda la capacidad de poner en práctica la voluntad represiva del gobierno imperial para transformar las condiciones religiosas en las provincias africanas. Esto nos permite evaluar, en cierto grado, el alcance del papel "diluyente" de las élites locales intermedias en la aplicación de las directivas imperiales, que demuestra un importante margen de maniobra en su capacidad de acción en las ciudades y los territorios bajo su dominio, que incluso pudo extenderse a escala provincial. Debemos sumar el hecho de que la política de la corte a lo largo de un siglo, 311-411, varió de acuerdo a los intereses de los emperadores que estaban en el poder y a los distintos contextos políticos y militares que encuadraban el conflicto religioso en las provincias africanas.

---

41 Cf. Agustín, *Ep.* 33.5 (el texto figura más arriba en la nota 3).

42 Agustín, *C. epist. Parmeniani*, 1.19: *sunt et aliae iussiones generales, quibus eis uel faciendi testamenta uel per donationes aliquid conferendi facultas adimitur uel ex donationibus aut testamentis aliquid capiendi.*

43 Ibid.: *nam in quadam causa cum homo nobilis imperatoribus suplicasset, quod soror eius, quae de parte Donati fuerit, cum defungeretur, in nescio quos communionis suae et maxime in quendam Augustinum episcopum eorum plurima contulisset, ex illa generali lege praeceptum est, ut omnia fratri restituerentur* [...]. Véase Congar (1963: 731 ss.), quien ennumera estas leyes hasta el año 400.

Bibliografía

Augustin (S.), *Traités anti-Donatistes*, 4e série, Paris, 1963-1965, 5 vols.

Augustini (S. Aurelii), *Epistolae*, en P.L. Migne, *Patrologia Latina*, vol. 33.

Alföldy, G. (1987). *Historia social de Roma*, [1984], tr. V. Alonso Troncoso, Madrid.

Brisson, C. (1958). *Autonomisme et christianisme dans l'Afrique romaine de Septime Sévère à l'invasion vandale*, Paris.

Brown, P. (1961a). "Aspects of the Christianization of the Roman Aristocracy", *Journal of Roman Studies*, 51, 1-11.

Brown, P. (1961b). "Religious Dissent in the Later Roman Empire: The Case of Roman North Africa", *History*, 46, 83-101 = Brown (1972: 237-259).

Brown, P. (1963). "Religious Coercion in the Later Roman Empire", *History*, 48, 283-305 = Brown (1972: 301-331).

Brown, P. (1972). *Religion and Society in the Age of Saint Augustine*, London.

Brown, P. (1981). *The Cult of the Saints*, Chicago.

Caron, P.G. (1951). "Les 'seniores laici' de l'Église africaine", *Revue Internationale des Droits de l'Antiquité*, 6, 7-22.

Congar, Y.M.J. (1963). "Introduction et notes", en *Oeuvres de Saint Augustin*, Paris, t. 28.

De Veer, A.C. (1968). "Introduction et notes", en *Oeuvres de Saint Augustin*, Paris, t. 31.

Frend, W.H.C. (1952). *The Donatist Church: A Movement of Protest in Roman North Africa*, Oxford.

Frend, W.H.C. (1982). "Donatist and Catholic: The Organization of Christian Communities in the North African Countryside", en *Cristianizzazione ed organizzazione ecclesiastica delle campagne nell'alto medioevo. Espansioni e resistenze*, Spoleto, vol. II, 601-634.

Gesta conlationis Carthaginiensis, en *Actes de la conférence de Carthage en 411*, ed. y tr. S. Lancel, Sources Chrétiennes, Paris, 1972-1975.

Jones, A.H.M. (1964). *The Later Roman Empire, 284-602: A Social, Economic, and Administrative Survey*, Oxford, 3 vols.

Jones, A.H.M., Martindale, J.R. & Morris, J. (1980). *The Prosopography of the Later Roman Empire*, Cambridge, 2 vols. (= *PLRE*).

Labrousse, M. (1995). "Introduction, texte critique, traduction et notes", en Optat de Milève, *Traité contre les donatistes*, Paris.

Lepelley, C. (1979). *Les cités de l'Afrique romaine au Bas-Empire*, Paris.

Lepelley, C. (1989). "Trois documents méconnus sur l'histoire sociale et religieuse de l'Afrique romaine tardive retrouvés parmi les spuria de Sulpice Sévère", *Antiquités Africaines*, 25, 235-262.

Lepelley, C. (1990). "Les sénateurs donatistes", *Bulletin de la Société Nationale des Antiquaires de France*, 45-56.

Lizzi, R. (2004). *Senatori, popolo, papi. Il governo di Roma al tempo dei Valentiniani*, Bari.

Lockwood, R. (1989). "*Potens et factiosa femina*: Women, Martyrs and Schism in Roman Nortf Africa", *Augustinian Studies*, 20, 165-182.

Maier, J.L. (1987). *Le dossier du donatisme*, Berlin, 2 vols.

Mandouze, A. (1982). *Prosopographie Chrétienne du Bas-Empire. Prosopographie de l'Afrique Chrétienne (303-533)*, Paris (= *PCBE*).

Monceaux, P. (1901-23). *Histoire littéraire de l'Afrique chrétienne depuis les origines jusqu'à l'invasion arabe*, Paris, 7 vols.

Mosca, G. (1939). *The Ruling Class (Elementi di Scienza Politica)*, London-New York.

Optat de Milève, *Traité contre les donatistes*, Sources Chrétiennes, Paris, 1995-1996.

Pharr, C. (1952). *The Theodosian Code and Novels and the Sirmondian Constitutions*, tr., com., glos. y bibl., Princeton.

Potter, D. (2004). *The Roman Empire at Bay, AD 180-395*, New York.

Salzman, M.R. (2004). *The Making of a Christian Aristocracy: Social and Religious Change in the Western Roman Empire*, Harvard.

Shaw, B.D. (2011). *Sacred Violence: African Christians and Sectarian Hatred in the Age of Augustine*, Cambridge.

Theodosiani libri XVI et leges novellae (= *CT*), ed. Th. Mommsen & P. Meyer, Berlin, 1905.

Vera, D. (1987). "Enfiteusi, colonato e trasformazioni agrarie nell'Africa Proconsolare del tardo impero", en A. Mastino (ed.), *L'Africa romana. Atti del 4 Convegno di studio (12-14 dicembre 1986)*, Sassari, 267-293.

Vera, D. (1992). "*Conductores domus nostrae, conductores privatorum*. Concentrazione fondiaria e redistribuzione della ricchezza nell'Africa tardoantica", en *Institutions, société et vie politique dans l'Empire romain au IV*[e] *siècle ap. J.-C. Actes de la table ronde autour de l'oeuvre d'André Chastagnol (Paris, 20-21 janvier 1989)*, Roma, 465-490.

Verón, E. (2013), *La semiosis social, 2. Ideas, momentos, interpretantes*, Buenos Aires.

www.ingramcontent.com/pod-product-compliance
Ingram Content Group UK Ltd.
Pitfield, Milton Keynes, MK11 3LW, UK
UKHW041633190726
13854UKWH00006B/2474

9 788418 095900